Jörg W. Rademacher

James Joyce

Mit Illustrationen
von Stephan Frede

Deutscher Taschenbuch Verlag

Von Jörg W. Rademacher sind außerdem
in der Reihe <u>dtv</u> portrait im Deutschen Taschenbuch Verlag
erschienen:
Victor Hugo (<u>dtv</u> 31055)
Oscar Wilde (<u>dtv</u> 31038)

Originalausgabe
Juni 2004
© 2004 Deutscher Taschenbuch Verlag GmbH & Co. KG,
München
www.dtv.de
© für die Innenillustrationen: Stephan Frede
Umschlagkonzept: Balk & Brumshagen
Umschlaggestaltung: Catherine Collin unter Verwendung
einer Fotografie von © Corbis/Bettmann
Satz: Fotosatz Reinhard Amann, Aichstetten
Gesetzt aus der Poppl Pontifex 9,5/11,8˙
Druck und Bindung: Kösel, Krugzell
Gedruckt auf säurefreiem, chlorfrei gebleichtem Papier
Printed in Germany · ISBN 3-423-24413-5

Inhalt

Die sieben Leben des James Joyce

Sage mir, Muse, die Taten des vielgewanderten Mannes,
Welcher so weit geirrt, nach der heiligen Troia Zerstörung,
Vieler Menschen Städte gesehn und Sitte gelernt hat,
Und auf dem Meere so viel' unnennbare Leiden erduldet,
Seine Seele zu retten und seiner Freund Zurückkunft.
Homer, ›Odyssee‹, I, 1–5 (Ü: Johann Heinrich Voss)

Die höchste wie die niedrigste Form der Kritik ist eine Art
Autobiographie.
Oscar Wilde, ›Vorwort‹ zu ›Das Bildnis des Dorian Gray‹
(1891)

Noch eine Joyce-Biographie? Ist nicht längst alles gesagt? Eine neue Darstellung von James Joyces zähem Ringen um den Ruhm eines Homer, Dante Alighieri oder Henrik Ibsen ist sehr wohl vonnöten. Denn über 60 Jahre nach seinem Tod hängt unser Wissen immer noch stark von den Deutungen ab, die er selbst gefördert hat oder mittels Nachlass posthum verbreiten ließ. Folglich geht es mir statt um Entdeckung unbekannter Quellen eher um eine eigenständige Darlegung und Auswertung der schriftlichen Zeugnisse, die viele Forscher bisher im Sinne der Biographie Richard Ellmanns gelesen haben.

1959 zuerst publiziert, längst kanonisiert, als sie 1982 revidiert wurde, ist Ellmanns ›James Joyce‹ auch im deutschsprachigen Raum als gültige Einführung in Leben und Werk akzeptiert. Ellmann suchte die Lücken im Lebenslauf durch Anleihen bei den fiktiven Texten Joyces zu füllen, was ihm international viel Kritik eingetragen hat. Zugleich stockte die biographische Diskussion, denn außer Ellmann ist im deutschsprachigen Raum seit 1960 nur Jean Paris mit der klugen, doch biographisch sprung- und fehlerhaften Monographie greifbar gewesen. Im Juni 2004 wird sie ersetzt. Hier sei nun erstmals ausführlich Gelegenheit geboten, den Lebenslauf des Schriftstellers Joyce aus Sicht deutschsprachiger Kulturen zu verfolgen.

Eine, wenn nicht *die* ideale Kontrastfigur steht in Person des polyglotten Kaufmannes, Archäologen und Autobiographen Heinrich Schliemann (1822–1890) bereit: ein »Mythomane«, ein beinahe besessener Erzähler, ein Lügenbaron gar, jemand mit Neigung »zur Verklärung des eigenen Lebens, das in einen heroischen Kontext gestellt wird und durch den Abglanz des Irrealen oder Mythischen aus ursprünglicher Dunkelheit (durch die Herkunft oder erlittene Kränkungen) in den Glanz der öffentlichen Geltung rückt« (Manfred Flügge).

Mögen Schliemann und Joyce noch so verschieden sein, der eine Pfarrersohn, der andere Jesuitenelevel, im disziplinierten Streben, die nach langer Suche ins Auge gefassten Ziele zu erreichen – Troia für Schliemann und ›Ulysses‹ für Joyce – stimmen sie überein. Wenn Joyce sich mit Dante, Shakespeare, Wagner, Ibsen misst, träumt er mitnichten, vielmehr inszeniert er ein Wunsch-Ich. Dieses findet mit ›Ulysses‹ und seiner Erhebung zum Klassiker just 1922 im Jahr von Schliemanns 100. Geburtstag Widerhall in der Wirklichkeit.

Schliemann, noch weiter gereist als Joyce und mindestens so vielsprachig, kann immer wieder als Kontrast- und Parallelfigur erschlossen werden. Bisher in diesem Zusammenhang nur Klaus Reichert einmal eine Fußnote wert, hat auch Schliemann von Paris aus seinen Weg als Autor begonnen.

James Joyce sieht sein Leben als Odyssee und als Martyrium. Den sieben Stationen seines Kreuzweges stehen sieben Lebensorte gegenüber, wo er mindestens ein halbes Jahr verbrachte: Dublin, Paris, Zürich, Triest, Pula, Rom, London. In der Zahl Sieben sieht Joyce immer wieder Sinn – wie Unglück in der Zahl Dreizehn.

Der Joyce-Kanon von sieben publizierten Büchern ist in einer Biographie weniger inhaltlich als mit Bezug auf die Entstehung und frühe Wirkung zu betrachten. Immerhin sind die Texte heute verfügbar, was zu Lebzeiten kaum und keineswegs überall galt, denn Joyce, kein Kompromissler, gerät in Konflikt mit Zensur und öffentlicher Moral. Katzengleich, zäh, als habe er sieben Leben, listig, ein moderner Odysseus, der wie Schliemann mitunter als Gentleman mit den Mächtigen Kontakt aufnimmt, wenn sie *ihm* nützen können, überlebt Joyce zahllose Krisen – auch harte Kritik abfedernd.

Der Kontinent Europa ohne Grenzkontrollen und ohne Passzwang, wie ihn Schliemann im 19. Jahrhundert und auch Joyce bis 1915 kennt, ist nach 1939 gut fünfzig Jahre geteilt. In dieser Zeit sind die deutschsprachigen Kulturen Deutschlands und Österreichs, aber auch die multikulturellen Verhältnisse in Triest aus der internationalen Wahrnehmung herausgefallen. Der lange ungesicherte Nachruhm eines Italo Svevo oder Ford Madox Ford, beide Wegbegleiter von James Joyce, ist so zu erklären. Folglich sind die ersten Arbeiten zu James Joyce viel stärker an den Interessen amerikanischer Wissenschaftler und an seinem Ruhm jenseits des Atlantik orientiert als an den Anfängen in Dublin und Triest oder gar an den aus historischen Gründen verpönten deutschsprachigen Quellen und Hintergründen von Joyces Werk – von anglo-deutschen Freunden wie Ford ganz zu schweigen.

Diesem Manko abzuhelfen ist Ziel dieser Darstellung, nicht zuletzt weil Joyce, hier wiederholt kontrastiert mit Schliemann, über literarische Projekte Irland der Landkarte Europas einschreiben will – mittels sprachlicher Ausgrabungen, analog zu den archäologischen, linguistischen, psychologischen Kartierungen, die neben dem deutschen Archäologen etwa Ferdinand de Saussure und Sigmund Freud auf ihrem jeweiligen Gebiet vorgenommen haben.

Europa wächst zusammen, und Irland liegt im Jahr 2004 näher als je zuvor an den Zentren Europas. Anders als Schliemann kennt Joyce Amerika und Afrika, Spanien und das in ›Ulysses‹ erwähnte Gibraltar nur aus Büchern, dafür als Eisenbahnreisender Frankreich, Italien, die Schweiz, Österreich, Deutschland, Belgien, die Niederlande, Luxemburg, Dänemark, England, Wales, Schottland und Irland um so besser. Ansonsten hat er Europa im Kopf: Sprache, Orte, Geschichte und Geschichten: sieben Stationen lang. Wer Joyces Werk liest, kann ihm besser folgen, sobald er/sie die Lebensgeschichte kennt.

Station I: Auf den Spuren der Ahnen in Cork und Dublin

Vielleicht ist es noch etwas gewagt zu sagen, daß das Gesetz, das die Vererbung von Land als unveräußerliches Gut vorsieht, abgeschafft werden muß. Aber ich bin sicher, daß Irland wohl kaum vor der periodischen Wiederkehr der schrecklichen Hungersnöte [. . .] gefeit sein wird, bevor dieser Schritt vollzogen ist.
Alexander Somerville, ›Irlands großer Hunger‹ (1847; 1994) 1996 (Ü: JWR/Volker Tripp)

»Ein Teil des Schrecklichen an der Hungersnot ist [. . .] die umwerfende Tatsache, daß ein Ereignis mit allen Merkmalen einer mittelalterlichen Pestepidemie in Irland vor furchterregend kurzer Zeit geschehen konnte.«
Terry Eagleton, in: Colm Tóibín, ›Tilgungen: Über Irlands große Hungersnot‹, in: ›irland almanach 1 #. krieg und frieden‹, 1999

– [I]ch habe drei Generationen gesehen seit O'Connells Zeit. Ich [erinnere mich der] Hungersnot [von '46]. Wissen Sie, daß die [Oranier-]Logen schon zwanzig Jahre vor O'Connell für die [A]ufhebung der Union agitiert haben, zwanzig Jahre, bevor die Prälaten Ihrer [Kommunität] ihn als Demagogen anschwärzten? Ihr Fenier vergeßt so manch[e Dinge].
James Joyce, ›Ulysses‹ (Ü: Hans Wollschläger)

Ein Augenzeuge, der schottische Reporter Alexander Somerville, der für Irland festhält, was Victor Hugo damals in Frankreich aufzeichnet, bietet wertvolle Einblicke in die Epoche, die der Geburt von John Stanislaus Joyce, dem Vater von James, vorausgeht. Tatsächlich umreißt Somerville im Eingangszitat das kritische Moment irischer Politik in den auf die Hungersnot folgenden Jahrzehnten: die Landfrage, bei der es um die Unveräußerlichkeit von Grund und Boden ging, die demographisch durch Tod und Vertreibung und mehrere Auswanderungswellen entschärft wird, bevor mit Beginn der siebziger Jahre sich eine politische Lösung abzeichnet. Als Aufsteiger aus kleinsten ländlichen Verhältnissen kennt Somerville das dortige Leben aus eigener Erfahrung. Er hat in verschiedenen Gewerben geschuftet und noch als junger Mann, wohl protestantischer Tradition gemäß, seinen Unmut publik gemacht, bevor er von Spanien sowie vom Vereinigten Königreich aus journalistisch tätig wird. Ein Talent ohne Karriere, wandert Somerville 1859 nach Kanada aus, wo er 1885 fast mittellos in einer Absteige in Toronto stirbt. Hätte er nicht die literarische Lücke zur Hungersnot als Beobachter des Zeitgeschehens ausgefüllt, Somerville wäre fraglos im Sediment der Historie verschwunden. Uns nützt sein Bericht, denn als Reisender in Irland 1847 hat er ein buntes Bild gezeichnet, mitfühlend, ohne betroffen zu sein.

Für Überlebende der Hungersnot mag eine solche Perspektivübernahme nicht möglich gewesen sein. So sind viele Schriftsteller gleich den Kritikern der Erinnerungsfron schweigend ausgewichen. Wenn Joyce in ›Ulysses‹ den irischen Nationalismus durch einen nordirischen Protestanten kritisch beleuchten lässt, changiert sein Bild wie das Somervilles, es ist keine politische Propaganda für die eine oder andere Seite.

Zwischen »Hungersnot und Freistaat, in den letzten turbulenten Jahren britischer Herrschaft«, verläuft die Lebenszeit des John Stanislaus Joyce, des Vaters von James Joyce. Keine Rede von rastloser Tätigkeit, auch nicht von Beruf oder Berufung. John Stanislaus Joyce erblickt als Sohn einer vermögenden katholischen Familie am 4. Juli 1849 in der Hafenstadt Cork das Licht der Welt.

Seine Mutter Ellen, eine geborene O'Connell und weitläufig verwandt mit Daniel O'Connell, dem Anwalt, Politiker, Lebemann, Frauenheld und Vorkämpfer katholischer Emanzipation in Irland, ist gut situiert und mit 33 elf Jahre älter als ihr Mann. Vater James Augustine Joyce, mit 22 ein Jüngling, ist einziger Sohn von James Joyce, Alleinerbe also von Eltern, deren Lebensdaten in einschlägigen Biographien mit Fragezeichen versehen sind oder fehlen. Die lückenhafte Dokumentation, die für Irland typisch ist, gilt vor allem für katholische Milieus. In den protestantischen Familien Wilde und Yeats sind weit ältere schriftliche Aufzeichnungen erhalten als bei den Joyce.

John Stanislaus Joyce, nur fünf Jahre älter als Oscar Wilde und zehn Jahre jünger als John Butler Yeats, ist der Sohn eines katholischen Gentleman, der, so das überkommene Ideal, nicht arbeitet und von den Zinsen ererbten Kapitals lebt. Eine gute Ausbildung gehört auch für Sprösslinge wohlhabender Katholiken Corks Ende der 1850er Jahre zum Standard. John Stanislaus Joyce besucht eine Generation nach der gesetzlichen Emanzipation von 1829 ein katholisches Internat, St. Colman's, in Fermoy. Neben potentiellen Kandidaten für das Priesteramt genießen »Söhne von Gentlemen« eine weiterführende Ausbildung. Erst im September 1858 eröffnet, nimmt St. Colman's College den knapp Zehnjährigen am 17. März 1859, dem St. Patrick's Day, auf. Als Patronatsheiliger ganz Irlands ist St. Patrick wie der ihm geltende Feiertag ein Symbol für das erwachende Selbstbewusstsein national gesinnter irischer Katholiken, und so sehr solche Internatsschulen englischem Vorbild nachempfunden sind und in den Erziehungszielen mit diesen übereinstimmen, bilden sie doch den Gegenpol zu bislang dominierenden protestantischen Instituten, deren tradierte Liberalität den Gebrüdern Wilde und später Samuel Beckett in Portora, Enniskillen, Nordirland zugute kommt, ohne die beiderseits geschürten Animositäten zu verhindern. Gegründet von Dr. Keane, dem Diözesanbischof von County Cloyne, ist St. Colman's College eine Burg katholischer Gelehrsamkeit und Glaubensfestigkeit. Italienisch im Baustil einschließlich Campanile – mithin den Gepflogenheiten im Lande des Papstes nachempfunden und architektonisch ein Protest gegen die britische Herrschaft –, wirkt die Schule von außen wie ein Bollwerk. Zu diesen weithin sichtbaren Zeichen irisch-katholischer Wehrhaftigkeit passt der Geist, der den Zöglingen vermittelt werden soll: die »zwei großen College-Tugenden – Demut und Gehorsam«. Direktor von St. Colman's und geistliches Oberhaupt des katholischen Brückenkopfes ist Dr. Thomas William Croke, zum Zeitpunkt von John Stanislaus Joyces Schuleintritt 35 Jahre alt, später selbst Bischof und Symbolfigur der Nationalisten. Als Lenker der Ortsgemeinde, der Nonnen wie der Knaben im College, hätte Croke den Jungen John Stanislaus auf den rechten Weg bringen können, doch »Demut und Gehorsam« sind, so die Biographen, nicht die Qualitäten, mit denen dieser Knabe auffällt.

Fermoy markiert für John Stanislaus die Rückkehr in eine Stadt, deren Brücke über den Blackwater River Maurer im Dienste der Familie Joyce erbaut hatten, überdies den Ort, wo sein Vater 1827 geboren war – als Enkel eines gewissen George Joyce, des ältesten belegten Ahnen dieser Sippe. Die Brücke ist wie das ehemals Rose, heute Grange Cottage genannte Geburtshaus, noch erhalten. Die Spuren der Ahnen der Familie Joyce enden nicht in Fermoy, vielmehr führen sie über einige Zwischenstufen und Verzweigungen wohl bis ins Joyce Country an der Westküste. In den 1850er Jahren sind unter dem Namen Joyce in Cork City 14 Haushalte verzeichnet. Bevor James Augustine Joyce ab 1830 in der Stadt lebt, haben sein Vater und Großvater es in Fermoy zu Wohlstand gebracht und in Cork Grund- und Hausbesitz erworben. Ihr Aufstieg vollzieht sich von der bis heute so genannten Joyce Lane in Fermoy zu einem Grundstück nahe der Lee mit etlichen Häusern, genannt Joyce's Court. Als katholische Grundeigner zwar keine Rarität mehr, aber doch eine Ausnahme von den durch Somerville beschriebenen Bedingungen darstellend, sind die Joyce für die Katastrophe der Hungersnot gerüstet und wohlhabend genug, um ihre Porträts malen zu lassen. James Joyce der Ältere und Anne McCann Joyce, John Stanislaus Joyces Großeltern, blicken gesetzten Blickes, doch mit leisem Lächeln aus dem Rahmen: er, barhäuptig mit modischem Backenbart, daneben ein treuäugig aufschauender Jagdhund, den er mit der Rechten am Nacken fasst; sie, angetan mit Biedermeierhäubchen und -kragen auf einem Sofa sitzend, im Hintergrund Rücken- und Armlehne. Die Hungersnot, die als Folge der europaweit ausbrechenden Kartoffelfäule über Irland hereinbricht, kann den Joyce in Cork offenbar nichts anhaben. Am 29. Januar 1847, auf dem Höhepunkt der Krise, heiratet James Augustine Joyce Ellen O'Connell. Doch Irland fällt in ein »vormodernes« Stadium zurück, das laut Colm Tóibín, einem Autor unserer Zeit, die Überlebenden zum Schweigen verurteilt.

Die buchstäbliche Totenstille hat Heinrich Böll in ›Skelett einer menschlichen Siedlung‹ (1955) gut hundert Jahre danach so beschrieben:»Plötzlich, als wir die Höhe des Berges erreicht hatten, sahen wir das Skelett des verlassenen Dorfes am nächsten Hang liegen. Niemand hatte uns davon erzählt, niemand uns gewarnt [...].« Als ich 1995 die Ruinen betrachtete, stimmt Bölls Analyse noch immer: das,»was nicht Stein war, [war] weggefressen von Wind, Sonne, Regen und Zeit, schön ausgebreitet am düsteren Hang wie zur Anatomiestunde das Skelett eines Dorfes [...] So sah keine zerbombte Stadt, kein mit Artillerie beschossenes Dorf aus; Bomben und Granaten sind ja nur verlängerte Tomahawks, Schlachtenbeile, Schlachtenhämmer, mit denen man zerbricht, zerhackt, hier aber ist keine Spur von Gewalt zu sehen: Zeit und Elemente haben alles in unendlicher Geduld weggefressen, was nicht Stein war, und aus der Erde wachsen Polster, auf denen diese Gebeine wie Reliquien ruhen: Moos und Gras.«

Auf Achill Island, einer Halbinsel im Westen, findet man heute noch zahlreiche aufgelassene Behausungen, die damals während oder nach der Hungersnot verlassen wurden. In Westfalen, wo das Hüffersche ›Münsterische Intelligenzblatt‹ umfassend über die Nöte katholischer Iren berichtet, wird am 22. Mai 1845 Franz Hüffer geboren, Vater des Literaten Ford Madox Ford. Franz Hüffer wird wie John Stanislaus Joyce die Geburtsstadt verlassen. Erst die Söhne werden einander begegnen und sich wechselseitig begleiten. Hüffer hatte als jüngster Sohn einer kinderreichen Familie keine Erbschaft zu erwarten. Vielmehr muss er lernen, außerhalb Münsters auf eigenen Füßen zu stehen. John Stanislaus Joyce indes ist Erbe des Joyceschen Besitzes wie beträchtlicher Geldsummen und etlicher Immobilien von der Familie O'Connell.

Auch James Augustine Joyce und Ellen O'Connell Joyce sind uns auf Porträts überliefert, die den 18-jährigen um 1845 zeigen, ernster als die Eltern dreinblickend, und als reifen Mann mit humorvoller Miene, während Ellen um 1848 fast mädchenhaft wirkt. Gut zehn Jahre zuvor wollte sie Nonne werden, nun ist Ellen bald Mutter. James Augustine Joyce, seinerzeit mit dem Vater, James Joyce dem Älteren, geschäftlich aktiv, 1852 dann für bankrott erklärt, ist nicht aus dem gleichen Holz geschnitzt wie die Vorfahren oder die Verwandten Ellens, von deren Wohlwollen er fortan abhängt. Inzwischen wächst John Stanislaus heran, während sein Vater nach dem Tod des Großvaters nurmehr dem Müßiggang und dem Gesang frönt. 1856 empfängt er die Erstkommunion, im März 1859 geht er auf das St. Colman's College.

Im selben Jahr wird am 15. Mai in Dublin Mary Jane (May) Murray geboren, Tochter von John Murray, Weinhändler, Kneipier, Getreidemakler, Pleitier, Handlungsreisender – ein Zuwanderer aus Longford, der einem Geschlecht von Bauern, Geistlichen sowie Getreide- und Whiskeyhändlern entstammt –, sowie von Margaret Theresa Flynn, aus alter Dubliner Kaufmannsfamilie mit starken musikalischen Neigungen in der weiblichen Linie. Über die Frauen in der Familie Joyce ist vor dem Schriftsteller wenig überliefert.

May Murrays erste Monate in Dublin fallen zusammen mit John Stanislaus Joyces Internatsschulzeit. »Wer Priester werden sollte, den stopften die Lehrer voll mit christlichen Klassikern und dem Katechismus; ein Junge wie John Stanislaus, bar solcher Ambitionen, war, hieß es, bestimmt, ins Leben zu gehen mit Kenntnis der Gebete, des ganzen Gebetbuches und nichts als den Gebeten.« (Wyse Jackson/ Costello) Das Ritual einer »Taufe« der Priesteramtskandidaten, deren Gesichter wie die von Teufeln geschwärzt wurden, dürfte den Zöglingen Polarität vor Augen geführt und bei steter Wiederholung ihr Bild der katholischen Spaltung zwischen Laien und Klerikern verfestigt haben. Neben englischem Internatslehrstoff und irischen Sportarten wie Handball im Winter sowie englischem Kricket im Sommer steht dank Direktor Dr. Croke keltische Gesinnung hoch im Kurs, vermittelt etwa durch Volksmusik und patriotische Gesänge.

Kaum ein Jahr währt John Stanislaus' Internatszeit, denn am 19. Februar 1860 wird er nach Cork zurückgeholt, offenbar an starkem rheumatischem Fieber leidend. John Stanislaus wird fortan die Schule des Lebens besuchen – regellos und erfahrungsgesättigt. Gesundheitlich angeschlagen, soll der Elfjährige erst den Körper kräftigen, indem er auf die Lotsenboote geht, die seinerzeit die Amerikaschiffe in den Hafen von Queenstown (heute: Cobh) geleiten. Dort lernt er, die Lungen mit Meeresluft zu füllen, wie ein Seefahrer zu fluchen und – wohl von Italienern –, Opernarien und -melodien zu singen, was in Irland wie Italien damals eine Möglichkeit ist, nationalistische Gesinnung zu zeigen. Denn Opern und Operetten üben eine politische Funktion aus – auch im British Empire, wo die Schriftsprache starker Kontrolle unterliegt.

Aus den Folgejahren ist nur der überlieferte, in das Werk Joyces gelangte Anekdotenschatz bekannt, nicht aber, wo John Stanislaus lernt, seine Konversation und Korrespondenz mit lateinischen Versatzstücken zu spicken, oder Kenntnisse im Rechnungswesen erwirbt. Aus dem Nebel Joycescher Reminiszenzen ist bislang außer St. Colman's keine Schule aufgetaucht, die John Stanislaus besucht haben könnte. Entsprechend rudimentär ist das von Wyse Jackson/ Costello ermittelte Wissen über den frühen Lebenslauf: Als 16-jähriger, der amerikanische Bürgerkrieg ist eben vorbei, besteht John Stanislaus im Oktober 1865 die Eingangsprüfung von Queen's College Cork. Erst 1867 tritt er das Studium an. Der Vater stirbt am 28. Oktober 1866, nach laut Todesanzeigen »langer und schwerer Krankheit« ohne Testament: da der gesamte Nachlass schon von Treuhändern

verwaltet wird. Hinter der dürren Feststellung steckt wohl die unge-
klärte Geschichte von John Stanislaus Joyces Vater als Verschwender,
dessen Geldgebaren die Verwandten misstrauen.

Ellen Joyce, am Boden zerstört, zieht sich völlig zurück. Ihr Sohn
mag zwar die Aufnahme des Studiums hinausgezögert haben, um offiziellen Trauerfristen zu genügen, aber er rudert auf der Lee, besucht
Wirtshäuser und wird in deren Hinterzimmern von den Umsturzplä-
nen der Fenier, der irischen Nationalisten, erfahren haben.

Der Aufruhr scheitert am 7. März 1867, doch die Atmosphäre bleibt
geladen. In St. Coman's College, Fermoy, etwa gehört die Teilnahme
der Zöglinge am Beerdigungszug eines toten Feniers zum Schulpro-
gramm. So kryptisch die Nachrichten über den Jüngling John Stanislaus Joyce bislang klingen, so hymnisch wird die durch seinen Sohn
und ihn selbst vermittelte Mär von den Jahren am Queen's College,
einer wie das Trinity College, Dublin (TCD), vormals nur Protestanten
zugänglichen Einrichtung, deren wachsende Zahl katholischer Kommilitonen eine parlamentarische Untersuchung auslöst. 1869 ist John
Stanislaus als Medizinstudent im zweiten Jahr ausgewiesen.

Ob periodisch ausbrechende und fehlgeschlagene Aufstände,
Missernten und Hungersnöte Irland erschüttern, oder ob die Konflikte innerinstitutionell ausgetragen werden, immer ist John Stanislaus Zeuge irischer Dualität. Nicht zufällig sind knapp 20 Jahre nach
der großen Hungersnot von etwa 300 Studenten am College 140 angehende Mediziner: ein später Sieg der Verfechter von Hygiene und
Volksgesundheit. John Stanislaus fällt allerdings in Cork eher durch
Freundschaften mit später beruflich erfolgreichen Kommilitonen beiderlei Bekenntnisses und durch sportliche sowie schauspielerische
Leistungen auf.

Als Mitbegründer der wiederbelebten Queen's College Dramatic
Society brilliert John Stanislaus am 11. März 1869 in ›The Honey-
moon‹ und tritt als Sänger ortsüblicher Balladen auf. Hier kommt
Irlands Dualität auch kulturell zum Ausdruck. Die Komödie spricht
eher die das Theatre Royal von 1760 tragenden bürgerlichen Klassen
Corks an, die, gleich ob Protestanten oder Katholiken, das Haus auch
zu Benefizveranstaltungen zugunsten lokaler Hospitäler füllen. Die
Lieder indes spiegeln die Sicht der niederen, auf der schäbigen Nordseite der Lee ansässigen Klassen. Wie eigenwillig die Konzeption solcher Abende auch gewesen sein mag, sie ist erfolgreich und sichert

Auf den Spuren der Ahnen in Cork und Dublin: Vater, Mutter, Großvater Murray und der kleine Joyce mit 6 ½ Jahren; Joyce in Zürich ca. 1938 am Platzspitz, hält im Rücken des Herrn Rückschau.

John Stanislaus belobigende Halbsätze in beiden Lokalblättern, dem noch bestehenden nationalistischen ›Cork Examiner‹ und der unionistischen, das heißt die Union mit Großbritannien unterstützenden ›Cork Constitution‹. Zwei Monate später spielt er die Hauptrolle in der Farce ›The Irish Emigrant‹ – für Autor wie Publikum eine Möglichkeit, durch Komik die persönlichen Erinnerungen zu verdrängen. Im ›Southern Reporter‹ erscheint folgendes Lob: Mr. Joyces Spiel »war voller ruhigen Humors, echt und so rassig wie bodenständig und bewundernswert stetig. Mr. Joyce ist ein junger Gentleman von beträchtlichem dramatischem Talent und mit glänzenden Aussichten.«

Aber die Bühne im Theatre Royal ist kein Sprungbrett zum Erfolg als Mediziner. Im Juli 1869 scheitert John Stanislaus bei der Zwischenprüfung und muss das zweite Jahr wiederholen. Wie etlichen Kommilitonen misslingt es ihm auch später, diese Hürde zu nehmen, aber als Alleinerbe eines großen Vermögens hat er ab dem

4. Juli 1870, als er volljährig wird und sein Erbe antritt, die finanzielle
Freiheit, über Fehlschläge hinwegzusehen.

Frei nach Hugos Aufzeichnung, wonach die »Staaten erster Ordnung [...] so verfasst [sind], daß ihr lokales Ereignis auch europäisches Ereignis ist« (›1848: Ein Revolutionsjournal‹), reagieren
die Bewohner Corks auf den preußisch-französischen Krieg von
1870/1871. Das nationalistische Dubliner Blatt ›The Freeman's Journal‹ berichtet am 20. August 1871 unter dem Titel ›Demonstrationen
gestern abend in Cork‹: »Heute abend wurde versucht, eine Demon-
stration zur Feier der französischen Siege auf die Beine zu bringen.
Drei Teerfässer wurden von einer großen Menschenmenge in die Patrick Street gebracht, die auf dem Weg durch die Straßen von einer
Rotte Polizei gestoppt wurde und den Befehl erhielt, die Teerfässer
abzusetzen. Nach einigem Hin und her lenkte man ein, und die Polizei löschte die Teerfässer. Die große Erregung nahm überhand, und
die Menschenmenge wuchs stark an, aber einige Angriffe ohne Bajo-
nett reichten zur Räumung der Straßen.«

Volljährig zwar und heißblütiger Verfechter der französischen Sache, die verloren ist wie sonst die irische, misslingt John Stanislaus im
Herbst 1870 die Flucht zur Front. Offenbar hat Mutter Ellen ihren
Einzigen in London gestellt. Den großen Ausbruch mag sie verhindert haben, alltägliche und -nächtliche Ausflüge auf politisch wie persönlich sensibles Terrain in Cork kann sie nicht kontrollieren. Denn
dort geht die irische Innenpolitik, etwa die Agitation zur Freilassung
der Fenierhäftlinge des Aufstandes von 1867, ebenso weiter wie das
durch Bier, Weib und Gesang bestimmte Wohlsein. Angeblich greift
sie mehrmals ein, um dem Sohn möglicherweise unpassende Partne-
rinnen auszureden.

Obwohl wie der eigene Vater nach dem Tod des Großvaters kein
Geschäftsmann auf eigene Rechnung, sondern Gentleman, geht John
Stanislaus Joyce in Cork einer beruflichen Tätigkeit nach. Eher Buch-
halter denn Rechnungsführer, arbeitet er bei Firmen von Bekannten
seines Vaters, oder Verwandten, zumeist Bier- und Weinhändlern oder
Buchhaltern. John Stanislaus war kein Kostverächter und dürfte gei-
stigen Getränken auch im Außendienst zugesprochen haben, seine
Biographen schildern zudem die Möglichkeiten zur sexuellen Aus-
schweifung im hierin freizügigen Cork, aber über diese Seite seines
Lebens ist nichts Näheres bekannt. Im Frühjahr 1873 wechselt John

Stanislaus nach Dublin, wo er als Geschäftsführer einer Destillerie arbeiten soll. Zwar hält er Aktien des Betriebs, aber »es ist unwahrscheinlich, dass eine solch verantwortungsvolle Tätigkeit einem jungen Mann ohne Erfahrung oder Referenzen angeboten worden wäre«. Bevor John Stanislaus in Dublin, wohin ihn Mutter Ellen begleitet, Whiskey destillieren lässt, trifft diese mit der Verpachtung von Haus und Grund in Cork an einen Weinhändler auf 150 Jahre weit reichende Entscheidungen. Da der Pächter den alten Vorgarten überbaut, »verschwindet das Zuhause aus John Stanislaus' Kindertagen für immer aus dem Blickfeld« (Wyse Jackson/Costello) – im Gegensatz zu den Anekdoten seiner Jugend, die er ein Leben lang erzählt. Wie Heinrich Schliemann, der inzwischen zur Archäologie und nach Troia gefunden hat, ist John Stanislaus »Mythomane«. Allerdings schreibt er nichts außer Briefen.

In Dublin wächst unterdes May Murray heran, teils im Wirtshaus des Vaters, der Eagle Tavern im heutigen Terenure bei den Brüdern, teils von den Tanten Flynn erzogen, früh verwitweten Damen, die Musikunterricht erteilen und als Solistinnen 1875 bei dem Oratorium mitwirken, das bei der Zentenarfeier Daniel O'Connells zur Aufführung gelangt. Familie Flynn zählt zur »katholischen Kaufmannsklasse im georgianischen Dublin« (Costello), einer privilegierten Minderheit. Sie hat zwar die Hungersnot unbeschadet überstanden, aber ein gewisser Niedergang ist unverkennbar. Dennoch, man hält auf sich und steht zusammen, als die Mutter zu kränkeln beginnt. Bei den Tanten wächst May also unter musikalischer Anleitung auf, eine sanfte Natur. Eine formale Bildung hat sie wie die meisten Mädchen jener Zeit nicht erhalten.

Station II: Verfallsgeschichte einer bürgerlichen Familie Irlands (1882–1898)

Nach der Unionsakte am Ende des 18. Jahrhunderts kam der Schwung der Expansion Dublins zum Erliegen, und um 1900 war die Stadt beinahe hundert Jahre hinter die Zeit zurückgefallen. Eine Hauptstadt war sie zweifellos noch immer, doch eine zweiten Ranges. [. . .] der ursprünglich georgianische Glanz war noch immer weithin sichtbar, auch wenn er unter beinahe einem Jahrhundert der Vernachlässigung litt. Ohnehin nie eine Industriestadt, fehlte es Dublin an der Eigendynamik für eine Expansion, und die Ergebnisse der Volkszählung zeigen nur einen bescheidenen Bevölkerungsanstieg von fünf Prozent für das letzte Jahrzehnt des 19. Jahrhunderts.
Vivien Igoe, ›James Joyce's Dublin Houses and Nora Barnacle's Galway‹, (1990) 1997

Als John Stanislaus Joyce mit Mutter Ellen im Frühjahr 1873 nach Dublin zieht, ist der Niedergang der Stadt im vollen Gange. Drei Jahre wird der junge Mann als Geschäftsführer der Dublin and Chapelizod Distillery Co. arbeiten. Im Frühjahr 1878 musste die Firma, die ihr Fabrikgebäude von den beiden Hauptinvestoren gepachtet hatte, Vergleich anmelden. Auch die Bestallung eines Liquidators half nichts, denn inzwischen hat irischer Whiskey auf dem Markt gegen schottische Mixturen wenig zu bestellen. Die Fabrik wird mit Verlust an »schottische Interessenten« verkauft und das Unternehmen am 1. Februar 1878 aufgelöst. Da hat John Stanislaus Joyce schon fast zwei Jahre sein Büro im Stadtteil Chapelizod in West-Dublin geräumt. Der Verlust von £ 500 in Destillerie-Aktien – »fast die Hälfte seines ursprünglichen Barkapitals« (Wyse Jackson/Costello) – dürfte ihn kaum gehindert haben, sich beim Fischen, Rudern, Segeln, Singen, Tanzen und Trinken zu unterhalten. Den Frauen zugeneigt, soll er wie in Cork einmal formal verlobt gewesen sein, doch darüber ist nur Anekdotisches bekannt, etwa dass er selbst die Verbindung in einem Eifersuchtsanfall beendet oder seine Mutter wieder mal eingreift.

Aus dem Nebel dieser Anekdoten taucht John Stanislaus am 1. Juli 1878 auf, als er rückwirkend vom 21. März des Jahres zum offiziellen Liquidator der Mineral Water Co. bestellt wird. Nun mit eigenem Büro in Nr. 13, Westland Row, hinter Trinity College in der gleichen Straße, wo William Wilde vor Oscar Wildes Geburt als Arzt praktiziert hatte, soll John Stanislaus Selters-Aktien verscherbeln. Das ist nicht ohne Ironie, denn persönlich rührt er Mineralwasser selten an, und, eben noch in einer Firma, die aufgelöst wurde, soll er nun selbst Ähnliches bewerkstelligen. Rätselhaft ist auch des jungen Mannes Begabung, zur rechten Zeit am falschen Ort zu sein. Dabei zeugt sein Leben vom Beziehungsgeflecht katholischer Kreise im Irland jener Jahre.

In vielen Dingen durch formale Barrieren an freier Entfaltung gehindert, obwohl die protestantische Minderheit finanziell wie politisch sogar in Dublin immer mehr in Not gerät, suchen die Katholiken ihren Einfluss über das Knüpfen von Beziehungen zu mehren. Wer es finanziell zu nichts bringt, wird nicht Wirt, sondern Politiker oder Journalist, falls ihm nicht einflussreiche und zahlungskräftige Klienten zur juristischen Laufbahn verhelfen. Oder, wenn all das nichts nützt, wird solch junger Mann auswandern müssen.

Charles Stewart Parnell, Sohn eines Grundbesitzers in County Wicklow und der Tochter eines US-amerikanischen Generals, Protestant, in Cambridge gescheitert, wird Politiker, sitzt seit 1875 als Abgeordneter im Londoner Unterhaus und ist, ein eher unsicherer Redner, im Hinterzimmer eifrig bestrebt, eine schlagkräftige irische Partei zu formieren. Drei Jahre älter als John Stanislaus und wie dieser Erbe des Familienvermögens, ist Parnell Nutznießer informeller Gesellschaftsstrukturen.

Im Herbst 1878 wird John Stanislaus Joyce »erneut durch familiäre Verbindungen« (Wyse Jackson/Costello) der Posten eines Sekretärs des United Liberal Club angedient. 1877 gegründet, um den Stimmenanteil für die Konservativen zu drücken, und dazu Anhängern der Liberalen wie der Eigenregierung Irlands (›Home Rule‹) offenstehend, scheint der Klub wichtige Bürger Corks und Dublins angezogen zu haben. Überdies bietet er Gelegenheiten zum Plaudern, Rauchen, Pokulieren. All das ist attraktiv für John Stanislaus, der daneben dem Gesang frönt. Wie 1875, als zu Daniel O'Connells Zentenarfeier ein Oratorium komponiert und aufgeführt wird, begeht man 1879 den 100. Geburtstag des Lyrikers und Byron-Biographen

Thomas Moore in großem Stil. Knapp 30 Jahre nach dessen Tod 1852 entfaltet sich in zahllosen Aufführungen die zu Lebzeiten noch verschleierte »Kraft von Moores Patriotismus« (David Pierce) im zunehmend nationalistischen Dublin ungehemmt. John Stanislaus kann daher vollen Gebrauch von seiner sängerischen Begabung machen, womöglich auch als Liebhaber, denn 1879 begegnet er erstmals May Murray. Wie so oft ist der Punkt, an dem die Legenden aus dem Leben des John Stanislaus Joyce in verbürgte Geschichten übergehen, schwer auszumachen. Daten aus dem Jahr 1879 sind nicht überliefert, dafür ist um so mehr bekannt über die Wahlkampagne im März/April 1880, als auch die Brautwerbung um May Murray in die Endphase geht.

Mit guten Ideen, wie man zögerliche Bürger durch Abdruck eines ausgefüllten Stimmzettels in der Zeitung zur »rechten« Wahl bewegt, und manchem guten Wort wird er zum Erfolg der Liberalen wie der Anhänger von Home Rule beigetragen haben. Der protestantische Bierbrauer Arthur Guinness verliert seinen Sitz, und in Cork siegen ein Cousin John Stanislaus' sowie Charles Stewart Parnell. Passend zu solch politischem Triumph tritt John Stanislaus Ende April in den Antient Concert Rooms, North Brunswick Street (heute: Pearse Street), Dublin, als Tenor auf die Bühne – wie in Cork bei einem Benefizabend. Dort glänzt er: ein Amateur ohne Ausbildung. Eine Woche darauf, am 5. Mai 1880, geht er mit May Murray in Rathmines den Bund der Ehe ein. John Stanislaus scheint das Glück in diesen Wochen hold.

Der Ort der Eheschließung, die Church of Our Immaculate Lady of Refuge, die Kirche Unserer Unbefleckten Lieben Frau der Zuflucht, gibt Anlass zum Nachdenken: Könnten die Brautleute zwar »offiziell Verlobte« gewesen sein und doch ohne Segen beider Eltern geheiratet haben – obwohl sie in Upper Clanbrassil Street nur wenige Hausnummern voneinander entfernt wohnen?

Tatsächlich hat Ellen Joyce der jungen Frau die Heirat ausreden wollen, und John Murray war auch nicht begeistert. May war laut Heiratsurkunde noch minderjährig. Wahrscheinlich gab es einen triftigen Grund für die Hochzeit: May ist schwanger. Etwas anderes als zu heiraten war damals undenkbar. Als am 23. November, »weniger als sieben Monate nach der Hochzeit«, wie Wyse Jackson/Costello feststellen, John Augustine Joyce in Nr. 13, Ontario Terrace geboren wird, fragt dort gewiss kein Nachbar danach, wie lange das Paar ehelich verbunden sei. Nur Ellen Joyce grollt, ist mutmaßlich um das Datum der Hochzeit nach Cork zurückgekehrt. Aus der Ferne hört sie von Geburt und Tod des Enkels, der, so Mays Mutter Margaret, ein »Frühchen« war und deshalb nicht überlebt. Daheim getauft, stirbt er nach acht Tagen. Der katholische Friedhof, auf dem John Stanislaus Joyce nun eine Grabstätte erwirbt, Prospect Cemetery, liegt nördlich der Liffey, im Stadtteil Glasnevin, wo auch Daniel O'Connell, sein Begründer, bestattet ist. Ohne die Mutter, denn damals nehmen Frauen beider Bekenntnisse nicht an Begräbnissen teil, muss die Zeremonie im Dubliner Dezember karg ausgefallen sein – wie das erste Weihnachten des Ehepaars Joyce wenige Wochen später. Im neuen Jahr agiert John Stanislaus Joyce wieder als Sänger, er nimmt an politischen Sandkastenspielen zugunsten der aufstrebenden Landliga Parnells teil und er bewirbt sich um einen Posten als Steuereinnehmer. Ohne sich mit dem Sohn versöhnt zu haben, stirbt seine Mutter am 27. Juni 1881.

May Joyces zweite Schwangerschaft steht im Zeichen großer Ungewissheit: persönlich und politisch. Ihr Mann kommt weder mit John Murray, ihrem im selben Jahr verwitweten und bald wiederverheirateten Vater, zurecht, noch mit den Schwägern. Auch beginnt sein Anstellungsverhältnis erst im Januar 1882 – nachdem er die erforderliche Prüfung, die allen Kandidaten zusätzlich zur »unerläßlichen Patronage« auferlegt ist, erst im zweiten Anlauf bestanden hatte. Aber finanziell steht das Paar nach Ellen Joyces Tod glänzend da, denn der Sohn erbt alle Immobilien in Cork, die »etwa £ 500 jährliche Mieteinnahmen« versprechen (Wyse Jackson/Costello). Sogleich beginnt John Stanislaus, sein Leben aufwendiger zu gestalten. Dazu gehört der Umzug nach Kingstown (heute: Dún Laoghairi), den Dubliner Fährhafen am Meer – weit weg von der Murray-Sippe; dann, noch vor Weihnachten, der Einzug in Nr. 41, Brighton Square, Rathgar, einem aufstrebenden Vorort im Süden der Kapitale – in dessen Kirchenchor John und May schon vorher gesungen hatten. Hier allerdings wohnt man unweit von Mays Bruder William und dessen Frau Josephine.

Unterdes erlebt Irland einen heißen politischen Herbst. Auf Geheiß des englischen Premierministers Gladstone wird mit Verabschiedung der Landakte über die Veräußerung von Grund und Boden auf

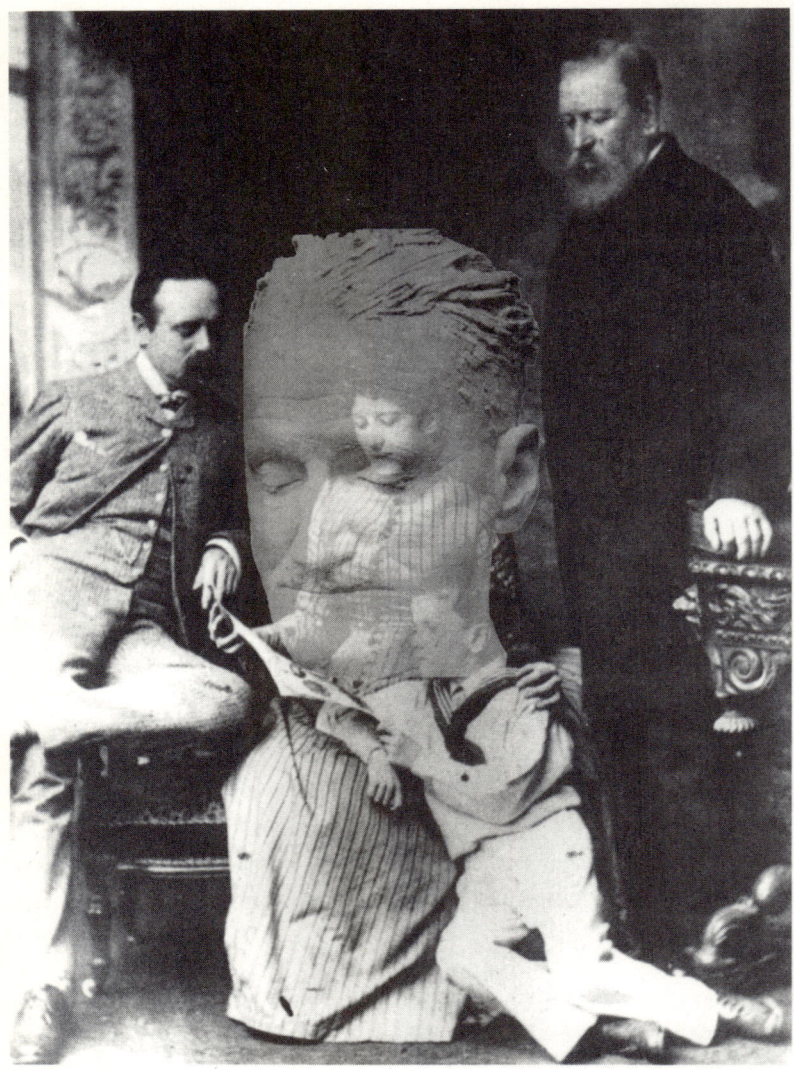

»Gott segne und behüte meinen Vater und meine Mutter! Gott segne und behüte meine kleinen Brüder und Schwestern! Gott segne und behüte Dante und Onkel Charles!« ›Ein Porträt des Künstlers als junger Mann‹.

Kreditbasis der Krieg um Land, Besitzrechte und Pachtzahlungen vorerst gestoppt. Doch Parnell hält überall aufrührerische Reden vor einem Massenpublikum – wie knapp 40 Jahre zuvor Daniel O'Connell – und wird im Oktober 1881 verhaftet. Sieben Monate lang in Kilmainham Gaol festgesetzt unter gleichwohl bequemen Bedingungen, wird Parnell erst jetzt, wohl auch für John Stanislaus Joyce, zum Helden, ja »quasi-Märtyrer« der irischen Sache. Selbst die Frauen, zumeist Ladys der Oberklasse, treten für Parnell ein, während die an der Basis angezettelten Proteste gegen das nicht so radikal wie gewünscht ausgefallene Landgesetz verpuffen.

Nachdem John Stanislaus im Januar 1882 den Steuereinnehmerdienst aufnimmt, ist er nun ständig in Dublin unterwegs. Da sein Arbeitstag erst um zehn beginnt – denn wer will den Eintreiber im Morgenrock empfangen? –, kann er am 2. Februar, dem Fest Mariä Lichtmess, nach katholischem Verständnis das Ende der Weihnachtszeit, morgens ohne weiteres feststellen, nun stehe ihm ein F(r)eiertag zu. Denn um sechs Uhr hatte May einen gesunden Knaben entbunden, der am Sonntag, dem 5. Februar 1882, in der Chapel of Ease, St. Joseph, Roundtown, von Pater John O'Mulloy CC auf die Namen der Heiligen James und Augustine getauft wird – Namen, die bei den Joyce und Murray gängig sind. Bis dahin ist an dem neugeborenen James nichts außergewöhnliches.

Um die Zusammenhänge durchsichtig zu machen, in denen Joyce aufwächst und aus denen er literarische, persönliche und politische Interessen gewinnt, soll an dieser Stelle kurz auf die politische Wetterlage zum Zeitpunkt seiner Geburt und auf die irischen Literaten eingegangen werden, die Joyce später beschäftigen und die wie George Moore, Oscar Wilde sowie W. B. Yeats in den achtziger Jahren bereits aktiv sind oder ihre Laufbahn beginnen.

George Augustus Moore, 1852 geboren, entstammt einer katholischen Grundbesitzerfamilie aus County Mayo im Westen Irlands. Der Vater schickt George auf eine katholische Privatschule bei Birmingham, wo er den Anforderungen an die Beherrschung von Orthographie und Grammatik nicht genügt, so dass seine Bildung auf dem väterlichen Landsitz von Stalljungen vollendet wird. Vater Moore will aus George einen englischen Soldaten machen, erlaubt ihm jedoch den Besuch einer Malklasse. Nach George Henry Moores Tod 1870 erbt der Sohn den irischen Grundbesitz, geht nach Paris, wo er eine

Künstlerkarriere beginnt; nach Versuchen als Maler und Lyriker wird er Erzähler naturalistischen Stils und tritt in den achtziger Jahren als kritisch-sarkastischer Beobachter des Nationalismus in Erscheinung.

Oscar Wilde, Jahrgang 1854, Absolvent des Trinity College in Dublin und des Magdalen College in Oxford, schlägt ab 1879 in London die Laufbahn eines Lyrik verfassenden Lebemannes ein und lässt 1880 ein erstes Selbstporträt in Prosa publizieren: Er »glaubt an die Religion der Schönheit, ist eine markante Figur in der neuesten Schule der Ästhetik, einer, der an Orten hochmögender Gefühle zu Hause ist. [...] Er ist Sproß der leidenschaftlichen und gefühlsbetonten Rasse der Kelten und Kind zweier Persönlichkeiten ungewöhnlichen Charakters. In ihm allein wird die starke Gefühlsneigung des irischen Naturells, mit der ein Großteil der Kelten persönliche Empfindungen speist, durch geistige Entwicklung zu einer Passion für die Kunst und deren Herrlichkeiten.« (›The Biograph‹) Wie Charles Dickens und Charles Stewart Parnell machte Wilde eine seinen Ruf im Guten wie im Bösen begründende Amerikareise. Nach Vorträgen notiert er: »Selbst Dickens hatte kein so zahlreiches und wundervolles Publikum. Immer wieder wurde ich herausgerufen und werde jetzt behandelt wie der Royal Boy [Kronprinz Eduard]« (ca. 15. Januar 1882).

W[illiam] B[utler] Yeats schließlich, 1865 geboren, wächst in »vornehmer Armut« auf, die Einkünfte aus väterlichem Erbe in County Kildare, Mittelirland, sinken zusehends, Jahre vor der Landakte von 1881, so dass die Familie ein Auskommen suchend mehrmals zwischen Irland und London pendelt. Nach sieben Jahren im Westen Londons ist man 1881 zurück in Irland, wo der junge Yeats die »Erasmus Smith High School« besucht und bis 1883 »viel über Lyrik und Drama von seinem Vater lernt, als sie morgens mit dem Zug [in die Stadt] fuhren, bevor sie vor Schulbeginn im Atelier des Künstlers frühstückten« (›Oxford Companion to Irish Literature‹). Informell ins Künstlerdasein eingeführt wie Moore ins Leben der Unterklasse auf dem Lande, schlägt Yeats 1884 den Weg zum Maler ein. Danach aber sucht er in Irland und bald darauf auch in London sein Glück als Schriftsteller. Wilde nimmt ihn unter die Fittiche, als sie sich 1887 begegnen, und Yeats lernt Moore wie Joyce kennen. Deshalb ist er *die* zentrale Figur irischer Literatur um die Wende zum 20. Jahrhundert.

Sozialhistorisch betrachtet geben die drei Kurzporträts irischer

Autoren aus der Generation vor Joyce Aufschluss über das Milieu, das damals große Künstler hervorbringt: Es eint die Familien Moore, Wilde, Yeats und Joyce eine finanzielle Unsicherheit, die ihre jüngeren Mitglieder nicht etwa in die nach heftigem Erwerbsstreben erkämpfte Wagenburg gesicherter Verhältnisse und dogmatischer Positionen treibt, sondern sensibilisiert für ihre Umwelt, deren Leiden sie stellvertretend in der Literatur ausdrücken. Auch werden Moore, Wilde und Yeats zumindest zeitweise zu Emigranten, leben und schreiben in Paris und London – doch Irland ist ihnen nie fern. In diesem Umfeld beginnt also am 2. Februar 1882 James Augustine Joyce sein Leben.

Affluenz, Angst, Armut

Überfluss an Geld und Gut, Affluenz eben, nach puritanisch-katholischer wie puritanisch-protestantischer Lebenslehre bis zum Ende des 20. Jahrhunderts zur Gründung einer Familie notwendige Bedingung, umgibt anscheinend auch die junge Familie Joyce. John Stanislaus und May, glücklich mit dem im Gegensatz zum früh verstorbenen Bruder »rosigen, pausbäckigen und lautstarken« Zweitgeborenen, lassen James am 20. März 1882 als Untertan Ihrer Majestät der Königin von Großbritannien und Irland eintragen. Dabei unterläuft dem Beamten ein Schreibfehler, wohl beruhend auf dem Taufschein, wo Augustine als Agustin vermerkt ist. Offiziell registriert wird der neue Untertan dann als »James Agusta Joyce«.

Die Tatsache, dass in James der Zweitgeborene den väterlichen Wunsch nach einem Stammhalter erfüllt, ist von Bedeutung. Denn ob man John Stanislaus Joyces Bemühen um Nähe zum Sohn, indem er ihm vorsingt und Geschichten erzählt, was er bei keinem der weiteren Kinder ähnlich ausgiebig tut, tiefenpsychologisch deutet oder nicht, die drei Generationen Joyce überspannende Kontinuität von Einzelkindern, Söhnen zumal, ist durchbrochen. Zugleich endet mit John Stanislaus die als Geburtenkontrolle wirksame, der Bewahrung ererbten Besitzes dienende, eher asketische Lebensweise der Familien. Vielmehr gleicht sein Lebensstil einer Spirale, die nur abwärts führen kann. Allein im Jahr 1884 kommen zwei Kinder zur Welt, Tochter Margaret im Januar und Sohn Stanislaus im Dezember. Je

mehr Kinder John Stanislaus zeugt und May gebiert – bis 1893 sind es
zwölf Schwangerschaften, neun Babys überleben –, desto mehr
unternimmt er, damit die Familie den Anschein der Affluenz wahren
kann.

Ein erster Umzug erfolgt mit James von Nr. 41, Brighton Square,
Rathgar, zur Nr. 23, Castlewood Avenue, Rathmines. Näher an der
Stadt, neben Belgrave Square gelegen, in einem Viertel, das analog zu
Belgravia in London von vornehmen Leuten bewohnt wird, stellt das
»große, zweiflügelige, dreistöckige Haus« (Costello) mit ausladender
Freitreppe und Souterrain für Küche und Bediente zunächst einen er-
neuten sozialen Aufstieg dar. So viel Platz braucht man auch für die
ältlichen Verwandten aus Cork, denen John Stanislaus Unterschlupf
bietet: Onkel William O'Connell, der Bruder seiner Mutter, den ein
Konkurs kalt lässt, und Mrs. Elizabeth Conway, deren Mann nach einigen Ehejahren gen Südamerika verschwand, so dass sie auf die
Güte von Verwandten und Freunden angewiesen ist. Als ausgebildete
Lehrerin übt sie bei den Joyce die Funktion einer Gouvernante aus.
Bei stets wachsender Kinderschar ist ihre Hilfe so notwendig, wie die
Anwesenheit einer Lehrperson im gehobenen Milieu zum guten Ton
gehört. So ist James Joyce früh Mrs. Conway anvertraut, die ihn in Lesen, Schreiben, Rechnen unterweist, aber zudem von der Existenz
eines zornigen Gottes unterrichtet haben soll. Als Zeichen der Gegenwart Gottes habe sie den Donner ausgemacht, der auch robuste Kinder stets erschreckt.

Gleichzeitig gibt es aber auch Symptome für eine Verschlechte-
rung der Lebensumstände. Über Hypotheken und Kredite finanziert
der Vater das Leben auf großem Fuß. Als James fünf Jahre alt wird,
zieht die Familie erneut um: zur Nr. 1, Martello Terrace, Bray, County
Wicklow. Dreizehn Meilen südlich Dublins gelegen, bis heute ein be-
liebter Badeort, bietet Bray den Joyce nun ein Haus mit Seeblick. In
Nr. 8, Martello Terrace ist der Bray Boat Club angesiedelt, dem John
Stanislaus angehört, und auch der erste öffentliche Auftritt von James
Joyce als Knabensopran am 26. Juni 1888 beim Sommerkonzert gemeinsam mit den Eltern findet im Rahmen des Vereinslebens statt. Da
ist er sechs Jahre alt und hat im Familienkreis bereits mit dem Lied
›Houlihan's Cake‹ debütiert, während der gut zwei Jahre jüngere
Stanislaus mit der Ballade von ›Finnegan's Wake‹ brilliert, was bei bei-
den auf ein gutes Gedächtnis für musikalisch untermalte gebundene

Rede schließen lässt. Der Gesangssolist James wird zweimal im Matrosenanzug abgelichtet: mit John Murray, dem einzigen Großelternteil, den er je gekannt hat: ein ernst blickender, bärtiger Mann, der wie James und dessen Eltern nicht in die Kamera schaut, sondern auf ein großformatiges Blatt Papier; dann James allein mit intensivem Blick aus hellen, vielleicht schon damals irreparabel kurzsichtigen Augen, in der Pose eines kleinen Dandy. Ein aus noch früherer Zeit überliefertes Foto zeigt den Zweijährigen mit ebenso durchdringendem Blick, doch nicht freistehend, vielmehr an einer Kommode sich haltend und auf eine niedrige Sitzgelegenheit gestützt. Die große weiße Halskrause und das Kleidchen waren die übliche Mädchenkleidung für kleine Jungen bis zum Alter von fünf Jahren. Als Baby auf dem Wickeltisch sitzend abgelichtet, um auf das älteste erhaltene Bild zu blicken, hat der pausbäckige James gar langes lockiges Haar.

Erst der schulreife Junge trägt den Matrosenanzug. Da Erziehung außerhalb der Familie nur nach Geschlechtern getrennt erfolgt, werden dann Sechsjährige zwecks Erinnerungsfotografie wie kleine Männer ausstaffiert. Angst vor dem Donner hat James Joyce wohl Mrs. Conway eingeflößt. Angst vor der Armut braucht er einstweilen nicht zu haben, denn noch gelingt es Vater Stanislaus ab und an, eine Hypothek abzulösen oder einen Kredit abzuzahlen, wenngleich er häufig neue Gläubiger benötigt, um das Familienschiff auf vornehmem Kurs zu halten. Dazu gehört die Galerie der Familienporträts im Wohnzimmer ebenso wie mitunter die Verpflichtung eines Lakaien in Livree für einen Abend mit musikalischen und politischen Freunden. Deren Gegenwart und die Posen des Gentleman dürften den jungen James beeindruckt haben. Auch die hitziger werdende politische Atmosphäre hat die Kinderstube nicht verschont, da der Vater keiner Diskussion aus dem Weg geht.

In einem Jahrzehnt, das den Iren 1885 die Vervielfachung der Wahlberechtigten von 220 000 auf 740 000 Männer einbringt, so dass die Nationalisten außer in Ulster, der Nordostprovinz, überall die Mehrheit erringen und damit die Teilung Irlands effektiv vollziehen, müssten auch die begleitenden familiären Auseinandersetzungen den kleinen James beeindruckt haben. Denn sein Leben steht im Zeichen von des Vaters persönlich-politischer Prägung durch Verwandte und Freunde. Dabei spielen eventuell vom Sohn zu verkraftende Widersprüche keine Rolle. Der Spross eines irischen Gentleman be-

sucht ein Internat; ist er Protestant, muss es wie bei den Gebrüdern
Wilde Portora Royal School oder ähnliches sein. Ist der Gentleman
Katholik, kann er wählen zwischen Einrichtungen in England, die
Moore senior vorgezogen hatte, und irischen Institutionen: den Pa-
tern vom Holy Ghost und ihrem French College zu Blackrock (zwi-
schen Dublin und Bray) sowie Clongowes Wood College in County
Kildare, das von Jesuiten geleitet wird. Hier dem Gentleman-Ideal
und Vorbildern unter früheren Kommilitonen vom Queen's College,
Cork, folgend, beschließt John Stanislaus Joyce, den Ältesten ins
Internat aufs Land zu schicken. Am 1. September 1888 bringen die
Eltern James mit der Eisenbahn an den Ort, wo ihm »die beste Erziehung zuteil [werden soll], die das Land bieten kann« (Costello).

Bildung der Söhne bei den Jesuiten

Clongowes Wood College, ein Eton für die katholische Elite Irlands,
nimmt zwar den sechseinhalbjährigen James Joyce auf, aber wie
kindlich er im Herbst 1888 noch ist, zeigt nicht nur die vielzitierte Replik auf die Frage nach seinem Alter: »Halb sieben«, die ihm bald als
Spitzname anhängt. Auch das Gruppenbild, auf dem Joyce im Schnei-
dersitz und mit den verschränkten Armen des Schutzsuchenden vor
einem Lehrer und teils feixenden Mitschülern sitzt, bezeugt Alters-
und Größenunterschied. Alle anderen sind in Schwarz, nur James
trägt einen hellen Mantel. Für die Hälfte des Schulgeldes von £ 50 im
Jahr – immerhin ein Zwanzigstel der Mieteinnahmen von Vater John
Stanislaus in Cork –, wird James als einer von 37 Schülern in der Ele-
mentarklasse, der ersten von drei Stufen im jesuitischen Bildungs-
plan, untergebracht.

   In dem länglichen Klassenzimmer, beherrscht vom Kruzifix an
der Stirnseite des Raumes, den hinter Glas befindlichen Büchern, der
Tafel und dem leicht erhöhten Lesepult des Lehrers, wo die Jungen in
vier Bankreihen hintereinander sitzen, wird er sich sehr klein vorgekommen sein. Er schläft zunächst nicht im Saal für die kleinen Jungen mit den Einzelbetten, die, durch Vorhänge verschlossen, etwas
Privatsphäre bieten und die Einsamkeit verschärfen. Anfangs näch-
tigt James im Krankenzimmer, wo eine Frau über ihn wacht, ihrerseits
beaufsichtigt von einem jesuitischen Laienbruder. Aus dem Inter-

nat mitgenommen hat er ein Empfinden für das Funktionieren einer hierarchisch gegliederten Welt *in* der Welt, in der jeder, auch er selbst, einen bestimmten Platz hat, den zu verlassen Sanktionen provoziert. Ein Blick auf das Strafregister von Clongowes Wood College zeigt, James Joyce musste für diverse Vergehen dem Priester den Hintern oder die flache Hand hinhalten: Am 7. Februar 1889 hat er ein Buch nicht zum Unterricht gebracht: zwei Hiebe; am 14. März vier Hiebe für »ordinäre Sprache« (Ellmann 1983); ebenfalls im März sechs Hiebe für das Tragen von Stiefeln im Haus. Andere Jungen werden für »stetige Nachlässigkeit beim Lernen« mit zehn Hieben bestraft, mit vier Schlägen, wenn sie verbotenes Terrain betreten, sechs für Grobheit, neun für das Öffnen des Pultes eines anderen Knaben oder die Unkenntnis Vergils oder auch sechs wegen Balgerei.

Straff als Anstalt organisiert, ist das Internat gleichwohl nicht hermetisch abgeschlossen. Aus den Weihnachtsferien 1888/1889 tragen die Jungen die Familienerlebnisse ins Schulleben. Mutter May ist erneut schwanger, zu Hause wird wohl Weihnachten über die Parnell-Kommission diskutiert worden sein, die befinden soll, ob der Häftling Parnell im Mai 1882 die Morde vom Phoenix Park zu Dublin am britischen Vizekönig und seinem Stellvertreter brieflich gebilligt hatte. Die Gebrüder Wilde, mit Parnell sympathisierend, wohnen den öffentlichen Anhörungen bei.

Als diese Ereignisse Dublin erschüttert hatten, in England und Amerika Schlagzeilen machen, wo Wilde damals widersprüchliche Interviews gibt, war James Joyce drei Monate alt. Auch jetzt, mit fast sieben Jahren, wird er den Inhalt der häuslichen Dispute kaum verstanden haben. Aber James Joyce dürfte registriert haben, wie zwei Mitschüler in Clongowes auf die Nachricht reagieren: Es sind die Söhne des Kronzeugen gegen Parnell, eines Journalisten, der über eine Verschreibung stolpert, als Fälscher des Parnell untergeschobenen Briefes entlarvt wird, flieht und bei seiner Verhaftung in Madrid den Freitod wählt. Die beiden Jungen sollten von diesen Nachrichten verschont werden, aber das von oben verordnete Schweigen hält nicht lange, und bald werden die Gebrüder Pigott aus dem Internat genommen. Ebenso eindrücklich ist gewiss am Ostersonntag, dem 21. April 1889, James Joyces Erstkommunion, die im College – vermutlich ohne Familie – erfolgt und ihn zum Messdiener macht, also die erste Stufe in der kirchlichen Hierarchie erklimmen lässt.

Anders als die liberalen Oberen Willie und Oscar Wildes in Portora, die jedem Jungen Gelegenheit zur Pflege des eigenen protestantischen Bekenntnisses geben, sind die Jesuiten in Clongowes auf die Einhaltung ihrer Riten bedacht. Wilde hat zeitlebens mit dem Katholizismus geliebäugelt, in Dublin die Jesuiten besucht, und Joyce wird von ihnen geprägt.

Den Großteil des Jahres ist er im Internat, doch in den Ferien zu Hause ist James den Gegensätzen, die Irland und die Familie zu spalten drohen, stärker ausgesetzt. Denn einerseits mehren sich die Anzeichen, dass Vater John Stanislaus schon 1889 in finanzielle Eskapaden verstrickt ist, da er versucht, mit einem neuen, kurzzeitigen Kredit, längerfristige Verbindlichkeiten abzugelten. Andererseits sorgt ein Freund, der als Nationalist im Gefängnis saß, für Irritationen und Diskussionen. Auch hat James in Bray wieder Kontakt zu Eileen Vance, einem Mädchen aus anglikanischem Haus, mit dem er bereits vor dem Eintritt ins Internat gespielt hatte. Potentiell gefährlich, denn die der Sandkastenfreundschaft prophezeite Mischehe hätte Probleme verursacht, ist diese Kinderliebe ein Nichts gegen die Gefahr, die des Vaters zunehmende Trunksucht für Zusammenhalt und Geldbeutel der Familie darstellt. May Joyce beichtet eines Tages dem Priester, welches Martyrium sie erlebt, doch der »[gibt] zu bedenken, ihre Ehe sei gültig und vollzogen« und Trennung unmöglich. »Sie solle zu Hause beten. May blieb nichts als Gehorsam, und so blieb alles nahezu, wie es war« (Wyse Jackson/Costello).

Womöglich ist James gerade in Clongowes, als diese Ereignisse die Familie erfassen. Dort, auf weitläufigem Gelände hinter dem anglonormannisch wirkenden Hauptportal des 1814 eröffneten Internats, verläuft der Tag im Sinne der seit der ›Ratio Studiorum‹ der Jesuiten von 1599 verbürgten Ordnung. In ihr ist außer dem Lehrplan der Tageslauf uhrwerkgleich geregelt – in Form religiöser Hingabe an Gebet und geistige Arbeit. In Gestalt sportlicher Wettkämpfe und -spiele findet auch körperliche Ertüchtigung statt. Während die Planung der weitgehend schweigend erfolgenden geistigen Erziehung vom Aufstehen um 6.30 bis zum Nachtgebet um 20.15 dem Ziel dient, die Jungen zu innerlich gefestigten Persönlichkeiten auszubilden, führt die so lücken- wie reibungslose Erfüllung aller leiblichen Bedürfnisse die Zöglinge an geistlich bestimmtes Leben heran: »Die Jesuiten lehrten ihre Schüler, gleichermaßen selbständig, selbstlos und selbstsüchtig zu werden – eine in ihrer Wirkung starke Mischung aus Tugenden und Lastern« (Pierce). Wohl dank dieser Disziplin ist es James Joyce gelungen, das familiäre Tohuwabohu zu überleben, das ihn in den Ferien einholt. Von den in Clongowes praktizierten Sommersportarten gefällt ihm Laufen ebenso wie das englische Kricket, doch dem winterlichen Gravel Football, eine Art Rugby auf kiesigem Boden, mag er nichts abgewinnen.

In jedem Fall ist er zu Weihnachten 1889 daheim in Bray, als der Lorbeer von Parnells Triumph vor Gericht über seine Verleumder von der ›Times‹ noch frisch ist und eine erneute Übereinkunft mit den Liberalen unter Gladstone Hoffnung auf ein zweites Home-Rule-Gesetz verheißt (das erste Autonomie-Gesetz war 1886 im Unterhaus gescheitert, woraufhin Gladstone Neuwahlen ausschreiben ließ, die er verlor). Gerüchte über einen neuen Fall Parnell indes kursieren in Irland schon vor den Feiertagen, und am 27. Dezember lässt die ›Times‹ die Katze aus dem Sack: Parnell, seit 1882 mit Mrs. Katharine O'Shea liiert und Vater ihrer Töchter, wird in das Scheidungsverfahren verstrickt, das Hauptmann O'Shea wegen einer Erbsache anstrengt. Jahrelang offenes Geheimnis in politischen Kreisen Londons, steht die Angelegenheit 1890 ganz oben auf der Tagesordnung scharfen öffentlichen Streits. Nur am Rande geht es um Irland. Vielmehr scheint der Fall die Existenz des viktorianischen Selbstverständnisses zu gefährden. Ob Parnell dank Doppelmoral und Heuchelei als Politiker ins Schwimmen gerät, oder ob John Stanislaus Joyce dank riskanter finanzieller Manöver sowie immer neuer Babys die Kontrolle über das Geschick der Familie verliert: Jedes Mal steht das zum Überleben wichtige symbolische Kapital der Reputation (Pierre Bourdieu) auf dem Spiel.

In dieser politisch wie familiär bewegten Zeit ist der Junge James laut einem Brief seines »Gesundheitspräfektes« vom 9. März an Mutter May, die über ausbleibende Post geklagt hatte, von robuster Gesundheit: im Gesicht, »wie gewöhnlich, sehr oft schwarz verschmiert von allem, was ihm in die Finger kommt«. Unter täglicher Verabreichung von Lebertran wächst er fernab in pädagogischer Provinz heran. Trotz der Geldsorgen muss Vater John Stanislaus nach den Sommerferien den vollen Gebührensatz zahlen, denn James ist nun vollgültiger Schüler in Clongowes und auch dem kompletten Curriculum unterworfen, zu dem gesondert abzurechnender Klavierunterricht in Höhe von 11 Shilling 6 Pence pro Quartal und »Cantus planus (unbegleiteter Gesang)« (Pierce) gehören.

So ländlich ruhig in Clongowes alles seinen Gang geht, so stürmisch verläuft der politische Herbst, als Parnell auf den Prozess wartet. Ein Zwischenspiel, mit dem Moralisten unter den Journalisten im Sommer die Spalten füllen, doch beileibe keine folgenlose Posse, bietet vom 24. Juni 1890 die Debatte um den Erstdruck von Oscar Wildes Roman ›The Picture of Dorian Gray‹. Wilde nimmt über Leserbriefe selbst an der um Ethik und Ästhetik in der Kunst kreisenden Kontroverse teil und verschärft sie somit.

Parnell, als Ehebrecher am Pranger stehend, schweigt zur Person und kämpft unverdrossen um seine Position in der Irischen Parlamentspartei, doch allmählich geben ihn alle auf, die auf den eigenen Ruf bedacht sind. Nur Männer wie John Stanislaus Joyce, den die Affäre um Wilde kaum interessiert haben dürfte, sind von Parnells Fall zutiefst betroffen. Noch dazu droht Vater Joyce beruflich Ungemach, denn 1890 wird eine Satzung der Stadt Dublin verabschiedet, derzufolge die Kommune nun selbst Abgaben erheben darf, was staatlichbritische Steuereinnehmer überflüssig macht. In Clongowes tragen die Jungen am 10. Dezember – vier Tage nach der Abwahl Parnells – einen Mitschüler zu Grabe. Und noch vor den Weihnachtsferien sitzen sie wie alle katholischen Eleven in jedem Jahr im Prüfungssaal für das »Bischofs-Examen«, bei dem religiöses Grundlagenwissen abgefragt wird. Einem jeden gehe der Stoff ob regelmäßiger Wiederholung in Fleisch und Blut über. Dieser Praxis mithin verdanke Irland etliche »gute Katholiken und viele Priester« (Costello).

Als James im Januar 1891 wieder nach Clongowes fährt, hat sich die Aufregung um Parnell noch nicht gelegt. Denn im Februar publiziert Wilde ›The Soul of Man under Socialism‹, worin er zur Affäre schreibt: »In früheren Zeiten hatte man die Folter. Jetzt hat man die Presse. Den Schaden verursachen die seriösen, die nachdenklichen, ernsten Journalisten, die [...] feierlich irgendein Ereignis aus dem Privatleben eines großen Staatsmannes [...] vor den Blick des Publikums zerren und es auffordern, dieses Ereignis zu besprechen [...].« Er fährt fort: »In Frankreich handhabt man diese Dinge besser. Dort unterbindet man die Veröffentlichung von Details eines Ehescheidungsprozesses. [...] In Frankreich setzt man dem Journalisten Grenzen und gewährt dafür dem Künstler absolute Freiheit.« Mit dem Passus spielt Wilde auf Parnell an und im letzten Satz auf sich selbst.

In Clongowes bleibt alles beim alten: Joyce wird wohl im März gefirmt und nimmt den Namen des heiligen Aloysius Gonzaga an – nach den im Internatswappen benannten Renaissancefürsten Mantuas, aus deren Familie der hl. Aloysius stammt. Wie immer sind die Jungen über Ostern im Internat. James steht als Kobold im ›Aladdin‹ auf der Bühne und dürfte die Arien aus Werken italienischer wie deutscher Komponisten genossen haben. Neben den lateinischen Gebeten hat er die *Bel canto* verströmenden Musikstücke seinem Langzeitgedächtnis einverleibt.

Kann bei einem Erwachsenen, einem Dichter zumal, der schriftliche Zeugnisse hinterlässt, der Einfluss eines Ortes und seines Ambientes auf sein Befinden mitunter genau bestimmt werden, wie etwa der jesuitische Geist, den die Gedichte atmen, welche der Anglo-Katholik Gerard Manley Hopkins anno 1885 bei Exerzitien in Clongowes verfasst, ist solche Einwirkung auf ein kindliches Gemüt nur schwer nachzuweisen. Eher wird James Joyce die Kricketpartien im Sommer 1891 behalten haben, vielleicht auch das bis in die Schule reichende Echo des öffentlichen Aufruhrs um die Zivilehe, die Parnell am 25. Juni mit Mrs. O'Shea schließt. Die Auseinandersetzung wird schärfer, auch innerhalb Irlands, und in Bray mag James erlebt haben, wie der Vater den »ungekrönten König Irlands« gegen Angriffe priestertreuer Frauen wie Mrs. Conway verteidigt.

Der Herbst 1891 ist einschneidend: Nach vier Jahren in Nr. 1, Martello Terrace zieht die Familie ins Haus »Leoville«, die Nr. 23, Carysfort Avenue, Blackrock, etwas näher an Dublin. Aus ungeklärten Gründen kehrt James vor Ende des Trimesters vom Internat ins neue Heim zurück. Da ist Parnell bereits tot – am 6. Oktober gestorben und am 11. unter ungeheurer öffentlicher Anteilnahme in Glasnevin begraben –, wo James Joyces Bruder seit 1880 liegt. Erste Parallelen zum Leben des Vaters zeichnen sich ab, denn auch dieser verlässt St. Colman's College 1860 unter noch ungeklärten Umständen; auch damals bleibt die letzte Schulgeldrate offen. Und da der Nachfolger Parnells als Unterhausabgeordneter im November in Cork gewählt wird, hat James, dessen Vater gewiss alle Ereignisse genau verfolgt, einen Anlass, seine Eindrücke im Gedicht ›Et Tu, Healy‹ auszudrücken, der ersten bruchstückhaft erhaltenen Schrift aus seiner Feder.

Stilistisch an Lord Byron angelehnt, den für die Freiheit Griechenlands kämpfenden und dort gestorbenen Romantiker, dessen erster Biograph Thomas Moore, der Dichter patriotisch-irischer Lieder, war, sind Joyces Verse gegen Tim Healy gerichtet – den Corker Politiker, der Parnell stützte und verriet. Romantik als irische Idylle verstanden, wird gestört durch die Ereignisse von 1890/1891, die sich im zweiten Bruchstück als »roher Lärm dieses Jahrhunderts« ausnehmen, der ihn, Parnell, nun nicht mehr stören könne.

Ein wirres Jahr, in dem May Joyce erneut gebiert, endet mit einem Mordskrach. James ist erstmals beim Weihnachtsessen zugegen, als Mrs. Conway, in ihrem Katholizismus so glühend wie in ihrem Hass auf Parnell, mit einem Freund des Hauses und Fenier aneinander gerät. Das Zerwürfnis ist endgültig. Genauso abrupt ist der Abschied von Clongowes, doch auch daheim, in einem Eckhaus unweit von Hauptstraße, Bahnhof, Blackrock Park und Badeanstalt gelegen, geschieht einiges in Joyces Bildungsgang. Mit Dante Alighieri, dem aus Florenz verbannten Dichter, und dessen toter Muse Beatrice, deren Gestalten die Buntglastüren im Eingang zieren, bietet sich ihm ständig ein Blick auf den Klassiker italienischer Literatur. Aus einem Fenster kann er gen Osten auf Howth Head und Dublin Bay schauen. Im antikisierenden georgianischen Stil gehalten, ist das in den vierziger Jahren des 19. Jahrhunderts erbaute Haus 1892/1893 der Geburtsort von weiteren zwei Schwestern.

Statt wie die übrigen Kinder zur örtlichen Schule des Dominikanerinnenkonvents zu gehen, liest James allein für sich und unternimmt mit dem Sohn des protestantischen Nachbarn weitere literarische Schreibversuche. Nichts von diesen Proben ist erhalten. Belegt sind finanzielle Transaktionen, an deren Ende mit dem Umzug auf die schäbige Nordseite der Liffey den Ältesten James und Margaret die Erkenntnis dämmert, nur ein Gentleman mit Geld und/oder Kredit kann eine Familie erfolgreich lenken.

John Stanislaus Joyce, der so viel auf den äußeren Anschein gibt, gerät 1893 in eine tiefe Krise. Von seinem Innenleben ist wenig verbürgt, doch die bekannten Tatsachen genügen, um den sozialen Kollaps des 43-jährigen zu belegen. Ausgangspunkt ist seine Trunksucht, damit verbunden sind die unbändigen Ausgaben. Er borgt rechts und links, hat Hypotheken am Hals, für die die Grundstücke in Cork als Sicherheit herhalten, und obendrein verliert er Ende 1892 die für unkündbar gehaltene Stellung. Wäre seine Amtsführung untadelig und sein Verhalten in politischen Fragen konformer gewesen, hätte John Stanislaus verhindern können, dass man in der Stadtverwaltung gegen ihn intrigiert, als am 2. November 1892 ein Finanzmakler in ›Stubbs' Gazette‹ und ›Perry's Weekly‹ den Namen Joyce in die schwarze Schuldnerliste einreiht. Ein Steuereinnehmer im viktorianischen Dublin darf viel Schmuh machen, wenn alles Gerücht bleibt. Sobald publik wird, er habe im Juli auf Staatskosten krank gefeiert, um den Wahlkampf in Cork zu verfolgen, gar die Anhänger Parnells zu unterstützen, ist auch ein Maulheld verloren. Wie Parnell und Sir William Wilde hat Joyces Vater sich in den Fußangeln informeller irischer Vereinbarungen verfangen und im Labyrinth des englischen Fallrechts.

Im Juni 1892 zeigt der Zensor Ihrer Majestät Oscar Wilde die Krallen, indem er die Aufführung von ›Salomé‹ untersagt. Wilde schäumt vor Wut – in der Presse, während er selbst im hessischen Bad Homburg ist. So glimpflich kommt Familie Joyce nicht davon, denn Hals über Kopf, am Ende ohne Möbel, die die Büttel beschlagnahmen, kehrt man »Leoville« den Rücken. Am 2. Dezember fährt man noch einmal zur Taufe der Jüngsten Florence Elizabeth nach Blackrock. Inzwischen harren alle in diversen Pensionen der Dinge, bis Vater Joyce im Dubliner Norden eine geeignete Bleibe gefunden hat. Nichts als die Familienporträts im Gepäck, die Kündigung der Dauerstellung besiegelt – er hatte in die Staatskasse gegriffen –, ohne Aussicht auf volle Altersversorgung, dürfte John Stanislaus wohl kaum guter Stimmung gewesen sein. Aber an Weihnachten lässt er sich Humor und Lebensfreude nicht nehmen, und Anfang 1893 hat er in Nr. 14 (heute 34), Fitzgibbon Street ein Haus gefunden – zum Jahreszins von £ 25, eine stolze Summe bei £ 132.2s.10d. Pension, die ihm und der elfköpfigen Familie bleibt. Nur mit eisernem Sparwillen hätte er diese »letzte ›gute‹ Adresse« länger halten können.

Da jeder Umzug Geld kostet, hat der knapp elfjährige James erlebt, wie Geld für gebrauchte Möbel zwar verfügbar ist, aber er sieht auch, wie £ 400 im Nu dahinschwinden und der Vater das Schulgeld nicht mehr aufbringen kann. James und Stanislaus sollen daher kurzzeitig eine Schule der Christlichen Brüder, eines für robuste Methoden bekannten Laienordens, besucht haben, bevor der Vater dem Jesuiten Pater Conmee begegnet, der James aus Clongowes kennt und den beiden begabten Jungen den kostenfreien Besuch von Belvedere College ermöglicht. Diese Tagesschule für Kinder von Gentlemen liegt in Great Denmark Street, mit Blick auf den Hügel, wo die respektablen georgianischen Stadthäuser von North Great George's Street stehen.

Ab dem 6. April 1893 sind die beiden ältesten Joyce-Söhne wieder in der Obhut der Jesuiten, doch diese eine Sorge weniger hilft dem Vater nicht aus der Bredouille. Im Sommer, auf einer Cork-Reise mit Sohn James, versucht er noch, in Verhandlungen mit der dortigen Maklerfirma die Grundstücke zu retten. Da er die Eigentumsurkunde bereits beim Pfandleiher hinterlegt hat und eine überfallartig vorgebrachte Rückforderung nichts fruchtet, lautet der Rat von Scanlan and Son lakonisch, er müsse verkaufen. Die Reise in die Vergangenheit lässt sich Vater Joyce nicht vermiesen, hat er doch mit James die Zukunft zum Begleiter. Gemeinsam suchen sie die Pubs auf und die Universität, treffen alte Kameraden und steigen wie einst Parnell im Victoria Hotel ab.

In Dublin lebt May, erneut schwanger, nicht so leicht in den Tag hinein, erkrankt kurz nach der Niederkunft an Scharlach und dürfte kaum schneller gesundet sein, als sie von John Stanislaus über die am 14. Dezember in Cork erfolgte Versteigerung seiner Erbschaft erfährt. Damit ist alles verjuxt und verjubelt, was für »die Mühen, Hoffnungen und Sorgen ungezählter Generationen Joyce stand, gleichgültig ob erinnert oder vergessen« (Wyse Jackson/Costello). John Stanislaus, der für dies Kunststück gerade mal 13 Jahre gebraucht hat, nimmt nicht an der Versteigerung teil, bei der er seinen Besitz verliert, so wenig, wie er im August 1892 der Beerdigung Onkel Williams in Cork beigewohnt hat, des Mannes, dem er sein Erbe verdankt, da seine Mutter Ellen Joyce kurz vor ihrem Tod 1880 das Testament hatte ändern wollen, aber an Williams Einspruch gescheitert war.

Verkümmern der Töchter in familiärer Not

Während James Joyce am Belvedere College Französisch, Italienisch, Latein lernt und auch Stanislaus in den Genuss gediegener Bildung kommt – für die Jüngeren, Charles Patrick und George Alfred, ist die Zeit noch nicht reif –, werden die vier lebenden Schwestern regelrecht vernachlässigt. Gehen sie ohnehin nur selten zur Schule, müssen sie nach dem Abgang Mrs. Conways, die zeitweise Margaret Alice, die Älteste, mitgenommen hatte, mit um so schäbigeren (Not)Lösungen vorlieb nehmen, als Vater Joyces Stern weiter sinkt. Im Jahr 1894 wohnt die Familie in Nr. 2, Millbourne Avenue, Drumcondra, einer Gegend, in der die Kinder nicht wohlgelitten sind und die sie bald wieder verlassen.

Es spricht für James Joyces Talent und seine Fähigkeit zur Konzentration, dass auch Auseinandersetzungen über womöglich häretische Thesen seinerseits im Unterricht und außerhalb ihn nicht daran hindern, im Juni 1894 zum Klassenprimus zu avancieren. An Preisgeld heimst er £ 20 ein und obendrein £ 2 als bester Lateiner. Ausschlaggebend für solche Brillanz ist wohl auch die trotz häuslicher Probleme dort immer wieder spürbare Entspannung, an der alle Kinder teilhaben, wenn etwa abends ein Lied angestimmt wird und allmählich die anderen einfallen, während Vater Joyce aushäusig trinkend Schulden anhäuft. Für James indes tut er, was er kann, und nimmt den 12-jährigen im Sommer 1894 mit auf eine Schiffsreise nach Glasgow. Überliefert ist ein erneuter Streit Vater Joyces um Parnell auf der Rückfahrt – im Suff. James, erstmals außerhalb Irlands, dürfte die düstere viktorianische Pracht der schottischen Hafenstadt wach registriert haben. Es gibt aus dieser frühen Zeit des Schriftstellers kein Dokument, dem Glasgow-Eindrücke zu entnehmen wären. Dafür ist ein Essay mit dem Titel ›Trust Not Appearances‹ (›Der Schein trügt‹) überliefert: den Formeln *Ad Majorem Dei Gloriam* (Zum höheren Ruhme Gottes) und *Laus Deo Semper* (Stetes Lob Gottes) nach zu urteilen ein Überbleibsel der Jahre am Belevedere College, als wöchentlich ein Aufsatz fällig ist.

Allgemeinen Fragen gewidmet, soll die Verfertigung solcher Essays Disziplin im Denken einüben wie Affinität zum Schreiben überhaupt begünstigen. Durch den religiösen Rahmen erhält diese im angelsächsischen Raum bis heute übliche Praxis im damaligen Irland Brisanz, denn einesteils üben sich Katholiken in einer mehrheitlich von Protestanten beherrschten Disziplin, und anderenteils darf nicht alles Denkmögliche gesagt werden.

Der Schüler James Joyce hat die Konventionen beim Schreiben wohl nicht ungebührlich verletzt, denn im Juni 1895 erringt er ein Stipendium von £ 20 auf drei Jahre. 1897 sind es gar £ 30 auf zwei

Jahre, und 1897/1898 gelingt ihm jeweils das Kunststück, beim nationalen Examen den mit £3 und £4 dotierten Preis im englischen Aufsatz abzuräumen. Mit Schreiben ist Geld zu verdienen. Das weiß der 15-jährige. Zugleich lernt er auf der Klaviatur katholischer Konventionen zu spielen. Zwar will er 1895 nicht das Internat der Dominikaner besuchen, wohl eingedenk geringerer Freiräume. Aber in die Bruderschaft der Gesegneten Jungfrau Maria am Belvedere College tritt James ein, ja er wird am 25. September 1896 zu deren Präfekten gewählt.

Nach Einkehrtagen Ende November 1896 erlebt er sogar eine religiöse Wende. Doch James ist kein braver Musterschüler, sondern lebt, umgeben von Widersprüchen, diese schon als junger Mensch aus: etwa wenn den Preisgekrönten im September 1897 Schulunlust befällt, was ihm Tadel einträgt; oder wenn er 1898 der Katechismusprüfung fernbleibt, was an seinem Rang in der Jahrgangshierarchie nichts ändert. Dieses Auf und Ab eines hoch begabten, womöglich zum Priester berufenen Zöglings geduldet zu haben, hat die Schulleitung gewiss an dem Tag bereut, als Joyce das Ansinnen, eine geistliche Laufbahn einzuschlagen, ablehnt. Doch der Weltliteratur haben die Jesuiten von Belvedere College einen blitzgescheiten, in Wort und Schrift mehrsprachig geübten jungen Mann zugeführt, dessen größte Stärke, geistige Unabhängigkeit, seine größte Schwäche einschließt: menschliche Unzulänglichkeit, sobald er aus dem Rahmen von Schule und Studierstube heraustritt.

Über die Familie Joyce liegt bis in James' 17. Lebensjahr genug Material vor, um zu zeigen, ob und inwiefern er durch Vorbilder geprägt ist. Es lässt die Antwort auf einige Fragen zu, etwa welche Erkenntnisse James aus dem Verhalten des Vaters, seinen Finanzgebaren und der mangelnden Fürsorge gegen Frau und Töchter gewinnt; und wie er diese Defizite im Gegensatz zum eigenen Aufstieg in der Hierarchie der Schule sieht. In beiden Lebenskreisen, dem Haus Nr. 17, Richmond Street, wo die Familie zwischen 1895 und 1898 wohnt, einer Sackgasse im wörtlichen und übertragenen Sinn, und dem stattlichen Bau des Belvedere College, wo es für ihn nur voran geht, nimmt er die Rolle des Ranghöchsten ein – nach dem Vater und den Jesuitenpatres. Frauen, ob Mutter May oder die Schwestern, sind Zuschauer, bestenfalls Bediente. Das tägliche *Brot* ist für James noch selbstverständlich, obwohl es auf Pump erworben wird. Die *Not* scheint stets die anderer zu sein, etwa der Kinder aus der Gegend, deren Väter keine Gentlemen sind. Den *Tod* erlebt er sehr nahe, etwa als der jüngste Bruder 1895 stirbt. Bei so geprägter Umwelt ist es kein Wunder, wenn James auf der Suche nach Orientierung beim Schreiben fündig wird. Denn diese Tätigkeit liegt ihm, und er kann dabei die Grenzen überschreiten, die anderweitig zu übertreten einem Schüler seitens der Jesuiten Sanktionen einbringen könnten. In ›Trust Not Appearances‹, einem nicht genau datierbaren Aufsatz aus der Zeit am Belvedere College, schöpft er die Möglichkeiten der hierzulande früher »Besinnungsaufsatz« genannten Gattung des Essays voll aus. Hinter der Erörterung eines Sprichwortes scheint ein dem Verfasser noch unbewusster Scharfsinn des Beobachters familiärer, politischer und sozialer Mißstände auf: Es »gibt ein ›etwas‹, das uns den Charakter eines Menschen verrät. Das Auge ist es. [...].« Ob James solche Weisheit dem elterlichen Eheleben abgeschaut hat? Man wird es nie wissen. Im Schonraum Schule zur schriftlichen Äußerung angehalten, hat er sich eine Handlungsanweisung erteilt, der er nicht Folge leistet: »Der Heuchler ist die schlimmste Spielart des Schurken, denn unter dem Schein der Tugendhaftigkeit verbirgt er das schlimmste aller Laster.« Die Bühnengestalt eines Molièreschen Tartuffe umschreibend, schreitet Joyce, den Konventionen eines katholisch geprägten Gedankenkreises genügend, die erforderlichen Punkte ab. Dabei argumentieren auch Schüler nicht im sozialen Vakuum. Könnte Joyce anno 1895/1896 etwa versteckt den Skandal um Wilde kommentiert haben, den laut damaliger Doppelmoral nach seinem Fall 1895 niemand mehr öffentlich beim Namen nennt – ähnlich wie zuvor bei Parnell? Diese Frage ist hier nicht schlüssig zu beantworten, doch der junge Joyce hat in der Bestimmung der Heuchelei als »schlimmste[r] Spielart des Schurken[tums]« den Finger in die Wunde der viktorianischen Gesellschaft gelegt. Da alles Anstößige hier in einem konventionell geformten Essay verborgen ist, in dessen Schlusssatz Joyce den rechten moralischen Ton trifft, dürfte kein Lehrer den eventuell begangenen Tabubruch bemerkt haben. Mochte Joyce vielleicht den Widerspruch zur eigenen Lage nicht erkennen, seinen letzten Satz hat er gewiss nicht geglaubt: »[...] ein Mensch, der keinen Ehrgeiz hat, keinen Reichtum, keinen Luxus außer dem der Zufriedenheit, kann die Freude des Glücks nicht verbergen, das aus einem reinen Gewissen und einem freien Sinn fließt.« Aber es ist ein Beispiel für die Masken, die der junge Joyce beim Schreiben zu tragen lernt.

Eine weitere Maske, die des Übersetzers, der seine Worte im Namen eines anderen ausdrückt, trägt er in der erhalten gebliebenen Versübertragung der Horaz-Ode ›O fons Bandusiae splendidior vitro . . .‹. Heute fristet das Übersetzen als Möglichkeit zur schöpferischen Anverwandlung der Worte klassischer Autoren in deutschen Schulen außerhalb der alten Sprachen ein kümmerliches Dasein. Dabei schult nichts im Umgang mit Fremdsprachen so sehr wie die bewusste Gestaltung eines Ausgangstextes in der Aneignungssprache. Mit etwa 14 Jahren ist Joyce zur Nachahmung einer klassischen Vorlage imstande. Es heißt die Aufgabe dieses Übersetzers missverstehen, fordert man wie Ellmann eine die Zwischentöne benennende Bildersprache. Noch kann es Joyce nicht darum gehen, den Felsen den Widerhall, den Bächen die Klarheit, den Brunnen die edle Form zu nehmen. Vielmehr sucht er für die Übersetzung nach dem klanglich, rhythmisch und semantisch rechten Wort. Und wenn er auch kaum einen Blick zurück auf ›Et Tu, Healy‹ geworfen haben wird, fällt zumindest der erneute Gebrauch des Wortes »crag«: ›Felsen‹, ›Klippe‹, auf, das, keltischen Ursprungs, zunächst in dem Ausdruck »crags of time« erscheint: Felsspitzen der Zeit, dann bei Horaz als Echo, in der Wendung »echoing crags«: widerhallende Felsen.

Joyces Leistung liegt in der Wahl des seltenen keltischen Wortes. Er bekundet eine frühe Affinität zu den Wurzeln irischer Sprache und Kultur, was in bezug auf die Betreiber von Parnells Sturz wie mit Blick auf den römischen Dichter und Satiriker Horaz als kleine geistige Unabhängigkeitserklärung des Jungen Joyce zu verstehen ist.

Und welcher Part kommt John Stanislaus Joyces Töchtern zu? Sie sind sporadisch sichtbar, verschwinden nie ganz. Vor allem sie leiden unter der familiären Not. Sie sind daheim, wenn der Vater, aus dem Rausch erwacht, die Machtfülle des Patriarchen auslebt, obwohl er durch sonst nichts mehr zum Lebensunterhalt der Familie beiträgt. Die Preisgelder des Schülers James Joyce haben die häusliche Lage momentweise gelindert. Ein Kind des John Stanislaus Joyce braucht Leidensfähigkeit. Während die Töchter die familiäre Not mehr oder weniger im Stillen überstehen, ist James erfolgreicher, denn ihm eignen eine gute Beobachtungsgabe und schwarzer Humor – wichtige Voraussetzungen für einen irischen Künstler.

Station III: Kopf oder Bauch:
Probieren geht über Studieren (1898–1904)

> *Nach dem ›Ulysses‹ läßt sich nicht mehr bezweifeln, daß
> [Joyces] Geruchsinn [stark] ausgeprägt ist. Aber sein Gehör
> ist das eines Dichters und eines Musikers. Ich weiß, daß
> Joyce, wenn er eine Seite geschrieben hat, glaubt, eine Par-
> allele zu einem Musikstück gezogen zu haben, das ihm ge-
> fällt. [...] Was die Musik anbelangt, so ist er merkwürdig
> eklektisch. [...] Er selbst verfügt über eine prachtvolle
> Tenorstimme, und wer ihn liebt, hoffte lange Zeit, ihn im
> Gewand des Faust oder des Manrico [in Giuseppe Verdis
> ›Il Trovatore‹] auf der Opernbühne triumphieren zu sehen.*
> Italo Svevo, ›Schriften über Joyce‹, (1968, 1988) 1994
> (Ü: Anna Leube)

Der hier mit Italo Svevo in die Zukunft und in die Vergangenheit
geworfene Blick ist eine der Abweichungen vom chronologi-
schen Prinzip, das dieser Darstellung unterliegt. Denn jede Erzählung
bedarf eines Rahmens, etwa Anfang und Ende Joycescher Entwicklung zum Schriftsteller, innerhalb dessen die notwendig nacheinander geschilderten Ergebnisse sich mosaikartig zu einem Bild fügen.

Dublin: Student oder Literat?

Frisch aus der jesuitischen Schuldisziplin entlassen, kann Joyce weder die Schreibhaltung noch die kirchliche Prägung abstreifen wie
ein Kleidungsstück. Vielmehr wächst er in den Anzug hinein, der ihm
in zehn Jahren Unterweisung angepasst worden ist. So ist er als 16-
jähriger vorbereitet auf ein Leben vor dem geistigen Horizont Europas. Die Societas Jesu hatte das humanistische Bildungsideal der
Reformatoren aufgegriffen, obgleich sie eine militärisch gegliederte
Organisation mit dem Ziel war, die Gegenreformation durchzusetzen.
»Innerhalb weniger Jahrzehnte brachten die Jesuiten den größten Teil
der höheren Bildung der katholischen Länder in ihre Hand, und die

Zahl der Lehranstalten, die ihrem strikt einheitlichen Regiment unterstanden, ging in die Hunderte – ihnen gelang zum ersten Male eine großflächige Vereinheitlichung des Unterrichtswesens im Stil eines modernen europäischen Staates.« (Manfred Fuhrmann) In Irland seit 1542 aktiv, sind die Jesuiten trotz der Gültigkeit der Strafgesetze von 1695 bis zur Katholiken-Emanzipation 1829 nie ganz zu vertreiben und übernehmen 1883 auch das seit 1879 offiziell anerkannte University College Dublin (UCD). Selbst als Hochschüler bleibt Joyce im Banne jesuitischen Geistes. Es liegt nahe, die Schriften aus Schul- und Studienzeit zu prüfen.

Noch heute besteht altsprachlicher Unterricht aus Übersetzungen in die Muttersprache. Um so aufschlussreicher ist es, Joyces Übersetzung der Horaz-Ode ›O fons Bandusiae‹ genau zu betrachten. Wer die deutsche Fassung Johann Gottfried Herders vergleicht, stellt fest: Mit 14 Jahren hat Joyce ein mit Reim und Rhythmus funktionierendes Gedicht geschaffen, dabei die Strophen des Originals von acht auf sieben Verse gekürzt, die im Englischen möglichen Ellipsen geschickt eingesetzt und so seinen Willen zur dichterischen Freiheit bekundet. Er hat den untergründigen Zusammenhang zwischen beiden Sprachen begriffen. Dabei ist dies Werkstück sicher nur eine vieler Proben, die der Schüler Joyce ablieferte. Mit ›Et Tu, Healy‹ und ›O fons Bandusiae‹ sind zwei Gedichte zum Teil erhalten, deren lateinische Titel auf die andauernde Auseinandersetzung mit Vater Joyce deuten, von dem die Formel ›Et Tu, Healy‹ stammen soll und dessen Gewohnheit es war, seine Konversation mit lateinischen Floskeln zu würzen.

Durch Übersetzungen darin geübt, die Möglichkeiten von Sprache(n) und literarischen Formen auszuloten, hat Joyce noch am Belvedere College ein erstes Gelegenheitsgedicht verfasst. Es bezeugt, welch parodistisches Talent in ihm schlummert. Ausgehend von ›Retaliation‹ (1774), ›Vergeltung‹, einem Poem des Iren Oliver Goldsmith – Autor des von Goethe geschätzten Romans ›The Vicar of Wakefield‹ (1766) –, darin dieser die Zeitgenossen auf die Schippe nimmt, hat Joyce diesen spöttischen Nachruf ins Geschichtsbuch des Namensvetters Patrick W. Joyce notiert: »G. O'Donnell/Armer kleiner Georgie, eines Lakaien Sohn,/Ob Erdäpfel, Wein oder Tabak, ihm gehört der Thron/Allseits bekannt für einen berückenden Kopf/gilt der rasch Errötende als armer Tropf.« Alle hätten sein Genie begafft, wie ein Stier auf dem Markt habe er gewirkt. Ob im Gefängnis von Kilmainham oder in der Schule, Donnell sei beliebt:»Ein Träumer, ein Spinner, ein Idiot, ein Esel.«Aus der vornehmen Wohngegend Drumcondra stammend, wo Familie Joyce 1894 kurzzeitig wohnt, der»Fürst unter den Schankkellnern«, auch ein rechter Narr, wird O'Donnell veralbert und geehrt, die literarische Form des Totengedichts aus dem 18. Jahrhundert parodistisch revitalisiert. Wie Goldsmith zwischen Leben und Tod rechnet Joyce an der Schwelle zur Hochschule mit den Zeitgenossen ab. Einer Klasse wird er nicht mehr angehören, nur einem Jahrgang, in dem die Kameraderie von Schülern nichts mehr gilt.

Das UCD, an dem Joyce sich im September 1898 immatrikuliert, ist zwar eine Institution von Katholiken für Katholiken – Frauen sind noch nicht zugelassen –, aber ähnlich organisiert wie andere Einrichtungen angelsächsischen Zuschnitts, etwa das TCD, das 1592 gegründete protestantische Pendant, das Goldsmith und Wilde besucht haben. Auch am UCD gibt es Studentenvereine wie die Literary and Historical Society, der Joyce bald beitritt. Man organisiert literarisch-historische Vorträge und Debatten: streitbar und selbstbewusst im Umgang mit Geschichte oder Politik und Literatur. Einen frühen Beleg für Joyces Fähigkeit, diese Felder zu verbinden, bietet der auf den 27. September 1898 datierte Essay ›Subjugation‹, dessen Titel zwar verloren ist, aber anhand des häufigen Ausdruckes »Subjugation« (›Unterwerfung‹, ›Unterjochung‹) plausibel erschlossen wurde – was erstmals aus der deutschen Ausgabe von 1974 hervorgeht.

Nach Betrachtung der »Unterwerfung der Elemente« und der »Unterwerfung der Tiere« durch den Menschen kommt Joyce auf die »Unterwerfung eines Volkes durch ein anderes« zu sprechen. Ob er Natur schildert oder Gesellschaft, stets hat er die Prozesshaftigkeit des Lebens im Blick, also auch die »unnachgiebige[.] Festigkeit des Widerstands«, die Menschen der Unterwerfung entgegensetzen. Es fehlt eine halbe Seite, bevor die Argumentation von der Unterwerfung der körperlichen zur Unterwerfung der geistigen Welt wechselt, mithin von den Geschehnissen selbst zur Geschichte als Darstellungsform in Historie und Literatur. Mag Joyces Vorstellung von einer religiös zu nennenden Beherrschung des Stoffes klingen, als bete er jesuitische Lektionen nach, ist die Schlussfolgerung indes künstlerisches Programm. Es bedürfe »der Unterwerfung einer großen Begabung«.»Wir gewinnen an Kraft, wenn wir mit ihr haushalten, an Gesundheit, wenn wir sorgsam damit umgehen, an [...] Ausdauer, wenn wir sie nicht überfordern.« Bei aller Vernunft liegt Joyces Augenmerk auf der Kunst: »Sonst würden [...] in Bildhauer[ei] und Malerei [.] die großen Ereignisse, die die Aufmerksamkeit des Künstlers gefangennehmen, in monumentaler Formlosigkeit und wildem Gekleckse ihren Ausdruck finden, und im Ohr des berauschten Musikers die lieblichsten Melodien sich verströmen, wie toll, ohne Takt und Rhythmus, in chaotischen Verschlingungen.«

Kunst ist Können im Bereich tradierter Konventionen mit allfälligen Ausbrüchen. Diese Einsicht bezieht Joyce auf »die Betrachtung der vielfältigen Einwirkungsmöglichkeiten [des menschlichen] Siegesverlangens auf [die] Instinkte, [die] Arbeit und Geschäfte und [den] Verstand«. Eine Kunst des Lebens schlägt er vor – bar der »Verheerungen«, die etwa in nordischen Sagas oder aktuellen Romanen »menschliche Leidenschaften anrichten«. Als schreite er die Farben eines Spektrums ab, entfaltet Joyce seine Definition von »Unterwerfung«, trennt im Denken wie in der Kunst zwischen »Zügellosigkeit« und »Freidenkerei« und wagt gar Unterwerfung als »dominierende[n] Faktor und [...] machtvolle Kraft in den Beziehungen der Völker untereinander« zu bestimmen. Sein Geist steht vielem offen und ist beherrscht von Gedanken über die Notwendigkeit zur Auswahl, sei sie ästhetischer, ethischer, politischer oder sozialer Natur.

Wer in Joyces frühen Schriften den Niederschlag einer gründlichen Ausbildung sucht, wird ebenso fündig wie derjenige, der nach Anzeichen für heftige Umwelteindrücke fahndet. Belvedere College liegt mitten in Dublin, ist keine idyllische pädagogische Provinz, und die Familie Joyce ist zwar erst 1898 erneut zum Umzug genötigt, aber danach fast jährlich auf Wohnungssuche. Für James, der nun von Nr. 29, Windsor Avenue, Fairview, im Norden Dublins, zum UCD geht, wird die geistige Fracht, die er dort aufnimmt, zunehmend zur eigentlichen Heimat. Doch gibt er nicht den Musterstudenten, der im Stoff aufgeht. Zu Hause erlebt er Vater Joyce, der trinkt und krakeelt, Mutter Joyce, die duldet und klärt. Alle anderen suchen zu überleben, als sie im Mai 1899 zur Convent Avenue, Fairview, ziehen, um schon bald, mit stets vermindertem Hausrat die heute zerstörte nahegelegene Nr. 13, Richmond Avenue, Fairview, zu mieten. Nach zwölf Monaten dort geht es im Mai 1900 weiter zur Nr. 8, Royal Terrace (später Inverness Road), Fairview, wo die Familie ein Reihenhaus übernimmt.

Die immer unwirtlicher wirkenden Unterkünfte will John Stanislaus Joyce nicht bezahlen. Den Zins bleibt er so lange schuldig, bis der Hinauswurf droht. Also steht auch 1901 ein Umzug an: zur Nr. 32, Glengariff Parade. Ein Überlebenskünstler, taktiert Vater Joyce, der ehemalige Dandy und Gentleman: Sobald Zwangsmaßnahmen bevorstehen, »überredet[.] John Joyce [den Vermieter], ihm Quittungen über geleistete Mietzahlungen für die letzten paar Monate auszustellen. Andernfalls würde er keine neue Bleibe finden.« So hätten, fährt Igoe fort, die Vermieter den säumigen Zahler ohne Klagekosten loswerden können. Das heißt, dass Vater Joyce immer günstigere Quartiere sucht, er spart nie und beschleunigt so den Abstieg. Convent Avenue liegt an der Zufahrt zu St. Vincent's Lunatic Asylum, einem Irrenhaus. Nun wohnen die Joyce unter den Mauern von Mountjoy Prison. Unterdes hat James als Student den Weg zum Schriftsteller begonnen. Wer diese Etappen nachzeichnet, muss neben Prüfungen und Preisen von einem persönlichen Bildungsgang berichten. Dabei wird Joyces Selbstdisziplin erst klar, wenn man bedenkt, wie sehr das Familienleben von Totgeburten und lebensgefährdenden Krankheiten erschüttert wird.

Bei der Aufführung von Yeats' Schauspiel ›The Countess Cathleen‹ am 8. Mai 1899 sitzt Joyce im Publikum, erkennt die symbolische Intention und will den Protestbrief einiger Kommilitonen an das ›Freeman's Journal‹ nicht unterschreiben. Denn sie sind nach eigenem Verständnis irische Patrioten und greifen Yeats' Darstellung des »irischen Bauern als eines schmachtend singenden Barbaren an, verrückt vor morbidem Aberglauben« (Roy F. Foster). Wie so oft dient der folgende Aufruhr der Sache des irischen Nationaltheaters weniger als der Publizität dieses Stückes, und Joyce wird sein kritisches Beiseitestehen verübelt. Ja, er gilt als Anhänger des Protestanten Yeats, der die Attacken als sektiererisch bezeichnet in einer Atmosphäre, die auch von antisemitischen nationalistischen Reaktionen auf die Pariser Dreyfus-Affäre beeinflusst ist. Wie aus ›Subjugation‹ erhellt, vertritt Joyce weder Zügellosigkeit noch Engstirnigkeit im Geiste. Diese Haltung ist und bleibt unbequem.

An der Schwelle vom jesuitischen Lehrgang zum persönlichen Bildungsgang verfasst, ist ›The Study of Languages‹ (1899) (›Das Studium der Sprachen‹) auch Auseinandersetzung mit den am UCD anfangs zu belegenden Geistes- und Naturwissenschaften sowie ein Plä-

doyer für die klassische, sprachlich vermittelte Kunst. Der Korrektur
eines Dozenten unterworfen, wählt Joyce eine scheinbar orthodoxe
Position. Am Beispiel der Darstellung der *septem artes liberales* (der
sieben freien Künste) des Bildhauers Memmi behauptet der Student:
»[S]o wie die Mathematik und die Wissenschaften von den Zahlen an
der Natur der allgegenwärtigen Schönheit teilhaben, die sich fast
lautlos in der Ordnung und Symmetrie der Mathematik wie im Zau-
ber der Literatur ausdrückt, so teilt auch die Literatur ihrerseits die
Klarheit und Regelmäßigkeit der Mathematik.« Im Ebenmaß den
Inbegriff klassischer Tradition begreifend, fragt Joyce provozierend:
»Sollen Bacon und Newton [unsere Regale] monopolisieren? [und]
Shakespeare und Milton keinen Platz mehr dort finden?« Gegen die
Inhumanität einer nur am eigenen Fortschritt interessierten Wissen-
schaft stellt Joyce das Studium der Sprachen als Arbeit an der
Menschheitsgeschichte. Sichtlich bemüht wie etwa Oscar Wilde das
Englische als *seine* Sprache zu behandeln, vollzieht Joyce bald den
Schwenk zu »den Klassikern«, wobei er in unbescheidener Analogie
zu der von Ben Jonson vermittelten Anekdote aus der Vita Shakespeares bekennt, zwar des Lateinischen, aber nicht des Griechischen
mächtig zu sein. Vielmehr beschreibt er den die angelsächsische Kultur prägenden »Bilinguismus« (Fuhrmann), mithin die Parallelität von
Englisch und Lateinisch, die den Gelehrten ebenso geläufig sei wie
den Katholiken. Somit hat Joyce die Besonderheit Irlands umschrieben: die Engführung von lateinischer Literatur und lateinischer Litur-
gie, die ihm als Jesuitenzögling besonders bewusst ist, da er stets
angeleitet wurde, im Zuge der Übersetzung das Englische zu berei-
chern. Im abschließenden Bekenntnis zu Lukrez, Vergil, Horaz, Cicero,
Plinius und Tacitus ist außer Joyces Affinität zu »große[n] Namen« und
dem unausgesprochenen Wunsch, der »Republik« der Literaten anzugehören, die Fähigkeit zu sprachtheoretischem und -vergleichendem
Denken belegt.

Welche Ideen in Joyce gereift sind, bezeugt der Aufsatz ›Royal
Hibernian Academy. ›Ecce Homo‹‹ (1899). Vom Titel her ein Aus-
stellungsbericht wie Wildes ›Grosvenor Gallery‹ von 1877, darin der
Oxford-Stipendiat sich auf Kosten der an Wagner orientierten Musik-
kritik eines Franz Hüffer erstmals zum Kunstkritiker aufschwingt, ist
Joyces Essay ein Plädoyer für das Drama, wie es seit Wagner propagiert, komponiert und inszeniert wird: Darunter »verstehe ich das Zu-

sammenspiel von Leidenschaften; Drama ist Kampf, Evolution, Bewegung [. . .]. Drama existiert als etwas Unabhängiges, es wird bestimmt, aber nicht beherrscht, von seiner Szene.« Joyce bindet die Definition des Dramas an die Menschlichkeit der dargebotenen Passion. Die Echtheit,»die Einflößung von Leben, oder dessen Anschein, brachte augenblicklich Seele ins Werk des Künstlers«. Ganz gleich ob es ein Bühnenwerk ist oder ein Gemälde wie ›Ecce Homo‹ des Ungarn Mihály Munkácsy, dessen Christus-Trilogie in einem Dubliner Museum ausgestellt wird, Joyce geht es um »Lebenstreue«. Im Mittelteil ›Ecce Homo‹ detailliert schildernd, schließt er: »[E]s ist eine furchtbar realistische Darstellung aller niedrigen Leidenschaften der Menschheit, beiderlei Geschlechts, in jeglicher Abstufung, ans Licht geholt und aufgepeitscht zu einem dämonischen Karneval. Insofern muß es gelobt werden«. Joyce geht aufs Ganze, und zwar mit Blick auf Munkácsys menschlichen Standpunkt wie bezüglich der Darstellung Christi: »eine superbe Studie des Duldens der Passion – ich gebrauche das Wort in seiner eigentlichen Bedeutung – und der unerschrockenen Entschlossenheit«. Nicht den Beifall der Menge suchend, sondern die Wahrheit, ist Christus für Joyce »nichts Höhere[s] als [ein] große[r] soziale[r] und religiöse[r] Reformator, [eine] Persönlichkeit, in der sich Majestät und Stärke ver[bind]en, [der] Protagonist[.] eines Weltdramas«. Darin stimmt Joyce – wie wir heute wissen – mit Wilde, dem Verfasser des Briefes ›De Profundis‹, überein, der 1905 gekürzt und zensiert erscheint.

Entscheidend für den Künstler ist seine christusgleiche Abgehobenheit von der Menge. Diese Haltung indes billigt Joyce Munkácsy nicht zu, obwohl dessen Vorstellung so viel großartiger sei als die des Publikums, ganz wie ein Durchschnittskünstler großartiger sei als ein Durchschnittsgemüsehändler, aber sie sei von gleicher Art: »sie ist, um Wagner zu [pervertieren], die Haltung des Volkes«. Christus, Wagner und die Klassiker des Alten Rom geben Joyces Denken Halt, nicht die Masse oder erfolgreiche Künstler. (Wilde, der 1897 aus der Haft entlassen worden war, ist ein Verfemter, über den 1899 nicht nur in Dublin kaum jemand spricht, geschweige denn schreibt.)

Es ist unklar, ob Joyce durch das Echo auf Munkácsys Christus-Bild zu seinem Essay angeregt wurde, aber in der unmittelbaren Umgebung ist er 1899 mit einigem konfrontiert, was ihn bewegt haben mag, einen ersten öffentlichen Vortrag, ›Drama and Life‹ (›Drama und

Leben‹), den er am 20. Januar 1900 vor der Literary and Historical Society des UCD hält, offensiv zu formulieren. Zum einen hat ein Kommilitone, Arthur Clery, im gleichen Forum am 11. Februar 1899 ein
Plädoyer für das griechische Drama gehalten und die Wirkung Henrik Ibsens als »böse« bezeichnet. Zum anderen erinnert sich Joyce an
den Aufruhr um Yeats' ›The Countess Cathleen‹ vom Mai 1899. Auf
beide Vorkommnisse spielt er im Vortrag an, dessen Manuskript das
Datum des 10. Januar trägt – Zeit genug für eine Vorablektüre durch
den Präsidenten des UCD. Mag dieser Missbilligung geäußert haben
oder nicht, Pater William Delaney hat den Auftritt erlaubt. Sachlich
besteht zu einem Verbot kein Anlass. Joyce spricht kritische Punkte
an, dabei geschickt auf eventuelles Vorwissen im Publikum setzend,
und verbindet in dialektischer Absicht direkte und indirekte Aussagen: »Es mag eine Grobheit sein, ist aber die reine Wahrheit, wenn
man sagt, daß das griechische Drama ausgespielt hat.« Das klingt wie
eine Breitseite gegen Clery, dessen Vortrag Joyce 1899 mit einer Verteidigung Ibsens gekontert hatte. Aber er sagt auch:»[Die] Wieder-
belebung [des griechischen Dramas] hat keine dramatische, sondern
nur pädagogische Bedeutung.« Als wolle Joyce Clery beipflichten.
Dabei will Joyce auf den Sinn der Kunst hinaus – weg von Pädagogik
und Kommerz. In Fortsetzung der Überlegungen zu ›Ecce Homo‹, die
er teils wörtlich aufgreift, geißelt er das Gros der Gegenwartsdramen.
Diese Werke seien als »literarische[e] Kuriositäten« abzulehnen. Das
dem Leben entlehnte Drama sei im ›Macbeth‹ Shakespeares und Ibsens ›Baumeister Solness‹ verkörpert. Es verdanke seine Entstehung
keiner Konvention, vielmehr schierer »Notwendigkeit«, die jedes
Volk »eigene[.] Mythen« hervorbringen lasse, also nordische Sagas
und germanische Sagen, die Wagner inspirieren. Joyce greift etwa auf
die Attacke Wagners gegen die Mode zurück, um die Zeitlosigkeit des
im Leben gründenden Dramas zu belegen. Der Subtext ist Wagners
Kunstkonzeption geschuldet, doch will Joyce ›Gespenster‹ als Werk
von »universaler Bedeutung« etablieren. Joyce, der Norwegisch und
Deutsch lernt, um Ibsen und Gerhart Hauptmann im Original lesen
zu können, verteidigt seine Thesen vehement. Mancher lobt ihn, nur
um ihn für verrückt zu erklären, während er weiterdenkt und weiter-
schreibt.

   Der Rohstoff Papier ist im Hause Joyce so knapp, dass Bruder Stanislaus, sobald James einen Text abgelegt hat, die Rückseite als Roh-

material nutzt für sein Tagebuch: ›My Crucible‹ (›Mein Schmelztiegel‹). So sind etliche frühe Schriften James Joyces erhalten geblieben. Nicht mehr vorhanden ist ein Schreiben an William Leonard Courtney, den Herausgeber der englischen Zeitschrift ›Fortnightly Review‹, in dem, – wie aus der Antwort vom 3. Februar 1900, einen Tag nach Joyces 18. Geburtstag, ersichtlich – der Student einen bereits verfertigten Artikel »über Ibsens Neues Drama« angeboten hatte. Joyce hat mit der französischen Ausgabe gearbeitet, die Zitate dann durch englische ersetzt und auch einen kritischen »Hinweis auf Mr. Pinero«, den zeitgenössischen englischen Dramatiker, gestrichen. Stanislaus berichtet vom postalischen Eintreffen des Ibsen-Stückes, nicht von der Zensur, die Joyce ohne Nachfrage vollzieht. Ellmann zufolge existiert ein früherer Brief Courtneys, der am Tag von Joyces Vortrag angelangt sei, worin er den Dubliner auffordere, einen Artikel zu Ibsens letztem Stück zu schreiben – nicht die vorgeschlagene *Tour d'horizon*. Nur ist dieses Schreiben nicht in die Briefausgabe aufgenommen worden, und es gibt auch in keiner Ausgabe von ›Ibsens's New Drama‹ den Wortlaut der im Manuskript getilgten Stellen. Wenn Joyce den Aufsatz tatsächlich in der Zeit zwischen dem 21. Januar und dem 1. Februar 1900 vollendet hat – einschließlich der Lektüre des aktuellen Stückes sowie je eines Tages für den Postweg nach London und zurück –, belegt das sein früh gereiftes literarisches Talent.

Bevor der Aufsatz am 1. April 1900 erscheint und Joyces ersten Auftritt auf Londoner Parkett markiert, betritt er in der Rolle eines »sanften Schurken, Geoffrey Fortescue«, die Bühne (Ellmann 1983). Die Aufführung von ›Cupid's Confidant‹ im Hinterzimmer des X. L. Cafés in Grafton Street, bis heute die schicke Einkaufsstraße im Süden Dublins, bezeugt, dass Joyce ganz wie der Vater in Cork und Dublin in gehobenen Kreisen verkehrt – trotz finanziell prekärer Lage. Denn die Verfasserin Margaret Sheehy ist Tochter eines einflussreichen Dubliner Politikers; Joyce kennt die Familie über die Söhne, Mitschüler am Belvedere College, und Tochter Mary, eine Freundin. Über die Premiere am 21. März 1900 fehlen die Dokumente, doch Joyce ist nicht zum ersten Mal Schauspieler, er hat bereits im letzten Schuljahr im akademischen Kostüm eines *Magister scholarum* auf der Bühne gestanden. Ellmann gibt für die Aufführung des farcenhaft das Vater-Sohn-Thema variierenden Stückes ›Vice Versa‹ die Daten des 10./11. Januar 1898 an, aber das Foto, darauf als Ensemble-Mitglieder Stanislaus Joyce und die Gebrüder Sheehy zu sehen sind, ist mutmaßlich im Mai entstanden. Tatsächlich findet, so Costello, am 28. Mai eine weitere Vorstellung statt, als Teil eines bunten Abends, an dem auf »musikalische und sportliche Vorführungen nach der Pause das Theaterstück folgt. Joyce spielt Dr. Grimstone, den Oberlehrer von ›Crichton House‹ [. . .]. [Joyce] erfüllte die Rolle mit den nur allzu offenkundigen Manierismen seines eigenen Rektors, Pater Henry (der Engländer war)«. Der parodierte Schulleiter belacht humorvoll den talentierten Akteur, der zwei Jahre später mit Auftritten vor geladenem Publikum nicht mehr zufrieden ist. Davon zeugt der selbstbewusste Ton in ›Ibsen's New Drama‹.

Dem Anfang des Aufsatzes ist zu entnehmen, dass Joyce die gesamte Laufbahn Ibsens hat betrachten wollen und auf ›Ecce Homo‹ wie ›Drama and Life‹ zurückgreift: »Zwanzig Jahre sind vergangen, seit Henrik Ibsen ›Ein Puppenheim‹ schrieb und damit fast eine neue Epoche in der Geschichte des Dramas markierte. [. . .] Er ist als religiöser Reformer, als Sozialreformer, als semitischer Gerechtigkeits[verfechter] und als großer Dramatiker [gegen Angriffe] [verteidigt] worden.« Ibsens »persönliche Zurückhaltung« sei für seinen Status so verantwortlich wie der »Schlachtplan«, welcher der Entfaltung seines dramatischen Werkes zugrundeliege. Joyce hatte die Anzahl der in Arbeit befindlichen Übersetzungen als Indiz für den Einfluss Ibsens; die Tatsache, dass es kaum überflüssige Worte oder Sätze gebe, als Beleg sprachlicher Ökonomie; die »analytische Methode« als Ausweis von Ibsens Fähigkeit, »das ›Leben im Leben‹ in den [vergleichsweise] kurzen Zeitraum von zwei Tagen« zu konzentrieren; und den Kontrast zwischen glatten Gesichtern und zerfurchtem Innenleben der Bühnengestalten als Hinweis darauf, »wie der Sauerteig des kommenden Dramas in der Fin-de-Siècle-Szenerie arbeitet«. Joyce fühlt sich von der zentralen Rolle, welche die Skulptur ›Der Auferstehungstag‹ in Ibsens Drama spielt, besonders angesprochen, wird doch die ihm wichtige Frage, ob Künstler in der Nachfolge Christi stehen, auf die Bühne gebracht. Solche Unmittelbarkeit beeindruckt Joyce wie Ibsens »außerordentliche [Frauenk]enntnis«. Die ist mit Scharfsinn gegen die Männer und die Künstler verbunden, die Joyce im Ibsen-Zitat zur eingangs erwähnten »Zurückhaltung« in Beziehung setzt: »Maja . . . Du gehst am liebsten deinen Weg für dich und beschäftigst dich mit deinen eigenen Interessen.«

An einem Selbstporträt nicht interessiert, beschreibt Joyce eher den archaischen Konflikt zwischen Künstler und Modell in Ibsens Drama, wie letzteres, eine Frau,»versucht war, [den Bildhauer] umzubringen in Raserei, als er von ihrer Verbindung als einer Episode in seinem Leben sprach«. Grenzüberschreitungen (»transgressions«), wie Joyce des Künstlers Taten nennt, sind Beispiele für die Maxime: »Sein künstlerisches Genie hält allem stand, weicht niemals aus.« Dabei sei die Aufmerksamkeit des Zuschauers primär durch »das nackte Drama« gefesselt.»[D]as Drumherum gilt Ibsen nichts. Das Stück ist entscheidend.« Auch im Kontext des Gesamtwerkes gesehen, sei der Norweger noch zu Neuerungen fähig, etwa bei der Charakterisierung: »[Welch] eine neuartige Schöpfung ist Ulfheim!« Wohl bewusst ein etymologisch aus dem nordischen Sprachraum stammendes Wort nutzend,»cunning« (›List‹, ›Geschick[theit]‹), preist Joyce Ibsen außer für die Darstellung des wilden Mannes in ›Wenn wir Toten erwachen‹, für die »eigenartige Beimischung von Fraulichem«, die seinem Schreiben anzumerken sei. Englische und russische Realisten als Verbreiter von »Halbwissen« beiseitewischend, stellt Joyce Ibsens olympischen Blick auf die Dinge heraus, der ihm bis in dies jüngste Werk Entwicklung ermögliche, wie die »deutliche Tendenz [...], aus den geschlossenen Räumen herauszugehen«. Auch das ist Beleg für die Lebenstreue des Ibsenschen Dramas – für Joyce Grund genug, am Schluss die Frage aufzuwerfen, ob solches Werk überhaupt beurteilt werden kann: »Das Leben soll nicht kritisiert, sondern konfrontiert und gelebt werden.« Eben dazu seien Dramen für die Bühne da – also noch ein Plädoyer wie 1899/1900 in der Literary and Historical Society, nur ohne Hinweis auf Irland.

Durchaus altklug argumentierend, erhält er Reaktionen ernst zu nehmender Literaten: etwa vom Ibsen-Übersetzer William Archer, der ihm Ibsens Dank übermittelt (23. April 1900). Und am 28. April dankt Joyce Archer, bescheiden beginnend, aber bewegt endend:»[I]ch werde die Worte Ibsens mein Leben lang in meinem Herzen bewahren.« Da hatte er zum ersten Mal London einen siebentägigen Besuch abgestattet – gemeinsam mit dem Vater und just zu der Zeit, als Königin Viktoria Irland bereist. Mit dem Großteil der zwölf Guineen (zu je 21 Shilling) für den Ibsen-Artikel versehen – die übrige Familie muss mit £ 1, also 20 Shilling, auskommen – reisen sie in die Hauptstadt. Hatte John Stanislaus Joyce sechs Jahre zuvor auf der Rückreise von

Glasgow Streit über Parnell provoziert, dient ihm jetzt der Burenkrieg als Anlass, seinem Zorn auf die Engländer Luft zu machen. James besichtigt das Parlament, sieht Verwandte und knüpft literarische Kontakte. Dabei wird ihm Irlands politische Lage so bewusst geworden sein wie die prekäre Position der Iren in London. Nahezu mittellos nach Dublin zurückgekehrt, erwartet sie die gleiche Finanzmisere wie zuvor, und Vater Joyce hätte auch die alte Rechnung von Clongowes Wood College über £ 27.10s.6d begleichen müssen, wäre er an einer der früheren Adressen erreichbar gewesen. So hat man nur das Bargeld des Sohnes verjubelt. Dessen frischer Autorenlorbeer allerdings verwelkt nicht so rasch, sondern erlaubt ihm den Aufbruch zu neuen Ufern. Nur sucht er keinen Anlass zur Publikation, arbeitet vielmehr im Stillen, als sehe er mit ›Ibsen's New Drama‹ eher das Ende denn den Anfang einer Schaffensphase.

Zu den im Sommer 1900 entstandenen Schriften zählen Gedichte wie die ›Anrufung einer Versucherin‹ in Form einer Villanelle, einem Versarrangement französischen Ursprungs, aus vier Terzetten und einem Quartett bestehend. Joyce, der im gleichen Zeitraum fünf Verse auf Französisch verfasst über das Streichholz beim Anzünden der Zigarette (mutmaßlich eine Übersetzung von Arthur Symons' ›Pastel‹) und ein Gedicht Paul Verlaines übersetzt hat – ›Chanson d'automne‹ (›Herbstlied‹) mischt wie Schliemann in Familienbriefen und Journalen die Sprachen, lyrische Formen, profane und sakrale Sphären: eben auch in der Villanelle, wo im Hinblick auf körperliche Liebe von »eucharistischem Hymnus« und dem »Kelch« die Rede ist, mithin von Messritual und Abendmahl und Passion, dem Leben als Leiden(schaft), das er in ›Ecce Homo‹ beschrieben hatte. Poetische Fragmente, zumeist an eine Frau gerichtet, sind erhalten, weil Stanislaus auf den Rückseiten das ›Commonplace Book‹ (›Buch mit Gemeinplätzen‹) notiert.

Ein winziges Bruchstück aus dem Schauspiel ›A Brilliant Career‹ deutet auf den Aufenthalt im Sommer 1900 in Mullingar, Grafschaft Westmeath im Landesinnern, wohin James und Stanislaus Vater Joyce begleiten. Im Auftrag der Irischen Parlamentspartei sollen sie bisher den Wahlen ferngebliebene Bürger aufspüren und zur Eintragung in die Verzeichnisse bewegen. Diese buchhalterische und von alkoholgetränkten Begegnungen in Wirtshäusern und Wohnzimmern geprägte Tätigkeit kann James kaum ausgefüllt haben. Stanislaus berichtet von dem Stück, darin ein Arzt sein Mädchen zugunsten der

Karriere aufgibt. Die beiden treffen einander erst wieder, als sie zur Rettung der Stadt vor einer Epidemie tatkräftig beitragen.»Es endet«, so Stanislaus,»zwar nicht als Tragödie, aber doch im allgemeinen seelischen Zusammenbruch.« (›My Brother's Keeper‹) Brisant sind gewiss die Bezüge zu den Enthüllungsdramen Ibsens und der Hinweis Stanislaus' auf Glasgow als Schauplatz, wo mehrmals nicht nur 1900 einige »Fälle von Beulenpest« vermeldet werden und wohin Joyce 1894 gereist war. Fraglos ist ihm dies Drama wichtig, da er es am 30. August 1900 an William Archer schickt, der – gut für die Nachwelt – die Titelseite abschreibt:»A Brilliant Career‹ (›Eine glänzende Karriere‹)/Drama in 4 Akten/Meiner eigenen Seele/widme ich das erste/ richtige Werk meines/Lebens.« Die hier ausgedrückte Hoffnung macht Archer am 15. September zunichte. Denn das Stück sei weder bühnentauglich noch wirklich durchschaubar – selbst für »einen gänzlich wohlgesonnenen Leser«.

Inwieweit die Literatur Joyce zur Hälfte des vierjährigen Studienganges vom Bemühen ablenkt, beste Ergebnisse zu erzielen, zeigt ein Blick auf die Examina am UCD. 1898/1899 kann er noch in Englisch, Französisch und Latein über fünfzig Prozent der erreichbaren Punkte verbuchen, während er in Mathematik und Naturphilosophie hinter den Sprachen zurückbleibt. 1899/1900 steigert Joyce seine Punktzahl in Mathematik fast auf die in Latein erzielte und erreicht in Naturphilosophie und Italienisch (statt Französisch) fast schlechtere Ergebnisse als im Vorjahr. Im Fach Englisch fällt er extrem negativ aus dem Rahmen. Bis 1902 wird immer klarer: Joyce will nur den Abschluss haben, in den bisherigen Glanzfächern wartet er mit bescheidensten Noten auf, erzielt am Ende in Französisch, Italienisch und Englisch mit 465, 417 und 344 von je 800 erreichbaren Punkten ein eben noch passables Ergebnis. Parallel steigt die Zahl überlieferter literarischer Schriften in englischer Sprache so steil an, dass die Behauptung, Joyce habe ab Mitte seines Studiums Zeit und Energie längst auf die Mehrung künstlerischen Ruhms verwandt, kaum Widerspruch finden dürfte (Ellmann 1983).

Im Band ›Poems and Shorter Writings‹ zu den ›Youthful Poems‹ gezählt wird ein Fragment, darin das lyrische Ich einer »Dame« klagt: »O, Ihr sagt, ich quälte Euch/Mit meinen Versen, Dame meiner/Treu! das beste was ich hatt' ich sandt' es Euch.« Dieser wörtlich auf die Beziehung zwischen Bänkelsänger und unerreichbarer Liebsten be-

Die Herren Thomas von Aquin. George Russell (Æ). Victor Hugo, Alessandro Manzoni, Giordano Bruno, Jonathan Swift, Oscar Wilde, Johann Wolfgang v. Goethe, Richard Wagner, Aristoteles, Petrarca, Henrik Ibsen, Platon, Gerhart Hauptmann und der frisch am University College Dublin graduierte Joyce im Oktober 1902.

zogene Ruf liest sich figurativ als Befund bisheriger lyrischer Versuche. Noch steckt Joyce zwar alles in die Hoffnung auf die Muse, aber statt ihn zu erhören, bietet sie ihm das Nichts.

Behutsam tastet der junge Joyce 1900/1901 nach Thema, Diktion und Position für sein Schreiben. Oft brechen die Texte mitten im Satz ab: »Mir liegt nichts an einer lobenden Erwähnung«, so wie ihm die Mode gleichgültig ist. Die Abgehobenheit vom täglichen Überlebenskampf spricht aus zwei Vierzeilern, darin Joyce wohl sein Verhalten während der stürmischen Aufführung von Yeats' ›The Countess Cathleen‹ in Erinnerung ruft, als er selbst in die Masse eintaucht, ihre Grobheit und Vulgarität teilend. Als Beobachter seiner selbst und anderer macht er Hell und Dunkel aus – die nie vollendete Sammlung sollte den Titel ›Shine and Dark‹ tragen –, will musikalisch die jedes Leben behindernden Schatten vertreiben: windsgleich, aber eine la-

teinische Formel am Totenbett:»Requiem eternam dona ei, Domine«
zeigt: So wie »Auferstehung aus der Vergangenheit« nicht zu haben
ist, wird sich im Tode keine Versöhnung einstellen, die nicht bereits
gelebt worden war. Das Leben ist am Ende, doch nicht am Ziel.

Mit Wort-Musik sucht der Lyriker Joyce vergeblich den entscheidenden Wurf, mancher Entwurf endet in einem Komma, andere Texte
münden in einen Doppelpunkt oder ein Semikolon, und nur einen
beschreibt er auf dem Manuskript als »aus einem unvollendeten
Stück ›Dream Stuff‹« stammend:»Beim sanften Sonnenuntergang/
Hör deines Liebsten Ruf/Horch auf deine Gitarre! Dame, o Dame
schön/Nimm rasch einen Mantel,/Laß deinen Geliebten schmek-
ken/Die Süße deines Haars.« Stoffe, aus denen Träume gewebt sind,
gibt es einige in diesen fragmentarischen Versen, aber sie sind noch
vorsichtige Schritte auf dem Weg zum Schriftsteller Joyce.

So steht er am 8. Januar erneut in ›Cupid's Confidant‹ auf der
Bühne, diesmal im Rampenlicht der Antient Concert Rooms, was ihm
das Lob eines Rezensenten im ›Evening Telegraph‹ einträgt. Wie Vater
Joyce in Cork glänzt Sohn James in Studententagen als Amateur-
akteur. Dabei vermuten Wyse Jackson/Costello, dass John Stanislaus
Joyce den Reporter zur Rezension des Stückes überredete. Mehr als
die Eintagsfliege im Theater dürfte James Joyce der Brief gegeben haben, den er im März zu Ibsens 73. Geburtstag an den Altmeister in
Oslo schickt – nicht nur, weil er ihn aus dem Englischen ins Norwegische übersetzt hat. Wohlwollend wie die Besprechung im Jahr zuvor,
wenn auch schweigend, wird diese Huldigung aufgenommen worden sein in der dem königlichen Schloss gegenübergelegenen Wohnung, deren Umgebung und Blickfeld noch 1996 unverändert ist,
einschließlich des Tores in der Umfassungsmauer des Schlossgartens,
durch das Ibsen für einen Plausch zum König gehen konnte. Wie der
Norweger mit dem Monarchen per Du ist, spricht Joyce im Brief mit
dem alten Dichter von gleich zu gleich. Joyce schließt:»Als einer aus
der jungen Generation, für die Sie gesprochen, sende ich Ihnen
Grüße – nicht demütig, weil ich im Dunkel bin und Sie im Glanz,
nicht traurig, weil Sie ein alter Mann sind und ich jung bin, nicht anmaßend oder sentimental – sondern freudig, in Hoffnung und Liebe
sende ich Ihnen Grüße, Ihr sehr ergebener/JAMES A. JOYCE«.

Der Jüngling richtet »freudig« das Wort an Ibsen, dessen »völlig[e]
Gleichgültigkeit gegen kanonisierte öffentliche Maßstäbe der Kunst«

ihm wohl am meisten imponiert. Auch Hauptmann hatte brieflich persönlichen Kontakt mit Ibsen:»Im Tagebuch von 1898 resümierte [er]: ›Ich habe von dem großen Alten viel gelernt.‹« (Eberhard Hilscher)

Im Sommer 1901 verreist Vater Joyce erneut mit den beiden Ältesten nach Mullingar, ihnen stets ein Vorbild für patriarchalische Verhaltensmuster bietend, und dort übt James sein Englisch, indem er Hauptmanns ›Vor Sonnenaufgang‹ und ›Michael Kramer‹ übersetzt. Nur ersteres ist überliefert. Aber wer einmal als Übersetzer sich in Stil und Denkweise eines Autors eingearbeitet hat, weiß, wie aufwendig solche leicht als Vorübungen abgetane Versuche sind und welche Hingabe und Disziplin es kostet, ans Ende eines zu übertragenen Werkes zu gelangen.

Zur selben Zeit hat Joyce weitere Verse verfasst, die er erneut an Archer schickt. Der antwortet spät, um den 15. September:»Ich gestehe, daß Gedichte, die einen bestimmten Gedanken oder ein klar umrissenes Bild ausdrücken, mir lieber sind als solche, die nur eine Stimmung ausdrücken.« Diese Kritik verbindet Archer mit qualifiziertem Lob und der Aufforderung, »nicht metrische Extravaganzen zu kultivieren, wie sie besonders in den Anfangszeilen der Sammlung reichlich vorkommen«. Literaturkritik hinter verschlossenen Türen ist ein wertvolles Mittel für den werdenden Autor, der bald repliziert haben muss, denn am 26. September schreibt Archer abermals, diesmal auf die diversen nationalen Traditionen beim Reim eingehend – da Joyce offenbar die in englischen Gedichten unüblichen identischen Reime französischer Faktur verwendet – wie auf die Frage nach der Publikation von Lyrik. »Vielleicht würde die Veröffentlichung der Gedichte Sie in Ihrer Entwicklung voranbringen – wer weiß?«

Noch erscheint keine Poesie aus Joyces Feder, dafür aber ein Pamphlet: ›The Day of the Rabblement‹ (›Der Tag des Pöbels‹), das am 15. Oktober geschrieben und von ›St. Stephen's‹, einer neuen Literaturzeitschrift der Universität, wegen der Nennung von Gabriele D'Annunzios Roman ›Il Fuoco‹ (vom Vatikan indiziert) abgelehnt wird. Da auch Joyces Kommilitone Francis Skeffington einen Artikel über die gleichberechtigte Zulassung von Frauen zum Universitätsstudium in Irland von Pater Henry Browne, dem geistlichen Berater des Herausgebers, zensiert sieht, machen die beiden gemeinsame Sache und veranlassen einen Privatdruck von 85 Exemplaren. In der

Vorrede des heute vergilbten und in der James Joyce Stiftung Zürich einsehbaren Heftes, worin es von teils grotesken Druckfehlern wimmelt, stellen sie die Lage dar und übernehmen jeweils nur für den eigenen Artikel die Verantwortung. Joyce agitiert pro domo, indem er Ibsen und Hauptmann propagiert, nun nicht nur die Isolation des Genies preisend, sondern auch das Irish Literary Theatre als heuchlerisches Unternehmen angreifend.»In Dublin ist die [englische] Zensur machtlos«, folglich wären Aufführungen von Ibsens Stücken durchgegangen. Aber so weit kommt es nicht, denn »[ein Ästhet] [wie] Yeats [ist] willensschwach«, und »Mr. Martyn und Mr. Moore sind keine wirklich originellen Autoren«.

Mit bemerkenswert antiirischem Impetus, dabei immer wieder kontinentaleuropäische Autoren als Gegenbilder zitierend, schließt Joyce:»[Unter solchen Umständen] muß man einfach [seine Position definieren]. Wenn ein Künstler die Gunst der Menge hofiert, wird er eben von ihren Fetischen und ihren [bewußten] Selbsttäuschungen infiziert; wenn er sich einer populären Bewegung anschließt, tut er es auf eigene Gefahr.« Ihm als der Wahrheit verbundenen Künstler, der mit dem 1600 in Rom als Ketzer verbrannten Giordano Bruno eine weitere häretische Autorität nennt, kommt es darauf an, dass die literarische Entwicklung nach Ibsen und Hauptmann weitergeht. Bewegt ist die Diskussion der Thesen Joyces. Fraglich bleibt, wer erkannt hat, wie Joyce im Zitat aus ›Baumeister Solness‹ sich als Erben jener Tradition hinstellt. Erneut ähnelt Joyce Schliemann, dessen Autorenkarriere in der Selbststilisierung als realer Peer Gynt ebenfalls in der Nachfolge Ibsens beginnt.

Im Stillen baut Joyce längst weiter an seinem Werk. Er verfasst kurze Texte, Epiphanien genannt, Erleuchtungen, in denen sowohl Bezüge zu Gedichten als auch zu Essays aufscheinen. Überdies sind etliche dramatische Fragmente erhalten, aus denen die Kontinuität seiner Beschäftigung mit szenischem Arrangement spricht oder, anders ausgedrückt, der Drang, das Leben im Leben literarisch zu fassen. Und dabei benennt Joyce anders als zumeist für Gedichte Ort und Akteure der Handlung. Bei den autobiographischen Ursprüngen vieler Epiphanien wundert nicht, dass er sie notiert und sammelt, nicht aber zur Prüfung an andere schickt oder gar veröffentlicht.

In grob chronikalischer Ordnung verzeichnen die mit einiger Gewissheit bis Ende 1901 datierbaren Epiphanien eine Szene aus Bray, als Mr. Vance vom jungen James Joyce, der »unterm Tisch« versteckt sitzt, eine »Entschuldigung« fordert, sonst würden ihm die Augen ausgehackt. Das veranlasst den für Mr. Vance, den protestantischen Nachbarn, unsichtbaren James spät zur Formulierung eines Vierzeilers: »Hacken ihm die Augen aus./Sagt Entschuldigung heraus,/Sagt Entschuldigung heraus./Hacken ihm die Augen aus.« Einblick in Joyces nur kreativ zu überwindende Kindheitstraumata bietet die erste Epiphanie; weitere, bereits in Dublin lokalisiert, bezeugen die Phantasie des Schülers, der durch die Lektüre von Romanen aus dem Elsass »das Leben eines Landes jenseits des ihren zu berühren und teilhaftig zu werden [scheint] der Kommunion mit dem deutschen Volk«. Lesen als Mahl am Tisch des Herrn. Hier wird Literatur zur völkerverbindenden und -verständigenden Religion, die Joyce als Übersetzer aus dem Deutschen schon ausgeübt hat. Ein Dialog am Mountjoy Square, Dublin, nahe einer Joyceschen Wohnung, kryptisch wie Alltagsgespräche oft sind, über Möglichkeiten im Leben; eine Unterhaltung in einem Totenhaus, als Jim (James Joyce) hinzukommt und für die tote Tochter (seine Cousine) gehalten wird. Drei Szenen, genau beobachtet: der Erzähler zwischen zwei Männern, denen »die alte Sünde [...] die Augen [schärft] zur Grausamkeit«; der Erzähler nüchtern beim Morgengebet; der Erzähler im Angesicht eines großen Hundes: »Von Zeit zu Zeit hebt er die Schnauze in die Luft und stößt ein langes klagendes Geheul aus.«

Hell und Dunkel changieren, es gibt keine klaren Bäche für den Schriftsteller Joyce, der die Horaz-Übersetzung weit hinter sich gelassen hat. Nun schreibt er eigene Beobachtungen auf, etwa den in Mullingar eines Julisonntags aufgeschnappten Monolog Tobins: »[Mein Rat an jeden jungen Kerl, der es sich leisten kann, lautet]: heirate jung.« Sonst gibt es keinen Genuss – eine im Irland nach der Hungersnot, wo viele Menschen ledig bleiben, nur zu häufige Erkenntnis.

Leichter lebt man in Dublin. Doch wird Joyce mit seinem literarischen Anspruch nicht immer verstanden, ob er nun die Menschen im Pub trifft oder zu Scharaden bei Familie Sheehy, Belvedere Place, wo man Ibsens Alter errät, Goethe als Lieblingsautor Hanna Sheehys feststellt und Joyce eine fiktive Begegnung mit William Blake erlebt, der ihm als alter Visionär vom Literatendasein abrät: »[O, das ist ein schreckliches Leben!]«

Die Scheindebatten im Parlament, wo Mr. Sheehy sitzt, sind Joyce ebenso eine Notiz wert wie eine Szene, wo ein »lahme[r] Bettler« zwei Kinder mit dem Stock bedroht. Das Phantasiebild eines Tieres, das »schwerfällig die Tatzen [bewegt] und [...] Wörter in einer Sprache [murmelt], die ich nicht verstehe«, zeigt, wie weit Joyce in diesen für den literarischen Markt nicht verwertbaren Skizzen bereits von orthodoxen Anfängen entfernt ist. Eine letzte Szene bei den Sheehy, die um das Erscheinen von ›The Day of the Rabblement‹ im Oktober 1901 spielt, belegt Joyces parodistisches Talent, sollte er sie erdacht, und seine Fähigkeit, über sich selbst zu lachen, sollte er sie wortwörtlich notiert haben: »Vielleicht steht dieser Pöbel schon vor der Tür!« Gemeint ist der Schluss des Essays, wo er die Ankunft des Nachfolgers von Ibsen und Hauptmann ankündigt – sich selbst als Teil des Pöbels zu bezeichnen, ist bei dem heiligen Ernst, den Joyce an den Tag legt, recht selbstironisch.

Am 1. Februar hält Joyce den Vortrag ›James Clarence Mangan‹ vor der Literary and Historical Society des UCD. Erneut Unmut und lautstarke Kritik hervorrufend, erscheint der Aufsatz im Mai in ›St. Stephen's‹. Joyce ist offenbar am College trotz allem kein verfemter Dichter. Der Text handelt zunächst von klassischer und romantischer Schule der Dichtung sowie von deren Abgrenzung gegen die als niedriger einzustufende Literatur. Im Ton vorsichtig, ist er mit rhetorischen Fragen und versteckten Zitaten gespickt. Dennoch entfaltet Joyce in dem Porträt zu Ehren des irisch-nationalistischen Dichters und polyglotten Übersetzers James Clarence Mangan seine Sicht der Literaturkritik als »Akt der Ehrerbietung«.

Geschickt die Literaturbetrachtung auf eine Ebene mit der Heiligenverehrung stellend, nutzt Joyce die Gunst der Stunde zur Abrechnung mit den gern als Hagiographen sich gebärdenden Verfassern von »Kritiken und Biographien«. Wer hegt noch Zweifel, dass Mangan erst in Joyce den rechten Biographen und Kritiker findet? Pikanterweise ist der deutschen und französischen Ausgabe, nicht ›Occasional, Critical, And Political Writing‹ zu entnehmen, wie unverfroren Joyce die Würdigungen Mangans durch Mitglieder des Londoner Rhymers' Club, die Iren Lionel Johnson und Yeats (zuletzt 1900), sowie mehrere Neuauflagen übergeht. Auch zitiert er Walter Pater, in Oxford Anreger Oscar Wildes, ohne den Autor der ›Imaginary Portraits‹ und eines Leonardo-da-Vinci-Essays zu nennen. Mit diesem Verfahren tritt Joyce als junger Kritiker in den Dialog mit den Großen, obwohl er nicht alles aus erster Hand kennt wie etwa den Romantiker Percy Bysshe Shelley oder Ibsen und Hauptmann. Ersteren zitiert er im Original (wohl auch zur Umgehung der Zensur), und letzteren aus der Übersetzung von ›Michael Kramer‹. Sonst fallen zwei Verweise auf Novalis ins Auge und die im Rückblick zu erschließende Kette von Anspielungen auf Blake und Dante Alighieri. Dies Verbergen der Quellen ist Teil einer schriftstellerischen Strategie, die Joyce Mangan *ex negativo* abgeschaut hat, der nur auf das Schweigen der Welt hoffe, die so seine Träume dulde, der – so die positive Lektion – das »musikalische[.] Echo[.] [noch listiger] als Poe[.] eingesetzt habe. Mit ›Schweigen‹ und ›List‹ (›silence‹; ›cunning‹) kann ein Lyriker überleben: »Verdichtung, selbst wenn sie höchst phantastisch erscheint, ist immer eine Revolte gegen das Artifizielle, in gewissem Sinne auch gegen das Tatsächliche.« Auch der Mangan-Vortrag ist ein Protest, der zur Grundlage des eigenen Lebensentwurfes wird: »Jedes Zeitalter muß seine Rechtfertigung in seiner Dichtung und in seiner Philosophie suchen, denn darin erlangt der menschliche Geist [. . .] einen Zustand von Ewigkeit. Der philosophische Geist tendiert zu einem sorgfältig geplanten Leben – wie das Leben Goethes oder Leonardo da Vincis; das Leben des Dichters jedoch ist intensiv – wie das Leben Blakes oder Dantes – und zieht das umgebende Leben in sein Zentrum, um es unter Planetenklängen wieder von sich zu feuern.«

Bei Erscheinen des Artikels ist in Joyces Leben die Planung noch mehr der Dichtern eigenen Intensität gewichen. Denn fünf Wochen nach dem Auftritt vor den Studenten steht er am Krankenbett von Bruder George Alfred (13./14. März). Begabt wie der Älteste, aber zarter, stirbt er am 3. Mai 1902, von James, der zugleich an Liebesgedichten feilt, mit fünf Epiphanien bedacht: an der Glengariff Parade angesiedelt, wo Familie Joyce 1901/1902 lebt, ist ein Dialog zwischen Mrs. Joyce und Jim – wie ihn nur die Nächsten nennen – nachzulesen: »Hast du eine Ahnung vom Körper? [. . .] Da kommt irgendein Zeug aus dem Loch in Georgies Bauch [. . .] Joyce: Ich weiß nicht . . . Was fürn Loch?« Bedauern und betrauern kann der Ich-Erzähler den »arme[n] kleine[n] Kerl! Wir haben oft zusammen gelacht – er trug seinen Leib nur leicht«, aber beten kann er nicht, im Gegensatz zur Familie und zu dem anonymen Paar aus Frau und Mädchen, letzteres mit »Fischgesicht«, erstere mit dem »Gesicht einer Feilscherin«. Familie Joyce trauert nicht öffentlich. Kommilitone Skeffington hört vom

Todesfall erst später. Im Dialog sagt Joyce so lakonisch wie lapidar:
»O, er war noch sehr jung ... ein Bub ...« Nochmals erscheint
Georges kurzes Leben in einer Traumsequenz: »Sein Tanzen ist nicht
das Tanzen von Huren, der Tanz der Töchter der Herodias.« Keine
Verkörperung der von Flaubert und Wilde literarisch gefassten neu-
testamentlichen Gestalten Herodias oder Salomé, weder biblisch
noch adelig oder weiblich, vielmehr »aus der Mitte des Volkes [auf-
steigend], jäh und jung und männlich« (Epiphanien Nr. 19–23).

Das Leben ist ein intensives Drama von einiger Kürze – so weit ist
Joyces Praxis der über Ibsen entwickelten Theorie schon gelungen.
Doch diese Fragmente sieht außer Stanislaus niemand, während Joyce
im März 1902 einem Kommilitonen den Entwurf des Gedichts ›O it is
cold and still‹ auf einen Bestellzettel der National Library diktiert. Der
Übersetzung von Shelleys ›The Indian Serenade‹ in die Sichtweise des
20. Jahrhunderts gleicht bei Joyce die Klage des lyrischen Ichs um
eine tote Liebe/Frau – auch das eine Übersetzung, denn bei Shelley
stirbt aus Liebeskummer der Inder.

Gegen das Studienende am UCD erscheint Joyce mit Kommilitonen und Professoren, Jesuiten und Laien, auf einem Gruppenbild,
die Hände lässig in die Hosentaschen gesteckt, eine Locke flott in die
Stirn fallend, eher schweigend-listig dreinblickend denn lächelnd-
herausfordernd. Pro forma noch im Oktober Student, nun der Medizin, wird James am 31. als *Bachelor of Arts* verabschiedet, und auch
dieser Auftritt ist fotografisch festgehalten. Äußerst förmlich und
reserviert wirkt der in Fliege, Anzug und Umhang nach englisch-aka-
demischer Sitte gewandete junge Mann, der, zwischen einer Kommode und einem Lehnstuhl plaziert, forsch in die Kamera blickt. Eine
weitere Aufnahme mit den Kommilitonen John F. Byrne und George
Clancy zeigt Joyce erneut mit Fliege und Anzug, als sei er wie aus dem
Ei gepellt durch Dublin flaniert, nur die klobigen Stiefel fallen aus
dem Rahmen; die rechte Hand liegt zur Faust geballt auf dem rechten
Knie, in der Linken hält er eine karierte Sportmütze. Unter poma-
disiertem Haar schaut Joyce herausfordernd ins Objektiv. So disparat
die Bilder sind, sie zeugen von intensivem Erleben, das ihm, der nach
der Examenszeremonie wegen antibritischer Aussagen verhört wird,
aus dem Gesicht spricht.

Wer provoziert, braucht für den Geheimdienst nicht zu sorgen,
doch steht zu vermuten, dass die von London gelenkte Regierung des

Vizekönigs in Dublin Castle ohnehin Spitzel ans katholische UCD schickt, um über die jungen Intellektuellen im Bilde zu sein. Und wie Umberto Eco in dem Vortrag ›A portrait of the artist as a bachelor‹ von 1991 ausführt, »war [Joyce] noch [...] unvollständig [...], insofern er noch nicht jene Werke geschrieben hatte, ohne die [er] nur ein arroganter Debütant geblieben wäre. Allerdings [war er] am Ende seiner Studien nicht so unfertig, wie man glauben möchte.« Eco nennt dann den Beginn des 20. Jahrhunderts als die Zeit, da Joyce »mit seinen ersten Schreibversuchen sehr klar die Richtungen eingeschlagen hatte, die er dann in reifem Alter« weiterverfolgte.

Joyce ist im Herbst 1902 in Aufbruchstimmung, wie einige Briefe zeigen, aus denen hervorgeht, dass der katholische Ire Kontakt mit dem protestantischen Establishment aufnimmt, etwa Yeats trifft, der ihm ins Stammbuch notiert: »Was Sie bis jetzt geschrieben haben, ist sehr bemerkenswert für einen Mann Ihres Alters, der fern von den lebendigen geistigen Zentren lebt.« Ihm die Güte eines Oxford-Absolventen bescheinigend, warnt Yeats Joyce auch: »Die Eigenschaften, durch die jemand sein Ziel erreicht, zeigen sich häufig lange Zeit nicht in seiner Arbeit.« Obzwar Joyce den 17 Jahre älteren Yeats – der, am 5. Oktober 1902 mit George Moore abgelichtet, wie ein Jüngling wirkt – in ›The Day of the Rabblement‹ als Anpasser angreift und in ›James Clarence Mangan‹ sein Eintreten für den irischen *poète maudit* verschweigt, berät der Ältere ihn klug. Neben »Geduld, Anpassungsfähigkeit« nennt er »die Gabe, die vielleicht von allen die seltenste ist: durch Erfahrung zu wachsen«. Es gilt zu beobachten, ob Joyce dem Hinweis folgt, »von denen [zu lernen], die, einem, was das Alter angeht, nahe genug stehen, um die eigenen Schwierigkeiten verstehen zu können«.

Diesen Rat hat Joyce nicht beherzigt, sondern im November in Briefen an die 30 Jahre ältere protestantische Autorin Lady Gregory, die mit Moore und Yeats befreundet ist, um Hilfe nachgesucht. Während die Begründung, die Joyce für den Abbruch des Medizinstudiums in Dublin anführt, nach einer Verschwörungstheorie klingt, wie sie in Irland bei Misserfolgen gängig sind, bietet er ein passables Selbstporträt: »Ich möchte mein Medizinstudium abschließen, weil ich dann mein Werk gesichert aufbauen kann.« Er hat verstanden, mit Schweigen und List ist es nicht getan, er will sich »auszeichnen«, denn nichts sei seiner Kirche so zuwider, ob Ketzerei oder Philosophie, wie ein Mensch, der das Drama des Lebens intensiv erfährt und ausdrückt, und darum gehe er nach Paris.»Und wenn es auch scheint, als würde ich als Irrgläubiger aus meinem Lande vertrieben, so habe ich doch niemanden gefunden, der einen Glauben hätte wie ich.« Ein Wort fällt noch nicht: ›Verbannung‹ (›exile‹), aber den Zustand hat Joyce treffend umschrieben und in Lady Gregory eine Aktivistin in seiner Sache gefunden, die bei Yeats für ihn eintritt, aber in ihr Schreiben vom ?23. November* Sätze einstreut wie:»[Ich bedaure], Sie für uns hier zu verlieren. War es nicht geplant, daß Sie aufs Trinity gehen sollten?« Krokodilstränen und der fromme Wunsch, der Absolvent des katholischen UCD möge am protestantischen TCD reüssieren. Dafür kann Joyce sich so wenig kaufen wie für den Folgesatz: »Ich bin überzeugt, daß Sie eines Tages [I]hr Ziel erreichen werden, doch Sie werden wohl zunächst hart kämpfen und ›mit den Rippen auf die Erde aufschlagen‹ müssen.«

Solche Worte finden ihr Pendant in Ablehnungsbescheiden von Verlegern oder Kommentaren. Bei Joyces späterem Erfolg wird leicht vergessen, wie gefährdet seine Autorenexistenz anfangs ist. Archer rät ihm offen ab, in Paris mit Englischstunden Geld für das Medizinstudium verdienen zu wollen (25. November 1902). Yeats, der ja selbst beim Träumer Mangan Inspiration gefunden hat, ist da pragmatischer. Er ist angetan, als Joyce ihn am 2. Dezember in London aufsucht. Er besorgt dem Jüngeren Kontakte zu Zeitschriften, wo er Gedichte und Besprechungen veröffentlichen kann:»Diese Art Arbeit hat noch nie jemandem geschadet.« Durch die Wahlverwandten Yeats und Lady Gregory, der Joyce am 1. Dezember vor der Abreise brieflich dankt, ist die Bilanz der letzten Wochen in Irland positiv. Joyce kann als Autor von Paris aus weitermachen, und sein Appell an Gesinnungsgenossen irischer Nationalität hat ein verblüffend vorteilhaftes Echo gefunden. Auf dem Weg in die Verbannung verschweigt Joyce im persönlichen Dialog mit Yeats zwar den »alten Ibsen-Fanatismus«, dichtet aber auch listig einen Limerick auf Lady Gregory, mit der er einmal aß, die bereitwillig Bettelpoeten die Börse öffnen wolle, sich jedoch als Unvorsicht in Person erkannt finde,»Als hunderte Studenten riefen: ›Wir zählen zu dieser edlen Kategorie.‹« Mildtätigkeit ist eben nicht für alle gedacht!

* Bei den bis heute maßgeblichen Editionen der Briefe von und an James Joyce (1957; 1966; 1975) waren viele Schreiben nicht genau zu datieren. Die dort vermerkten Fragezeichen bleiben daher in dieser Biographie erhalten.

Zwischenziel Paris

Mit der Abreise endet die Phase des Studierens. Nun geht Probieren
vor. Offenbar mit zwei Rezensionsexemplaren im Gepäck in Paris eingetroffen, die ihm der Herausgeber des Dubliner ›Daily Express‹ auf
Lady Gregorys Vermittlung hin ausgehändigt hat, lebt Joyce jetzt im
Hôtel Corneille, Nr. 5, Rue Corneille, Paris VI., unweit der Rue des
Beaux Arts, wo Oscar Wilde am 30. November 1900 im Hôtel d'Alsace
gestorben war. Wie dieser am Ende seines Lebens isst und trinkt der
junge Joyce wenn möglich auf Kosten anderer – »Soviel gespart!« –
und verfasst eine bitterböse Besprechung, ›An Irish Poet‹: An den
Mangan-Vortrag anknüpfend, indem er mit Arthur Griffith und Patrick Bradley die Verfasser von Einleitung und biographischer Skizze
verschweigt, verdammt er die Verse William Rooneys, des verstorbenen Irischlehrers, Journalisten und Lyrikers: »Mangans homerisches
Epitheton ›weindunkel‹ wird in seiner Prägung zum farb- und sinn-
losen Epitheton, das irgendeine oder alle Farben des Spektrums ab-
decken kann. Wie anders schrieb Mangan: ›Kennst du das Schloß, das
stürzt über/in die weindunkle See!‹ Hier steigt im Geiste eine Farbe
auf und setzt sich klar ab gegen den Goldglanz der Folgeverse.« Kein
Wunder, dass Rooney versagt hat, so der Schluss, wenn er Patriot ist.
Dabei sollte Joyce ›Poems and Ballads‹ aus eben dem Grund im ›Daily
Express‹ besprechen, einem Blatt mit dem Ziel, »die Rechte und Reflexe irischer Nationalität mit den Erfordernissen und Zwängen impe-
rialer Besitzungen« zu verbinden. Joyce aber geht es um die Literatur,
»nicht die größte der Künste, in der Tat, aber wenigstens eine Kunst
mit ausgeprägter Tradition, im Besitz ausgeprägter Form«. Pro domo
argumentierend, kann er an Rooneys Versen nichts finden – zu sehr
ist er als Bachelor, was laut Eco auch eine »männliche Robbe [ist], die
in der Paarungszeit noch kein Weibchen gefunden hat«, mit der
Verteidigung von Dichtung befasst. »Und doch hätte [Rooney] gut
schreiben können, hätte er nicht an einem jener großen Worte gelitten, die uns so unglücklich machen. Es gibt [darin] keinen Text, dem
auch nur die erste Qualität der Schönheit eignet, die Qualität der
Integrität, die Qualität des Für-sich-Seins und der Ganzheit, aber es
gibt [darin] einen Text, der anscheinend aus einem bewußten, persönlichen Leben kommt.« Nur die Übersetzung einiger Zeilen von
Douglas Hyde, dem Gründer der 1893 gebildeten Gaelic League, ent-

spricht den literarischen Maßstäben, die er mittels der Ästhetik des Thomas von Aquin formuliert.

Auch im Artikel über eine biographisch-kritische Einschätzung zu George Meredith bekundet Joyce übergreifendes Interesse an Literatur. Dafür stehen die Abneigung gegen *hommes de lettres* wie der Vergleich von Merediths ›Modern Love‹ mit Dantes ›Vita Nuova‹. Statt die Abhandlung zu betrachten – die ihn »nicht bemerkens-, aber doch lesenswert« dünkt –, kühlt er sein Mütchen am älteren englischen Zeitgenossen, der »lyrischen Impuls« und den »Instinkt als epischer Künstler« vermissen lasse. Vielmehr sei Meredith Philosoph.

Joyce, der »ein noch unverheirateter junger Mann«, sprich: Bachelor im Hauptsinne des Wortes ist (Eco), wechselt Briefe mit Mutter und Vater, denen er am 6. Dezember haarklein mitteilt, welche Bedingungen für das Medizinstudium gelten (er bekommt »eine vorläufige Zulassungskarte für das Physik-, Chemie- und Biologiezertifikat«), die Lebenshaltungskosten, aber auch, welch »großartige normannische Möbel« er kaufen will, sobald er sich »endgültig in Paris für [sein] Medizinstudium eingerichtet« hat. Auch trägt er den Lieben auf, über sein Befinden und Fortkommen den Mantel des Schweigens zu hängen. Stanislaus soll als Bote und Briefsteller für ihn wirken und »mit den Büchern in [seinem] Zimmer sorgfältig umgehen«. Am 15. Dezember schickt Joyce Familie und zwei Freunden eine Bildpostkarte. In voller Länge darauf zu sehen, trägt er einen breitkrempigen Hut, die Hände stecken in den Taschen des knöchellangen Wintermantels, der Kopf ist leicht nach hinten geneigt. Er scheint eine Brille zu tragen und schaut ein wenig blasiert drein. Bei der Fa. Photo-Cartes, Boulevard Poissonnière (unweit von Opéra und Montmartre), fabriziert und mit dem Stempel des Hôtel Corneille versehen, ist eine dieser Karten an Byrne adressiert und mit einem zweistrophigen Gedicht beschriftet, dem Joyce den Titel ›Zweiter Teil – Eröffnung, die von den Wanderungen der Seele erzählt‹ gibt. Bei den Eltern über »Geldmangel« und »Gesundheitszustand« klagend, gibt Joyce Byrne gegenüber den Dichter, der aus der eigenen und Arthur Symons' Übersetzung des Verlaine-Gedichtes ›Chanson d'automne‹ lernt und borgt und flugs aus diversen Materialien ein Joyce-Poem schafft.

Noch sagt er nichts, aber aus dem Schweigen über das Medizinstudium am 15. Dezember im Brief an die Mutter und der Erwähnung »seiner[r] Stellung an der Ecole Berlitz [. . .] ich müßte den ganzen Tag an der Schule sein« sprechen seine wahren Gedanken: »Ich möchte ungern ganz in Paris wohnen, möchte aber gern mein Leben teilen.« »Unfertig«, wie Eco sagt, ist Joyce (noch), aber er will (a) die *Verbannung* nicht ewig währen lassen – die Eltern sollen ihn nach Hause holen –, (b) *schweigen* – denn er ist müde –, (c) *listig* alle in sein Leben einbinden: »Ich werde Dir in einigen Tagen ein paar Noten aufschreiben, die ich Dich zu üben bitte.« Das großspurige Angebot, mit Privatstunden Mutter Marys Gebiss zu bezahlen, lehnt diese postwendend ab: »rechne ich dir hoch an und werde es nicht vergessen«.

Am ?17./18. Dezember 1902 ist sie brieflich so rührend wie fast stets ohne Punkt und Komma um Nöte des Ältesten besorgt, dass auch dessen für die Nachwelt gedachte literarische Pose kippt. So erscheint er in Yeats' Brief vom 18. Dezember als Bachelor im Sinne eines »angehende[n] Ritters im Dienst eines älteren« (Eco). »Bald [nach ihrem Treffen] schrieb« Yeats »einen leicht fiktionalisierten Bericht [...]: ›Er fragte mich: Warum ich Reden halte? Warum ich mich mit Politik abgebe? Warum ich gewissen Geschichten und Gedichten einen historischen Rahmen gegeben habe?‹ [...] all diese Dinge seien ein Zeichen dafür, daß das Eisen [in Yeats' Hand] erkalte.« (Foster) Im Leben setzt Yeats dem schwierig zu fassenden Jüngeren den Pragmatiker entgegen, der geduldig seine Versuche schildert, Joyces Gedichte bei Londoner Zeitschriften unterzubringen, bevor er selbst Kritik übt: »Vielleicht bringt es Sie auf, wenn ich sage, daß es das Gedicht eines jungen Mannes ist, [...], der auf seinem Instrument übt und dem das bloße Betätigen der Register Vergnügen macht. [...] Für sich genommen würde es einem Leser gefallen, der Ihre Arbeit insgesamt schon kennt, aber von sich aus würde es nicht die Aufmerksamkeit auf diese Arbeit ziehen.« Nach dem Vergleich von Lyrik und Musik rät Yeats Joyce erneut zu Fleiß, in der Meinung, man könne nur mit Demut und Geduld reüssieren.

Unwillig, die Bühne durch die Hintertür zu betreten, schreibt Joyce Lady Gregory am 21. Dezember über ungünstige Studienaussichten, zieht über die Franzosen und die schlechte Qualität von deren Poesie her, dabei als Gegenbeispiel Gretchens ›Es war ein König in Thule‹ aus Goethes ›Faust‹ im Original anzitierend, obwohl er der Welt französische »Köche und Tanzmeister« unbedingt erhalten will. Selbigen Tags sendet er dem Vater eine Postkarte mit Details zur über Calais–Dover erfolgenden Heimreise und dem Hinweis auf seine schwindende Barschaft, da ihm »die kleinen Pariser Ladeninhaber [...] alte Louis andrehten und ein oder zweimal italienische Lire«. Gewieft Familie und Freunde für sich und seine Interessen arbeiten lassend, scheint Joyce den Unbilden des Alltags oft hilflos ausgesetzt. Über die Jahreswende hinaus und den Wiederbeginn der Kurse am 4. Januar 1903 hält er sich in Nr. 7, St. Peter's Terrace, Phibsborough (Cabra), im Norden Dublins auf, dem Reihenhaus aus roten Backsteinen mit eisengitterumzäuntem Vorhof und dem Vorderzimmer mit Erkerfenstern, das Vater Joyce, der »glaubte, seine Kinder näherten sich der Unabhängigkeit«, am 24. Oktober 1902 »für die Hälfte seiner Pension« erworben hatte (Igoe). Nur bleiben der Familie zum Unterhalt seither monatlich gerade £ 5 10s.1d. So sind James' Bedürfnisse in Paris einzig durch Schuldenmachen zu befriedigen.

Zurück in Dublin, verkehrt James mit Familie Sheehy, trifft in der National Library den trinkfesten Medizinstudenten Oliver St. John Gogarty und den Bibliothekar John Eglinton, die beide selbst schreiben. Erst am 17. Januar tritt er die Rückreise über London an. Dort sucht er seine literarische Laufbahn zu fördern, doch der Schein trügt.

Wenn schon andere ihm nicht den Weg ebnen, er selbst hat gearbeitet, ein weiteres Buch besprochen, als er der Mutter am 25. Januar erneut aus dem Grand Hôtel Corneille schreibt – vom Zimmer, das er am 6. Dezember mieten wollte, sagt er nichts. Im Auftrag des ›Daily Express‹ kritisiert er die politisch-literarische Position des Autors der Sammlung ›Today and Tomorrow in Ireland‹, spießt dessen Entdeckung Mangans auf, lobt unter den Zeitgenossen allein Yeats ob »einer gewissen Geläufigkeit« und tritt selbst für Mangan ein, »jenes Geschöpf des Blitzes, das unter den Menschen, die es adelte, ein Fremder war und ist, aber eines Tages noch als einer der größten romantischen Dichter unter denen, die die lyrische Form nutzen, anerkannt werden wird«. Nach solchem Auftritt in eigener Sache preist er den Autor für die Essays zu irischer Industrie, ihre »praktische Art« und den Anekdotenreichtum: »Mr. Gwynn hat offenbar Sinn für Humor, und es ist angenehm, den an einem Wiederbeleber [gälischer Kultur] festzustellen.« Der Artikel erscheint am 29. Januar mit dem salbungsvollen Lob auf Druck, Einband und Verlag. Zu Liebedienerei nicht bereit, fragt Joyce am 8. Februar Bruder Stanislaus brieflich, ob seine kritische Bemerkung über die »wahren Patrioten« gedruckt worden sei.

Inzwischen hat der auf unbedingte Wiedergabe seiner Worte bedachte *Bachelor of Arts* das 21. Lebensjahr vollendet und drei weitere
Titel für den ›Daily Express‹ rezensiert. Zum Ehrentag trifft aus Dublin eine Gratulationsepistel des *Pater familias* ein, die von dessen
Hoffnungen zeugt:»[I]ch habe immer in Dir einen würdigen Vertreter
unserer Familie gesehen, auf den mein Vater stolz gewesen wäre.«
James hat die Großeltern Joyce nur aus Erzählungen von John Stanislaus kennen gelernt, der stets die mütterliche Linie abwertet. Die
Bürde, die dem Sohn im Folgesatz aufgeladen wird, ist greifbar:»Nun
hoffe ich nur, daß Du in Deinem Leben nach *seinen* [den großväter-
lichen] Ideen handelst, und wenn Du das tust, kannst Du sicher sein,
daß Du nichts tun wirst, was für einen Gentleman nicht schicklich
wäre.«

James hat die entsprechende Ausbildung genossen, sie weiter geführt als jeder Joyce vor ihm. Als Gentleman ohne Geld zu posieren,
gelingt ihm ganz gut, solange der Vater Verantwortung trägt. Nun
muss er es selbst richten – ohne Erbteil, das John Stanislaus verjubelt
hat. Einen bescheidenen Beitrag zur Erhaltung des Bildes vom Gen-
tleman-Autor – als solche konnten (und können) Moore, Wilde und
Yeats mehr oder minder reüssieren – leistet Joyce, der Rezensent des
›Daily Express‹. Sein erstes Lob, ›A Suave Philosophy‹ (›Eine sanfte
Philosophie‹), gilt einer Darstellung des Buddhismus, »ein höchst an-
genehmes Buch«, verfasst von »einem der Eroberer [des burmesi-
schen] Volkes, [der], da er es nicht für ein Kriegervolk hält, ihm keine
große politische Zukunft vorhersagt«. Joyce kehrt den Künstler heraus, der »vielleicht in der Literatur« die Erfüllung »eines so heiteren
und ordnungsliebenden nationalen Temperaments« sieht – konträr
zur westlichen Kultur und unausgesprochen zur zerstrittenen Nation
Irland. Wie Wilde, der 1890 über den chinesischen Denker Chuang
Tzŭ schreibt, ist Joyce eher von der Identität der Gegensätze überzeugt. Auch kann er weder mit der vorgetäuschten Sprachphiloso-
phie in ›Colloquies of Common People‹, die ihn zur stilistischen Parodie reizt, noch mit ›Songs of Esau‹ etwas anfangen.

Als Rezensent ungnädig, dankt Joyce am 8. Februar der Mutter
lapidar für »den Stoß [Geburtstags-]Karten«, schildert einen Ausflug
nach Saint-Cloud sowie Geldnöte, fordert sie auf, Bares zu telegra-
phieren und meint, er könne »im Jahr« gut »£ 200« verdienen, falls
alle kontaktierten Zeitungs- und Zeitschriftenherausgeber ihn enga-

gierten. Wie utopisch das ist, hat er schon eingeräumt und zugleich der Familie Vorwürfe gemacht:»Es ist seltsam, daß ich durch Fremde mehr erreichen konnte, als ihr es durch Freunde könnt.« Am selben Tag schickt er Stanislaus zwei Gedichte – aus dem Zyklus, den er Yeats zum Teil vorgetragen hatte –, erwähnt Aristoteles-Studien, die er in den Artikel zu Ibsens ›Catilina‹ einfließen lassen will, und beschimpft Dubliner Literaten: George Russell (genannt Æ), der 1902 den Kontakt zu Yeats hergestellt hat und seine Manuskripte zwecks Weiterverwertung hütet. Nun will Joyce die Texte »zurückholen, da [seine] letzten Zusätze zur ›Epiphanie‹ nicht nach [Æs] Geschmack sein dürften«. Außer an Gedichten hat er zuletzt an Epiphanien gearbeitet und wehrt irische Einflussnahme ab:»Und der Teufel steh mir bei, ich werde nur solche Dinge aufschreiben, die ich vor mir selbst gutheiße, und ich werde sie so schreiben, wie ich es nicht besser kann.« Das heißt, die Stanislaus mitgeschickten Gedichte sind Ergebnis unablässiger Bemühungen um Vollkommenheit und als solche unvollendet. Dabei ändert er in ›I hear an army charging upon the land‹ (›Ich hör ein Heer anstürmen gegen das Land‹) einige Formulierungen und in ›When the shy star goes forth in heaven‹ (›Wenn hoch am Himmel zieht der Stern‹) auch später nur zwei Satzzeichen.

Dank Yeats' Vermittlung für den ›Speaker‹ verfasst, zeugt ›Catilina‹ mit dem Hinweis auf Ibsens tragikomische Anfänge mit dem 1848 geschriebenen Römerdrama von Joyces Nachdenken über eine Künstlerkarriere. Weiterhin sucht er den Vergleich mit Goethe und Ibsen, sie als junge Männer im Umgang mit Dogma und Tradition beschreibend. Hier greift Joyce erneut Ibsens Frauendarstellung auf: Sie seien in ›Catilina‹ »absolut gesetzte Typen, und das Ende eines solchen Stückes muß einfach nach Dogma schmecken – sehr angemessen für einen Priester, aber sehr unangemessen für einen Dichter.« Auf die Analyse der Vergangenheit folgt die poetologische Forderung an die Gegenwart:»Das Aufbrechen der Tradition, in dem die Arbeit der Moderne besteht, mißbilligt überdies das Absolute.« So die Richtung zur eigenen Ästhetik einschlagend, bietet Joyce einen Abriss der Laufbahn Ibsens, dessen »geschmeidigen Rhythmus« er rühmt wie die »intensive Beschäftigung mit den Dingen, die für ihn gegenwärtig sind«. Auch stellt er »handwerkliches Können und intellektuelle Selbstbeherrschung« als nachahmenswerte, aber nicht allgemein anerkannte Erfordernisse heraus, denen Schriftsteller genügen sollten.

Bevor die Besprechung am 21. März erscheint (Joyce erhält am 24. Februar Fahnen zugesandt), verfasst er einige längere Familienbriefe und beginnt mit der Niederschrift ästhetischer Notizen. Nur die ersten beiden sind als Manuskript erhalten, die übrigen als Abschriften des autorisierten und von Joyce kontrollierten Biographen Gorman.

Am 13. Februar 1903 entfaltet Joyce Gedanken zur Wirkung von Tragödie und Komödie, den Gefühlen von »Verlangen« und »Abscheu«, die eine »[unangemessene]« Kunst auslösen, während eine rechte Tragödie »Mitleid« und »Furcht«, eine rechte Komödie aber »Freude« auslöse. Ihm geht es um Kunst an sich, nicht um eine Trennung ihrer Gattungen: »[M]an kann sogar sagen, daß die tragische Kunst am Wesen der komischen Kunst teilhat, insofern der Besitz eines tragischen Kunstwerks (einer Tragödie) in uns ein Gefühl der Freude erregt.« Nachfolgend postuliert er doch den Primat der Komödie und im nächsten Atemzug die Ruhe als »de[n] einzige[n] Zustand, in dem die Bilder, die Furcht oder Mitleid oder Freude in uns erregen sollen, uns angemessen dargestellt und von uns angemessen gesehen werden können. Denn Schönheit [das Ziel aller Kunst] ist eine Eigenschaft von etwas Gesehenem, Furcht und Mitleid und Freude dagegen sind Stadien des Bewußtseins.«

Acht Tage später richtet er ein von Verlangen nach Geld, Essen und Wärme erfülltes Schreiben an die Mutter, in jeder Zeile deren Mitleid erheischend, und schließt mit der Vorhersage, als einziger Pariser an Karneval hungern zu müssen. Kaum haben die Dubliner die letzten Kröten zusammengekratzt, schwelgt er in »einige[m] Luxus«, was er dem Vater haarklein erzählt, dabei einen Katalog anfügend mit den Ausgaben, die ihm künftig sparen helfen sollen. Er lebt nicht nach Plan wie ein Philosoph, sondern dem Augenblick wie ein Dichter. So ist auch der Schlußsatz zu werten: »Ich denke ernsthaft daran, in den Dienst der Kirche zu treten, wenn alle Herausgeber und [Geschäftsführer] und ›praktischen Leute‹ so starrsinnig sind, wie sie es zu sein scheinen.« (26. Februar)

James Joyces Welt ist aus den Fugen, wenn sie sich nicht um ihn dreht. Was daheim in Nr. 7, St. Peter's Terrace, nicht stimmt, steht im Brief der Mutter vom 2. März: »DU KOMMST AUF DEINEM WEG NICHT OHNE FREUNDE WEITER.« Ferner berichtet sie über Sohn Charles' Aufmüpfigkeit, die Klagen der Ältesten: »Das Mädchen kann sich nicht einmal Schuhe oder ein [P]aar Handschuhe leisten.« Und fährt fort:»Glaube nicht mein liebster Jim daß ich mit diesen Zeilen irgendwie Dich meine ich erzähle einfach nur so wie wir es hier am Feuer tun würden ich weiß daß [D]u [D]ein *Allerbestes* tust.« Sie ist im Zwiespalt zwischen Gerechtigkeit gegen alle Kinder und Zuneigung zu James:»Vergiß nicht jede noch so winzige Neuigkeit die Du hast an Deinen Pappie zu schreiben, er ist auf [D]eine Briefe [an mich] eifersüchtig.« In Dublin ist sie womöglich die einzig Erwachsene und gefangen in ihrer Mutter- und Vermittlerrolle. Den Gatten ändert sie nicht mehr, und den Sohn rührt sie zu einer Postkarte an den Vater. Sie ist voller pflicht- wie schuldbewusster Bemerkungen über sein stockendes Fortkommen und enthält Anweisungen an Stanislaus, den Boten in Dublin (4. März). Zwei Tage später notiert er Ästhetisches: ein Konzentrat bisheriger Aussagen zur lyrischen, epischen und dramatischen Kunst, wobei er die Genres je als Bild bestimmt, das »in unmittelbarer Beziehung« zum Künstler selbst entwickelt wird (Lyrik),»in mittelbarer Beziehung« zum Schöpfer und anderen (Epik) und »in unmittelbarer Beziehung zu anderen« (Dramatik). Mit dieser Hierarchie erfasst Joyce nicht ganz die eigenen Arbeiten, denn gerade die dramatischen Werke lassen zu wünschen übrig. Im Gegenzug ist sein Leben so intensiv und dramatisch, wie er es in Ibsens ›When We Dead Awaken‹ feststellte. Der Beleg steht im Brief an die Mutter vom ?8. März, darin er von »60 Stunden« währenden »Fastenübungen« schreibt, deren lähmende Wirkung er durch Schlafen mildern will.

Als weder ausreichend Geld durch Englischstunden und journalistische Artikel hereinkommt, da mehrere Kontakte fruchtlos bleiben, noch die Eltern helfen können, kommt eine Serie von Treffen mit John Millington Synge, einem irischen Kollegen, gerade recht, um wenigstens im Brief an Stanislaus Fortschritte in der brotlosen Kunst zu vermelden. Vermischt mit Anweisungen für Besorgungen von Büchern sind Erfolgsnachrichten, bezogen auf »fünfzehn Epiphanien« und den Kontakt mit dem Protestanten Synge. Joyce ist ihr Zusammensein als von intensiven Emotionen geprägt in Erinnerung: ERLEICHTERUNG DES SCHEITERNDEN: »er kommt ebenfalls nicht weiter und geht zurück nach Irland«; NEID DES ERFOLGLOSEN: »ich nehme an, Synge wird jetzt vom Irish Theatre groß herausgebracht werden«; ZERSTÖRUNGSLUST DES JÜNGEREN: »Es freut mich sagen zu können, daß ich [›Riders to the Sea‹], seit ich es las, in meinem Kopf so lange

zerpflückt habe, bis [in ihm keine Stelle mehr heil] war«; STOSSEUFZER
DES UM EINEN KONKURRENTEN ÄRMEREN KÜNSTLERS: »Gottseidank ist
Synge kein Aristoteliker.« Auch von Ästhetik haben sie gesprochen,
und Synge soll Joyce mit Spinoza verglichen haben, was ihn aufmun-
tert, wo er tags zuvor der Mutter noch klagend geschrieben hat und
ihr über Stanislaus im Frühling zu Spaziergängen und Frischluft rät.

Selbst hat Joyce wohl die »lieblichen Verheißungen des Frühlings«
im Kopf, von deren Genuss durch die Schülerinnen eines (Dubliner
[?]) Konvents er in Epiphanie Nr. 25 schreibt, bevor ein Knabeninter-
nat in »flachem regengepeitschtem Land«, etwa Clongowes Wood
College (?), erscheint. Zwei Epiphanien (Nr. 24/26) sind laut Stanislaus Erinnerungen an eine junge Frau, Tochter im Hause Sheehy, wo
Joyce nunmehr selten aufkreuzt: »– Ja, ich werde so eine Art Eremit. –«
Abgeschieden vom Trubel der Stadt mag der Erzähler sich fühlen, der
die Hufe bloß hört, »die in der schweren [Sommer-]Nacht wie Dia-
manten leuchten, die eilen über die grauen, stillen [Marschen] hinaus, ans Ende welcher Reise – zu welchen Herzen – und mit welcher
Botschaft?« (Nr. 27) Orte, ein Hafen bei mondloser Nacht (Nr. 28) oder
eine Galerie mit steinernen Königsbildern (Nr. 29), sind Zeichen des
Unheimlichen wie auch der Bann der »Arme und Stimmen«, wovon
der Erzähler in Nr. 30 nicht loskommt, obwohl der Abschied von der
Heimat winkt, oder der inneren Schreie, die den Ich-Erzähler inmitten
der Weggesellen zu zerreißen drohen (Nr. 31). In der Zuschauer-
menge beim Pferderennen nicht aufgehend, vielmehr jedes Detail
aufnehmend, zeichnet der Beobachter ein plastisches Bild der in der
Epiphanie zuvor im übertragenen Sinn geschilderten Situation (Nr. 32),
während danach (Nr. 33) eine erste Vignette Pariser (Huren-)Lebens
aufblitzt: »Kein Mann hat sie geliebt und sie haben sich selber nicht
geliebt: sie haben nichts gegeben für alles das [ihnen gegeben
wurde].« Das scheint eine prosaische Version von Wildes Gedicht
›Das Hurenhaus‹ (1885).

Nachts, da er keine Sinneseindrücke aufnimmt, erscheint dem Erzähler im Traum die Mutter – von der Joyce seit 1891 erstmals länger
getrennt lebt: »sie spricht, ich bin empfänglich für den Wechsel, ein
imaginativer Einfluß in den Herzen meiner Kinder« (Nr. 34). Eine Erinnerung etwa an den London-Besuch im südlichen Stadtteil Kennington (Mai 1900) ist ein Monolog im Cockney einer Eva Leslie über
den Inzest (Nr. 35), kein Thema, das Joyce Æ hätte präsentieren wol-

len, so wenig wie der Traum, wo zwei »große[.] Frauen« sich ent-
zweien wegen dieses (physisch) kleinen Mannes, Schwestern zumal,
die selbst buttern und um Ibsens Gunst wetteifern (Nr. 36) – auch das
ein Hinweis auf Joyces eigene Phantasien.

Wie vor dem Karneval klagt Joyce am St. Patrick's Day der Mutter
über Geldknappheit, den noch unpublizierten, unbezahlten Beitrag
im ›Speaker‹, und dass er, trotz kleiner Geldspritzen des Exil-Iren Mr.
Joseph Casey, sich »immer am Rande der Dinge« bewege (17. März).
Nur mit dem Schreiben geht es voran. Er hat die Rezension eines von
Lady Gregory verfassten und übersetzten Buches an den ›Daily Express‹ geschickt. Auch gegenüber der Förderin Lady Gregory weicht
Joyce kein Jota von seiner Linie ab und urteilt mit Hilfe der aus der
Lektüre von Aristoteles und Thomas von Aquin gewonnenen Ästhetik. So nutzt er das Gegensatzpaar ›angemessen‹ (›proper‹) und ›unangemessen‹ (›improper‹) zur Einschätzung dessen, was wann im Leben
passt oder zur Betrachtung einer »[unangemessenen] und wirkungs-
losen Kunstform«, wie er es am 13. Februar getan hat. Auch stellt er
die »[Ganzheit]« heraus als eine den Erzählungen aus Irlands Westen
oft fehlende Qualität, ein an Aquin anknüpfender Gedanke, den er
schon zu Rooney äußert. Yeats lobend, tadelt er Lady Gregory und die
irische Literatur.

Solch literarischer Pose setzt Mutter Joyce am 19. März brieflich
einen Kontrapunkt. Schließlich wirkt ihr Jim aus der Ferne reichlich
desorganisiert und (hilfs)bedürftig. Die Brille etwa, auf der Bildpostkarte vom Dezember kaum zu erkennen, ist ihm, dem Dandy, wohl
ärztlich verschrieben worden. Vom 20. März datiert Joyces bisher
längster Brief an die Mutter, in dem er finanzielle Operationen erklärt –
bei stabilem Soll –, die Kleiderlage – ohne Geld gehe der gute Anzug
drauf – und seinen »allergemeinsten Hunger«. Ihn sorgt die »sehr
hart[e]« Rezension zu Lady Gregorys Buch. Nahtlos fügt er die Schilderung des tatsächlichen Tagesablaufes an: Ohne das aufgegebene
Medizinstudium zu erwähnen, zeichnet er das Porträt des Künstlers
als jungen Mannes, der »täglich in der Bibliothèque Nationale und jeden Abend in der Bibliothèque Sainte-Geneviève« lese, Gottesdienste
besuche wie – unausgesprochen – ein guter Katholik und auf Bücher-
kauf verzichten müsse. Geistig im Aufstieg begriffen, berichtet er –
darin ein Poseur wie der junge Wilde –, wie er andere: die Dubliner
Synge, Eglinton, Yeats, und die Pariser beeindrucke, etwa durch sei-

nen Geist oder sein Gelächter. Auch skizziert er Projekte für ein Schriftstellerleben: »Mein Buch mit Liedern wird im Frühjahr 1907 veröffentlicht werden. Meine erste Komödie etwa fünf Jahre später. Meine ›Ästhetik‹ wieder etwa fünf Jahre später.« An allem arbeite er derzeit, obschon die Komödie nur theoretisch oder an moralisch nicht bühnenreifen Dialog-Epiphanien erkennbar ist. Spät geht er auf die Familie ein, erinnert sich, wie gut die Eltern aussahen und schließt: »Georgie verstand mich, denke ich jetzt manchmal.« Im Verhältnis dazu regiert am 23. März das Geschäft, als ›Catilina‹ endlich erschienen ist (21. März). Wieder soll die Mutter ihm aus Geldnöten helfen und Stanislaus beim ›Daily Express‹ vorstellig werden: Solange die Welt ihm nicht zu Willen ist, setzt Joyce alle auch emotionalen Mittel ein, damit er wenigstens Trost findet. Sobald ein Ziel erreicht ist, geht er als rechter Herr(scher) zur Tagesordnung über. Der Künstler in ihm ist »augenblicklich bis zum Hals in die Metaphysik des Aristoteles vertieft« (20. März) und feilt an einer weiteren ästhetischen Notiz, vom Rhythmus handelnd, die auf den 25. März datiert ist. Als Kritiker und Theoretiker interessiert Joyce die Vollkommenheit zwischen dem Ganzen und den Teilen.

Übertrüge man dies Kriterium auf Joyces Leben Ende März 1903, soweit er es uns mitteilt, könnte man ein Pendeln erkennen zwischen Handlungsanweisungen, Hilferufen und Hoffnungen sowie dem fast täglichen Fortschritt im Nachdenken über Kunst. Das Leben entgleitet ihm (26. März), und er muss hinnehmen, dass ›The Soul of Ireland‹ über seinen Initialen erscheint, weil der Herausgeber für den Artikel keine Verantwortung übernimmt. Desungeachtet stellt er am 27. März einen missverstandenen, falsch übersetzten Satz des Aristoteles richtig, bestimmt den Rhythmus als Bewegung, die auch der Skulptur eigen sei, bevor er tags darauf die ästhetische Notiz mit der Maxime beschließt: »Kunst ist d[ie] dem Menschen eigene A[nordnung] [fühlbarer] und [geistig zugänglicher Stoffe] [zu einem] ästhetischen Zweck.« Dieser Satz erinnert an Wildes Aphorismen, etwa: »Alle Kunst ist ganz nutzlos« im Vorwort zur Buchausgabe von ›The Picture of Dorian Gray‹. Ihre Nähe ist um so verblüffender, als Joyce 1903 Wildes Werke kaum kennen kann, denn noch schweigt alle Welt über den verfemten Iren. Es folgt ein Frage-Antwort-Katalog im Stil eines Katechismus, in dem Joyce Kunstwerke von natürlichen und/oder zweckdienlichen Dingen unterscheidet. Erst am 4. April schreibt er der Mutter wieder, meldet ein Interview an, das er nach einigem Hin und Her für die ›Irish Times‹ geführt hat, und überschüttet sie wie Stanislaus mit Aufträgen. Dabei ist er selbst unermüdlich aktiv, was aus ›The Motor Derby‹ hervorgeht, dem Gespräch mit einem französischen Autorennfahrer und -ladenbesitzer, dessen Garagenhof und umtriebiges Geschäft Joyce plastisch schildert, bevor er wie ein Sportreporter Fragen stellt zum für Anfang Juli in Irland geplanten Rennen. Das Ganze wirkt farcenhaft, und am Ende blitzt Ironie auf, als Joyce wissen will, ob der Vorjahressieger der gefährlichste Gegner sei: »›O, ja ... Aber wissen Sie, Mr. Edge hat gewonnen, sicher, aber ... wer Allerletzter war und keine Siegchancen hatte, könnte gewinnen, wenn die anderen Fahrzeuge liegenbleiben.‹ Wie immer man«, so Joyce, »diese Aussage wertet, es fällt schwer, ihren Wahrheitsanspruch zu erschüttern.«

Am 7. April erscheint dieser Text in Dublin, am 10., auf Karfreitag, datiert ist eine Postkarte an die Mutter, von der Joyce über ihr Befinden informiert werden will, das er wohl zur eigenen Beruhigung noch am 20. März so gesehen hatte: »Ich glaube, daß es Dir gesundheitlich gut geht.« Und am 11. April 1903 kündigt er dem Vater telegraphisch die Rückkehr für den nächsten Tag an – also auf schnellstem Weg, nicht wie zu Weihnachten, als er die günstigere Route »über Dieppe« wohl wegen der längeren Überfahrt ablehnte. So ist Paris zum Etappenziel mit Rückfahrkarte geworden.

Dublin: Krankheit zum Tode und Zerfall der Familie; ein neuer Anlauf (erst ohne, dann mit Musik); Nora Barnacle aus Galway

Zum Hochfest der Katholiken kehrt Joyce ins Elternhaus zurück. Die Mutter ist todkrank, sie trinkt nicht und leidet an Leberkrebs, und die Familie steht unter noch größerem, auch räumlichem Druck als zuvor. Die Eltern dürften ein Schlafzimmer besetzt haben, dann bleibt für drei Söhne (James, Stanislaus, Charles) und sechs Töchter (Margaret, Eileen, Mary, Eva, Florence, Mabel) je ein Zimmer, falls nicht James wie immer ein eigenes Gemach (zurück)erhält und die jüngeren Brüder anderswo kampieren. Aus der Pariser Korrespondenz geht hervor, dass Stanislaus ›für lau‹ arbeitet und Charles weder mit dem Vater auskommt, dessen »Trinken etc.« ihn verbittere, noch zum

Schulbesuch bereit ist, wobei er gut zwei Wochen später »etwas zu
tun haben möchte« (2. und 19. März). Da James bis Ende März 1904
daheim lebt, ist der Mangel an Selbstzeugnissen zu Leben und Werk
kein Wunder. Schließlich liegt die Mutter darnieder, die bisher die Familie auf Trab gehalten hat, während der Vater mal wieder mit Stanislaus Wahlkämpfer ist – diesmal für einen unterlegenen Nationalisten –
und kurz darauf als Kopist beim Anwalt arbeitet, worüber seine Frau
an James schreibt: »Dein Pappie ist noch am Mountjoy Square beschäftigt aber ich glaube kaum daß das noch sehr lange dauern
wird.« Und just bevor die Nachricht über May Joyces Krebserkran-
kung James aus Paris zurückholt, nimmt John Stanislaus an dreitägi-
gen Exerzitien in der Jesuitenkirche, Gardiner Street, teil. Zu Hause
gibt er den Komiker, was Sohn Stanislaus mitgehört und für die Nachwelt vermerkt hat, der Leichtbauweise der Nr. 7, St. Peter's Terrace sei
Dank: »CHANCE: Heilige Kommunion [. . .] am Sonntag[m]orgen; und
dann wird um halb [sechs] noch gegangen und das Taufgelöbnis erneuert. Man gibt Dir Deine Kerze – und [dann] werden wir [a]lle [ge-
meinsam –]/PAPPIE (schwer betrunken): Oh, [keine Kerzen für mich,
keine Kerzen für mich! Alles andere mach' ich wohl mit, aber [keine
Kerzen für mich].« Dann geht es um die Beichte, zu der Joyce Vater
wie zur Sonntagsmesse seit Jahren kein Verhältnis mehr hat. Auch
hier will er mittun: »[PAPPIE]: [. . .] Kann man [. . .] geh'n zu [w]em man
Lust hat?/CHANCE: [Oh ja]. Sie haben alle gleich[viel Macht, trotz al-
lem]./PAPPIE: [Ist mir gleich, weißt] Du. [Ist mir gleich, weißt] Du. [. . .]
Ich geh' rein zu[m] erst[besten Kerl], der [auf] hat. Ich hab' [ihm nicht
viel zu erzählen, weißt] Du. [Meinst] Du, [ich hab' ihm viel zu erzählen?]/MUTTER: [Ich schon]. Verhüte [Gott], ich hätte so viel.« (Stanislaus Joyce, ›Dubliner Tagebuch‹, 29. September 1904; Ü: Arno
Schmidt, bearb. JWR)

Ein komischer Kauz ist er, Vater Joyce, jemand, vor dessen Humor
die Familie letztlich kapituliert. Dieser Gentleman ohne Geld ist indes
tief getroffen, als seine Frau im Sterben liegt. Finanziell hilft er sich
mit der dritten Hypothek in sechs Monaten, so dass das Haus nun mit
£ 200 belastet ist. Unterdes trägt May Joyce heiter ihr Los: »Wie er es
für Georgie getan hatte, spielte Jim Klavier und sang für sie.« (Wyse
Jackson/Costello) Aber er hat ihr auch vorgelesen, wie ein Brief belegt, den Schwester Mary (May) James am 1. September 1916 nach
Zürich schickt: »Ich höre mit Freuden, daß Dein Roman [›A Portrait

of the Artist as a Young Man‹] veröffentlicht wird [...]. Du hast das Buch umgeschrieben seit damals, als wir in St. Peter's Terrace wohnten, wo wir immer alle aus dem Zimmer geschickt wurden, wenn Du Mutter das jeweils neue Kapitel vorlesen wolltest. Ich habe mich damals immer unter dem Sofa versteckt, um zuzuhören, bis Du sagtest, ich dürfte bleiben. Ich freue mich sehr darauf, es zu lesen.« Dieser »konsequent übergangene« Passus wirft ein Schlaglicht auf Joyces Autorentätigkeit im Frühjahr und Sommer 1903. Denn offenbar hat er damals, unter Beibehaltung der Vorliebe für die Mutter einige Kapitel von ›Stephen Hero‹ verfasst und einem ausgewählten Familienpublikum vorgestellt (›A Portrait‹, 1993). Da aus dem ›Stephen-Hero‹-Manuskript nur Kapitel erhalten sind, die erst 1904/1905 entstanden, ist nicht sicher feststellbar, was er vorlas, aber er hat in den Roman auch die Familienereignisse integriert.

Als May Joyce am 13. August 44-jährig stirbt, findet eine Totenwache statt, bevor sie bei »strömendem Regen« einige Tage später in Glasnevin beigesetzt wird. Ausnahmsweise gibt es kein Leichenbesäufnis, und abends lässt Sohn Stanislaus eine flammende Tirade auf den nüchtern und niedergeschlagen dasitzenden Vater los. Der soll lakonisch geantwortet haben: »Das verstehst du nicht, Junge.« (›My Brother's Keeper‹).

Bruder James hat es nicht die Sprache verschlagen, denn bald tritt er im ›Daily Express‹ wieder als Rezensent in Erscheinung, und bis November werden zwölf meist kurze Artikel veröffentlicht, von denen einer in die deutsche Werkausgabe fand, während in der Pléiade-Edition alle abgedruckt sind. Dabei setzt Joyce seinen »sardonischen Humor« (Siegfried Lenz) auf solch zündende Weise gegen den Literaturbetrieb ein, dass nicht verwundert, wenn er später keine Kritiken mehr verfasst. Um der Langeweile vorzubeugen, reitet er wie in Paris seine Steckenpferde, etwa als er des Aristoteles ›Theorie der Bildung‹ liest und ihr einen »aktuellen Wert« zubilligt »mit Blick auf jüngere Entwicklungen in Frankreich« zur Trennung von Kirche und Staat, was in Irland undenkbar erscheint, weshalb er nur darauf anspielt. Im Artikel ›New Fiction‹ vergleicht er: »Die Methode ist psychologisch, sehr seicht narrativ, und obwohl dies Epitheton zur Verhüllung einer Vielzahl literarischer Sünden gebraucht worden ist, kann es genauso sicher auf Mr. Allen angewandt werden wie *longo intervallo* [mit großem Abstand] auf Mr. Henry James.« Eine historische Darstellung des

Papisten-Komplotts im London des ausgehenden 17. Jahrhunderts lobt er und findet Gefallen an einem »sehr erfolgreich ins Englische« übersetzten französischen Roman aus katholischem Milieu wegen der Einfachheit der Erzählung, die einen ahnen lasse, »daß die Leben, die sie uns bietet, selbst zu weit, zu komplex sind, um zur Gänze Ausdruck zu finden«. Auch erkennt er in der Autorin jemand »ohne den Vorteil einer pervertierten Karriere«, die »auch nicht zu den Konvertiten« zählt. Das mache wohl den Erfolg aus gegenüber Joris-Karl Huysmans, den belgischen Autor des Kultromans ›A Rebours‹ (1884), den Joyce nennt, und Oscar Wilde (den er verschweigt) – beide aus Sicht der Mehrheit pervertiert und zum Katholizismus konvertiert. Von letzterem hält Joyce so wenig wie von Jansenisten, den Hauptgegnern der Jesuiten.

»Literarische Jüngerschaften«, ein Begriff des Neuen Testaments angewandt auf die Literatur, würfen den Lyriker Frederick Langbridge aus der Balance, und der irische Dramatiker Arnold F. Graves habe in ›Clytæmnestra‹ eine so eingängige Sprache gewählt, dass jeder Konstruktionsfehler auffalle. Hier wie andernorts scheut Joyce vor keiner Autorität zurück. Immerhin stammt das Vorwort von Robert Yelverton Tyrrell, dem ehrwürdigen Altphilologen am TCD (einem der Lehrer Wildes). Auch zu literaturhistorischen Themen weiß Joyce etwas zu sagen. So bezeichnet er George Crabbe in der Nachfolge von Goldsmith als »bewundernswert [erfolgreichen] Erzähler der obskuren Tragödien in der Provinz«, dessen »gelegentlicher Glanz an die Niederländer« erinnere. Gemeint sind die Maler des 17. Jahrhunderts.

Mit welcher Freiheit Joyce aus seinem Bildungsschatz schöpft, unterstreicht der Artikel zu Mr. Masons Romanen, worin er zunächst an Leonardo da Vincis Notizbücher anknüpft. Dort heißt es, der Geist neige dazu, seinen Hervorbringungen das eigene Gesicht aufzuprägen, oder, im Sinne eines Malers, »eine Widerspiegelung des Selbst über die Porträts von anderen zu legen«. Kunstpsychologisch interessiert, bemerkt Joyce als geschulter Übersetzer aus dem Lateinischen die Wiederkehr von Horaz in Masons Werk und urteilt, dieser schreibe »viel erfolgreicher« über entlegene Orte und: »Deutschland ist ein ausgezeichneter Ort für Schlösser und Intrigen.« Übersetzend und in einer Epiphanie hat Joyce selbst Annäherungen an Deutschland vorgelegt.

In ›The Bruno Philosophy‹ (›Die Philosophie des Giordano Bruno‹) geht es um die Ehrenrettung des »Häresiarchen[-Märtyrers] von Nola«, einer Kleinstadt nahe Neapel. Dessen Curriculum Vitae (›Lebenslauf‹) lese »sich in unserer Millionärszeit wie eine heroische Fabel. Dominikanermönch, vagabundierender Professor, Kommentator alter und Erfinder neuer Philosophien, Stückeschreiber und Polemiker, vor Gericht Verteidiger in eigener Sache und schließlich Märtyrer auf dem Scheiterhaufen am Campo dei Fiori [in Rom] – Bruno bleibt durch alle diese Seinsweisen und Akzidentien (wie er sie genannt hätte) eine konsistente geistige Einheit.« Ob Joyce ein Porträt seines künftigen Ichs entworfen hat: nach der zuvor zitierten Methode Leonardos? Zumindest bringt er Bruno mit Spinoza und Thomas von Aquin zusammen und bleibt dem eigenen Gedankenkreis verbunden. Dies gilt auch für ›Humanism‹, wo er gegen die emotionale Psychologie« eines »Jüngers von William James« ficht und dank eigener Kenntnisse von Goethes ›Faust‹ witzelt über eines Professor Schillers Deutung des Mephistopheles. So frech er auftritt, ehrfurchtsloses Verhalten gegen Philosophen wie Platon und Aristoteles oder Dichter wie Shakespeare, Goethe und Ibsen ist Joyce zuwider.

Parallel zur journalistischen führt Joyce die literarische Feder, schreibt aber für die Schublade, lebt wie ein Bohemien, der trinkt und borgt wie sein Vater, da Schwester Margaret die Familie kaum bändigen, geschweige denn zusammenhalten kann. Kurz, Joyce ist ein Bachelor ohne (religiösen) Halt im Leben, der auch bei Dubliner Sozialisten kein Zuhause findet. Er studiert weder Medizin weiter noch je richtig die Rechte, lehnt das postalisch übermittelte Angebot, als Einspringer »vier Stunden« Französisch am College zu übernehmen, ab, zu stolz, jemandem verpflichtet zu sein (29. September 1903). Zwei Literaturjournale will er gründen, aber trotz großen geistigen und körperlichen Einsatzes gelangen sie nicht über das Projektstadium hinaus.

»Entwürfe werden durch Entwürfe reif.« So firmiert zum 200. Geburtstag der Annette Droste von Hülshoff ein Vorhaben, bei dem Künstler in den Dialog mit dem Werk der westfälischen Autorin treten. Man sollte es gesteuerte und geförderte Wirkungsgeschichte nennen, unvergleichbar mit Kunst, die aus innerem Drang und gegen den Strom entsteht. Wie die Droste im Rüschhaus, die kurzsichtig, kränkelnd, winzige Lettern aufs Papier drängt wider die geistige Enge des katholischen Münsterlandes, schreibt Joyce im Herbst 1903 am Rande Dublins, getroffen vom Tod der Mutter, sehschwächelnd auch er, zum Schein schwacher Kerzen an einem Lebenswerk, dessen Konturen zu erkennen sind, akzeptiert man den Entwurfscharakter als Grundmerkmal aller Kunst.

Konkret mit der Fähre Dieppe–Newhaven verbunden ist Epiphanie Nr. 37, deren Ich-Erzähler in zwei Welten lebt – ein Über-Setzer im wörtlichen und übertragenen Sinn: Er hört und sieht das Meer zwischen den beiden Kreidefelsenküsten wirklich; und in der Vorstellung, »in der dunklen Kathedrale Unserer Lieben Frau [Notre-Dame de Paris], höre ich die hellen, ebenmäßigen Stimmen von Knaben, die dort singen vor dem Altar«. Vor dem 26. September verfasst hat er ›Cabra‹, ein dreistrophiges Gedicht, das fast 25 Jahre in der Schublade schlummert. Im Bild des Kuhhirten, der im Dubliner Stadtteil unweit der Joyceschen Wohnung sein Vieh nach Hause treibt, transportiert die Manuskriptversion fast ein Idyll. In ihm spricht sich der Wunsch aus nach pastoraler Ruhe, doch Joyces Familie ist zerfallen, und Schutz bietet der Vater schon lange nicht mehr. Noch grundlegender bearbeitet Joyce ›In the dark pinewood‹ (›Ich wollte, wir könnten im Fichtenwald sein‹). 1903 äußert das lyrische Ich nur Wünsche nach Zweisamkeit mit der Liebsten, später fordert es diese auf, ihm in den Wald zu folgen. Während die beiden Gedichte Joyces Werkstatt verlassen, ist neben der Epiphanie Nr. 37 das Fragment ›Empire-Building‹ dort verblieben. Auch darin geht es um Paris, genauer den Prozess, bei dem ein Abenteurer, der sich zum »neuen Kaiser der Sahara« aufschwang, von zwei »Untertanen« verklagt wird, die er schutz- und hilflos in der Wüste gelassen hatte. Joyce vergleicht ironisch den »geringen Anklang«, den der koloniale Geist in Frankreich findet, mit dem Status quo im ungenannt bleibenden British Empire, wo solche Neugründungen mit »kompetentem Savoir-faire« über die Bühne gingen. Ein Beispiel für seine stupende Fähigkeit, literarische mit politischen Anspielungen zu verknüpfen, bietet er mit dem Hinweis, die Affäre werde die Aufmerksamkeit der Pariser spalten zwischen dem Scheidungsfall einer Aktrice und »les petits oiseaux«. Gemeint sind die kleinen Vögel (sprich: Menschen), denen, so ein Satz in Jean Racines Tragödie ›Athalie‹, Gott Futter gebe, was der »neue Kaiser« unterlässt, aber auch das prachtvolle Federvieh, das diesem im Herbst 1903 ins Londoner Savoy Hotel geliefert wurde, welches er bestimmt am Leben hielt. An Vermischtem interessiert, findet Joyce in Irland trotz väterlicher Fürsprache kein Publikationsorgan.

Ob Joyce Ende 1903 eine Lebensbilanz zieht oder nicht, 1904 ist ein Jahr der Entscheidungen. Inwieweit er Veränderungen durchlaufen hat, lässt sich daran sehen, dass es mit dem Tod der Mutter zusehends schwierig wird, eine einzige Chronik seines Lebens vorzulegen. Ohnehin geschehen verschiedene Dinge im Leben parallel, auch wenn sie nur nacheinander erledigt und erzählend nachvollzogen werden. Aber in Joyces *Curriculum Vitae* wird diese Parallelität diverser Stränge nach dem 13. August 1903 offenkundig, als habe er mit Verlust der wichtigsten Bezugsperson, zentrifugalen Kräften folgend, auf mehreren Pfaden wieder zum Zentrum gelangen wollen: über die *Literatur* als der Kunst, in der er kreativ wird; die *Musik* als Möglichkeit, wie zuvor Melancholie und Trost auszudrücken, wenn ihm die Worte fehlen; sowie durch *Freundschaft* und *Liebe*. Die gut neun Monate des Jahres 1904, die ihm bleiben, bis er Irland verlässt, sind auch Sinnbild für die Suche nach einem Rhythmus im Leben des Künstlers Joyce, eine Art Familienersatz. Es gelingt ihm, diese Suche über 35 Jahre fortzusetzen. Je mehr Joyce ins Künstlerdasein findet, um so stärker wird die Lebensbeschreibung zur biographischen Fiktion, denn was er gelebt hat, nimmt eine Struktur an, wird erdacht, wenn schon nicht erfunden, da er wie Schliemann die eigene Vita fiktionalisiert. Und das führt direkt ins Jahr 1904, als Joyce, seit Monaten mit dem Manuskript von ›Stephen Hero‹ befasst, erneut versucht, einen Text zu veröffentlichen.

Auf den 7. Januar datiert Joyce das Manuskript in einem Notizbuch der Schwester Mabel und reicht es der Zeitschrift ›Dana‹ ein, um es bald zurückzuerhalten, begleitet von der Begründung des Herausgebers Magee, diesem liege nichts daran, etwas ihm Unverständliches zu veröffentlichen. Solche Zurückweisung steckt Joyce nicht nur weg, sie hält ihn vom Weiterschreiben so wenig ab wie der chronische Papiermangel im Vaterhaus. Der im Januar 1904 abgelehnte Text trägt den aussagekräftigen Titel ›A Portrait of the Artist‹.

Lange ist man mit Ellmann Stanislaus Joyces These gefolgt, dies Autorenporträt sei Vorstufe zu ›Stephen Hero‹. Ein Vergleich beider Schriften zeigt jedoch: In ›A Portrait of the Artist‹ ist Joyce ein Frühwerk von atemraubender Dichte gelungen. Ja, ich denke, er hat die Autobiographie, die den erhaltenen Kapiteln von ›Stephen Hero‹ unterliegt, auf wenige Punkte verkürzt. Gerade junge Künstler übertreffen die bewusst erkannte Entwicklungsstufe manchmal derart, dass sie das gleiche Niveau so bald nicht wieder erreichen.

›A Portrait of the Artist‹ ist formal ein Essay mit narrativen Elementen, mitunter satirische Einwürfe aufweisend, hinter denen der Biss des Dubliner Domdechanten, des Protestanten Jonathan Swift, ebenso aufscheint, wie manche Szene, die auf mögliche Begebenheiten in Joyces Vita deutet. In sieben Abschnitte gegliedert, worin diverse Facetten oder Farbschichten des Porträts sichtbar werden, birgt der Text unzählige Anspielungen und ist zugleich Entwurf für das je sieben Etappen und Texte umfassende Lebenswerk seines Autors. Hat Joyce etwa an das weltweit verbreitete Konterfei des alten Hugo gedacht, als er die Neigung der »Welt« beklagt, die Bekanntschaft mit ihr vor allem in vorhandenem oder fehlendem Bartwuchs oder in Zoll zu bemessen? Für Hugo ist um 1904 eine Ausnahme zu machen: Sein Gesicht ist so bekannt wie sein Ruf als Autor noch unangetastet. Aber nicht um Anerkannte geht es in dem Essay, sondern um »[d]en Gegenstand dieses Porträts«, wie es distanziert heißt, der einem »Training« unterlag, das ihn vor Ekstase nicht bewahrte. Stets Anstoß erregend, bei Klerikern wie bei lauwarmen Laien, sucht der Protagonist die durch Schocks provozierte Krise im Zuge der Ausagierung einer rätselhaften Pose »heroisch« zu überspielen, dabei die entscheidenden Momente des »Mikrokosmos« in so selbstschmeichlerischer wie -gefälliger Art auf die eigene Person beziehend. Einmal in luftiger Höhe, beginnt er wie ein Arzt mit der »Diagnose« der »Jünglinge«, denen er »einen sehr englischen Liberalismus« und das »wilde Leben« zuschreibt bei gleichzeitiger Treue zur Union mit Großbritannien und den nationalistischen Zeittendenzen. Anspielungen auf Iren wie Parnell und Wilde hätte Joyce nicht deutlicher fassen dürfen.

Auf den medizinisch vorgebildeten Analytiker folgt der Ausschweifungen suchende Künstler, der keine Erfahrung meidet, bevor er die Spreu vom Weizen trennt, sich dazu in die »Isolation« begibt, den Ort, wo er zur persönlichen Reaktion auf die unförmige, ungeordnete Welt findet. Von der Theorie zur Praxis schreitend, sieht der Künstler in der Liebe das Sakrament des Lebens. Die Haltung der Liebsten lenke seine Leidenschaft, die bloße Schönheit stehe dazu im listigsten Verhältnis. Alles setzt der Künstler auf eine in Phasen verlaufende Existenz, bei der es zur ekstatischen Liebesleidenschaft kommt. Trotz allem sitzt er im öffentlichen Leben Irlands, der zweifach vom europäischen Festland abgeschnittenen Insel, zwischen den Stühlen. Hier wirkt es, als könne der Autor des Porträts nur über die Heimat hinausblicken, etwa auf die von Deutschland aus wie in einem zweiten dreißigjährigen Krieg die lateinischen Länder erfassende sozialistisch-emanzipatorische Botschaft. Der Ton, mit dem Joyce des Künstlers Porträt zeichnet, ist anmaßend und autobiographisch, bitter und sarkastisch. Doch unter Rhetorik verbirgt er wie der Maler unter Farbschichten die noch aktuellen Zeiten, als Schmalhans im Hause Joyce die Küche regiert und das Nachtmahl im Sinne des Abendmahls Jesu aus irischem Haferschleim (»stirabout«) besteht.

Von Dublin als Stadt der Kleriker und Künstler gibt Joyce in Gelegenheitsversen ein facettenreiches Bild, etwa den Priester Delaney und die den Erzbischof beim Anblick winderfaßter Rockschöße junger Mädchen ankommende Versuchung. Oder Æ (Russell), den Dichter:»häretisch, prophetisch, asketisch.« Joyces Kommilitone, ein »heiliger Hegelianer Kettle [›Kessel‹]«, wird direkt veralbert, wie er es im Porträt-Essay nicht wagt. Dagegen stehen zotige Verse, womöglich eine Joyce-Gogartysche Koproduktion über des Bibliothekars, John Eglintons, Abstinenzlervita: alkoholisch und sexuell: einmalig. Auch politische Ereignisse wie ab 1904 der russisch-japanische Krieg fordern Joyces Kommentar heraus. Im Limerick persifliert er fünf Zeilen lang eine hochheilige Angelegenheit der Generäle: den Landgang gemeiner Gefreiter. Selber noch Katholik, spießt Joyce Magees alias Eglintons puritanisch-protestantische Art auf. Merkmal der Galerie poetischer Porträts von 1904 ist die rasante Entwicklung, die Joyce in jener Phase erlebt. Zunehmend reicht ihm die Parodie existierender Poeme der irischen Literatur nicht mehr. Vielmehr integriert er lange unbemerkt gebliebene biographische Fakten als Stoff seiner Poesie, etwa die Typistin, derer er als unbekannter Autor gewiss bedarf, bevor er ein Gedicht auf eigene Kosten drucken lässt. Zugleich beweist er, deutlich über den Porträt-Essay hinausgehend, Bereitschaft zur Selbstparodie, denn er veralbert Eglinton und nimmt aber eigene Exzesse nicht ernst, in deren Folge er, volltrunken im Urin liegend, die moralische Integrität der künstlerisch so unorthodoxen Theatermacher Dublins, der Gebrüder Fay, verletzt. Endlich gibt er in einem Vierzeiler den Parodisten, der weder irische Poeten noch blauunifor-

mierte Polizisten verschont. Unterdes zieht er daheim aus, und vor
dem 24. März nimmt Joyce, eine alte Liebe auffrischend, Gesangsstunden, wobei er nichts verdient und möbliert wohnt. Brieflich
(März/April) bittet er Gogarty um ein Treffen ins noch bestehende
Bewley's Café. Joyce pumpt diesen Freund ebenso an wie Byrne.

Während Joyces Leben Fahrt gewinnt, erlebt die kleine jüdische
Gemeinde in Irland eine von Pater John Creagh im Januar in Limerick
angezettelte und publizistisch auch von Arthur Griffiths Zeitschrift
›The United Irishman‹ gestützte Kampagne, die mit dem Exodus der
meisten Juden Limericks endet. Griffith erhält Zustimmung mancher
Nationalisten, aber auch Widerspruch von Frederick Ryan, dem Mit-
herausgeber von ›Dana‹, was Griffiths Antisemitismus eher anheizt.
Die Affäre, vor Ort ein Boykott jüdischer Geschäfte, währt von Januar
bis Juni 1904 und dürfte Joyce kaum entgangen sein.

Gesangsstunden, Proben und das auf anderer Leute Kosten gemietete Pianoforte wie eine gehörige Portion Lampenfieber haben
sich gelohnt, als Joyce am 16. Mai eine Bronzemedaille beim *Feis Coíl*,
dem Dubliner Meistersingen, erringt. Inzwischen hatte Symons ihm
brieflich Hilfe bei der Gedichtveröffentlichung angeboten (4. Mai).
Und am 14. war in der ›Saturday Review‹, London, ein Gedicht erschienen: das Bild der Frau mit langem Haar, sich kämmend, hexen-
gleich.

Als Poet und Tenor ist Joyce allmählich kein Niemand mehr, und
auch den Mammon scheint er nebenbei einsacken zu können, denn
Ende Mai/Anfang Juni tritt er als Hilfslehrer einer Privatschule in Dal-
key an. Von Plänen für eine Bardenreise mit englischen Liedern der
Renaissance *à la* Thomas Moore und einem Anspielungsreigen erfüllt
ist ein Brief vom 3. Juni an Gogarty, der in Oxford weilt und Geld geben soll. Eine Woche später begegnet Joyce Nora Barnacle aus Galway, einem Zimmermädchen in Finn's Hotel, Nassau Street, nahe
Trinity College, dessen auf Stein gemalte Werbung noch 1996 zu erkennen war und 2004 zum Jubiläum in frischer Farbe strahlt. Sie ist
20, rotblond, wie Joyce ein Familienflüchtling. Mutmaßlich auf der
Straße verabreden die beiden ein Stelldichein für den 14. Juni, einen
Dienstagabend. Sie müssen einander draußen treffen, denn ohne
rechtes Zuhause, er möbliert und sie in einer Bedientenkammer logierend, dürfen sie im katholischen Dublin keine abendlichen Besucher empfangen. An Nora schreibt, »recht niedergeschlagen«, am

15. Juni der sich versetzt dünkende Dichter, bevor sie tags darauf, als in Rostock, Ostsee, die erste elektrische Tram verkehrt, erneut zusammenkommen: wohl vor Nr. 1, Merrion Square North, ehemals Sir William Wildes Haus, vor dem anno 1954 die Teilnehmer der ersten offiziellen Bloomsday-Spazierfahrt ebenfalls anhalten. Was an dem Abend zwischen Nora und James geschieht, ist Gegenstand des Briefwechsels im selben Jahr und auch noch 1909 und schließlich fiktionalisiert Thema in ›Dubliners‹ und ›Ulysses‹, wenn nicht gar in ›Finnegans Wake‹.

Zunächst ist wenig bekannt. Vier Tage später haben Joyces Trinkexzesse einen Höhepunkt erreicht, und am 23. Juni schreibt er an Constantine Curran: gez. St. Daedalus, angeschlagen, kein »Ehrenmann [..]«, polyglott; er beginnt Englisch, endet Dänisch: »Nok sagt!« Selbigen Tags sagt Nora ein Stelldichein ab, acht Nächte nach dem ersten gelungenen ist er ihr »teuerster Liebster«; »am oder sehr bald nach dem 2. Juli« (Hans Walter Gabler) erhält er den Auftrag von Æ, »eine zum Druck geeignete [Kurzgeschichte] von etwa 1800 Wörtern [zu] liefern« für £ 1. »Es ist rasch verdientes Geld, falls Ihnen das Schreiben leicht von der Hand geht und Sie sich dieses eine Mal nichts daraus machen, dem Geschmack und Verständnis der Allgemeinheit entgegenzukommen« – Hintergrund ist die fast verzweifelte Suche Æs nach Geschichten für seine Zeitschrift, der vom 21. Mai bis zum 16. Juli fünf Mal die wöchentliche Erzählung fehlt. Die am 2. Juli gedruckte Geschichte ›The Old Watchman‹ (›Der alte Wachmann‹), steht formal-inhaltlich Pate für ›The Sisters‹ (›Die Schwestern‹), die Joyce, einige Details borgend, bis zum 15. Juli abfasst.

Ein neues Rendezvous ist vor Sir William Wildes Haus, »Ecke Merrion Sq.«, verabredet (9. Juli). An Zahnweh leidend, Liebesbriefe auch bei Absagen von Treffen mit Kosenamen und -worten würzend, wird Joyce als Sinnenmensch deutlich: »*Bitte* leg diesen Brustharnisch nicht mehr an, da ich [ungern] einen Briefkasten umarme« (12. Juli). Nachdem er Gogarty ›Chamber Music‹ als Titel für die gesammelten Gedichte genannt hatte (3. Juni), berichtet er Curran vom Abschluss des »fürchterliche[n] Kapitel[s] – 102 Seiten«, wohl des verlorenen XI. in ›Stephen Hero‹, und erwähnt den neuen Plan, »einer Serie von Epiclet[s]«, kleiner Epen also, ›Dubliners‹, darin er »die Seele jener Hemiplegie oder Paralyse bloßzustellen« gedenkt, »die viele für eine Stadt halten.« (undatiert)

Alle Literatur braucht Anlässe wie die angelegentlich verfassten Fünfzeiler mit lustiger Pointe: »Seien Sie gefaßt [bei ›Dubliners‹] auf eine Luxusausgabe meiner gesammelten Limericks.« Deren gibt es etliche, doch Joyce mag zwecks Veröffentlichung keine beiseite verfertigten Verse polieren.

Am 13. Juli etwa bestellt er George Roberts, den Verleger und Freund irischer Literatur, postkärtlich in ein Pub, damit der ihm mit £ 1 für die Klaviermiete aushelfe. Seine »vorzügliche Stimme« dürfe nicht leiden, gezeichnet »JAMES OVERMAN«; Nietzsches Übermensch in Dublin. Ende Juli sendet James zwei Briefe an Nora: zunächst eine Verabredung treffen wollend, dann die neuerliche Nennung des Handschuhs, der ihm stellvertretend für seine Besitzerin dient, da er die Nächte noch allein bleibt; endlich energisch auf Klärung einer Mißstimmung dringend: »Wenn Du das nächste Mal kommst, laß die Launen zu Haus – und den Schnürleib.« Der Liebeslieder sind viele, auch Heinrich VIII., laut Joyce ein »trübe[r] Tümpel«, besingt den Trennungsschmerz, »die ungewisse und müde Einsamkeit«, die »ich fühle«. Am 30. Juli erschien im ›Speaker‹, London, ein Gedicht, darin Joyce von Männern schreibt, die Verrat üben am Freund. Wird ein Mann von einer Frau körperlich geliebt, findet er, wenngleich leidend, Ruhe – wie Joyce in der Gemeinschaft mit Nora. Auf den 31. Juli datiert ist der Abschluss von ›Eveline‹, nach dem Todesfall in ›The Sisters‹ ein Auswandererlos schildernd.

Am 2. August lässt Joyce Yeats für sich sprechen, dessen ›Drunten bei den Weidengärten‹ die Melancholie ausdrückt, die ihn umfängt, sobald er, wieder allein, der ernsten Liebe Last spürt, die die Frau dem Mann in Lyrik (und Leben?) erleichtern will. Im selben Monat erscheint in ›Dana‹ ein Lied: Liebe lebt leicht, singt Joyce, in des Sommers Natur: ein Bild der Liebsten, das wohl nicht nur des Selbstsüchtigen Kopfgeburt ist. Zugleich arbeitet Joyce täglich an ›Stephen Hero‹ und hofft am 3. August auf zeitige Entlassung Noras aus der Zimmermädchenfron, um, von ihren Armen umfangen, den »Wirbel von Unannehmlichkeiten« zu vergessen. Sarkastisch das Klerikeridiom nutzend, sich zu Jesus Christus, dem »Juden in Agonie«, stilisierend und mit dem Namen eines Kardinals zeichnend, stachelt er beider Verlangen nach körperlicher Liebe an. Sie dürfe »ohne Unterröcke [..] kommen«.

Als am 13. August genau ein Jahr nach Mutter Joyces Tod ›The

Sisters‹ erscheint, schickt er Nora diese »Skizze«, die sie womöglich interessiere, aber er habe den ganzen Tag kaum einen Gedanken im Kopf gehabt außer einem. Parallel existieren in der Persönlichkeit James Joyce diverse Phasen vom Leben als Mensch und Künstler. Denn neben der Erzählung fabriziert er ›The Holy Office‹, eine Verssatire auf das Literatenmilieu Dublins, die er, da am 8. August von Curran als Herausgeber der ›St. Stephen's Review‹ abgelehnt, wie ›The Day of the Rabblement‹ im Selbstverlag herausbringen will. Die Fahnen erreichen ihn am 14. August, aber mangels Moneten wird nichts aus der Breitseite wider die Dubliner Szene. Aristoteles für Wirts- und Hurenhaus reklamierend, speit er gallige Sprüche gegen die Nüchternheit Synges, an dem er in Paris 1903 brieflich sein Mütchen gekühlt hatte. Sich sieht er als »Kloake ihrer [Dubliner literarischen] Clique«, ohne Claque, als einsamen Hirsch ohne die Angabe der Enden, der wie im Porträt-Essay den Poetenpöbel auf ewig verschmäht.

Tags darauf, müde und verletzt, nach Noras Stimme lechzend, formuliert Joyce erstmals, welche Zuflucht er bei ihr findet: »Wenn ich bei Dir bin, lege ich mein Mißtrauen und meine Verachtung ab.« So sehr er bei ihr daheim ist, so sehr sieht er seine Identität gefährdet: Er unterschreibt nicht: offenbar unter einem Verlust leidend, der in einem Gedicht jener Tage so erscheint: Männerfreunde werden einander fremd, tritt eine Frau zwischen sie. Auch Noras Antwort vom 16. August, beredter als sonst und konventionell geprägt dank der rechten Worte für den Trennungsschmerz, wird ihn nicht gefestigt haben. Er soll sie zur selbsttätigen Verfertigung ihrer Briefe angehalten haben, als habe er in ihren wohl einem Briefsteller entnommenen Zeilen nicht mehr Noras Stimme erkannt. Literarisch, also mit dem Druck von ›The Holy Office‹, geht nichts, denn der von Joyce angepumpte Byrne lehnt lateinisch eine weitere Leihgabe ab (19. August). Immerhin zeichnet er als St. Johannes, mithin Joyces Vorläufer oder Täufer – eine damals unter Katholiken gotteslästerliche Parallelisierung von Literatur- und Heilsgeschichte, wie sie *ex negativo* Charles Baudelaire vornimmt und in Wildes ›De profundis‹ wiederkehrt.

Es folgt eine Woche ohne Stelldichein, denn Joyce probt fürs Konzert in den Antient Concert Rooms, wo er mit John McCormack, dem Dubliner Heldentenor, der Irland danach verlassen will, auf dem Programmzettel steht: »Du wirst mich vielleicht nicht überwältigend finden, da ich nervös bin.« Als Sänger kein Freund des *Prima vista*, was ihn im Mai den Sieg beim Wettbewerb gekostet hat, leidet Joyce am 27. August abermals unter Lampenfieber, das ihn nicht nur auf der Bühne befällt, obwohl sein Auftritt den Beifall des Rezensenten vom ›Freeman's Journal‹ findet. Ja, Joyce, der am verlorenen XII. Kapitel von ›Stephen Hero‹ arbeitet, ist auch privat nervös, sonst hätte er kaum am 29. August zur Feder gegriffen und Nora ein Selbstporträt mit Zweifeln übermittelt. Offenherzig spricht er aus, was sein Leben im bisherigen Rahmen zusehends unmöglich macht: Alles Überkommene lehnt er ab, auch das »Elternhaus«: »Meins war nichts als eine Mittelstands-Geschichte, heruntergewirtschaftet durch einen Hang zur Verschwendung, den ich geerbt habe.« Der Vater als Täter, die Mutter als »Opfer«, die Geschwister für ihn ein Nichts: »Nur einer meiner Brüder ist fähig, mich zu verstehen.« Dies Porträt einer zerfallenen Familie ergänzt er durch die Schilderung seiner sich nirgends fügenden Person: »außer als Vagabund«. So ist er seit Ende März herumgezogen, mal zahlend, mal umsonst logierend, immerzu unstet, bald das Weite suchend, weder bei Freunden noch in der Familie ein Heim findend. Ohne das Ende im Glück eines Helden wie in Goethes Bildungsroman ›Wilhelm Meister‹ wirken die abgebrochenen Studien der Medizin, der Rechte und der Musik wie Sackgassen. So zielt auch die Erinnerung an Paris 1902/1903, für die Joyce eine Epiphanie zitiert, ins Leere, nur die Erfahrung mit Nora an ihrem ersten Abend, über den er in einem unveröffentlichten Brief schrieb, ist ihm heilig. Er legt sich einen Mythos zurecht, lässt das Leben an diesem Punkt neu beginnen, wie es mit ihm und Schliemann viele Autoren tun. Trotz aller Ablehnung offizieller Religion feiert Joyce ihre Liebe als »Sakrament«, das ihn mit »Schmerz« erfüllt und mit »Erniedrigung«, weil sie ihm zuliebe im körperlichen Miteinander »einen Kompromiß gewählt hatte«, und weil sein Status »einer Konvention unserer gegenwärtigen Gesellschaft nicht entsprach«. Mit ihr trotz aller »Masken« eins, ist Joyce von anderen entzweit: Wer früher Freund war, verrate ihn, und nur in Noras Gegenwart sei er der Zweifel ledig. Joyce ist in Verlegenheit: »geistig und materiell«, wie er Curran, diesen um ein Gespräch »im Rauchsalon bei Bewley« bittend, am 30. August schreibt.

Um den 1. September könnte er Berge versetzen. Denn er, der Geheimniskrämer, hat einer Schwester von Nora erzählt, will wieder Gesangsstunden nehmen, wünscht zur Vollendung seines Glückes

»einen von Deinen zwitschernden Küssen«, empfiehlt der leidenden Liebsten einen Arzt und fordert sie neuerlich auf, »die gesamte Dragoneruniform« wegzugeben: »Hast Du je die Männer gesehen, die mit mächtigen Friesmänteln bekleidet in den Guinness-Wagen herumfahren?« Doch er weiß, Nora ist »eigensinnig«. Im Streit mit sich selbst und von Nora entzweit, lebt Joyce nach kleiner Dubliner Odyssee seit dem 9. September im Martello Tower, Sandycove, einem Bauwerk aus napoleonischer Zeit, als die Briten eine Kette von Küstentürmen als Frühwarnsystem gegen Invasoren etablieren. Am 10. September, als im ›Irish Homestead‹ die Erzählung ›Eveline‹ erscheint, schreibt Joyce Nora, sie bedeute ihm so viel wie niemand sonst, erklärt teuflische Züge seiner Person und will bei aller Betonung des Sinnlichen von ihr nicht »als ein zufälliger Wollustgefährte« behandelt werden. Das Wort »Sakrament« fällt nicht. Ein Briefwechsel am 12. September verrät viel von ihrer stets in Zweifel gezogenen Zärtlichkeit und der buchstäblichen Abhängigkeit ihrer Liebe von der sich neigenden Schönwetterperiode. Wechselnd wie die Witterung ist Joyces Wohnsitz, denn drei Tage später, wohl von Gogarty vertrieben, bittet er aus Cabra einen literarischen Freund um sorgfältige Verpackung der Kleider und der Manuskripte von ›Chamber Music‹ und ›Stephen Hero‹.

Schon wieder anderswo, nun bei William und Josephine Murray untergebracht, schreibt er Nora am 16. September, »diese kalten, geschriebenen Wörter verabscheue[nd]«, er fühle sich als Krieger für sie »gegen alle religiösen und sozialen Kräfte in Irland«, wo keine Bleibe für ihn sei; aber auch nicht für sie, die offenbar beschlossen hat, »in dieser Weise in [seinem] Leben, das vom Ha[s]ard bestimmt ist, neben [ihm] zu stehen«. Poetisch findet er eine andere Form dieses Bekenntnisses, wonach des lyrischen Sprechers Liebe weder kriegerisch-römisch noch feierlich sei oder Falsch vertrage. Abermals bekräftigt er die Erinnerung an die wohl am 16. Juni wie beim Abendmahl körperlich besiegelte Liebe, die im Gespräch einer stets neu erfahrenen Bestätigung bedürfe.

Noch selbigen Tags entgegnet eine vom Zimmerdienst in Finn's Hotel völlig erschöpfte Nora atemlos wie Mutter Joyce ohne Punkt und Komma schreibend, aber glücklich: »wenn ich morgen früh aufwache werde ich an nichts anderes denken als an Dich«. Sie wird aus Liebe den Ruhmlosen, ihren Jim eben, begleiten, der inzwischen über eine Agentur an eine Berlitz School auf dem europäischen Festland

will (17. September), Noras Zusage »[h]undertmal« hören könnte und
von ihr träumt (?18. September). Nach der Frage, ob sie »im Zusam-
menleben mit ihm Annehmlichkeiten entbehren« müsse, schreibt er,
er habe ihr noch nicht gesagt, dass er sie liebe: mit Verehrung, nicht
mit Wucht; praktisch weist er Nora an, wie sie sich gegen die Familie
verhalten soll (19. September).

Beruflich geht es mal nach London, dann nach Paris oder Amsterdam. Joyce fragt bei Verleger Grant Richards nach, was der von
›Chamber Music‹ halte (26. September), und wechselt selbigen Tags
Briefe mit Nora, darin beide sein Verstummen ansprechen, was sie
zum Schweigen bringt, obwohl sie das Schreiben »[nutz]los« findet,
»wenn ich lieber mit Dir zusammen wäre«. Am Michaelistag scheint
der Weg nach Paris frei, Joyce ist vergnügt wegen der Wellen, die ihre
Abreise schlagen werde, und hoffend: »Du hast jetzt [. . .] glücklichere
Gedanken« (29. September). Zum Schluss pumpt er Freunde an und
bittet Yeats, Hauptmanns Stücke in seiner Übersetzung am irischen
Nationaltheater spielen zu lassen. Der sagt ab, weil Joyce nicht gut
Deutsch könne, kein Geld da sei und »irische Arbeiten« Vorrang hätten (2. Oktober). Æ, George Roberts und James S. Starkey sollen peku-
niär und materiell mit Zahn- und Nagelbürste sowie mit Stiefeln aushelfen, am 4. Oktober reicht Joyce beim ›Irish Homestead‹ ›After the
Race‹ ein, Nachbericht und Pendant zu ›The Motor Derby‹ von 1903.
Und dann besteigen James und Nora am 8. Oktober, samstagsabends,
in Dublin getrennt das Schiff nach Holyhead. An dem Tag erscheint
im ›Speaker‹ unter dem Titel ›A Wish‹ sozusagen als Abschied von Irland ein zweistrophiges Gedicht, darin das Ich von der Sehnsucht
nach Ruhe vor den rauhen Winden an der Liebsten Brust spricht.

James und Nora haben ihre Zelte in Irland abgebrochen. Der ver-
krachte, wie immer klamme Gentleman John Stanislaus Joyce muss
getobt haben, als ihm Mundpropaganda zuträgt, Jim sei ledig und
nicht allein außer Landes gegangen.

Station IV: Mit und aus der Kunst leben, ohne von ihr zu leben (1904–1915)

> *James Joyce kam im [Okto]ber 190[4] nach Triest. Es war*
> *ein Zufall. Er suchte eine Stelle [...]. [...] Aber als er nach*
> *Triest kam, hatte er [...] auch verschiedene Manuskripte in*
> *der Tasche. [...] Sein ganzes übriges Werk bis hin zum*
> *›Ulysses‹ entstand in Triest. [...]*
> *[...] seine beiden Kinder wurden in Triest geboren. Es ver-*
> *steht sich, daß es uns Triestinern gestattet ist, ihn zu lieben,*
> *als gehöre er ein wenig zu uns. Und auch, als gehöre er ein*
> *wenig zu Italien. In Joyces Bildung gibt es eine deutliche*
> *Neigung zum Italienischen hin, die vielleicht durch den in*
> *bestimmten Phasen seines Lebens lebendigen Wunsch, sich*
> *weniger als Engländer zu fühlen, verstärkt wurde. [...] Ein*
> *großer Ruhmestitel für meine Stadt ist es, daß manche Stra-*
> *ßen Dublins sich im ›Ulysses‹ um bestimmte verwinkelte*
> *Gassen unseres alten Triests verlängern. [...] Dieser leb-*
> *hafte Geist schuf natürlich eine Verbindung zwischen den*
> *beiden Städten. Das war einfach: Triest verkörperte damals*
> *ein kleines Irland, das er heiteren Sinnes betrachten konnte*
> *als die eigentliche Heimat.*
> Italo Svevo, ›Schriften über Joyce‹, (1968, 1988) 1994
> (Ü: Anna Leube)

Abgesehen von leichten Retuschen bei den Daten ist Svevos Darstellung von Joyces Leben und Werk in der ehemals k.u.k. Hafenstadt Triest am nordöstlichen Zipfel der Adria ein treffliches Resümee. Bürgerlich der Geschäftsmann Hector Aron Schmitz, der italianisiert mit Ettore zeichnet und so die jüdische Herkunft verdeckt und nach zwei missachteten Romanen nur feierabendlich als Autor wie Musikamateur auf der Violine den Künsten frönt, weiß Svevo zu unterscheiden zwischen den Dingen, die er aus einem Schriftstellerleben verraten *darf*, und denen, die er verschweigen *muss*. Fast 25 Jahre älter, verkehrt Svevo mit Joyce auf Augenhöhe. Immerhin deutet er an – nachdem Joyce zur Berühmtheit aufgestiegen war –, wie wenig die Literatur, sein Lebensinhalt, in Triest zum Unterhalt von Kindern und der ungenannten Gefährtin beigetragen hat.

Pula & Triest:
Joyce lehrt andere sprechen

Als James und Nora am 30. Oktober 1904 in Pula dem Anschein zuliebe als Ehepaar Joyce dem Adriadampfer *Graf Wurmbrand* entsteigen, wartet in der Via Giulia 2, II. Stock, ein »möblierte[s] Zimmer mit Küche, umgeben von Töpfen, Pfannen und Kesseln« auf sie (31. Oktober). Dazu verholfen hat ihnen Almidano Artifoni, Schulleiter in Triest und Pula und Mitglied der sozialistischen Internationale – wie Joyce, der keine Beiträge zahlt, aber in ›A Portrait of the Artist‹ über »Botschaften«, schreibt, die »von Bürgern durch die Drähte der Welt gefunkt [werden]«. Man erkennt und schätzt einander, und Joyce beginnt im November, morgens zwischen 9 und 12 Uhr, »[Marine-]Offizieren und k.u.k. Angestellten« Englischstunden zu erteilen (›Giornaletto di Pola‹, 31. Oktober). Es gibt ein Berlitz-Lehrbuch, aber da die Unterweisung in der Muttersprache des Lehrers erfolgt, hängt viel von dessen persönlicher Präsenz ab, damit der bei solcher Intensität unmittelbare wie im Problemfall gefährdete Lernerfolg eintritt. Um nicht vom Sprachunterricht ausgelaugt zu werden, nimmt Joyce bei Kollegen Italienisch- und Deutschstunden. Fraglich ist, ob er annähernd so viele Englischlektionen gibt, denn seine Schriftstellerei dürfte er stets über sozialistisch anmutende Tauschgeschäfte gestellt haben. Bei der Abfassung von ›Christmas Eve‹ steigen Erinnerungen an das Dubliner Familienleben in ihm auf: »Er hatte alle Ausgaben ausgerechnet und entdeckt, daß alles sich gut im Rahmen bewegt hatte.« Das klingt beim Menschen Joyce nach Wunschdenken. Dieser Text bleibt Fragment. Veröffentlicht werden im November zwei Gedichte in ›Venture, an Annual of Art and Literature‹ (London). Ein Wagnis ist eine Literatenvita auch für die Gefährtin, der laut dem Gedicht der Poet weder göttliche noch emotionale Stütze ist. Ihr Geist wurde wie der seine Jahrhunderte zuvor gebildet, um ihm jetzt zu begegnen. Welchen Halt Joyce Nora bietet, die kein Italienisch spricht und literarisch kaum interessiert ist, kann nicht geklärt werden.

An persönlicher Weiterbildung lässt Joyce es nicht fehlen und beendet mit ästhetischen Notizen am 7., 15. und 16. November 1904 sein kohärent fixiertes poetologisches Programm. Ein regelmäßiges Einkommen beziehend, das ihm die Befriedigung irdischer Bedürfnisse ermöglicht, endlich mit einer Frau alles teilend, vermerkt Joyce,

das Gute sei das Ziel geistigen Verlangens, welches wiederum zu glie-
dern sei in ästhetisches und intellektuelles Verlangen. Er fügt eine
Bestimmung des Schönen an, es erkenntnistheoretisch grundierend,
bevor er ästhetisches Urteilen anspricht. Zuletzt sieht er die Erkenntnis als dreiteiligen Vorgang, bei dem auf das Denken das Wiedererkennen und Begreifen folge.

Inzwischen hat Joyce dem Vater geschrieben: Er sei »nach vielen
Irrfahrten und vielem Ärger gut untergebracht« (10. November), wie
Schliemann in Familienbriefen den Odysseus mimend. Kaum zehn
Tage da, spielt er den Kundigen, will Stanislaus bewegen, zur Adria
zu kommen, »da man englische Lehrer nicht herüberbekommt«, erwähnt antiitalienische Ausschreitungen an der Universität Innsbruck, die in Pula leichte Wellen schlagen, und schiebt ein forderndes
Postskriptum nach: »Ein Brief wird mit Vergnügen gelesen werden.«
Am 19. November schreibt Joyce detailliert an Stanislaus, er lehre wöchentlich 16 Stunden, versuche sich durch Lektüre ins Italienische
übersetzter Artikel des deutschen Sozialisten Ferdinand Lassalle politisch zu bilden: vergebens. Er wolle nun ins Café und rauchen und
»Studien treiben«: »Nora dreht mir übrigens meine Zigaretten mit
einer Maschine.« Auch wundere es sie, wie Stanislaus in Irland bleiben
könne. Geschickt den Bruder von zwei Seiten aus lockend, endet Joyce
mit deftigen Bemerkungen über Moores Erzählband ›The Untilled
Field‹ (1903), die mangelnde faktische Präzision betreffend. Zum eigenen Roman heißt es: »Ich bin mit großen Teilen unzufrieden, und
doch, wie [sonst] ließe sich Stephens Natur [. . .] beschreiben. Wie?«

Schreiben lernen: Von Victor Hugos ›Die Hochzeit des Roland‹ zu James Joyces ›Dubliners‹– Eine Spurensuche

Als erstes der »kleinen Epen«, die in der ›Légende des siècles‹ Hugos
Historienpanorama bilden, bereits 1846 verfasst, ist ›Le mariage de
Roland‹ alles andere als Abglanz alter epischer Pracht. Wie eine Antwort auf Ludovico Ariostos Renaissanceepos ›Orlando furioso‹, daran
der Ferrareser Humanist von 1506 bis zum Tod im Jahr 1533 arbeitet,
hat Hugo an der ›Légende‹ jahrzehntelang gefeilt.

Sind Ariosto eine Mischung aus »Herrscherlob und dichterischer

Freiheit« (Volker Kapp) sowie eine Mélange literarischer Genres nicht
fremd, muss Hugo, Demokrat und Patriot im Exil, im 19. Jahrhundert
»sein Epos neu schreiben unter Rückgriff auf all dessen Charakter-
züge [und] Gemeinplätze, indem er die Neuschreibung kenntlich
macht und endlich [. . .] deren Richtung ändert. Was ist bei dieser ge-
wendeten Neuschreibung der Einsatz [Hugos]? Aus Helden Menschen zu machen und sie als solche zu feiern.« (Éloïse Lièvre)

Ariosto hat die um »dialektale bzw. regionale Varianten und Lati-
nismen« bereinigte Florentiner Volkssprache in Italien verbreitet, dabei Dante, Petrarca und Boccaccio folgend und Alessandro Manzoni
im 19. Jahrhundert ein weiteres Vorbild bietend. Dessen ›I Promessi
Sposi‹ (dt: ›Die Brautleute‹) eint sprachlich, was im Zeitalter der Natio-
nalliteraturen und -staaten allmählich zum Italien genannten Staats-
wesen wird. Und Hugo, dessen Land zwar auf sprachliche und staat-
liche Einheit zurückblickt, aber nach zwei Revolutionen historisch
geteilt scheint, beginnt 1846 mit der Neufassung einer Geschichte
Frankreichs als Sammlung kleiner Epen. Als diese zehn Jahre später
mit dem Beiwort »historische Fresken vom 13. bis 19. Jahrhundert«
den Gefallen eines Verlegers finden, ist ihre Zielrichtung so klar, wie
sie vor dem Doppelrevolutionsjahr 1848 diffus sein muss. Hugo
sucht, Gestalt und Gehalt parodistisch untergrabend, seine aus Sicht
des Verbannten verfertigte Geschichtssicht im Second Empire Napo-
léons III. durchzusetzen. Vor dem großen Wurf der ›Misérables‹, Mitte
der vierziger Jahre begonnen, doch erst 1861 zur Veröffentlichung
reif, erblickt die ›Légende‹ zwischen 1859 und 1883 das Licht der
Welt.

Schriftsteller wie Ariosto und Hugo helfen den Menschen innezu-
halten. Ihr Werk ist ein Geschenk, obwohl sie es oft nur unter Opfern
schaffen. Zwei schullose Tage mit Glatteis im Dezember 2002 halfen
bei der Fokussierung dieses Exkurses in die romanischen Literaturen
vom 13. bis zum 19. Jahrhundert, der in keinem Lehrbuch steht und
direkt in Joyces Autorenvita zurückführt. Dieser hat fernab Dublins
›Stephen Hero‹ bald aufgegeben, um der Kurzprosa zu frönen. Schon
im Juli 1904 hatte er dem Freund Curran mitgeteilt: »Ich schreibe
eine Serie von [kleinen Epen].« Jahrzehntelang wird der Brief falsch
gelesen, weil niemand das Original betrachtet hat. Dank Wolfhard
Steppe kann Joyces Erzählband heute ebenso einer Tradition zuge-
ordnet werden wie der Gedichtband, der 1907 als ›Chamber Music‹

erscheint. Auch die am 15. Oktober 1905 neu einsetzende Korrespondenz mit dem Verleger Grant Richards ist im Kontext der »kleinen Epen« anders zu beurteilen: Denn obzwar Joyce nicht in der Lage ist, den Streit um zu zensierende Passagen zu gewinnen, hat er ein schlüssiges, in der Geschichte des Epos verwurzeltes Konzept. Die Sammlung besteht aus vier Teilen, sie eint Geschichten über Kindheit und Jugend, solche zum Leben unter Erwachsenen und zum Leben in der Öffentlichkeit. Erst als Joyce zehn von zwölf geplanten Erzählungen abgeschlossen hat, erkennt er sein Konzept. Da er an zehn Geschichten gedacht hat und den Plan mehrfach verändert, ist es sinnvoll, die Chronologie der Entstehung zu schildern. Schubweise arbeitend, setzt er die »kleinen Epen« wie Episoden aufs Papier, wobei nach ›The Sisters‹ zur Kindheit rasch drei Episoden zur Jugend (›Eveline‹, ›After the Race‹, ›The Boarding House‹) entstehen und zwei zum Leben der Erwachsenen (›Hallow Eve‹; in der Form verschollen, später ›[The] Clay‹, und ›Counterparts‹). Inzwischen ist am 27. Juli 1905 in Triest Sohn Giorgio geboren, und bis Ende September fügt Joyce, der im Sommer wenig unterrichtet, der Sammlung vier Stücke hinzu; mit ›Ivy Day in the Committee Room‹, datiert auf den 29. August, liegt die erste Erzählung zum Leben in der Öffentlichkeit vor. Somit sind in diesem episodischen Porträt Dublins alle aufs Alter der Protagonisten bezogenen Phasen vorhanden und die Konturen erkennbar.

Fortan arbeitet Joyce in zweifacher Weise: *Einesteils* komplettiert der junge Vater bis Ende November das aus zwölf Episoden bestehende Panorama. Er fügt ›An Encounter‹ (Jugend; 18. September) hinzu, schließt das in Pula begonnene ›[The] Clay‹ ab (Leben unter Erwachsenen; ca. 24. September), ergänzt das Jugendtriptychon um ›Araby‹ (ca. 15. Oktober), dabei ein subtiles Spiel mit namentragenden und namenlosen Figuren inszenierend (Wolfgang Streit), sowie die Gruppe mit Episoden zum Leben in der Öffentlichkeit um ›A Mother‹ (datiert auf den 8. Oktober) und ›Grace‹. Da hat er das Webmuster der Sammlung längst erkannt und Bruder Stanislaus um den 24. September brieflich dargelegt. Im September 1905 strichelt Joyce ein Porträt seiner mit ›Dubliners‹ verfolgten Absichten zusammen. Unterdes leidet das Verhältnis zu Nora an deren Hin- und Zuwendung an das Baby innerlich ebenso, wie ihn Giorgio äußerlich zu Bekundungen des Vaterstolzes anregt.

Anderenteils ist sein Selbstbewusstsein stetig gewachsen, etwa als er lakonisch schreibt: »Lieber Stannie,/Als ich hier letzten Sonntag an der griechischen Messe teilnahm, ging mir durch den Kopf, daß meine Erzählung ›The Sisters‹ [. . .] doch recht beachtlich ist.« (4. April 1905) Am 1. September richtet er an Stanislaus die Frage: »Sollte es nicht einigen wenigen Leuten mit Charakter und Kultur möglich sein, aus Dublin eine Hauptstadt zu machen, wie Christiania es geworden ist?« Joyce denkt dabei an den Greis Ibsen und an die just vollzogene Lösung Norwegens von der Oberhoheit Schwedens, ein Ereignis, das er sich wohl für Irland ebenso wünscht. Am 18. September bespricht er russische und französische Literaten und flicht Betrachtungen ein, die von seinem Leben in wilder Ehe zeugen: »Das Kind hat noch keinen Namen [. . .]. Ich finde, Kindern sollte es erlaubt sein, nach eigenem Willen den Namen des Vaters oder der Mutter anzunehmen, wenn sie mündig werden. Vaterschaft ist eine juristische Fiktion.« (Am 28. Dezember 1904 hatte er Stanislaus vom Wunsch nach gesundem Leben für Nora, von der ungesunden Wirklichkeit und der Absicht berichtet, das Kind »natürlich nicht [. . .] taufen«, aber als Joyce registrieren zu lassen. Der Vater *in re* hat also Skepsis gelernt!)

Auch Selbstlosigkeit *in spe* ist dem Mann mit der »Gewohnheit [. . .], eine Überzeugung in die Tat umzusetzen«, nicht fremd: »Wie gerne würde ich, wenn ich nur irgendwie Fuß fassen könnte, junge Leute, die ich kenne, in ein Bad spontanen Glücks tauchen. Ich würde gern die verschiedensten jungen Menschen sich umeinander kreuz und quer wälzen sehen.« Von einem »egoistische[n] Wunsch« schreibend, meint Joyce vielleicht neben glückseligem Wohlsein, das er aus den Dubliner Familien Joyce und Murray wahrlich nicht kennt, auch ein Miteinander in freier Liebe, das zu bereiten ihm noch in Triest als bloßer Traum erscheinen mag (18. September 1905).

Des Dichters Vision von einem Buch hat er weiterhin im Auge, und es ist nützlich, im Briefwechsel nach hinten zu springen. Von Pula aus, in dem »katholische[n] Land«, das er hasse, diesem »gottverlassene[n] Fleck – ein[em] maritime[n] Sibirien« (Silvester 1904, an Tante Josephine Murray), hat Joyce Grant Richards geschrieben und um Nachricht über den dort zur Prüfung liegenden Gedichtband gebeten (16. Januar 1905). Am ?2. oder 3. Mai berichtet er Stanislaus vom ihm vor Monaten schwanenden Konkurs des Verlegers und von der erfolglos vorgetragenen Bitte um Rückgabe des Manuskripts. Richards, ein Stehaufmännchen, hat Joyce im Sommer mit der hilflosen Feststellung, er habe ›Chamber Music‹ verlegt, und der Frage, ob der Autor das Manuskript »rekonstruieren« könne, um abermalige Zusendung gebeten. Am 23. September erwidert Joyce aus Triest, dankt für das Lob seiner endlich erlesenen Kunst und bedauert, sie nicht auf eigene Kosten veröffentlichen zu können. Das trennt ihn von Schliemann, der alle Bücher aus eigener Tasche zahlen kann. Selbigen Tags sucht Joyce in Person von Ibsens Londoner Verleger William Heinemann einen Abnehmer für ›Dubliners‹:»Das Buch ist keine Sammlung von Reiseeindrücken, sondern der Versuch, gewisse Aspekte des Lebens in einer der europäischen Hauptstädte darzustellen.« Wenig nützen Joyces nächste Sätze, die auf seine irische Herkunft und den Drang zu publizieren deuten.

Wer erneut den Brief an Stanislaus liest, der den lückenhaften Plan des Erzählbandes als episodisch strukturierte Welt birgt, dem dürfte aufgehen, wie weit Joyces Entwurf eines Dubliner Stadtporträts gediehen ist. Am Anfang stehen Anfragen zu administrativen, katholischen, topographischen Details, dann schildert Joyce die Verzweiflung wegen seines Status als verkannten Künstlers, der er dem Temperament nach sei: wie Arthur Rimbaud, der verfemte Poet,»der kaum wirklich Schriftsteller zu nennen ist«. Joyce will den Band Stanislaus widmen, fragt unvermittelt nach ›Stephen Hero‹, den er mit dem Roman ›Held unserer Zeit‹ des Russen Lermontow vergleicht. Mehr beschäftigt ihn ›Dubliners‹, dessen Struktur nun folgt.»Wenn Du bedenkst, daß Dublin«, fährt er fort,»seit Jahrtausenden eine Hauptstadt gewesen ist, daß sie die ›zweite‹ Stadt des britischen Imperiums ist, daß sie fast dreimal so groß wie Venedig ist, dann kommt es einem doch merkwürdig vor, daß kein Künstler die Stadt der Welt dargestellt hat.« Im Kern frühere Formulierungen aufgreifend und erweiternd, nutzt Joyce Worte, die an die »historische[n] Fresken« Hugos, an die Abbildung einer Stadt, eines Landes im Epos erinnern, wie sie in episodischen Gesängen und Geschichten Dante, Petrarca, Boccaccio und Ariosto für ihre Zeit vorgemacht, Manzoni und Hugo auf je eigene Weise im 19. Jahrhundert nachgeahmt hatten. Joyce, als Erfinder »kleiner Epen« Irlands muss folglich jeden heimischen Rivalen abkanzeln:»Ich habe dieses alberne, erbärmliche Buch von Moore, ›The Untilled Field‹, gelesen, das die Amerikaner wegen seiner ›handwerklichen Meisterschaft‹ so bemerkenswert gefunden haben. Du meine Güte! Es ist wirklich sehr langweilig und flach: und schlecht geschrieben.« Betrachtet man beide Sammlungen aus jeweils 15 Erzählungen heute, wird klar, Joyce mag im September 1905 weder vor sich selbst noch Stanislaus gegenüber einräumen, wie sehr ihn Moores Vorwurf zum eigenen Entwurf angeregt hat, zumal dieser mit ›The Exile‹ und ›Homesickness‹ gleich zu Beginn Töne anschlägt, die dem freiwillig Verbannten nur zu vertraut waren. Schon am 19. November 1904 hatte Joyce Moores Werk als »verdammt stupide« bezeichnet, die nicht präzisen Realia wie die Interpunktion meinend. Und am 19. Januar 1905 löst ein durch Noras Moore-Lektüre und James' Papierverbrauch entstandener Wortwechsel bei Joyce einen Vergleich mit Heinrich Heine aus, dessen Gefährtin und am Ende auch Gemahlin gleich Nora Barnacle kein literarisches Urteilsvermögen besaß: »Sie möchte, daß ich mich mit dem Roman beeile und reich werde, daß wir in Paris leben können.«

›A Mother‹, woran Joyce Ende September schreibt, handelt von der irischnationalen Kultur- und Musikszene Dublins, die ihn wie Moores Schriften zur Distanzierung zwingen. Zwischendurch Stanislaus mit Eisenbahn- und Fährrouten sowie einer Englischlehrerstelle nach Triest lockend, kitzelt er eine literaturkritische Epistel aus dem mitunter ausweichenden Jüngeren heraus: »Wenn [...] ›Eine Mutter‹ auch kein so gewichtiger Titel ist [, wie ihn laut Stanislaus irische Autoren für »ihre armseligen Bemühungen« vorgeben], so ist er doch wiederum eher wie der Titel zu einem Bild.« (10. Oktober 1905) Das gilt für Moores Erzählungen wie für die übrigen »kleinen Epen«, und Moore wollte anders als Joyce einmal Maler werden. Stanislaus, Liebhaber irischer Kunst, der Jack B. Yeats, des Dichters Bruder, schätzt, wie auch deren Künstler-Vater, bleibt getreuer Vasall Joyces, dessen Manuskripte er komplett kopiert. Auch plant er, bald nach Triest zu reisen, wo er Ende Oktober eintrifft.

Die fehlenden Geschichten ›Two Gallants‹ (Jugend; 17. Februar 1906) und ›A Little Cloud‹ (Leben der Erwachsenen; 22. April 1906) sowie ›The Dead‹ (Panorama Dublins; 20. September 1907) verfasst Joyce anfangs der Verhandlungen mit Richards über die Veröffentlichung sowie nach deren Fehlschlagen Ende Oktober 1906. Zu der Zeit als Bankangestellter in Rom lebend, wo er nur wegen einiger Recherchen, etwa in der *Biblioteca Vittorio Emanuele*«, und Retuschen mit den Geschichten befasst ist und daran denkt,»mit [s]einer Erzählung ›Ulysses‹ anzufangen« (13. November 1906), will er der Dubliner Galerie weitere Bilder hinzufügen:»›The Last Supper‹ (›Das Abendmahl‹), ›The Dead‹ (›Die Toten‹), ›The Street‹ (›Die Straße‹), ›Vengeance‹, (›Vergeltung‹), ›At Bay‹ (›In Schach‹): alles Erzählungen, die ich unter günstigen Umständen schreiben könnte.« Am 6. Februar 1907 hat er ›Ulysses‹ beiseite gelegt und vermerkt, wiederum an Stanislaus am 11., die aus Dublin per Post herüberschwappenden Krawalle im Abbey Theatre um Synges ›The Playboy of the Western World‹ hätten ihn »von der Erzählung abgebracht, die [er] im Begriff zu schreiben war – ›Die Toten‹.« Die günstige Gelegenheit abwartend, die ihm erst der Sommer 1907 bringt, als er vor und nach Lucia Annas Geburt erkrankt ist und nicht lehrt, liest Joyce »einige [der] alten italienischen Geschichten-Erzähler[.] wie Sermini, Doni etc. [aus dem 14. bis 16. Jahrhundert], und auch Anatole France«, den älteren Zeitgenossen. Wie Moore hatte Joyce Anatole France heftig kritisiert, rückt hier aber damit heraus, für seine »kleinen Epen« von France die Ideen zu ›Ivy Day‹ und ›The Dead‹ erhalten zu haben. Er nennt zwar unbekannte Novellisten Italiens, aber die von Boccaccio begründete Tradition kennt Joyce ohnehin. Mit Antonio Francesco Doni (1513–1574), »Mönch, Laienprediger, Vagabund«, hat er einen fruchtbaren Autor, Musiktheoretiker und Übersetzer aufgetan, der, ihm selbst ähnlich, Anekdoten und Gespräche verschriftlicht, also der Entwicklung der Volkssprache zum Literaturidiom Vorschub leistet. Die Novellen sind laut Autorennotiz einer Anthologie (DDR, 1988) in Donis Gesamtwerk verstreut und gesammelt 1907 in Bergamo erschienen. Abgelegenes ist bei Joyce in guten Händen. Es wundert nicht, wenn die nächstliegende Deutung des Briefes an Curran, in dem er von »kleinen Epen« schreibt, erst knapp 100 Jahre später an Hand von verstreuten Bemerkungen rekonstruiert und dem Porträt seines literarischen Lebens eingefügt werden kann. Dabei fällt die bildnerische Qualität von Joyces Prosa ebenso auf wie die musikalische Eigenart seiner Poesie, deren Weg zum Buch es nun nachzutragen gilt.

Wohl dem, der Fürsprecher hat oder wie Joyce für ›Chamber Music‹ einen Verleger findet

Als Dichter ist Joyce beim Verlassen Irlands ein kleiner Name, und in Pula bittet er Stanislaus am 19. November um Zusendung einer Nummer des ›Speaker‹, wo ein von Sehnsucht nach dem »süßen Busen« der Geliebten (der Mutter?) handelnder Sang erschienen war (8. Oktober). Joyce sieht sich als »Frauen anzieh[end]« und in »Streitereien [. . .] – komische Affären« mit Nora verstrickt. Anders als Hugo ist er kein Hans-Dampf-in-allen-Gassen, der zeitlebens Persönliches in Poesie fassen kann: »Ich denke nicht«, schreibt er, unter »jämmerlich[er]« Sehschwäche leidend, am 28. Dezember an Stanislaus, »daß ich viele geistige Einfälle habe, die zu verzeichnen wären. Ich glaube nicht, daß ich noch Lieder schreiben werde.« So geht es nun um Arrangement und Publikation vorliegender Verse; mit Grant Richards und einigen Zeitschriften korrespondiert Joyce oder lässt den Bruder schreiben, schickt das Manuskript an John Lane, bis 1895 Wildes Verleger. Lane will Joyces Gedichte prüfen (3. Juni 1905). Wie bei den »kleinen Epen« sieht Joyce im Schritt auf die Verleger zu eine günstige Gelegenheit für Veränderungen am Text. Auffällig ist die Streichung der Widmung an Nora – analog zur wegen Stanislaus' »spöttische[m] Erstaunen« (28. Februar 1905) entfallenden Dedikation von ›Dubliners‹. Zunächst nützt die neuerliche Arbeit nichts, denn nach Ablehnung der Gedichte durch Lane liegen sie bei dessen einstigem Partner, Elkin Mathews. Am selben 12. Juli berichtet Joyce vom prekären Status eines »unmorali[sch]« lebenden ›Professore d'inglese‹, der vom Wohlwollen eines sozialistischen und despotischen Direktors abhänge und gegen die Schüler sozial abfalle, »Adlige und Signori und Redakteure und reiche Leute«, die ihn lobten. Er lebe im teuren Triest »von dem Gehalt eines Kanalarbeiters oder eines Heizers«. Immerhin behält Nora »eins [s]einer Gedichte« mit Fehlern im Kopf. Eine Woche später, überhitzt, düster an den Erzählungen zweifelnd, schickt er das P.S. mit dem Nein Heinemanns, der die Gedichte ebenfalls erhalten hatte.

Der stolze Vater eines gesunden Sohnes, dessen Geburt einen Monat später erwartet worden war, arbeitet unentwegt an ›Dubliners‹, sendet am 17. August noch eine »Abschrift« der Verssammlung an Richards und hofft erneut auf Annahme bei diesem: »wenn Sie [in] ihrer ersten [Saison] Erfolg haben, können Sie nichtkommerzielle Bücher veröffentlichen« (2. Oktober 1905). Der Verzweiflung nahe, da er in der Publikation den Ausweis der Autorentätigkeit sieht, bietet Joyce kurz darauf einem zweiten Haus beide Bücher an und ergänzt gegenüber Richards das brieflich an Stanislaus skizzierte poetologische Programm der ›Dubliners‹ um zwei Sätze: »Überdies scheint mir der Ausdruck ›Dubliner‹ [...] eine gewisse Bedeutung zu haben, und ich bezweifle, ob das gleiche von Wörtern wie ›Londoner‹ und ›Pariser‹ gesagt werden kann [...]. Von Zeit zu Zeit sehe ich in Verlagsanzeigen Bücher über irische Themen angekündigt, so daß ich annehme, daß die Leute für den besonderen Hauch des Verderbens, der, wie ich hoffe, über meinen Erzählungen liegt, zu zahlen bereit sind.« (15. Oktober) So beginnt ein Tauziehen mit Richards, während ›Chamber Music‹ zwölf Monate auf Halde liegt, bevor Arthur Symons dem römischen Bankkassierer Joyce anbietet, die Sammlung bei Mathews unterzubringen. An Stanislaus, der aus Triest meist mit Geld aushelfen muss, schreibt Joyce daher, er möge ihm die Reihenfolge vorschlagen: »Ich werde mich mechanisch danach richten, da ich sehr wenig an der Veröffentlichung der Gedichte interessiert bin.« Erscheinen sollen sie am besten *vor* den Erzählungen: »Ich glaube, es ist schon etwas an ihnen!« Beflügelt, will er mit Versen gar Geld verdienen (9. Oktober). Am 18. Oktober ist die Anordnung geklärt, dabei versteht er Stanislaus' Vorschläge nicht alle, findet den Titel »zu gefällig« und sieht die Verse als »Dokument [s]einer Vergangenheit«. Am 24. Januar 1907 hat er den Vertrag unterschrieben und bemerkt am 6. Februar, Nora sei »enceinte« und Symons wolle öffentlich für die Gedichte eintreten.

Vor der Rückkehr nach Triest zieht Joyce Bilanz. Laut diesem Mythos ist ›Chamber Music‹ Auftakt der »Selbstdarstellung«; der Reihenfolge unsicher, hält er es für »das Buch eines jungen Mannes« und wünscht dessen Vertonung. Er wolle in einem Handexemplar »oben auf jede Seite eine Adresse oder eine Straße schreiben, damit ich, wenn ich das Buch aufschlage, die Orte, [da] ich die einzelnen Lieder schrieb, wieder vor mir sehen kann«. Dieser Schlüssel fehlt, und die Stätten für Joyces Vers-Inspirationen sind der Wortmusik kaum zu entlocken. Bei der Anordnung auf den Bruder bauend, der zweifelt, ob Jim für die Verse alles gegeben hat (Triestiner Tagebuch, 3. März 1907), greift Joyce noch einmal in den Text ein: »ich habe meinem späteren Ich gestattet die Musik zu unterbrechen und das Gedicht dadurch vielleicht verbessert«, aber die Lyrik sei nicht erwähnenswert (1. März).

Pecunia non olet, die »kleinen Epen« aber sehr wohl, oder: Wie Joyce Flüche und Geld zählt und nur an Erfahrung gewinnt

Zweimal binnen vier Wochen Anfang 1906 mahnt Joyce bei Richards eine Antwort an, bevor dieser am 17. Februar die Erzählungen bewundert und ein Angebot macht. Den Bedingungen des Knebelvertrags stimmt Joyce zu. Elf Tage darauf bekräftigt er, welch großes Vertrauen er in den Verleger setzt, wünscht aber bezüglich des Textes: »Ich möchte, daß der Drucker sich in Interpunktion und Anordnung der Sätze genau an das Manuskript hält. Anführungszeichen zum Beispiel, um Dialoge [einzurahmen] waren mir schon immer ein großer Dorn im Auge.« Wer weiß, dass außer Zensoren auch andere am Produktionsprozess Beteiligte den Autoren inoffiziell Veränderungen nahelegen, den wird nicht wundern, was Richards acht Wochen später schreibt. Er bittet Joyce um Weglassung von ›Two Gallants‹, da der damals rechtlich verantwortliche Drucker sonst die Produktion verweigere. Auch fordert er Joyce auf, in zwei weiteren Erzählungen seine Ausdrucksweise zu mäßigen. Ohne Nennung des Tatbestandes ›Zensur/Selbstzensur‹ bläst Joyce zum Gegenangriff. Dabei übergeht er am 26. April, dass Richards ›Two Gallants‹ vor der Weitergabe an den Drucker gar nicht gelesen hatte. Wichtig ist Joyce vielmehr: »Ich habe mein Buch mit beträchtlicher Sorgfalt unter hunderten von Schwierigkeiten und nach Maßstäben geschrieben, darin ich die klassische Tradition meiner Kunst sehe.« Sachzwänge und Absprachen sind dem selbsternannten Klassiker gleich. Er will drei »kleine Epen« einbehalten, bis ihm Richards zusichert, sein »Buch so zu drucken, wie [er] es geschrieben habe«.

Da Joyce an der Veröffentlichung liegt, gibt er zu, welches Desaster ein Ende der Vertragsbeziehung für ihn wäre. So kann Richards ihn packen und fordert am 1. Mai eine Verteidigung des Autors heraus. Je mehr Joyce in Rage gerät, desto angreifbarer wird er. Ästhetisch schlüssig, aber in diesem Konflikt unbrauchbar ist ein kanonisch gewordener Satz: »Es war meine Absicht, ein Kapitel der Sittengeschichte meines Landes zu schreiben, und ich wählte Dublin als Schauplatz, weil mir diese Stadt das Zentrum der Paralyse zu sein schien.« Nach Darlegung der Abteilungen des Textes und den skandalheischenden Worten, diesen primär »in einem Stil skrupulöser Niedertracht« verfertigt zu haben, stellt er fest: »Ich kann nicht ändern, was ich geschrieben habe.« Und weiter: Schreiben sei ihm unmöglich, »ohne Leute zu verletzen«. Damit meint er die Dubliner wie sich selbst und die eigene Familie und benennt mögliche Gegner einiger Geschichten. Dann stellt Joyce die englische Literatur dar, in der es stets Tabubrüche, »Veränderung«, gegeben habe. Er nennt Geoffrey Chaucer, Arthur Pinero, George Moore und Thomas Hardy, dabei Wilde als Zeitgenossen der drei Letztgenannten und Paradebeispiel des Scheiterns an der Gesellschaft verschweigend. Stichhaltig ist der Satz, »wenn es sich um einen anderen Bereich der Kunst handelte, wenn ich Maler und mein Buch ein Bild wäre, würden Sie mich kaum so rasch der Querköpfigkeit bezichtigen, falls ich mich weigerte, gewisse Einzelheiten zu ändern«. In einer Zeit, da das geschriebene Wort vielen Verboten ausgesetzt und die Verbreitung bildnerischer Kunstwerke leichter kontrollierbar war als im 21. Jahrhundert, ist Joyces »moralische Enttäuschung« (5. Mai 1906) zwar persönlich grundiert, aber nicht die einzig mögliche Sicht.

Fünf Tage später – die k.u.k. Post wie die Royal Mail sind wundersame, bis in die letzten Winkel wirksame Transportfirmen! – datiert Richards seine Replik: »Sie werden keinen Verleger finden [...], der das Buch so herausbringt, wie es ist.« Und er hält dem polyglotten Genie Joyce vor, er habe die »Möglichkeiten der englischen Sprache nicht erkannt«, wenn er eine Sache nur auf eine einzige Weise sagen wolle. Als reiche das nicht, greift Richards zu einem beliebten Mittel, indem er Gewährsleute nennt, namenlose Leser, die seine Argumentation stützen, dabei für Joyce unwiderlegbare Behauptungen aufstellend. »[B]etrübt« erwidert der Autor am 13. Mai und verstärkt durch ausführliche Bemerkungen noch die von ihm als »unerheblich hingestellten« Bedenken. Kritiker fürchtet er nicht, auch nicht die Gleichsetzung mit dem französischen Naturalisten Émile Zola; Geld reizt ihn weniger als Ruhm, und er wird nun die Hände in den Schoß legen, abwarten, was Richards befindet. Der nutzt ein Entgegenkommen, um Joyce weitere Zugeständnisse abzuverlangen (16. Mai). ›Two Gallants‹ will Joyce mitnichten »opfern«, da sie ihn nebst ›Ivy

Die Griechisch-Orthodoxe Kirche von San Nicolò an der riva Carciotti (heute riva III Novembre) in Triest. Joyce sagte, seine Gründe in die Kirche zu gehen seien rein ästhetischer Natur und hätten nichts mit Glauben zu tun.

Day‹ am ehesten befriedige. Argumentativ auf dem *qui vive* und imstande, eigene Fehler bei den »Briefrunde[n]« zu erkennen, erreicht er nichts, wenn er Richards dessen Versäumnisse vorhält. Schon am 20. Mai ist ihm klar, wie »zwecklos« (10. Juni) der Streit ist, obwohl er schreibt, er habe mit dem *Wie* der »kleinen Epen« »den ersten Schritt zur geistigen Befreiung [seines] Landes getan«. Solche Anstrengung des Autors lohne vielleicht den Mut eines Verlegers, und Joyce, zehn Jahre jünger, rät Richards: »Kaufen Sie zwei Kritiker.« (10. Juni)

Da mit Sprachunterricht kaum und als Schriftsteller kein Geld zu verdienen ist, hat Joyce nach einer Festanstellung Ausschau gehalten und eine Anzeige aus Rom beantwortet, wo man einen Korrespondenten sucht. In Erwartung des Umzuges schreibt er Richards vom Wechsel zur Bank Nast-Kolb & Schumacher. Der Verleger erinnert ihn kühl an Konzessionen (14. Juni), was Joyce erneut zur Replik nötigt. Haarklein lässt er die Kehrtwendungen Richards' Revue passieren, bevor er grundsätzlich wird: »Aber ich kann einem Drucker nicht gestatten, mein Buch für mich zu schreiben.« (16. Juni) Drei Tage später expediert der Verleger das Manuskript mit der Bitte um erneute Durchsicht gen Triest. Joyce hofft noch, geht darauf ein und wird sarkastisch: »Es ist nicht meine Schuld, dass meinen Erzählungen der Geruch von Müllgruben und alten Witwenkleidern und Abfällen anhängt.« In der Tat ist Joyce nur der »skrupulöse« Beobachter, der den Iren seinen »blankgeputzten Spiegel« zwecks Selbsterkenntnis vorhält: ohne Rücksicht auf Verluste, was den Künstler und den Menschen für alle schwierig macht (23. Juni).

Am *9.* Juli 1906 meldet Joyce Vollzug. Dabei hat er ›The Sisters‹ »umgeschrieben«, die endgültige »Reihenfolge« festgelegt und das strittige Wort »bloody« sechsmal getilgt und einen Passus in ›Counterparts‹ gestrichen sowie »den Vorfall in der Weise umgeschrieben, wie ich es zu tun versprochen habe«. Klingt der Gruß »Ihr ergebener JAS A Joyce« noch ironisch oder zynisch wegen des frechen Untertons der Briefe, spricht hier ein unterwürfiger 24-jähriger, der ›Dubliners‹ von der Seele haben will. Am 13. Mai hat er über den »zähe[n] Briefwechsel« bemerkt, dieser habe seine »eigene[n] Arbeiten bei [ihm] in Mißkredit gebracht«.

Einen Monat schon Bankangestellter unter römischer Sommerhitze, in der Via Frattina 52, II° wohnend, unweit der Spanischen Treppe und der an eine Mauer geschriebenen Notiz »In diesem Hause schrieb Shelley ›The Cenci‹ und ›Prometheus Unbound‹« (31. Juli), hat Joyce erst gezögert, ob er Richards mahnen soll (etwa 12. August), dann Stanislaus gefragt, den Verleger per Initialen nennend (16. August), wobei er ›A Painful Case‹ und ›After the Race‹ gern revidieren will. Drei Tage darauf weiß er immer noch nicht, was er bezüglich »G.R.« tun soll und stellt fest: »falls G.R. mir die Fahnenabzüge schickt, würde ich das Buch so lassen, wie es ist. Die Jagd nach Vollkommenheit bringt nichts ein.« Am 24. August endlich schreibt er an den Verleger, der »verbesserten‹ Fassung« wegen, doch nach acht Tagen Stillschweigen trägt er »lose Blätter in der Tasche« zu ›A Painful Case‹. Der Stift stockt ihm »angesichts solcher fortgesetzten Entmutigungen« (31. August). Er ist nervös, macht öfters Bemerkungen (6. und ?12. September), mutmaßt gar, der Verlag sei erneut bankrott und sieht sich Mitte des Monats lapidaren Postkartenzeilen gegenüber. Da hilft nur sein elefantengleiches Gedächtnis, Richards' Versprechungen als Hinhaltetaktik zu entlarven. Resigniert bilanziert Joyce: »Aber ich glaube wirklich, ›Dubliners‹ wird erst das Licht der Welt erblicken, wenn es für den Autor zu spät ist, sich daran zu freuen.« (18.-20.] September) Entsprechend sieht er in Richards' Entscheid ein Befinden über das »Schicksal« seines Buches (23. September). Auf den nächsten Tag datiert ist die Absage des Verlegers, der Joyces Anstrengungen achselzuckend quittiert und kühl Vertragsbruch begeht.

Dennoch ist Joyce nicht mehr mutlos. Meint er am 18.-[20.] September zu Stanislaus: »Ich habe durchaus genug geschrieben, und bevor ich damit weitermache, muß ich wenigstens einen gewissen Grund dazu sehen – ich bin kein Jesus Christus der Literatur.« So hat er nun Arthur Symons »die ganze Geschichte geschrieben«. Offenbar ohne Publikation als Schriftsteller gehemmt, blickt Joyce wieder nach vorn, denn Symons bringt die Verse unter. Als »P.P.S« folgt: »Ich habe eine Erzählung für Dubliners im Kopf. Sie handelt von Mr. Hunter.« (Poststempel 30. September)

Obwohl die Sache aus ist, werden zu ›Chamber Music‹ und dem Roman weitere Briefe gewechselt. Am 10. Oktober, postkärtlich an Stanislaus, protokolliert der Bankangestellte erneut die Korrespondenz mit Richards. Der Entwurf vom gleichen Tag enthält Bemerkungen zur Autorenvita wie: »Aber in Wirklichkeit sind wir alle – Sie, Ihr Lektor und ich – unwichtig: wichtig allein ist der Drukker.« Und er »brauche [...] weder Hunger noch Obdachlosigkeit als Entschuldigung für eine vorsätzliche Prostitution [s]eines Talentes [...] vorzuschützen«. Juristisch belanglos, sind sie im Brief vom 13. Oktober nicht enthalten, wohl aber der so unangreifbare wie weitsichtige Satz: »der Verleger, den ich brauche, müßte wenigstens bereit sein, etwas für eine Sache zu riskieren, von der er eine so hohe Meinung hat [wie Richards].«

Im Ritual zwischen Wiederholung der Zugeständnisse durch den Autor und der Ablehnung des Verlegers greift Joyce am 22. Oktober nach einem Strohhalm, erreicht nur die bedauernde Bestätigung der Absage, und Richards, der wohl hoffte, den Roman zu bekommen und Joyce zu dessen Vollendung bewegen zu können, gibt auf und schickt nach dem Manuskript der Gedichte das der Erzählungen zurück (26. Oktober).

Während der labyrinthischen Disputationen um die Texte hat Joyce gelebt, geliebt, gearbeitet und öfters die Wohnung gewechselt. Dem Vater berichtet er am 10. November 1904 von der Ankunft in Pula (seinem vorläufigen Ithaka), wo »verderbt[es]« Italienisch, Deutsch als »Amtssprache[.] und Slawisch« gesprochen würden. Stanislaus, Empfänger einer Epistel vom 3. Dezember, liest von einem durch leibliche und geistige Genüsse geprägten Tageslauf, beginnend mit »Schokolade« und endend im »Caffé Miramar, wo wir den Pariser ›Figaro‹ lesen«. In Pula gibt Joyce den Weltbürger, der Zähne richten lassen will und einen »neuen Anzug gekauft« hat (3. und 15. Dezember). Einmal schreibt er an Nora, in besagtem Caffé: verzagt, zweifelgeplagt. Tante Josephine in Dublin, die er um mütterlichen Beistand für die Schwangere bittet, schildert er Österreich-Ungarn als Etappe auf dem Weg nach Italien (Silvester 1904). So recht kennt er das Land noch nicht, aber er beginnt, diese Ansicht um seinen 23. Geburtstag zu ändern, als aus Dublin »Ehrbezeugungen« eintreffen und er und Nora mit zwei weiteren Schulangestellten an Mariä Lichtmess einen Ausflug zur »Insel Brioni (berühmt für ihren Käse)« unternehmen. So viel Beachtung tut ihm gut in der »mehr als einsamen intellektuellen Situation«, wo er, immer schon Voyeur, zwar nachts nebenan den k.u.k. Offizier samt Gespielin wahrnimmt, aber als »wahrer Ausbund an Fleiß« (7. Februar 1905) pausenlos in brotberufliche und schriftstellerische Arbeit eingebunden ist – ohne das dem Ego schmeichelnde Echo: »Warum bekomme ich keine Briefe?« (20. Februar) Acht Tage darauf steht er vor dem Sprung nach Triest. Ob aus politischen Gründen verbannt oder aus ökonomischen Erwägungen befördert, fest steht, dort erwartet ihn zwar keine Metropole, aber ein Gemeinwesen, wo viele Berühmtheiten ihm vorangehen: Winckelmann, Casanova, Napoléon I., Admiral Nelson, Stendhal, Verdi, Schliemann, Sigmund Freud; Archäologen, Autoren, Diplomaten, Komponisten, Nervenärzte, Soldaten, »nicht zuletzt Charles Lever und Richard Burton, die beide als britische Konsuln dort gewirkt hatten« (John McCourt 2001).

Am 4. April 1905 schildert Joyce Stanislaus den griechisch-orthodoxen Brauch der Eucharistie: »Ein Junge läuft mit einem großen Tablett voller kleiner Brotstücke die Kapelle an der Seite herunter. Der Priester kommt hinter ihm her und verteilt das Brot an die sich danach drängenden Gläubigen. Verdammt drollig!« Solch sinnlichen Glaubenserlebnissen stellt Joyce am ?2. oder 3. Mai die Vorstellungen vom eigenen Leben gegenüber: mit den »politischen Ansichten [. . .] eines sozialistischen Künstlers«, der in den Sozialinstituten Ehe und Religion sowie dem Streben nach Geld Fesseln sieht: »Wenn ich ein Vermögen machte, wäre es keineswegs sicher, daß ich es auch behielte.« Mit Geld, das Vater Joyce durch die Finger rinnt, will der Sohn genauso wenig arbeiten, wie ihm daran liegt, die Konflikte mit Dubliner »Freunde[n] und Verwandten« schönzufärben. Ihm dient »ihre

Falschheit [. . .] als Vorwand für [s]eine Flucht«. Stets eher assoziativ
denn logisch denkend, schließt er kluge kulturhistorische Aperçus
über Schiffahrt und Mittelmeerraum an, als suche er den Grund des
eigenen Bleibens an diesem Ort europäischer Geschichte. Schon
forsch, wenn es darauf ankommt, aber öfter zweifelnd, schließt Joyce
am 27. Mai eine Postkarte mit dem Hinweis auf seine »Stimme«, die er
am »Konservatorium« ausbilden lassen wolle, und auf seine Leistungen, die ihm nicht genügen. Wie in Dublin sucht er als Tenor Anerkennung seines musikalischen Talents, wovon der Lyriker und Pro-
saist nur träumt. »Um seine ›voce tenorile‹ zu verbessern«, schreibt
McCourt, »ging er zu Francesco Riccardo Sinico (1869–1943)«, dem
Sohn eines berühmten Triestiner Opernkomponisten, »der [Joyces]
Stimme lobte, aber ihm auch sagte, er benötige zur richtigen [Stimm]-
bildung zwei Jahre«. Die Phase, als er mit Sinico den Leiter geistlicher
Chöre in christlich-orthodoxen Gotteshäusern und in einer Synagoge
erlebt, fällt mit der Abfassung von ›A Painful Case‹ zusammen (bis
15. August 1905), darin ein Ehepaar Sinico heißt. Mr. Sinico, Kapitän
zur See, dessen Urahnen aus Livorno stammen, ist oft abwesend, so
dass Mrs. Sinico und die musikalische Tochter ohne ihn Konzerte besuchen. Dort treffen sie eines Tages Mr. James Duffy, Kassierer und
ledig, der in Chapelizod lebt mit Blick auf die verlassene Whiskey-
Destillerie. Wenig schmeichelhaft ist dies Porträt einer Dreiecksbezie-
hung, zumal das mürrisch-nüchterne Naturell des Junggesellen Duffy,
der wie Joyce Hauptmann und Nietzsche liest, ebenso Bruder Stanislaus nachempfunden sein soll, wie dessen Wohnort Schauplatz der
Erfahrungen Vater Joyces als Sekretär besagter Spirituosenfirma war.
Als die wegen ihrer Impulsivität vom Kopfmenschen Duffy verlassene Mrs. Sinico auf den Gleisen von Sydney Parade in den Tod geht,
eine Trinkerin, wie die Angehörigen einräumen, ist Mr. Duffy am
Ende: allein, einsam. Im Phoenix Park sieht er nachts einen Güterzug,
die Lok klingt wie der Name der Dame: ›Si-ni-co‹. Hätte der Komponist Sinico die Assoziation mit einer Dampfmaschine goutiert?

Am 12. Juli 1905 schildert Joyce dem Bruder Triest als »die grob-
schlächtigste Stadt« seiner Erfahrung. Dem Bericht über die Umzüge,
die ihnen Noras Schwangerschaft einbrachte, folgt eine Beschreibung
der Direktoren der Berlitz School, an die er vertraglich so gekettet ist,
wie er in Dublin von familiären Fesseln umgeben war. Also wird sein
Ton sarkastisch. Knapp drei Wochen später, als frisch gebackener

Vater, braucht er Geld von Stanislaus, dem zwischendurch als »intelli-
gente[m] Supra-Bürger« (19. Juli) belobigten und im Sinne Duffys
verlachten Bruder:»ich war [auf die Geburt] ganz unvorbereitet.« (29.
Juli) Stanislaus gratuliert, porträtiert sich selbst als mit »wenig Phantasie« versehen und daran »interessiert«, weiterhin in James und dessen Sohn freie Menschen zu beobachten, denn auch er fühlt die Fesseln von Kirche und Königreich. Über den jungen Großvater heißt es:
»Er ist augenblicklich wieder am Trinken: der Scheck.« (31. Juli/1. August). Drei Wochen ohne Briefkontakt mit Dublin bringen ›A Painful
Case‹ hervor. In der Gluthitze entsteht das Porträt des gefühlskalten
Duffy, das Stanislaus kopieren muss, ohne je über die Fron zu berichten, hier womöglich das eigene Ich erkannt zu haben (?18. August).
Noch bewundert er den Älteren zu sehr, um ihn zu kritisieren, obschon allein die ungehalten klingenden Sätze bei einer längeren
Briefpause Grund genug wären, James gram zu sein. Tatsächlich lobt
Stanislaus die Erzählungen *en gros et en détail*, erzählt wiederholt, wie
Familie und Freunde sie finden und fragt:»Machst Du die Reinschrift
dieser Geschichten nach einer Rohfassung? Wie in einem Shake-
speare-Manuskript findet sich fast nie eine Korrektur, und doch kann
ich mir kaum vorstellen, daß dieses erstaunliche Entwirren der Gedanken des Sodomiten [in ›An Encounter‹] aus dem Stegreif geschrieben wurde.« James, kein Schnellschreiber, schweigt. Auch preist Stanislaus die so »sorgfältig gepackt[en]« Manuskriptsendungen:»ganz
und gar das Gegenteil [dessen], was man von [ihm] erwarten würde«
(10. Oktober). Vor Stanislaus' Abreise aus Dublin überschüttet James
ihn mit Ratschlägen:»Entschuldige, daß das [G]anze jetzt so in Eile
geht, aber unsere Familie macht alles erst um fünf vor zwölf.« (etwa
12. Oktober) Ohne Theaterdonner lebt Joyce nicht, noch ohne dramatische Prophezeiungen, daraus ein ihm nicht ganz klarer Familiensinn spricht:»Außerdem, wenn meine Bücher veröffentlicht werden, kann ich vielleicht Dir und Charlie [dem dritten überlebenden
Bruder, die Schwestern verschweigt er] zu etwas Endgültigem verhelfen.« Zukunftsmusik hält er für wenig sinnvoll. Doch fällt es ihm
leicht, das Ende seiner Namenlosigkeit in angeberisch wirkende
Worte zu fassen:»Ich komme schon wieder nach Paris, das glaube ich
sicher, und nach Dublin auch.« (16. Oktober)
   Kaum ist mit Stanislaus ein Vertrauter in Triest angelangt, dem
James Intimes aus Noras Vorleben berichtet hat, etwa ihr Eingeständ-

nis, »der edlen Kunst der Selbstbefriedigung gefrönt zu haben« (Pula, 3. Dezember 1904), braucht er einen neuen Korrespondenten. Tante Josephine, die schon James' geringem Wissen über Frauen aufhelfen sollte (Triest, 12. Juli 1905), muss im Brief vom 4. Dezember lesen, was den Neffen umtreibt. Er kennt seine Ecken, will aber nichts ändern und leidet wie 1904 daran, von Nora als Mann unter anderen gesehen und behandelt zu werden: er, der kein »Haustier«, sondern »Künstler« sei. Eine Antwort ist nicht veröffentlicht. Immerhin fragt er noch nach Josephines Befinden.

Joyces Position ist nach bald 16 Monaten in Triest noch prekär, als er Grant Richards am 10. Juni 1906 den Abschied von »diese[r] entzückende[n] Stadt« ankündigt. Trotz Stanislaus' Hilfe fast mittellos, sucht Joyce abermals das Weite. Akribisch lernt er den Fachwortschatz, was Notizen belegen. Doch die ersten Nachrichten auf der Reise: »Dreimal übers Ohr gehauen.« (Poststempel 31. Juli) und aus Rom: »Der Tiber jagt mir Angst ein.« (zwölf Stunden später) lassen aufmerken. Die Stadt sei »sehr unübersichtlich«, eben ohne georgianische oder theresianische *claritas* im Bauplan, die in Dublin und Triest am Ende des 18. Jahrhunderts die jeweilige Glanzzeit einleitet. Anfangs werde das Geld knapp sein (2. August), und nach einer Woche schreibt er Stanislaus: »Die Atmosphäre kommt mir noch etwas widerwärtiger vor als in der B.S. [Berlitz School].« Der Korrespondent Joyce hat ja ›Counterparts‹, wo es um einen Kanzlisten geht, im Sommer 1905 verfasst. Nun wiederholt ihm, der bei Moores ›The Clerk's Quest‹ zumindest Ideen vorgefunden hat, das Leben die Fiktion. Entbehren muss Joyce die Cafés, geht notgedrungen ins Caffé Greco, wo »Amiel, Thackeray, Byron, Ibsen [und Co.] verkehrt haben«, berühmte Verbannte in Rom vor ihm. Stanislaus hat in Triest Schulden zu bedienen oder Gläubiger irrezuleiten (7. August). Die Finanzen zunehmend präziser darstellend, teils eine Tagesbilanz bietend, pumpt Joyce den Bruder dauernd an und klingt gereizt, wenn »fast vierzehn Tage kein [. . .] Brief« kommt (31. August). Er klingt versöhnlicher, sobald ein neuer Schüler Geld verheißt, und porträtiert sich als »provokativ« gegen Männer, die ihm intellektuell ebenbürtig seien, während Frauen wie Tante Josephine und Nora Barnacle, die ihm intellektuell unterlegen seien, nicht immer Verständnis, so doch »eine gewisse Anhänglichkeit« zeigten (6. September).

Joyce braucht männliche Rivalität und weibliche Fürsorge

Stanislaus selbst, so gönnerhaft der Ältere, und ihn trenne fast nichts: der »Sozialismus (der Dir egal ist) und [die] Malerei (von der ich nichts verstehe)«. Ersteres mag zutreffen, hat Joyce doch Mr. Duffy mit einer Abneigung gegen irische Sozialisten ausgestattet. Das schmeichelt dem Jüngeren und wird ihm missfallen haben, da der Egoist James eine »spürbare Veränderung in unseren Geldverhältnissen« als dringlich ansieht, »bevor Du [Deine Begabung für die Malerei] ausbauen kannst.« (6. September)

Lässt man Joyces Briefe zu Beginn der gewählten Verbannung aufs europäische Festland und nun nach Rom Revue passieren, fällt auf, auch für ihn gilt Italo Calvinos Wort von 1959: »Der Emigrant hat es nötig, daß man ihm schreibt, ihn mit der Heimat verbunden hält, sonst wird seine Korrespondenz bald versiegen[,] und er wird seine Muttersprache vergessen.« (›Amerikanisches Tagebuch 1959–1960‹) Mag Stanislaus die Bruderbriefe am ehesten aufgehoben haben, allein der Umstand, dass *er* während des Romaufenthalts auf alle Fragen Antworten finden soll, zeigt, wie sehr Triest James als Heimat auffasst. In diesen Monaten werden die Briefe zum vielfältigen, in der Chronologie ihrer Entstehung kaum fasslichen Werk. Sie bergen Schätze in bezug auf Joyces Talente als Autobiograph, Journalist, Parodist, die er kaum je anders als in seinen literarischen Übersetzungen ins Dublineske heben kann:

1. SZENE: Mit der Nachricht vom Aufstieg in die »Empfangshalle« (1. September) schildert James dem Bruder, wie er dem Rom-Reporter des ›Freeman's Journal‹ Geld auszahlt, den Blick auf eine »Experiment« genannte durch Kleinschreibung sichtbare Parodie lenkend zu den hochheiligen Damen und Herren, die der Journalist« erwähnt: »papst [. . .] jungfrau maria [. . .] jesu[.] christ [. . .].«

2. SZENE: Geld aus Triest und Gazetten aus Dublin fehlen Joyce, der mit »Blick auf die Ruinen« des *Forum romanum* das dortige Touristentreiben hinweg- und sich in einen »englischen Seebadeort« wünscht. Nach einer Messe erfasst ihn »heftiges Bedauern« ob des Mangels an eigener Anschauung über die Dominikaner (25. September), deren Schule er nicht besuchen wollte.

3. SZENE: Der Familie Wolfshunger haarklein mit mehreren Menüs skizzierend, was zu einem gut Teil auf Stanislaus' Kosten geht, be-

richtet James pompös vom »Tag [s]einer Vermählung und de[m] Tag
der Freude und Lust [s]eines Herzens«, die sich jährten (9. Oktober).
Schamlos ist die Rede von Gelagen bei einer römischen Landpartie
wie vom unstillbaren Appetit. Ganz Macho, wohl um den Bruder zu
besänftigen, kommentiert James eingebettete Zeilen Noras, die mit
Siebenmeilenstiefeln »Kultur und Emanzipation« sich nähere. »Hast
Du bemerkt, daß Frauen, wenn sie schreiben, Satzzeichen und Groß-
buchstaben ignorieren?« Das gilt auch für May Joyce, seine Mutter.

  4. Szene: In einem leicht überteuerten Lokal, wo Joyce das So-
zialistenorgan liest, stellt ein Neffe des Inhabers, »ein ausgemachter
Schmarotzer [. . .], ein römischer Lenehan«, die Frage, ob »il Signore
Giacomo‹« Sozialist sei. »›È un po' di tutto‹«, lautet lakonisch, Lachen
auslösend, die Replik, und Joyce gibt, ›Two Gallants‹ zitierend,
Gleichmut vor, kein Wort vergessend (18. Oktober).

  5. Szene: Stanislaus liest vom Nebenjob des Älteren, der nicht nur
schlechter bezahlt sei als bei Berlitz, sondern auch nicht »chic«. Damit ist die Gruppengröße gemeint: »fast ein Dutzend Schüler« und ein
Konflikt mit einem Landmann, der dem Vorurteil des Städters Joyce
gemäß als bejahrt, beleibt, rotwangig verschlagen geschildert ist und
eine Abkehr vom einsprachig englischen Unterricht verlangt. Ohne
Vorzugsbehandlung ist Joyce höflich hilflos, ein den Launen des Betriebs ausgelieferter Lehrer (20. November).

  6. Szene: Im Lehramt erfolglos, als Literat in Nöten, klagt der
Bankkassierer im Brief vom 7. Dezember, den er bis zum 10. fortführt,
über Müdigkeit, Kurzsichtigkeit und die Chefs, die ihn enervieren.
Flugs porträtiert er sie als »komische[n] Verein«: »zwei Brüder Schumacher und Vater und Sohn Nast-Kolb«. Bei Joyce karikierte Autori-
täten, sind die Herren von Marotten gezeichnet. Sie sprechen von
schönen Dingen: dem winters im Büro ausgelegten Teppich. Dickens
zeigt in den Cheeryble Brothers viktorianische Wohltäter (›Nicholas
Nickleby‹); bei Joyce, der die Realität nicht camoufliert, sondern persifliert, schlägt Humor in Sarkasmus um.

  7. Szene: Die Zimmersuche in Rom ist ein Martyrium. Für Joyce ist
sie eine Irrfahrt, und da ihm sonst niemand einfällt, verpasst er brieflich Haßfiguren samt und sonders einen »Arschtritt«, den Schriftstel-
lern Chesterton, Shaw und Henry James sowie Sidney Lee und dem
Verleger Richards (10. Dezember).

  8. Szene: Feste feiert Joyce auch in Rom. So begeht man Silvester

daheim in der Via Monte Brianzo 51, IV°, und isst Neujahr auswärts bei einem Gast vom Vorabend:»eine[r] Maniküre« – jung, solo,»hat eine schöne Wohnung: langes Kleid, nervös«. Messerscharf die Augen auf andere einstellend, sieht Joyce sich in allem allein, denn anscheinend handelt niemand sonst aus eigenem Antrieb,»mit Ausnahme der Engländer«. Zunehmend von»Haß auf Italien und die Italiener« erfüllt, bedenkt Joyce abermals ›Dubliners‹, für deren Fortsetzung in Form von»drei oder vier kleinen unsterblichen Erzählungen« ihm »*zu kalt*« sei. Auch lehnt er noch ab, wie einst Ibsen, nun aber vom *irischen* Staat unterhalten, Europa zu bereisen, einzig in sein Werk vertieft. Schließlich habe er»mit seinem Kreis gebrochen« – wie einige Seitenhiebe auf Freund und Feind in Dublin zeigen. Mit dem Kassierer Joyce, dem eine Musterhandschrift fehlt, wird es nichts Rechtes, auch hätte er eine Anekdote»über einen Brief [. . .] auf italienisch«, verschweigt sie ob ihrer Länge und zeichnet statt dessen das Bild des Anarchisten in zugiger Klause zu Rom in Gesellschaft»einer[r] Madonna mit jammerndem Kind«. Vielzitiert, die Übersetzung einer Metapher von der»heiligen Familie« (3. Dezember 1906) in eine szenische Epiphanie (10. Januar 1907), ist die Passage Beispiel für Joyces Talent zur Selbstparodie, für sardonischen Humor selbst bei größtem Ungemach, den er wie die neuerliche Schwangerschaft Noras persönlich verantwortet. Über andere und die Kälte schimpft Joyce wie einer der von Svevo geschilderten Triestiner Rohrspatzen, aber als er mit Aussicht auf»einen Privatschüler« die École de Langues hinwirft und kein Zögling kommt, soll Stanislaus ihm helfen (11. Februar). Schon am 28. Dezember 1904 hatte er aus Pula über»Magenkrämpfe« geklagt, jetzt sieht Joyce»diese[n] Ärger und diese Hetze [. . .] stets ihren Weg ins Innerste [s]eines Magens« finden, als sehe er Zusammenhänge zwischen leiblichen und seelischen Leiden. Am 6. November 1906 hat er»Verdauungsbeschwerden« vor allem der»sitzenden Lebeweise« im Büro zugeschrieben, nicht dem üppigen Speisezettel, und für Arzneien 1 L 80 c. ausgegeben.

Als Mediziner und Finanzier eher dilettierender Amateur denn Experte, ist Joyce in anthropologischen, kulturellen, literarischen und politischen Fragen ein Profi. So stellt er am 25. September 1906 fest, er habe es in ›Dubliners‹ an positiven Momenten fehlen lassen, der Iren»freimütige Insularität und [. . .] Gastfreundschaft nicht gestaltet«. Er vergleicht Irland mit dem Norwegen Ibsens und sucht seine

Verteidigung der Heimatinsel zu erklären und vom Rassedenken eines Arthur Griffith abzuheben.

Rom, wie Dublin und Triest oder Prag und Edinburgh in Neu- und Altstadt aufgeteilt, ist Joyce – ob antik oder modern – keine detaillierten Studien wert, während georgianisches Dublin und theresianisches oder josephinisches Triest ihm Achtung und Forscherfleiß abnötigen (4. Oktober). Ja, am 6. November schreibt er: »Ich hätte gern einen Stadtplan von Dublin an der Wand. Ich glaube, ich werde allmählich so etwas wie ein Besessener.« Dabei denkt er längst nicht mehr, Rom sei günstiger als Triest, und zweifelt gar, ob er Kunstausübung und Lebensglück verknüpfen könne (18. Oktober). Sobald Feindbilder zur Orientierung dienen, etwa St. John Gogarty in Dublin, Yeats und Colm, deren Anpassung er Ibsens und den eigenen »intellektuellen Streik« kontrastiert, strotzt der 24-jährige vor Selbstvertrauen (6. November). Eine Woche später sieht er geistige Vitalität und angenehme Witterung als Vorteil Italiens gegenüber Irland, zieht über englische und amerikanische Akzente her und entwirft ein Bild seiner Vorstellung von Sexualität, wie er sie im Roman darstellen will und sie in der Wirklichkeit Irlands wie Englands wahrnimmt. Dem Bruder, der Interesse an Jonathan Swift zeigt, entgegnet er mit einem Bekenntnis zur Literatur lebender Autoren und dem Eingeständnis, ausgehend vom Familiendrama um Lady Belvederes vermeintlichen Ehebruch, geplant zu haben, »ein Kapitel irischer Geschichte zu schreiben«. Ohne »Stadtplan von Dublin und Stadtansichten und Gilberts Geschichte« von 1861 (Nachdruck 1903) scheint er weder der Erinnerungs- noch der Vorstellungskraft aufhelfen zu können. Niemand außer Stanislaus nehme ihn für voll, dabei steckt Joyce im Leben als Kassierer mitten in der Literatur- und Kunstgeschichte, etwa wenn er übergangslos berichtet, einer Nachfahrin Shelleys, des 1822 in Italien ertrunkenen Romantikers, Geld ausgezahlt zu haben: »Ihr Name ist Nora. Sie ist Linkshänderin. So schrieb Leonardo seine Notizen, tut mir leid – nicht linkshändig, natürlich, aber ebenso ruckartig.« (13. November 1906) 1903 hatte Joyce Leonardos Notizen in zwei Besprechungen erwähnt.

Als Vater stolz auf Giorgio und froh über das »Erfolgreichste, was [er] bislang hervorgebracht ha[t]«, gesteht James dem Bruder, zum Fest der Heiligen Drei Könige dem Sohn »ein Schaukelpferd« geschenkt zu haben: »Bist du böse?« (10. Januar 1907) Über 4 Lire? Noch am 13. November hat er Ausgaben von L 245 benannt, für die er nicht allein aufkommen kann. Mit Geld gelingt ihm nichts, auch ein Plan wie den Unterricht aufzugeben und selbst Dänischstunden zu nehmen, zeugt von mangelndem Wirklichkeitssinn (24. Januar). Der zum 25. Wiegenfest aus Dublin mit Bildpostkarten Bedachte sieht seine Misere sehr wohl:»Was das Geld betrifft, so fällt es mir schwer, mehr zu machen, als mich gerade so durchzuwurschteln.« (6. Februar) Zerknirscht stellt er am 11. fest:»Immerhin habe ich neuen Hut und Stiefel und Unterhemden und Socken und ein Dänisch-Buch, und Georgie hat einen neuen Mantel und Mütze, und ich habe ein Essen gegeben.« Also lebt er auf Pump und ist eher freigebig als geizig. Schliemann ist Krösus und generös; für Joyce heißt Haben so viel wie Sein. Auch deshalb mag er am 14. Februar dem Bankhaus gekündigt haben.»Ich wäre gern wieder in Triest, nicht wegen der Schule, sondern weil ich dann manchmal Gelegenheit hätte, mit jemandem zusammen zu sein, der mir bis zu einem gewissen Grade im Temperament gleicht.«(16. Februar)

Joyce, dem die denkdienlichen Promenaden durch Triest fehlen, der sich in Rom geistig-leiblich als schiffbrüchig fühlt, will wider das väterliche Urteil bemerkt haben, dass er ein Gentleman sei – dem all die Dinge zum Leben(sunterhalt) zustehen, für die er so strampeln muss (16. Februar). Es gibt kein Zurück mehr am 20. Februar, denn alle wissen Bescheid, und Stanislaus soll in Triest die Reisekosten loseisen. Offenbar hat Joyces Wunsch an der Adria nicht nur Begeisterung ausgelöst, da er die Entscheidung am ?1. März ausführlich begründet. Dabei führt er an, welchem Stumpfsinn er erlegen sei und bestreitet die erste Einschätzung von den Bankiers als Gebildeten: »doch habe ich sie nie über etwas anderes reden hören als den Verbleib des ›blauen Hefts‹ (das Buch, in dem der Abgang von Wertpapieren notiert wird).«

Im Überblick sieht man den Lebenslauf ganz, und es gibt diverse Möglichkeiten, das Nebeneinander bei Joyce zu zeigen. Hier sei auf das Bild eingegangen, das er von allem Deutschen und den Deutschen zeichnet; ähnlich könnte man in bezug auf seine Musikleidenschaft verfahren.

Entlegen und doch gegenwärtig: Deutschland beim frühen Joyce

Noch in Paris, aus dem Grand Hôtel Corneille, bittet Joyce die Mutter um Zusendung durch Stanislaus: »*sofort* (sodaß ich ihn möglichst bis Donnerstagabend habe)[.] meinen Band Wagner-Opern«, und trägt dem Bruder die Einlösung eines Pfandscheines auf, der im französischen Text eines Hermann-Sudermann-Romans liege (25. Januar 1903). Deutschsprachige Autoren nimmt er auch übersetzt wahr (siehe Epiphanie Nr. 2). Selbst überträgt er in der Unterschrift eines Bettelbriefes: »James Overman« Nietzsches »Übermensch« mit der Absicht ins Englische, die eigene Finanzmisere zu parodieren (13. Juli 1904), bevor er 1905 Mr. Duffy in ›A Painful Case‹ als Leser von ›Also sprach Zarathustra‹ und ›Die fröhliche Wissenschaft‹ ausweist. Und Hauptmanns ›Vor Sonnenaufgang‹ sowie ›Michael Kramer‹ hat er eigenhändig ins Englische gebracht. Die verlorene Übersetzung des Künstlerdramas ›Michael Kramer‹ taucht im Porträt des Mr. Duffy als dessen Werk auf. Joyce zählt zu den Autoren, beneidet von Italo Calvino, »die nichts verschwenden, sondern alles wieder verwenden« (1978). In dem Sinn ist die Mitteilung an Vater Joyce zu deuten, als Gegenleistung für Englischstunden selbst Deutsch »auch sprechen« lernen zu wollen (10. November 1904). Finanziell versteht er ja nicht viel vom Zuflussprinzip, aber in geistigen Dingen weiß Joyce seinen Vorteil stets zu wahren und vermeldet am 15. Dezember »gute Fortschritte«. Wanderer und Leser, ist er in Pula zur Via Medolino Nr. 7 umgezogen, als er am 28. Februar 1905 Stanislaus von Lektüren auf Deutsch berichtet (»große Fortschritte«); beseelt vom Wunsch, »Literat« zu sein, greift er nach allem, was er findet. Hauptmanns Laufbahn folgt er auch in Triest an der Piazza Ponterosso 3, III, wo er am 15. März bemerkt, der deutsche Autor nutze in ›Elga‹ »wieder die Technik des Traums oder der Vision«, und er sei »ein sehr angenehmer Vertreter der Kultur«. Sollte Joyce hier deutsche Kultur *per se* als unangenehm sehen, hätte er angedeutet, warum er liest und Fremdsprachen lernt: um mit großen Einzelnen ins Gespräch zu kommen – vermutlich hat er nie erfahren, wie Hauptmann, von Albträumen geplagt, sie in seinem Inselwohnsitz auf Hiddensee nächtens an die Wand schrieb, wo sie noch heute zu lesen sind.

Im selben Brief gibt Joyce eine Szene mit Nora wieder, die, in einem Magazin blätternd, fragt:»Ist das der Ibsen, den [d]u kennst?«

Statt einer Antwort schreibt Joyce, Ibsen und Hauptmann seien politisch zu talentiert, um zum Tross der Schreiberzunft zu zählen. Noch *denkt* er den eigenen Namen nur hinzu, da er das Ziel kaum schon erreicht hat. Davon zeugt eine Art Rechenschaftsbericht am 12. Juli 1905, darin er von passablen Deutsch- und Dänischkenntnissen schreibt wie den »für [ihn] unerträglichen Pflichten [s]eines Berufes« als Sprachlehrer und dem an zwei Schneidern begangenen Betrug. Eben noch mit dem gezeugten Kind prahlend, bekennt er bald, wie schockiert Wirtsleute und die Direktion Noras Zustand quittieren. Der stellvertretende Leiter, »Vegetarier und Deutscher«, Dichter auf »eigene Kosten«, fordert mit albernen Versen Joyces Spott heraus. Nur verkennt er die Ironie, dass er selbst zahlt: für ›The Day of the Rabblement‹ (1901) oder die Verssatire ›The Holy Office‹ (1904).

Als habe Joyce literarisch einen Kontrapunkt zu dem Deutschen seiner Erfahrung setzen wollen, den er als moralisch repressiv erlebt hat, lässt er den weit gereisten Journalisten Ignatius Gallaher in ›A Little Cloud‹ (22. April 1906) Berlin als Sündenpfuhl aller Hauptstädte darstellen. Hier hat Hauptmanns ›Die Ratten‹ ihn nicht inspiriert. Vielmehr zitiert Ignatius (nach dem Jesuitenordenbegründer benannt) ein altes Vorurteil: Wolle er heiraten, gebe es zig reiche Deutsche und Juden, die darob nur zu froh wären. Im Mund des angeberisch angelegten Gallaher, der den alten Freund Little Chandler beherrscht, wirkt dies sehr abschätzig.

In Rom angelangt, wo Familie Joyce weit armseliger logiert als bisher – das Haus in der Via Frattina, heutzutage in einer teuren Gegend, trägt seit 1982 eine Erinnerungstafel –, empfängt sie »auf der Piazza Colonna Musik aus dem ›Siegfried‹ Sehr schön.« Deutsche Kunst schätzt Joyce (2. August). Dänisch will er bei Pedersen weiterlernen, der kein Italienisch könne; sie kommunizieren über ein »mit Dänisch verschnittene[s] Deutsch«, das er durch den Erwerb von Hauptmanns aktuellem Stück ›Rose Bernd‹ bald vervollkommnen möchte (19. August). Mag er Novitäten wie ›The Lake‹ George Moores studieren, Joyce zieht über die darin ausgedrückte Wagner- und Italienpassion her und findet das Vorwort auf Französisch merkwürdig. Er nennt Édouard Dujardin nicht namentlich, vielmehr einen »klugen Künstler« (31. August).

Am 6. September 1906 träumt Joyce sich an einen »Seebadeort in England oder Irland« mit ortsüblichem Gabelfrühstück statt der frugalen römischen *colazione*. Was ein deutscher Kollege in der Bank über seine Zukünftige sagt, die gut mit Kochlöffel, Nadel und Faden hantieren und als Haushälterin auf einem Instrument dilettieren können müsse, hält er für deutschlandtypisch. Auch pädagogische Bemühungen des Deutschen um Latein- und Philosophiekenntnisse der außer Joyce »ungebildeten« Kollegen sind ihm zuwider. Die aufdringliche Art des Individuums scheint ihm unangenehm. Und im Völkergemisch der Bank beobachtet er ständig Szenen mit dem Deutschen, der seinen kulturspezifischen Habitus so unbewusst zeigt wie alle anderen. So schüttelt er einem Genesenen schweizerischer Herkunft die Hand. Die beiden lachen. »Alle bestaunen den fingerlosen Angestellten. Er ist sehr häßlich [...] und hat eine Stimme wie eine rostige Säge.« Neben dem ungünstigen Porträt fällt die arrogante und unreife Distanz auf, mit der Joyce andere Menschen und Sitten beurteilt. Zuletzt langt er bei sich selbst an, der ein »Fremder«, häufig auch »Opfer«, aber kein Ibsenscher »Volksfeind« sei.

Deutsche in herausgehobener Stellung wie Franz Xaver Werner als Jesuitengeneral und der Protestant Wilhelm II., dessen Aufnahme in den Karmeliterorden er vorhersagt, fordern Joyces Spott heraus (?12. September), während ›Rose Bernd‹ in ihm den ernsthaften Kritiker weckt, der Vor- und Nachteile auch bezüglich Ibsens abwägt (9. Oktober). Wenn er ein Buch inhaltlich wiedergibt, etwa Guglielmo Ferreros ›L'Europa giovane‹ (1897), kommentiert Joyce eigene Aussagen und Befindlichkeiten. Rückblickend auf die Briefe aus Pula, Triest und Rom könnte man belegen, wie er Engländer, Iren und Deutsche seiner Umwelt in Emigrantengruppen fasst, als lese er die Realität parallel zu Ferrero. Dabei hat Joyce stets Individuen vor Augen, denen er mit Humor, parodistischen und satirischen Elementen persönliche Züge leiht. Auch der Antisemitismus, dessen Theorie bei Ferrero er lobt und skizziert, tritt in ›A Little Cloud‹ personifiziert auf, und Joyce reizen große Juden wie Jesus Christus, Karl Marx, der dänische Literat Georg Brandes, der italienische Kriminologe Cesare Lombroso mehr als die Judenheit (13. November).

Richard Wagner reizt ihn noch bei Magenschmerzen (11. Februar 1907); und die ›Götterdämmerung‹ durchsteht Joyce »auf der Galerie«: von Knoblauch eingenebelt, Bemerkungen der Besucher aufnehmend über Größe und Geist der »nur für die Deutschen geschrieben[en]« Oper. Ihm entgeht nichts: weder das kotende Bühnenroß

Brünnhildens, noch die mit »Partitur und Textbüchern« versehenen Zuhörer oder die »neun Töne des Trauermotivs« aus den Mündern der Weggehenden: »richtig oder falsch«. Bei solcher Hingabe wundert wenig, wenn ihn musikalisch nur Siegfrieds Todessang »vom Scheitel bis zur Sohle« hinreißt (14. Februar). Seine Unschlüssigkeit bringt er am ? 1. März auf den Begriff mit dem Bekenntnis, »etwa zwei Tage« gezaudert zu haben, ob er »die Kälte, die Entfernung, das Gedränge, die Unbequemlichkeit« im Saal ertrage.

Alles in Rom ödet ihn an, auch der Aberglaube, der manche einen »Miniaturrevolver« als Amulett, andere einen Penis (»*cazzo*«) tragen lasse. Joyce empört solch lose Sprache, ihn, der am 3. Dezember 1906 geschrieben hat, Rom mache ihn fertig, und seinen Huldigern wie Henry James am liebsten mit dem »fluchwürdigen Expletiv« eines Windes antworten würde.

Ein italianisierter Ire redet Tacheles: Joyce richtet sich in Triest ein und reist nach Dublin (1907–1912)

Die Rückkehr der bald vierköpfigen Familie an die Adria leitet eine Phase ein, aus der wenige Schriftstücke bekannt sind, für die manchmal wochenlang nicht zu ermitteln sei, was Joyce getan habe: »Dann beginnt man, vom Futurismus zu erzählen.« (John McCourt, Innsbruck, 26. Januar 2003) Wer weder Joyces Spuren auf dem Triestiner Pflaster verfolgen, noch wie Ellmann Augen- und Ohrenzeugen befragen kann, dem bieten italienische Schriften und die Entstehungsgeschichten der Werke bis zu ›Ulysses‹ genug Stoff.

Kaum angekommen, behelfsmäßig untergebracht, »da ich mich erst am Morgen meiner Abreise hierher zu fahren entschloß« (21. März 1907), setzt Joyce das Schriftstellerleben fort: ›Chamber Music‹ soll bald erscheinen, aber die zweiten Korrekturfahnen sind womöglich in Rom gelandet; der Verleger soll einen weiteren Satz schicken. Von Stanislaus wird James wohl nicht als verlorener Bruder begrüßt, aber von manchem Schüler als verlorener Sohn. Dafür notiert der Jüngere im Triestiner Tagebuch, wie armselig, abgemagert und anscheinend dem Alkohol erlegen Jim aussehe, der viel Flüssiges konsumiert hat, bis hin zum Absinth, dem giftgrünen Leberkleister dekadenter Pariser Künstler. Stanislaus bleibt der gebende Bruder und bezieht im »Hurenviertel« eine andere Absteige, das eigene Zimmer den Rom-Flüchtigen überlassend. Doch zum Glück hat der *Pater familias* zur Monatsmitte in der Via Nuova Nr. 45 etwas Eigenes gefunden (7.–31. März 1907).

Für das nationalistische Journal ›Il Piccolo della Sera‹ verfasst James bald ›Il Fenianismo: L'Ultimo Feniano‹, einen Nachruf auf John O'Leary, den am 16. März verstorbenen irischen Patrioten. Dieser erscheint im Porträt als gebrochener Heimkehrer aus dem erzwungenen Pariser Exil und als Person im Kontext des gewaltsamen wie -losen Widerstandes gegen England. Gleich Roberto Prezioso, Chefredakteur des Abendblattes, weiß Attilio Tamaro, Triestiner Lokalhistoriker und -patriot, dem 25-jährigen Iren und den eigenen Interessen zu helfen, indem er, kurz vor der ersten Reichsratswahl in Österreich-Ungarn, bei der alle Männer wahlberechtigt sind, Joyce zu Irland-Vorträgen einlädt.

Vorab bezeugt Stanislaus des Bruders Ansichten, etwa zur Frau, die eine Öffnung sei, gleich ob gekauftes oder vertrautes Weib, oder zur Eifersucht eines Mannes, die nur theatralische Pose sei. Die Frauen sehe er den Männern als »intellektuell und spirituell nicht ebenbürtig« an (6., 17., 19. April). Ebenso hadert James mit Irland, denn zwar stützt er Sinn Féin politisch, aber publizieren will er in England. Zensuranwandlungen der Redakteure des ›Piccolo‹ zürnt er, doch für irische Kunst und irischen Geist sieht er erst nach wirtschaftlichem Aufschwung eine Chance, da man leeren Bauches nicht denken könne (2., 9.–31. [sic], 20. April). Sicher fehlt den Schönrednern von »philosophischer Politik« und »Gleichheit und Bruderliebe«, die von Joyce als Mensch viel trennt, der »praktische Gemeinsinn«, den er dem Sinn-Féin-Gründer Griffith zubilligt (22., 24. April).

Auch notiert Stanislaus am 22. April zum Vergleich zwischen Irlands Nationalisten und Italiens Irredentisten: »Sie berechnen natürlich nicht, daß Venedig nun unter italienischer Regierung steht und arm ist, und daß Triest unter italienischer Regierung stand und arm war, aber heute steht Triest unter österreichischer Regierung und ist reich.« Bruder James, der an mindestens zwei Vorträgen zugleich feilt, hat Stanislaus am 18. anvertraut, zweifellos sei Mangan »der Nationaldichter Irlands«, bevor er den Vortrag am 27. in geliehenen Kleidern abliest. Stanislaus urteilt, vor vollem Haus sei die Sache zwar langatmig gewesen, aber beifällig und lautstark begrüßt worden. Auch Joyces Selbstbelohnung mit Absinth goutiert der Hüter, der die ihm als Schwangere nicht gesellschaftsfähige Nora samt Giorgio ins Kino abgeschoben hat. Während die Söhne in Triest politisieren und mitunter ob Geldmangels vegetieren, richtet Vater Joyce an James einen gefühligen Brief. Er steht vor den Scherben seines dem Niedergang geweihten Lebens und will alle ihm verbliebenen Kinder im Kloster unterbringen oder ganz loswerden. Das Ableben als »Befreiung [...] von der elenden Existenz« seit dem Tod Mays ersehnend, appelliert er an Jim, den »als Kind, Junge[.] *und Mann*« geliebten Ältesten, er möge ihm Geld und Nachrichten über sich und den Enkel senden. Vater Joyce knüpft das Band fester, als es ihm in Dublin gelungen wäre (24. April). Und der Sohn? Eine Antwort ist nicht bekannt. Dafür tritt er bei Erscheinen von ›Chamber Music‹ mit dem Verleger in Verbindung (4. Mai) und mit Freund Curran, dem er das Buch abfällig ankündigt (10. Mai). Das verraten die Briefe. Auch sind die Verse nur brüderlicher Einrede folgend erschienen, da der unter Lampenfieber leidende Autor erwägt, die Publikation telegraphisch zu stoppen.

Als Autor englischer Zunge zweifelnd, als politischer Journalist im Italienischen selbstbewusst, tritt Joyce am 19. Mai erneut im ›Piccolo‹ in Erscheinung. In ›Home Rule maggiorenne‹ erinnert er am 21. Jahrestag der Erstvorlage des Home-Rule-Gesetzes ironisch an die Fehlschläge der Autonomieakte Premierminister Gladstones von 1886 und 1893. Sein Faible für Jahrestage und Fremdsprachen nutzend, polemisiert Joyce wider den Verrat an Parnell und die Parlamentspartei, Mietlinge englischer Machtfülle.

Was in journalistischer Prosa der gar nicht so »bescheidenen Korrektur von Fakten« dient, um der »Keltophobie französischer und italienischer Zeitungen« zu begegnen (Joyce, ›Notes on Ireland‹), aber auch ins Wahlkampfgetöse der Irredentisten Triests passt, klingt am Rednerpult der Università Popolare ausgewogener und belegt Joyces geistige Unabhängigkeit. Denn im Vortrag ›L'Irlanda: Isola dei Santi e dei Savi‹ zeigt er zunächst die nahe Verwandtschaft zwischen Irland, Griechenland und Triest, vermittelt über die Adria, das Meer der Homerschen ›Odyssee‹, ein Zusammenhang, den Claudio Magris in ›Absyrtiden‹ entfaltet hat. Insgesamt bietet Joyce Irland als Anlauf- und Ausgangspunkt für Heilige und Gelehrte von der frühen Christianisierung bis zur vom Papst angeregten englischen Invasion im 12. Jahrhundert. Auch resümiert er die acht Folgejahrhunderte wie Wilde, der im Januar 1885 in Dublin über den Untergang dekorativer Künste gesprochen hatte, und stellt fest, sie seien aufgegeben worden, folglich kommen »religiöse und profane Kultur außer Gebrauch«. Gleichwohl ist ihm jegliche, den nationalen Purismus fördernde Ideologie, sei sie irischer oder italienischer Natur, eine »kommode Fiktion« (Theodor Fontane). Wider Nationalismus und Kolonialismus englischer, belgischer und bald japanischer Prägung spricht er wie gegen den internationalen Klerikalkatholizismus, dem diese »treueste Tochter« von Mutter Kirche erst »vierzehnhundert Jahre« nach der Christianisierung einen Kardinalshut wert war. Mehr Hoffnungen hegt Joyce mit Blick auf irische Wortschöpfer, deren Ahnenreihe von Jonathan Swift (im Range Rabelais') über William Congreve, George Berkeley, zu Oliver Goldsmith, Edmund Burke und Richard Brinsley Sheridan reicht, Über- und Tonsetzer umfasst: etwa Richard Francis Burton, auch er ein Wahl-Triestiner, und Arthur Seymour Sullivan, »Doyen moderner englischer Musik«. Selbst Moore, Shaw und Wilde, »den zu berühmten«, zählt Joyce dazu. Am »falschen Ort« (Edward Said), sind sie in London »ins Zentrum der kolonialen Macht« gelangt (Hans-Christian Oeser), da in Irland, sagt Joyce über und in ›Dubliners‹, jede »individuelle Initiative« durch Rom »paralysiert« sei.

Auf Wortführer lässt er Fußsoldaten und Armeeführer folgen, Iren, die als Söldner dienen oder wie Marschall MacMahon politische Macht haben, bevor Hugo diesem im Namen der Dritten Republik erfolgreich Widerstand leistet – was Joyce verschweigt. Vom Gestern ins Morgen blickend, billigt er nur nietzscheanischen »Übermenschen« eine Ahnung davon zu, ob künftig die »irische [und die ihr verwandte, in Triest benachbarte] slawische Seele« der Welt neue Impulse gäben. Wissenschaftlich – in Archäologie, Keltologie, Philosophie – den Deutschen vertrauend, mag Joyce zu Irland nur feststellen: »die Zeit des Mißerfolgs ist [...] bald zuende«. Das hat Sir William Wilde 1864 verkündet, während Oscar sagt, kolportiert von Yeats und zitiert von Joyce: »Wir Iren haben nichts getan, sind aber die größten Redner seit den Griechen.« Skeptisch urteilt Joyce gegenwartsbezogen: »Ich jedenfalls bin sicher, niemals Zeuge [von Irland als Spektakel] zu werden, sondern werde, bevor der Vorhang aufgeht, mit der letzten Tram heimwärts gefahren sein.« (27. April)

1902 hat Joyce über James Clarence Mangan geschrieben, seit dessen Ableben das Alte Irland mausetot sei, wie er es vorgreifend auf die eigenem Wunsch folgend entfallene zweite Vorlesung sagt. Nach dem Porträt Irlands bietet er das des Dichters, dabei der Biographie des Exilanten, Historikers und Politikers John Mitchel ebenso verpflichtet wie der Totenmaske. Immer wieder nennt Joyce mit Wagner und Ibsen seine wichtigsten Gewährsleute, nutzt Lesefrüchte, etwa bei der Parallelisierung der Eremitenviten von Novalis und Mangan, und bezeichnet diesen als einen »aus der Reihe fallende[n] Geist«. Da blitzt das Selbstporträt des jungen Joyce als eines etablierten, wenn auch solitären Literaten auf, als er Mangan eine »Übersetzungswut, darin er sich zu verbergen suchte«, zuschreibt. Anscheinend ahnt Joyce, inwieweit die Fremdsprache, in die er weite Teile des Dubliner Essays überträgt, ihm zur Verhüllung seiner selbst dient (Ende Mai). Schliemann etwa wechselt die Sprache im Tagebuch, sobald er eine Sprachgrenze passiert. Das Bruchstück des dritten Vortrages ›Il Rinascimento letterario irlandese‹ verrät soviel, dass Joyce die gegenwärtigen Schriftsteller in eine Tradition irischer gewaltsamer wie -loser Rebellion seit 1848, über 1867 bis hin zur »moralischen Ermordung Parnells« 1890 stellt. Die irische Jugend, heute nationalistischer denn je, bestreite einen »täglichen fiskalischen Krieg«, begleitet vom »moralisch-materialistischen Boykott«. Kompromisslos hätten alle Bewegungen eine literarische Komponente gehabt. Stanislaus notiert, wie das irische Versagen bei James gäre: sei es das der Geschäftsleute, denen Unternehmergeist fehle, um »Limericker Spitze« europaweit zu vertreiben, seien es die am priesterlichen Dunst erstickenden, denkunfähigen Proletarier (2., 10. Mai). Seinen Artikel findet James ebenso gut wie Sinn Féins Boykottappelle, die einem Kampf gegen England »mit Messer und Gabel« gleichkämen, »der höchsten Form politischer Kriegsführung, die ich kenne« (14., 16. Mai). Mag James auf irische Enge schimpfen, in Triest hätte er laut Stanislaus gern Irisch parliert, da dort jedem mit Kenntnissen einer entlegenen Sprache Achtung widerfahre (27. Mai).

Im Sommer 1907 naht die Geburt, die Finanzen sind kaum gesundet, was James nicht abhält, Bars und Restaurants auf deren Kreditbereitschaft zu testen, bevor er Artifonis Angebot, gegen ein Darlehen die Berlitz-Filiale in Pula wiederzueröffnen, ausschlägt (7., 29. Juni). Laut Ellmann erkrankt Joyce in der Zeit an »rheumatische[m] Fieber«

und wird wochenlang stationär behandelt. Udo Loll sieht die einma-
lige »rheumatische [. . .] Starre« als psychosomatische Abwehr wider
alles, »wogegen [Joyce] sich im Innersten sperrt, was ihn stört, Mühe
kostet und irritiert: soziale Verantwortung zu übernehmen«. Stanislaus erwähnt Opernfreikarten (6. Juli) und den Rheumatismus, weder
Krankenhausaufenthalt noch Syphilis und stellt fest: »Es ist ein Wunder, daß Jim in Dublin davonkam, wo in Geschlechtsfragen solch
große Unwissenheit herrscht.« (4. August)

Die Wirklichkeit ist prosaischer: Bevor Lucia Anna am 26. Juli
1907 geboren wird, hat James Nora am Vorabend mit Giorgio und
Stanislaus zum Wochenbett geleitet. McCourt zerstört im Rückgriff
auf Stanislaus' Notizen vom 25. Juli einen Mythos der Biographen,
der ihnen die Sensation des am Elend der Moderne syphilitisch oder
psychosomatisch kranken Künstlers beschert hatte.

Wegweisend für die Autorenvita Joyces ist vielmehr der Brief eines
gleichaltrigen Komponisten, der im Juli um die Erlaubnis zur Vertonung von ›Chamber Music‹ bittet. Statt des unter Gelenkstarre leidenden Bruders antwortet Stanislaus, Molyneux Palmer möge Kontakt zu Verleger Mathews aufnehmen, und letzterem schreibt er mit
der Bitte um Vergabe der Rechte (19./20. Juli). Was Joyce aus der Le-
thargie reißt und ihn zur Vollendung von ›The Dead‹ ans Schreiben
bringt, ist nicht genau bekannt. Womöglich hat ihn die erneute Begegnung mit dem reichen Musikleben Triests im Frühjahr, als Gustav
Mahler im Teatro Comunale Giuseppe Verdi das ›Meistersinger‹-
Vorspiel, Beethovens ›Fünfte‹ und die eigene ›Erste Symphonie‹ diri-
giert (4. April), an die untergegangene musikalische Szene Dublins
erinnert, deren Glanznummern die Ballgäste in ›The Dead‹ Revue passieren lassen. Dabei hat Joyce die große Dubliner Ära nicht selbst erlebt und muss auch kein Zuhörer Mahlers gewesen sein. Magris bietet eine zweiteilige Erklärung für dieses den »Habitus« (Bourdieu) von
Erzählern prägende Verhalten: »Immer sind es die anderen, die etwas
sehen, es bleibt einem nichts übrig, als es sich erzählen zu lassen und
wieder andern solange weiterzuerzählen, bis man glaubt, es selbst gesehen zu haben. [. . .] Die Dinge passieren immer den andern.«

Schon durch Giorgios Geburt 1905 hat Joyces Schaffen einen
Schub erfahren, also mag er 1907 zur Bewegungslosigkeit verurteilt
gewesen sein, bevor die Stoffe aus Familien- und Stadtgeschichte sich
fügen. Denn er bietet in ›The Dead‹ ein Panorama der Mittelklasse

Dublins, die jährlich als Abschluss der zwölf tollen Tage zwischen Weihnachten und Epiphanias einen Ball der Schwestern Morkan besucht.

Mit dieser Erzählung tritt er auf der Bühne der Literatur in *Erscheinung*. Neben die Reminiszenzen an goldene Tage etwa der Familie Murray stellt er den kontroversen Diskurs über das nationalistische Erwachen Irlands und die gegensätzlichen Empfindungen Gretta und Gabriel Conroys in deren nächtlichem Zwiegespräch, das der Europäer und Gelegenheitskritiker Conroy mit bitter-melancholischem inneren Monolog ausklingen lässt. Gerade er, der die Gastfreundschaft der Tanten als irische Tugend gefeiert hat, blickt am Ende auf den über ganz Irland fallenden, todbringenden Schnee. Hat Joyce die Worte für diese dem Hochsommer Triests so konträre Vision vom irischen Winter etwa angesichts der kränkelnden Nora gefunden, die Lucia nicht durchweg stillen kann, oder wegen des oft mit der Familienversorgung überforderten Bruders?

Mit seinem »journalistischen Talent« ist er zufrieden, auch mit dem Abschied von Dublin (11. August), zumal er geltend macht, in Triest, das ein Schüler Stanislaus' als »unmoralischste Stadt Europas, schlimmer als Berlin oder Moskau« bezeichnet, den rechten Anschauungsunterricht für Dubliner Geschichten gefunden zu haben (15. August). Schon wieder wohnungssuchend, hat James eine Bleibe aufgetrieben, geräumig, unter neuem Schmutz alten Glanz verratend, überteuert, aber für Familien mit Kindern (16. August). Giorgio mag die Neugeborene, tröstet sie und spricht mit ihr Italienisch (26. August). Sein Vater, immer auch an ein Eifersuchtsdrama denkend (17. Juli), vergleicht ›The Dead‹ vom Aufwand her mit »zwei oder drei Stücken« irischer Rivalen (7. September): ein Zeichen anhaltender Unzufriedenheit.

Immerhin ist er im Frühherbst sowohl mit Mathews in Kontakt (9. September) als auch journalistisch aktiv. Am 16. September erscheint ›L'Irlanda alla sbarra‹, darin er einen berühmten Mordfall aus seinem Geburtsjahr, den als Märtyrer geltenden Myles Joyce betreffend, nutzt, um das politisch wie persönlich wirksame Unrechtsregime der Kolonialmacht anzuprangern. Separatist ist Joyce so wenig wie Nationalist oder Unionist, allenfalls Patriot, der zwischen den Stühlen sitzt und sein Exil begründet. Wieder acht Tage darauf ist ›Dubliners‹ fertig, und er fragt bei Mathews an, ob er die Sammlung wolle. Zur Eile drängend, möchte er das Buch »im Frühjahr erscheinen« lassen (24. September).

Stanislaus hat ein Lob vermerkt, vergleicht des Bruders Erzählkunst mit der russischen und fragt sich, ob dereinst ein »trotteliger alter Professor Jims Fähigkeit« erkennen werde, »allgemeines Geräusch zu Papier zu bringen, eine Art komischen Chors, und es mit Soli und Schweigen ins Gleichgewicht zu bringen« (20. September). Abermals erkennt hier ein Verwandter des Dichters den künftigen Klassiker – so wie Goethes Mutter: »Was werden alsdann die Professoren euch [Goethe/Schiller] zergliedern – auslegen – und der Jugend einbleuen.«

Ungünstig ist der Zeitpunkt von Joyces Anfrage, denn Mathews antwortet am 23. Oktober mit der Bitte um Entschuldigung, weil er »über beide Ohren in Arbeit stecke«, und um Zusendung des Manuskripts. Das muss er Joyce nicht zweimal sagen, doch wiederholt der Verleger am 29. Oktober, er sei sehr beschäftigt. Am 24. Januar 1908 hat der ungeduldige Autor wieder nachgefragt, um eine Absage zu erhalten (6. Februar). Mathews führt aus, »›Dubliners‹ sorgfältig geprüft und die Stellungnahme eines Lektors eingeholt [zu haben], mit dem Ergebnis«, es nicht veröffentlichen zu wollen, »primär, weil ich denke, eine Dubliner Firma könne besser damit umgehen«. Praktisch klingt das Angebot, das Manuskript an Maunsel & Co. zu leiten, die Interesse bekundet haben.

Joyce hat es dabei bewenden und 1908 den Erzählungsband offenbar ruhen lassen, denn der bekannte Brief an Schwester Margaret stammt erst vom 8. Dezember. Darin bestätigt er den Empfang der ersten fünf Vertonungen Palmers, erwähnt den Bruch mit Vater Joyce, den er durch den Besuch Giorgios und Stanislaus' im kommenden Jahr beheben will, und die Besserung seines Rheumatismus. Tatsächlich gibt Stanislaus' Triestiner Tagebuch Auskunft über Joyces Versuche, ›Stephen Hero‹ in ›A Portrait of the Artist as a Young Man‹ umzuformen und die Erzählungen unterzubringen. Auch erfährt man von James' anhaltender Auseinandersetzung mit Katholizismus und Judentum, welches er in Gestalt der nicht immer religionskundigen Schüler und des Triestiner Judenquartiers vor Augen hat. Mit Stanislaus inspiziert er feiertags nach dem Besuch der Synagoge die leeren Straßen (18., 15. September 1907). Stets Erfahrungen suchend, ist Joyce im serbisch-orthodoxen Gottesdienst ebenso anzutreffen wie bei den Jesuiten (17., 21. November), was der gar nicht klerikale Bruder getreu notiert. Unterdes arbeitet James am Porträtroman, und um den 29. November gibt er Stanislaus ein erstes revidiertes Kapitel zu lesen, bevor er sarkastisch feststellt, seine Laufbahn erinnere an eine Oper mit großartiger Ouvertüre:»Noch während das Publikum klatscht, bevor der Vorhang aufgeht, kommt eine Gruppe Gerichtsvollzieher herein und nimmt die Fiedler wegen deren Schulden fest.« (2. Dezember 1907).

Nach zwei Monaten der Krankheiten und Zerwürfnisse mit Nora (2., 8. Januar 1908) fragt er am 5. Februar:»Warum soll ich mir beim Schreiben den Kopf zerbrechen, wenn niemand veröffentlichen will, was ich schreibe?« Tags darauf meint Nora, nur saufen könne er, schon Cosgrave in Dublin habe ihn verrückt genannt, sie werde die Kinder morgen taufen lassen. Wie Schliemann während seiner Petersburger Ehe muss Joyce bei privatem Theaterdonner das Heim verlassen: Er besucht und tadelt Vorstellungen von ›Hamlet‹ und Ibsens ›Rosmersholm‹ (10., 28. Februar), verzichtet am 12. mit großer Geste auf geistige Getränke und orakelt düster am 21.:»Was ich mit traurigsten Absichten schreibe, würde in England wahrscheinlich als Pornographie verfolgt.«

Dennoch legt er Stanislaus am 3. März das zweite und im April das dritte Romankapitel vor. Der Jüngere berichtet vom Versuch, die Erzählungen bei Methuen zu plazieren, wo man das Manuskript postwendend angefordert haben wird, denn Joyces Arbeit stockt erst, als im April die abermalige Absage eintrifft. Weitere Bemühungen, bis in den Juli hinein, scheitern samt und sonders. Mal hat er kein Geld für einen Druckkostenzuschuss, mal ist sein Buch nicht gewollt – mit oder ohne Blick auf den Text. Auch die am 10. Juli von Mathews eingeforderte Bilanz zu ›Chamber Music‹ ist niederschmetternd: Von 500 gedruckten und bis dato 205 versandten Exemplaren wurden ganze 127 verkauft (24. Juli).

Ansonsten ist Joyces Leben 1908 vom Aufwachsen beider Kinder geprägt, was Nora an die Wohnung bindet wie die dritte Schwangerschaft, die im August mit einer Fehlgeburt endet. Der am 12. März Weltschmerz und Todesnähe verbreitende Vater und am 5. April keineswegs antiklerikal gesinnte Autor geht indessen aus, er mag nicht der Frauen»Dummheit, ihr Getue, ihre Gemeinheit« (21. April), ist augenleidend (29. Mai), besucht am 31. trotz fehlenden Zwirns die

Oper, sonst Taverne und Theater, sieht sich im Frühjahr 1909 als
Sprachlehrer in Florenz (25. August), nimmt im Herbst wieder Gesangsstunden und will Pfunde zulegen (5. Oktober). Zum Üben
braucht er ein Klavier und hinterlegt eine hohe Kaution, was Stanislaus veranlasst, das Leben des Bruders anhand seiner Stationen trok-
ken als Lotterie zu porträtieren: die Existenz »des aufstrebenden Te-
norino, der als Paris in Paris, als Journalist in Dublin, als Liebhaber
und Romancier in Triest, als Bankangestellter in Rom und erneut in
Triest als Sinnfeiner, Lehrer und Universitätsprofessor« nichts als Nie-
ten gezogen habe (12. Oktober). Zur Orientierung besucht James in
vier Wochen acht Aufführungen von Giacomo Puccinis ›La Bohème‹,
eine ihn »vollkommen« dünkende Oper (22. Oktober).

Wer fragt, warum weder Stanislaus noch Ellmann solche Aussagen nach Joyces Tod publizieren, vergisst, es ist ihr Ziel, den Ruhm
des Schriftstellers Joyce zu festigen, nicht sein Scheitern am Alltag zu
beschreiben. Und am Ende eines Jahres, da Joyce anders als 1907 den
Angehörigen in Dublin keinen literarischen Fortschritt berichten
kann, verzichtet er darauf, Schwester Margaret von selbst verursach-
ten Schwierigkeiten zu berichten. Entweder vertraut er diese Stanislaus an, oder er schweigt.

Obwohl Joyce 1907 mit Hilfe einflussreicher Triestiner Privatschüler gewinnt, bleibt er knapp bei Kasse. Einen der gut situierten
Herren, den 45-jährigen Kaufmann Ettore Schmitz, der nach England
reist, um die dortige Filiale der schwiegerväterlichen Firma für Antikorrosionsfarben bei (Kriegs-)Schiffen zu überwachen, lernt Joyce
auch als Italo Svevo kennen. Unter diesem Pseudonym hat Schmitz
1892/1897 auf eigene Kosten zwei Romane veröffentlicht und nach
spärlichem Echo das Schreiben eingestellt. Wegen des Klassenunter-
schiedes begegnen sie einander persönlich distanziert, dafür literarisch und politisch um so direkter, und Joyce, der auch Schmitz' Frau
und Tochter im Englischen unterweist, liest aus ›Dubliners‹ vor.
Schmitz, den die Erzählungen bewegen, leiht Joyce ›Una Vita‹ und
›Senilità‹. Mit Recht gilt Joyce als erster Entdecker Svevos und vergleicht ihn mit Anatole France – dessen um Liebe und Eifersucht
kreisenden Roman ›Le lys rouge‹ (1894) (dt.: ›Die rote Lilie‹) er kennen könnte. Am Tag, da Svevo die frohe Botschaft vernimmt, begleitet er den Iren den weiten Heimweg vom Stadtrand zur Città Vecchia: »überglücklich«. Schmitz englisch geschriebener Brief vom

8. Februar 1909 an Joyce über drei Kapitel des Porträtromans ist ein Dokument der Entstehungsgeschichte von ›A Portrait of the Artist as a Young Man‹.

Bevor Schmitz zum scharfsinnigen Leser des Manuskripts wird, hat Stanislaus in Dublin, später in Triest, die auf das Jahr 1903 zurückgehende Genese begleitet. So teilt James dem Bruder am 28. Februar 1905 aus Pula mit, er beabsichtige, den Titel ›Stephen Hero‹ durch ›A Portrait of the Artist‹ zu ersetzen, hier als Ursprungsschrift bezeichnet, oder den Roman ›Chapters in the Life of a Young Man‹ zu nennen. Das Wortmaterial hat er zur Hand, als er in Rom in italienischer Version Wildes ›The Picture of Dorian Gray‹ liest: ›Dorian Gray dipinto‹ (Palermo, 1906), worin ihm auf der ersten Seite das auch räumlich distanzierte Verhältnis des Malers, Basil Hallward, zum Porträt aufgefallen sein mag. Als er am 19. August 1906 den nächsten Brief an Stanislaus einsteckt, liegt Wildes Roman hinter ihm: »Die Grundidee ist fantastisch. [. . .] Ich kann mir vorstellen, welches Kapital Wildes Ankläger aus gewissen Partien geschlagen haben.« Wohlinformiert über das Skandalon der neunziger Jahre und ein literarischer Pfadfinder, wünscht Joyce, Wilde hätte die Courage besessen, »die Anspielungen [. . .] auszuführen. Ich habe den Verdacht, daß er das in irgendwelchen Privatdrucken getan hat.« Er ahnt die von Zensur und Selbstzensur bestimmte Entstehungsgeschichte. Entscheidend ist ihm die ästhetische Distanz zu den Huysmans nachempfundenen »Aufzählungen von Scheußlichkeiten, Listen von Parfums und Instrumenten« im elften Kapitel – vielleicht jenes, durch das er sich zuvor »quälte«, während Noras Seifenblasen, »so groß wie ein [..] Fußball« ihn sinnlich mehr fesseln als Wildes Wortwahl.

Man konnte nicht ermitteln, wie die von Schmitz gelesenen drei Romankapitel aussahen, da die Dokumente unvollständig erhalten sind. Immerhin hat Hans Walter Gabler gezeigt, dass die Dubliner Reinschrift des ›Portrait‹ aus mehreren, zu verschiedenen Zeiten entstandenen Partien besteht. Schmitz' Anmerkungen, vorsichtig tastend, aber mit Blick auf das erste Kapitel, in dem ihm die Geschehnisse noch zu belanglos sind, mit deutlich kritischem Unterton versehen, lassen zudem den Schluss zu, »daß Schmitz ein Textfragment gelesen hat, das im Entwurf schon auf die Fortsetzung des Romans« weist (Gabler).

Wenige Tage nach Erhalt von Schmitz' Schreiben dankt Joyce Pal-

mer für die Vertonungen, bewundert manche musikalische Phrase
und bedauert das Fehlen von ›Bid adieu‹, da er sich selbst daran versucht habe. Schließlich will er von möglichen Aufführungen erfahren. Am selben 13. Februar benachrichtigt er Mathews und fragt
dann, vergeblich hoffend (27. Februar), nach den Verkaufszahlen.
Doch seinen Anteil an den Vertonungsrechten fordert er nicht ein.
Kein Geschäftsmann also wie Schliemann, der seinen Reichtum stets
mehrt, eher bei jeder Gelegenheit auf Zuwachs geistigen Vermögens
aus, nutzt Joyce das Ansinnen Preziosos, zur Triestiner Premiere von
Richard Strauss' Oper ›Salome‹, um in einem Porträt sein Verhältnis
zum Librettisten Wilde öffentlich zu klären. Zielsicher macht er drei
Etappen aus, denen Wilde sein Los als Getriebener verdankt: Die Ver-
urteilung; die Flucht vor den Häschern seines Kontrahenten vor Gericht ins Haus des Bruders Willie – was noch vor dem entscheidenden
dritten Verfahren geschieht; der Streit um die Erstveröffentlichung
von ›The Picture of Dorian Gray‹ – schon im Sommer 1890 erfolgt.
Auch das 1905 zensiert publizierte ›De profundis‹ gibt Joyce wieder
bis zur Parallelisierung der Vita Wildes mit der Passion Jesu Christi –
ein Bild, das ihm vertraut ist, wie Stanislaus am 11. August 1907 vermerkt. Im Bild der Bibel bleibt Joyce mit dem ökonomisch treffenden
Hinweis auf das literarische Erbe, das nach einem gesellschaftlichen
Schiffbruch den Strandräubern unter Verlegern wie Übersetzern ausgeliefert sei. Wildes Söhne kommen 1908 durch den vom Nachlassverwalter Robert Ross vollzogenen Rückkauf der Rechte in den Genuss der Tantiemen. Offenbar will Joyce bald danach selbst ein Stück
vom Mantel Wildes, als er einem Mailänder Verleger die Übersetzung
von ›The Picture of Dorian Gray‹ vorschlägt, allerdings am 21. April
eine Absage erhält: Die Schwierigkeiten, Wildes Namen zu nennen
und seine Schriften in Katalogen und Zeitungen mit einer bürgerlichen Leserschaft zu empfehlen, seien groß genug – wie nach der ersten Ausgabe des Romans, dessen Publikation Fratelli Treves ob der
darin enthaltenen Ästhetik schon gar nicht wagen wollen.

Am 26. April schreibt Joyce Palmer, erwähnt Kontakte im Dubliner Musikleben, will dem Komponisten ein Lied der Rebellen von
1798 verschaffen, ist geschmeichelt ob des anhaltenden Interesses
an seiner Poesie und legt diesbezügliche Lobeshymnen sowie den
Wilde-Artikel bei. Kommerzielle Wilde-Projekte kommen nicht zustande, dafür übersetzt Joyce mit seinem Schüler Nicolò Vidacovich

Synges Stück ›Riders to the Sea‹ ins Italienische und hofft nach einer Lesung auf die Aufführung durch eine örtliche Theatergruppe. Im Mai 1909 erreicht ihn eine Epistel des Vaters, der, den Tod vor Augen, dem Ältesten sein Los schildert. Jim soll ihm Charlie, den Jüngsten, und Margaret, die Älteste, vom Halse schaffen: »Was aus mir selbst wird kümmert mich sehr wenig, es sind Deine *3 jüngsten* Schwestern, um die ich mir Sorgen mache.« (16. Mai)

Am 9. Juli teilt Mathews mit, von ›Chamber Music‹ seien nur wenige Exemplare abgesetzt worden. Zudem fragt Joyce am 12. Juli beim Verleger an, ob dieser Aufführungsrechte an ›Riders to the Sea‹ besitze, das Alfredo Sainati auf Italienisch spielen lassen wolle. Offenbar hatten Maunsel & Co. aus Dublin, mit denen Synge vor 1909 eine Werkausgabe veranstalten wollte, die Rechte doch nicht erworben, denn Mathews' Einwilligung fehlt.

Die Musik für ›Chamber Music‹ bewegt Joyce auch, denn am 19. Juli dankt er Palmer für drei weitere Vertonungen, kündigt die baldige Irlandreise an, möchte den Komponisten treffen, sieht sich als Prosaisten, »es sei denn, daß mit meinem Hirn etwas Unvorhergesehenes passiert«, und erwähnt den Roman ›A Portrait of the Artist‹, »an dem ich jetzt seit sechs Jahren sitze«. Zum Titel des Essays zurückgekehrt, scheint er den Beginn der Arbeiten auf 1903 zu datieren – ein Hinweis darauf, dass die Erinnerung der Schwester May an Vorleseabende mit Mutter Joyce zutrifft (1. September 1916). Palmer als Komponist eher idealer Dialogpartner denn Konkurrent, kommt gar in den Genuss einer Erläuterung der Absicht, mit ›Chamber Music‹ »eine[.] Folge von Liedern« vorgelegt zu haben, die zyklisch angeordnet oder als Wellenbewegung gedacht sind.

Ende Juli, anfangs des Dublin-Aufenthaltes, berichtet James Nora vom Empfang: »Alle sind von Georgie entzückt, besonders Pappie.« Anscheinend soll eine Schwester den Sohn betreuen, denn Nora möge die notwendigen Dinge, wohl Frauenangelegenheiten, brieflich ansprechen (29. Juli). Stanislaus erstattet James Anfang August Bericht über Treffen, Verabredungen, Vorhaben, Wiedersehen: so die Absicht, sich als Fremdsprachenprüfer an irischen Mittelschulen zu bewerben, die anstehenden Verhandlungen mit Maunsel & Co. über ›Dubliners‹, das Urteil der Bekannten: »Alle – melancholisch«, eine Begegnung mit Gogarty (4. August). Zwei Tage später schreibt James Nora, er wisse, sie habe ihn im Sommer 1904 betrogen. Ganz der Gehörnte, hat er zuvor den Besuch bei Noras Verwandten in Galway und das kommerzielle Projekt, »das eine Besserung *meiner* Lage« bringen sollte, abgeblasen (Hervorhebung JWR). Am 7. August setzt er die Leidensgeschichte fort, bezweifelt seine Vaterschaft, heißt sich einen »Narr[en]« und hat den Tod vor Augen. Wie der Vater, so der Sohn. Tags darauf bittet James Bruder Stanislaus um Fahrtgeld. Von all dem klingt am 10. August nichts mehr an. Wie einem Sekretär erteilt er Stanislaus den Auftrag, in Triest Gutachten einzuholen, um sich »als Lektor für Italienisch an der New University« bewerben zu können. Maunsel & Co. wollen einen Druckkostenzuschuss. Von Nora erhält er keine Nachricht. Er sendet Stanislaus Vollzugsmeldungen zum Vertragsabschluss, »zu 5 % besser als Richards' Bedingungen«, zur bevorstehenden Abreise von Schwester Eva und zur »Lektorenstelle für gemischte Abendkurse in kaufmännischem Italienisch. £ 100 im Jahr. Weder Literatur noch Philologie.« Joyce versucht alles, selbst als Journalist bewirbt er sich, und Synges überlebenden Bruder, dem Nachlassverwalter, hat er wegen ›Riders to the Sea‹ geschrieben (16. August). Erst Ankläger, ist Joyce am 19. August selbst Angeklagter, als er Nora vom »feigen Komplott« berichtet, dessentwegen er sich von ihr betrogen glaubt: »Lies nur nicht diese grauenhaften Briefe wieder durch, die ich geschrieben habe.« Parallel geht das Geschäft weiter, Stanislaus soll beim ›Piccolo‹ wegen eines Artikels zur Dubliner Premiere des der englischen Zensur anheimgefallenen Shaw-Stückes nachfragen und »einen Packen italienischer Zeitungen zum Ausschlachten« senden. Den Abschluss des Briefes bildet, telegrammstilartig, der Satz: »Sehr besorgt über Schweigen.« (20. August).

Endlich hat sie geschrieben! Postwendend am 21. August und erfreut, von Noras Hinwendung zu seinen Versen zu lesen, antwortet James: »In [›Chamber Music‹] ist d[as Verlangen] meiner Jugend erhalten, und Du, Liebling, warst die Erfüllung diese[s Verlangens].« Das reicht ihm nicht, ist seine Seele durch sie von einer Perle zu einem Opal geworden: »voller seltsamer unbestimmter Farben und Tönungen, voll warmen Lichts und wechselnder Schatten und abgerissener Musik«. Hier liegen Chancen und Risiken der Ménage mit Joyce, der »in absurdem Grade eifersüchtig [ist] auf die Vergangenheit«, als habe er mit Gabriel und Gretta Conroy in ›The Dead‹ einen schmerzhaften Teil der eigenen Geschichte mitnichten abgeschlossen und setze Svevos Triestiner Eifersuchtsroman ›Senilità‹ im Dubliner Leben fort.

Joyces Erleichterung ist dem selbigen Tags abgefassten Brief an Stanislaus abzulesen, darin er auch von geschäftlichen Rück- und Fehlschlägen berichtet, etwa vom Versuch, den in Dublin gastierenden Enrico Caruso für eine Zeitung zu befragen. Als Journalist will ihn dort niemand, und er selbst will kein Handelsitalienisch lehren, hat aber den Vertrag mit Maunsel & Co. unterschrieben und ist glücklich über die Versöhnung mit Nora. In diesen Tagen durchlebt er, die eigene Prosa parodierend, was er in ›The Dead‹ formuliert hat und was die Erzählung idealistisch wirken lässt, denn am 22. August schreibt er Nora, wie satt er die »Stadt des Versagens, der Ranküne und der Unglückseligkeit« habe und wie er sich nachts nach ihr verzehre, sie leiblich-seelisch beherrschen wolle. ›The Dead‹ ist auf ihre Beziehung gemünzt, körperlich zumal, also lebt der Text in ihm fort, und er bittet Nora, seine Liebe leben zu lassen. In ihrer Hand, obwohl er ihr Herr sein will, kann Joyce das Wiedersehen kaum erwarten, bleibt indes in Irland, um am 23. August von Edward Synge das Ende der Bemühungen zwecks Aufführung von ›Riders to the Sea‹ zu erfahren. Ferner besucht er die Shaw-Premiere im Abbey Theatre und weist den Bruder an, die eilig verfasste Rezension mit Freund Alessandro Francini Bruni durchzusehen (25. August).

Tags darauf, dank eines »Erster Klasse-Billetts« für Journalisten in Galway bei Noras Mutter eingetroffen, schreibt Joyce der Liebsten aus deren Elternhaus, Nr. 4 (heute Nr. 8) Bowling Green, das nahe Lynch's Window liegt, dem Wohnhaus von James Lynch-Fitzstephen, der 1493 als Bürgermeister Galways den eigenen Sohn wegen Mordes an einem spanischen Nebenbuhler hinrichten ließ. Oben und unten mit je einem Zimmer versehen, ohne Wasseranschluss, war das Haus, das Noras Eltern 1899 bezogen, viel zu klein. In fröhlicher Stimmung, als habe er alles Traurige in ›The Dead‹ gesagt, berichtet James Nora von dem Plan, das Haus aufzusuchen, wo sie seit 1889 mit der Großmutter gelebt hatte. Wetterwendisch, ist Joyce am 28. August zurück in Dublin, völlig verzweifelt. Stanislaus soll Fahrtgeld besorgen und baldigst senden – vermittels »Vorschuß für ein Jahr für Stunden zweimal wöchentlich, wie ich es bei Schmitz gemacht habe«. Verbunden mit prahlerischen Ankündigungen dessen, was nächstens gelingen werde, wirkt Joyce wie eine Mischung aus unreifem Jüngling und dominantem Patriarchen. Als Liebhaber, der nur brieflich Kontakt halten kann, ist er romantisch, singt ›The Lass of Aughrim‹, das auch in

›The Dead‹ erscheint und ihm von Noras Mutter gesungen wurde;
dann ist er verletzt von »jede[m] gemeine[n] Wort [. . .], weil ich spüre,
daß es Dich verletzen würde«; endlich will er ihre Beziehung vor dem
Einfluss der Kinder behüten, darauf bedacht, die Begierde schriftlich
wachzuhalten (31. August). Als er Mathews erneut schreibt, liegt Joyce
am Boden und rafft sich zu einem Brief an Nora auf, der seine Liebe in
ihrem von »Irrsinn« getriebenen Auf und ab zeigt. Mal ist sie ihm
»Jungfrau oder Madonna«, dann »schamlos, frech, halbnackt und ob-
szön«! Einen Jesuitenzögling, Ire zumal, muss solcher Widerspruch
anfangs des 20. Jahrhunderts zerreißen, da er bei aller Bildung im
»Glaube[n] an die Macht einer einfachen redlichen Seele« verwurzelt
bleibt (2. September). Stanislaus wiederum überhäuft er mit Details
zur Bettwäsche, die Eva in Triest erhalten soll, sowie Hinweisen auf
Verkehrsunfälle. Auch fordert er Geld, als habe der Bruder nur an sein
Wohl in Dublin zu denken.

Im 24-Stunden-Takt geht Joyces Bericht vom Tanz auf mehreren
Ebenen weiter, denn er will Palmers Lieder beim Wettbewerb *Feis
Ceoil* unterbringen, aber auch Schwester Eileens Stimme ausbilden
lassen. In Liebesfragen beschreibt er Nora am 3. September das ihr
zugedachte Kleinod, das durch »Jahreszahlen *1904 – 1909*« aus dem
Rahmen fällt. Komplex wie alles, was Joyce einfällt, enthält es einen
Vers aus ›Chamber Music‹, der bereits vertont ist: »Liebe wird Unglück, wenn Liebe verrinnt!« (Ü: Hans Wollschläger) Und die »fünf
Jahre der Prüfung und des Mißverständnisses« versinnbildlichen
»würfelartige Kuben«. So wie er den Liebesakt in diversen Posen all-
nächtlich in der Phantasie erlebt hat, beschreibt der abwesende Liebste seiner Nora das für sie erdachte Juwel als ihrer beider Liebe ver-
körpernd. Doch wer nebenher Geld ausgibt, dem fehlt oft zum Leben
das Nötigste. Wie Joyce, der am 4. September Stanislaus um weiteres
Fahrtgeld ersucht. Dafür ist die Route fast eine Irrfahrt: »über Boulogne–Basel–Zürich–Innsbruck–Laibach«. Der Grund ist Giorgio. Er
wirke wie sechsjährig und müsse in Italien den halben Preis zahlen.

Am 5. September erscheint in Triest der Artikel ›Die Schlacht
zwischen Bernard Shaw und der Zensur: Die Entlarvung von Blanco
Posnet‹, in dem Joyce das Stück als harmlose ländliche Posse hinstellt.
Obwohl Shaw die in England verbotene religiöse Sprache verwende,
sei ihm kein zensur- oder gar klassikerwürdiges Werk gelungen – vergleichbar den Vorgängern aus der Feder Ibsens, Tolstois oder Wildes.

Den Dubliner Shaw kritisierend, berichtet Joyce Nora am gleichen Tag vom Besuch im vornehmen Gresham Hotel, wo er vielen als »der große kommende Schriftsteller in meinem Lande« vorgestellt wird. Nur Nora, die ihm leiblich-seelisch so nahe steht, kann ihn zum »Dichter meines Volkes« machen – wie sie ihn 1904 zum Manne gemacht hat. Wenn sie schweigt, grübelt ihr Liebster, der es am 7. September kaum erträgt und sie anhält, die Briefe als fortlaufendes Werk, ja als Mythos zu lesen: »alles zusammen bin ich«. Dies gilt noch heute für Joyces Leser, die es wie Nora schwer haben mit einem Autor voll rätselhafter Schwankungen, der wie in Rom ausruft: »*La nostra bella Trieste!*« Den Blick aufs Schloss Miramare (wörtlich: das Meer bewundernd), wie in Pula, wo sie das gleichnamige Café frequentieren, vermisst Joyce wie die Lichter, welche die Küste säumen – ein ebenso individuelles wie den Mythos Triest allgemein prägendes Bild (Oliver Schneider). In dieser Stadt hätten sie Asyl gefunden, mittellos, wie sie waren »nach meiner Torheit in Rom«, wie er es wieder sei: Stanislaus muss einen Geschäftsbrief lesen voller Anweisungen und Verbote, aber auch die Ankündigung enthaltend, Eileen werde Gesangsstunden nehmen. Großsprecherisch übernimmt James *extern* die Kosten, *intern* teilt er sie mit Stanislaus: »Mach viel Geld.« Tagträumer und eitel genug es zu sagen, meint er abschließend: »Ich werde aus ›Dubliners‹ £ 500 herausschlagen, wenn 12000 Exemplare verkauft sind.«

Thomas Mann legt Tonio Kröger in den Mund: »Äußerlich soll man sich gut anziehen, zum Teufel, und sich benehmen wie ein anständiger Mensch.« Das klingt nach Wilde, dessen Lord Henry Wotton Mann in Notizen zitiert. Ein hinter solchen Worten lauerndes Doppelleben hätte auch Joyce führen können. Denn er schreibt Nora erneut, ungeduldig, unsicher wegen der Schwester, die bei ihnen wohnen soll: »Sieh ein bißchen nach Geld aus, wenn ich zurückkomme.« Am 12. September telegraphiert er Stanislaus aus Mailand, sie kämen am nächsten Morgen an: mittellos! Ob Eva noch Illusionen hegt? Hilfe naht in Gestalt eines »wohlwollende[n] österreische[n] [sic] Eisenbahner[s]«, dessen Joyce brieflich gedenkt (23. Dezember 1909).

Kaum zurück an der Adria, wo Nora freudig und Stanislaus bestürzt seiner harren, genießt James die Zweisamkeit, scheint kaum an den für Mitte September verkündeten Wiederbeginn des Sprachunterrichts zu denken und plant die nächste Reise. Wohl einer Idee Evas folgend, die über die 21 Kinosäle Triests staunt, fasst ihr Bruder mit Nicolò Vidacovich den Entschluss, das erste Lichtspielhaus Dublins zu eröffnen. Gesagt getan. Am 16. Oktober unterzeichnen vier Partner, zugleich die *Geld*geber, mit *Ideen*geber Joyce einen Vertrag über die Gründung von Etablissements in Dublin, Belfast, Cork. Nicht nur leistet der Schriftsteller keinen finanziellen Beitrag, vielmehr soll er zehn Prozent des Profits erhalten und im August/September allein den Rahm in Dublin abschöpfen dürfen. McCourt, Entdecker dieses Dokumentes, zerstört so den Mythos vom geschäftlich unbedarften Joyce. Dafür entsteht im Verhältnis zu Bruder Stanislaus das Bild des zielstrebigen, egozentrisch und exzentrisch Handelnden, dem es gelingt, finanziell potente und familiär verlässliche Menschen für seine Zwecke einzusetzen. Und der Jüngere? Der sah schon am 20. Juli 1908 das Kino als »Zeichen amerikanischer Verderbnis« und bleibt Sprachlehrer.

Am 18. Oktober ist Joyce wieder auf dem Weg nach Irland. Wie gut es ihm dabei geht, belegt die launige Postkarte aus London, auf der er von Opernerlebnissen in Paris, mechanisch Caruso, faktisch Alvarez und Mary Garden, schreibt. Es ist nicht sein Geld, und schon schwelgt er (21. Oktober). Nora aber hat ihn beim Abschied verunsichert, das Zerwürfnis ist nicht leicht zu rekonstruieren und liegt doch nahe (25. Oktober). Zwei Tage später: »Ich bin nur das Gehäuse eines Menschen: meine Seele ist in Triest.« Bei ihr fehlt ihm der Austausch über die »Zukunft«, die Empfindungen, welche Musik, vor allem die Oper, in ihm weckt. Sie soll ihm zur Verfügung stehen, wenn er spät ins Bett kriecht, sei es, weil er »den ganzen Tag so viel zu tun gehabt hatte« (?25. Oktober), sei es, wenn er »nachts vom Café nach Hause an [ihr] Bett« tritt (27. Oktober). Er meint sie anzubeten und fordert, sie möge ihn umkreisen. Sein Bild von ihr gestaltet er mit den eines Gentleman würdigen Gaben aus: »eine herrliche Zobel-Garnitur«, das »Elfenbein-Halsband«, dessen sie gedenken soll (25. Oktober), »sieben oder acht Yard Donegal-Tweed« für ein Kleid, und falls seine Geschäfte liefen, »werde ich Dich in Pelzen und Kleidern aller Art einfach ersticken« (27. Oktober). Niemand steht in seinen Augen höher als Nora, die er in Anlehnung an Puccinis Oper gleichen Titels »Butterfly« nennt (1. November), wohl nicht auf das traurige Ende der Heldin anspielend, eher auf seine Rolle als Liebhaber und ›Kolonial‹-Herr, der erneut, falls die Geschäfte erfolgreich sind »und ich [...] neues Geld bekomme«, eine prächtige Garderobe ankündigt.

Anders als im Sommer hat Joyce keine Eile, dabei ist nach einer Woche der Standort für das Dubliner Kino gefunden. Obwohl umtriebig, wie postkärtlich am 3. November gegenüber Stanislaus berichtet, hat er keinen »Durchbruch« erzielt. Auch die Bewerbung um eine Prüferstelle ist noch anhängig, während die Position als Bibliothekar am UCD einem David James O'Donoghue zugefallen ist, dem Joyce am 4. Oktober aus Triest das satirische Poem ›The Holy Office‹ gesandt hat – als suche er Feinde. Genau einen Monat später bereitet er die Kinopremiere vor, fragt zwar nach Stanislaus' Befinden, aber auch, ob dieser – aus Triest auf eigene Kosten! – Zigarren an einen Freund von Vater Joyce geschickt habe. Niemals sagt Joyce nein, schiebt indes die Verantwortung anderen zu, so auch am 8. November, als er nur nach des Bruders Finanzen fragt, um diesem Geld abzufordern. Musik interessiert ihn, denn er ermuntert Stanislaus, bei Romeo Bartoli, seinem eigenen Gesangslehrer, durchzuhalten. Auch weiß er von einem »Hughes in Belfast«, der Verse aus ›Chamber Music‹ vertont hat, und schreibt wieder Molyneux Palmer, der nichts zur Verbreitung seiner Lieder unternimmt (9. und 10. November).

Inzwischen geschieht in Dublin einiges, da Schwester Margaret, Nonne und Klavierlehrerin, bald nach Neuseeland geht; Vater Joyce ist augenkrank, und mit Bruder Charles, verheiratet, seit 1908 in Boston, Massachusetts, lebend, »steht es schlecht« (10. November).

In Dublin wie in Triest zieht ein Sturm auf. Noch in der Vorwoche hat er als Agent der Geschäftspartner von Erfolgen geprahlt. Am 17. November verfasst Joyce eine seitenlange Antwort auf ein Telegramm des Bruders, der vom drohenden Hinauswurf durch den Triestiner Hauswirt schreibt. Helfen kann der Ältere nicht, da auch der Dubliner Zweig binnen 14 Tagen auf der Straße stehe. In der typischen Mélange aus Behauptungen und Beteuerungen, Rechtfertigungsversuchen und Vorhaben sucht James das »fürchterlich[e] Durcheinander« einzufangen. Seine Lösung fasst er so: »Wenn nötig, verkaufe alles, was nicht niet- und nagelfest ist, damit Nora und Georgie und Lucia nicht bei diesem Wetter auf die Straße gesetzt werden.« Von Stanislaus und Eva ist keine Rede!

Tags darauf schreibt James Nora mal wieder in der Rolle des in Selbstanklage versinkenden jungen Mannes: »bin durch die Straßen geirrt wie ein dreckiger Köter, den seine Herrin durchgepeitscht und aus dem Haus gejagt hat«. Zwar will er von ihr scheiden, falls *sie* dies will, aber er bittet sie auch, ihn in Erinnerung zu behalten. Sein Tohu-wabohu ist so groß, dass er wie im Sommer 1904 den Brief nicht na-mentlich zeichnet. Noch am 19. November, als Nora ihm wieder »sehr freundlich« geschrieben hat, fehlen Anrede und Gruß; der Brief versinnbildlicht die Auseinandersetzung, die ihn nötigt, von Nora in der dritten Person zu sprechen: »Das geringste ihrer Worte hat eine ungeheure Macht über mich.« Unerreichbar, ist sie ihm so wichtig, dass er Finn's Hotel, ihre alte Arbeitsstelle in Nassau Street, aufsucht, dort isst, die irischen Merkmale des Hauses und der dort Verkehren-den notiert, um Nora in der Vorstellung nahe zu sein.

Am 22. November beginnt eine neue Phase des Liebesmythos. Joyce, der lange Episteln pinselt, sobald es ihm schlecht geht, bittet Nora, ihm gerade in gewissen Dingen ganz allein zu gehören, die sie *»geheim, geheim, geheim«* halten möge. Dann beweint er die von ihm selbst herbeigeführte Trennung. Fünf Tage später, am Samstagabend, kritzelt er wenige Zeilen: vor dem Aufbruch nach Belfast, wohin er mit den inzwischen in Irland eingetroffenen Triestiner Partnern reist, das Terrain zu erkunden. Anders als in Dublin gibt es in Ulsters Hauptstadt einige Lichtspielhäuser, aber Joyce hat auch den Kompo-nisten und Kritiker William B. Reynolds getroffen, der Verse aus ›Chamber Music‹ vertont hatte (2. Dezember/4. April 1910).

Geschäftliches und Künstlerisches zur bevorstehenden Eröffnung sowie zu den verspäteten Fahnen von ›Dubliners‹ teilt er Stanislaus per Postkarte mit; die leibliche und geistige Liebe zu Nora reist im Umschlag nach Triest. Sie wird 1975 in ›Selected Letters‹ und 1982 in der französischen Pléiade-Edition publiziert.

Am 3. Dezember redet er sie mit »Klostermädchen-Liebling« an, schreibt sich die Finger wund ob der Sehnsucht, die ihn erneut zur peniblen Rekonstruktion eines Liebesaktes in Pula treibt: »Ich weiß, ich riskiere einiges, wenn ich in dieser Weise schreibe.« Abermals spricht er von Nora in der dritten Person, fürchtet er doch, übers Ziel hinausgeschossen zu haben, denn er will wissen, ob er ihr erster Mann war, würde sie nun aber auch begehren, hätten die »rothaari-gen Lümmel von County Galway« sie zuvor besessen. Am 6. Dezem-ber sagt Joyce Nora Geld zu, das er nicht hat, bevor ihn erneut die Begierde übermannt, den Liebesakt auszumalen, was er mit *»Basta per stasera«* italienisch abrupt beendet. Der nächste Brief (8. Dezem-ber), nur auf Englisch und Französisch erschienen, lässt ahnen, welch

freies Gespräch die Liebenden nun über Fleischliches führen – und
Joyces Vorstellung von Nora als »keckem Mädchen« im Schlafsaal
eines Internats, der Wunsch, sie im Schlaf zu überraschen oder von
ihr so überrascht zu werden, all dies deutet auf Scham- und Schuld-
gefühle. Immer erregter, schreibt er am 9. Dezember, um Nora Geld
für das ihm so wichtige »hübsche« Unterzeug zu senden, aber vor allem zur Bestätigung seiner Vorliebe für Analverkehr.

Inzwischen soll in Dublin eine Wohnungsräumung erfolgt sein,
aber Familie Joyce hat wohl eine letzte Frist erhalten, und per Postkarte erfährt Stanislaus vom Aufschub der Kinopremiere aus amtlich-
technischen Gründen, der Entdeckung eines Sängers »für [die von
Palmer vertonten] Lieder«, einer Cork-Reise und den annoncierten
Fahnen für ›Dubliners‹ (9. Dezember).

Joyce ist »durch die Arbeit hier völlig erschöpft«, wie er Nora tags
darauf mitteilt, die Kälte ihrer Worte beklagend und womöglich das
Ende des intensiven Austauschs. Er schildert das Bild eines demüti-
gen jungen Mannes, der sich in Finn's Hotel das Schlafzimmer Noras
zeigen lässt, um ihr bei aller zeiträumlichen Distanz nahe zu kommen; der »wie die drei Könige aus dem Morgenland« vor Jesus an
ihrer Bettstatt niederknien will (11. Dezember); der am 12. Dezember
statt in des Vaters Geburtsstadt Cork im Südosten »lieber gen Westen«
fahren will, die Orte zu erleben, »deren Namen mich durchzittern,
wenn Du sie aussprichst: Oughterard«. Dort ist in ›The Dead‹ ein
Liebster Gretta Conroys bestattet, fiktiv, versteht sich, denn wer Joyce
zu wörtlich nimmt, könnte sich leicht spätnachmittags von Galway
in den Ort mit dem hauchig auszusprechenden Namen verfügen, auf
dem verfallenden anglikanischen Kirchhof herumirren und abends
feststellen: Es fährt kein Bus zurück. Es dauerte eine Stunde, bis ein
Grundstücksmakler uns aufgabelt. Immerhin ist ein Joyce-Neffe 1925
in Oughterard geboren und dort aufgewachsen. Das Dorf gilt ihm als
»Mikrokosmos Irlands« (Ken Monaghan).

Zu groß wird Joyces Sehnsucht nach zwei Monaten Trennung. Er
schreibt sich Mut an, spricht den Wunsch nach einer körperlich anderen Nora – nach der Madonna nun die Matrone – ebenso aus wie
das Begehren, ihr untertan zu sein; mal erwähnt er Selbstbefriedigung, mal will er durch sie kasteit sein (?13. Dezember). Sosehr er ste-
ten Kontakt sucht, er ist aus der Bahn geworfen, sobald Wünsche
Wirklichkeit zu werden sich weigern, und er statt Noras Antwort von

Stanislaus ein Schreiben empfängt (15. Dezember). Dem entgegnet er in flüssiger Prosa, das Hickhack um die verschobene Kinopremiere beschreibend, mit einem Kurzbericht zur trostlosen Cork-Reise, sowie Vorstellungsgespräche mit Bewerbern für Aushilfen und mit allerhand Rechtfertigungen, warum er Dubliner Schnorrern, die teils wie Lenehan in den Geschichten vorkommen, Geld gebe (15. Dezember). Anderntags kündigt er Nora, deren Lebenszeichen ihn zu einem erneuten verbalen Liebesakt anregt, für den »20. oder 21.« die Kinopremiere und für Anfang Januar die Rückkunft in Triest an. Pläne schmieden ist Joyces Sache, sie einzuhalten gewiss nicht, er schafft eher sprachliche Visionen: sexuelle, kulinarische und ein kunstvoll gebundenes Exemplar von ›Chamber Music‹, das er Nora Weihnachten schickt (20./22. Dezember) – was an Emilio und Amalia Brentanis Liebesträume in ›Senilità‹ erinnert.

Stets am Ergebnis seines Wirkens interessiert, will Joyce das Dubliner Kinoprogramm qua Plakat in der Triestiner Küche sehen. Noch vor Weihnachten gibt er Nora Anweisung zur Möblierung, sie soll für Eileen ein Bett besorgen und »jetzt Stannie *drängen* [Joyces Hervorhebung]«, das Geld für die Rückreise zu beschaffen. »Warum ist es mir bestimmt, daß ich so oft in meinem Leben mit sehnsuchtsvollen Augen auf Triest schauen muß?« Nicht nur rhetorisch, deutet die Frage auf die Unfähigkeit, die Verantwortung für sein Los im eigenen Handeln zu erkennen, obwohl er im selben Brief den Grund dafür benennt. Nora hatte James über ein Kinderbild von ihm geschrieben: »Ich habe wild-entschlossen ausgesehen, hm? Und wirklich, Liebe, ich bin heute noch genauso ein kleines Kind wie damals.« Ja, er fragt, warum »großspurige[.] Posen« bei ihr nicht verfingen. Sie kenne ihn durch und durch, er sei »ein Schwindler«. Noch ist er Herr der Lage, doch im letzten Absatz kippt der Brief, denn mit Noras Drohung, ihn zu verlassen, fällt jede Maske des James Joyce. Sie an den »himmlischen Sommer vor fünf Jahren in Dublin« erinnernd, meint er, »ein trübsinniger Mensch«, im Ernstfall »nicht mehr leben« zu können: »Wie traurig das Leben ist, von einer Enttäuschung zur anderen.«

Am selben 23. Dezember plappert er munter dies und das an die Adresse von Bruder Stanislaus, der in Triest oberitalienische Fahrpläne besorgen, durch Erfolgsmeldungen zur Kinopremiere die Gläubiger besänftigen und mit einer Geldanweisung James sowie Schwester Eileen aus dem Irrenhaus Nr. 44, Fontenoy Street erlösen soll. Nahe

Mountjoy Prison gelegen, ist es ein Reihenendhaus, vorn ein-, hinten zweistöckig, das Heim von Vater Joyce und vier jüngeren Töchtern, die sich zwei oder drei Schlaf-, je ein Wohn- und Esszimmer teilen. *Tristesse oblige.* Trinken sollen sie auf ihn in Triest, und Stanislaus möge den Schülern James' Rückkehr verkünden. Monetär sieht es mies aus:»Alles Geld, das ich habe, gebe ich aus.« Wie wahr, hat James sich gegenüber Nora noch am selben Tag als Kind beschrieben! Nach guter Premiere glaubt er, aller Geldsorgen ledig zu sein und will alle Aufgaben anderen auferlegen.

Am Heiligen Abend erzählt er Nora von einem jungen Polizisten aus Galway, den er am Voltà-Kino getroffen hat, und der seine Gefährtin kennt:»ein hübsches Mädchen mit Locken und einem stolzen Gang«. Masochist auch hier, will Joyce alles wissen und fleht Nora an: »Vergiß alle außer mir.« Anscheinend hat er jedes Selbstvertrauen verloren:»Oh Liebling, ich bin so eifersüchtig auf die Vergangenheit.« Nur ein Mensch aus »der fremden sterbenden Stadt im Westen« versetzt ihn in sehnsuchtsvolle Erregung, die in einen hymnischen Briefschluss mündet:»Meine kleine Mutter, nimm mich in das dunkle Heiligtum Deines Schoßes.« Madonna, Maria, Matrone: Das alles soll ihm die Mutter Giorgios und Lucias sein – eine Herausforderung und Zumutung für Nora, deren »sehr konfusen« Weihnachtsbrief James am St. Stephanstag, der an den ersten christlichen Märtyrer erinnert wie der Vorname der Hauptfigur in ›A Portrait of the Artist as a Young Man‹, beantwortet. Abermals soll Nora Stanislaus »bitten, mir nächste Woche telegraphisch zu überweisen, was er kann«. Allein in Dublin, ist Joyce zwar die Kinopremiere gelungen, aber auch zur Erkenntnis gelangt, in welchen Abhängigkeiten er lebt.

Von den nächsten Monaten wissen wir wenig: Aus Dublin erreicht ihn die Genehmigung, im Voltà-Kino Musik abspielen lassen zu dürfen – außer Tanzmusik und an Sonntagen, getreu puritanischer Sitte (19. Januar 1910). Zu erschließen ist die übliche Geldknappheit, die Joyce an den wohl ausgezogenen Bruder schreiben lässt: um Hungerhilfe bittend (12. Februar).»Ständige Streitigkeiten« soll Stanislaus ihm ersparen, desgleichen die Raten fürs Klavier zahlen (9. und 12. März). Wie er wahrscheinlich postalisch oder telegraphisch Kontakt zum Voltà-Kino hält, fragt er am 4. April bei Mathews nach, ob ›Chamber Music‹ ihm noch immer keine Tantiemen bringe. Auch soll der Verleger eine Frage zu den Vertonungsrechten klären. Schließlich sei das kritische Echo positiv, und die Komponisten stünden Schlange. Der Antwort vom 9. Mai entnimmt Joyce nur, was ihm passt: den mageren Absatz, der mit mangelnder Werbung zu tun habe (15. Mai). Rasch wechseln sie Briefe, Mathews seine Öffentlichkeitsarbeit darlegend, Joyce von Irland schreibend, wo der Band nie im Schaufenster gelegen habe (18./21. Mai). Mit ›Dubliners‹ werde der Verkauf der Verse anziehen und er nennt weitere Maßnahmen, die Handhabung der Vertonungsrechte beklagend.

Eine Kondolenzepistel vom 3. Juni belegt Joyces Doppelbindung: an die Dubliner Familie, wo Onkel John Murray verstorben ist, und an Nora. Nur lebt er in zwei Welten. Im Schlußsatz erwähnt er die in Triest weilenden Geschwister Stanislaus, Eileen und Eva als Trauernde, nicht die Partnerin, als sei diese für die Tante kein Familienmitglied. Dabei hat er Josephine Murray während Noras Schwangerschaft in Pula freimütig um Unterstützung gebeten (Silvester 1904).

Außer mit Dublin ist Joyce mit Paris in Verbindung, wo er im Januar auf der Durchreise eine Stunde bleibt. Dort nämlich lebt Theodore Spicer-Simson, Amerikaner und Künstler, an irischer Literatur interessiert, etwa an Laurence Sterne, dem Parodisten des Romans. Joyce zieht Swift oder Goldsmith vor, bevor er in sichtlich parodistischer Manier von einer Aufsichtstätigkeit in Dublin schreibt, die ihm eine Erkältung und später Entzündung beider Augen eingebracht habe. Ohne Schwester Eileen wäre er kaum heil angelangt. Zugleich kündigt er das baldige Erscheinen von ›Dubliners‹ an und zählt stolz die Komponisten auf, die ›Chamber Music‹ vertonen (8. Juni). Einem der Herren, Molyneux Palmer, gilt am 11. Juni Joyces Aufmerksamkeit. Eine Anfrage nach Sommerquartieren in Ulster beantwortend, wo er nur Belfast in etwa kenne, nennt Joyce Palmer auch Reynolds, den Tonsetzer, berichtet von weiteren Musikern und kommt endlich zur Sache mit der Feststellung, die Rechte an einem Gedicht, das Palmer vertont habe, seien bereits vergeben. Er könne nichts daran ändern, finde indes seine »Musik [...] sehr elegant«. Jedem von ›Dubliners‹ erzählend, lässt er Palmer zudem wissen, die Prosa sei bitter und abgeschmackt.

So skrupulös er fiktive Dubliner-Porträts fabriziert, so sarkastisch kommentiert Joyce zwei Tage später die Veräußerung des Voltà-Kinos an eine englische Firma, die Gewinne machen werde, denn natürlich werde Dublin Engländer unterstützen, nicht Iren und Italiener. Verantwortung tragen die anderen: auch der Vater, der im April, als trotz anhaltend guten Besuches ein Verkauf anstand, nicht auf ihn gehört und die letztendlichen Käufer anzusprechen versäumt habe. Gegenüber Stanislaus erweckt James den Eindruck, als sei er mit der Entscheidung der Eigner, ihm aus der Kaufsumme nichts zu zahlen, einverstanden. Aus Ettore Schmitz' Brief vom 15. Juni geht indes hervor: Joyce ist überaus entsetzt wegen dieser »Bosheit«. Absichtsvoll unbeholfen meint Schmitz: »Ihre Überraschung, betrogen worden zu sein, beweist, daß Sie reiner Literat sind.« Jeder andere hätte solche Behandlung vorausgesetzt, fährt Schmitz fort, dessen Doppelleben als Kaufmann und Schriftsteller ihm den klaren Blick für das Wesentliche schenkt: »Ich hoffe, Sie lesen jetzt Ihre Fahnen und haben keine Angst, von Ihrem Verleger betrogen zu werden. Sonst könnte das Buch darob schlecht werden.« Der stets die letzte Zigarette rauchen wollende Schmitz endet mit einem Hinweis auf die »Anglomanie« seiner ihn begleitenden Gattin, der Joyce bei nächster Gelegenheit etwas entgegenzusetzen haben werde – als einte die beiden Männer ihre Unterstützung von Iren und Italienern gegen die »Unterdrücker«.

Wie Palmer erhält der Amerikaner Adolph Mann einen Dankesbrief, in dem Joyce artig die bereits gedruckte Vertonung lobt und seine Entwicklung zum Prosaisten beschreibt. Für Juli kündigt er ›Dubliners‹ an, ein »nicht lyrisch[es]« Buch. Doch nichts geschieht. Dafür sind die familiären und finanziellen Querelen des Jahres 1910 mehr als nur Lückenbüßer im Lebenslauf des Erfolglosen, der Geld ausgibt, das ihm nicht gehört: mit dem Kauf eines Klaviers oder einer Nähmaschine gegen eine Anzahlung und Monatsraten, für die Stanislaus geradesteht (15. Juli).

In Triest findet der Sprachlehrer Joyce Fürsprecher, die ihm Abendkurse an der Scuola Commerciale di perfezionamento verschaffen, wo er ab dem 19. Oktober 1910 bis 1913 wöchentlich drei Stunden lehrt. Die Klientel sind just die Verkäufer und Handlungsgehilfen, die in Dublin Italienisch zu lehren er im Sommer 1909 abgelehnt hatte (McCourt 2001).

Als Anfang Dezember ›Dubliners‹ noch immer nicht auf dem Markt ist, schreibt Joyce dem Verleger, wohl eine hinhaltende Antwort bewirkend, die ihm einen ruhigen Jahreswechsel beschert. Auf Italienisch ergreift er am 22. Dezember das Wort in Sachen Home

Rule. Ein Ende der Autonomiebestrebungen Irlands vor Augen, die Triestiner Hoffnungen im Blick, warnt Joyce vor Illusionen. Den inneririschen Zwist sieht er so kritisch wie hellsichtig als entscheidend, und englischen Politikern sei zu misstrauen wie den Iren als Untertanen der Krone, die allein Rom die Treue hielten, ohne die Zinsen für derlei Vorschüsse einzustreichen. Ebenso hat er sich im Juni von Geschäftspartnern und Dublinern im Stich gelassen gesehen und Svevos verschmitzten Brief wohl kaum tröstlich gefunden.

Gleich im neuen Jahr will Joyce Gewissheit erlangen über die für den 20. Januar avisierte Publikation von ›Dubliners‹. Dem Geschäftston unterliegt das Gefühl, Roberts sei anderen Sinnes geworden, denn der Autor fragt den Verleger, warum er die Fahnen von ›Ivy Day‹ nochmals lesen solle (3. Januar 1911). Neun Tage vergehen – wohl streitträchtig –, denn in einem anredelosen Brief teilt er Stanislaus mit, wie Parnell es anrate, räume er baldigst das Feld. Sich von Familie und Vaterland absetzend, will James die eigenen »Unregelmäßigkeiten« beheben, dem Bruder Geld zahlen und hofft, dieser wie die erzkatholischen Schwestern würden seinem Namen und Land in Triest alle Ehre machen. Die in einen einzigen Satz gezwängten Widersprüche zeigen Joyces Zorn, den er tags darauf, ebenfalls an Stanislaus, auf einer Postkarte auf Roberts und die Iren, Männer wie Frauen, richtet. Ersterer habe ihm äußerst knapp den Aufschub des Erscheinungstages mitgeteilt. Letzteren hat er vom 7. November 1910 und bis zum 31. Juli 1911 über den Import von irischem Tweed nach Triest aus der Not aufgeholfen – wie Rechnungen belegen. Umsonst dürfte Joyce das nicht getan haben, aber er gibt ja alles Geld stets aus.

Keinen Autor lässt andauernder Misserfolg kalt. Joyce muss die unendliche Mär um ›Dubliners‹ verstört haben wie ein endloser Alb. Nicht nur gelingt ihm nichts Neues – der Porträtroman stockt seit langem –, auch die Beziehung zu Nora nimmt krisenhafte Züge an. Auf dem Höhepunkt inneres Aufruhrs wirft er Teile des Romanmanuskripts ins Feuer. Ein Datum steht nicht fest – wohl deutet der Zustand erhaltener Dokumente auf die Rettung einiger Partien, die vor 1911, aber nach 1907 entstanden sind, aus dem Kamin.

Verbürgt ist Joyces Tun und Trachten am 10. Juli, als er den Verleger sowie dessen Teilhaber Hone unmissverständlich von der Absicht informiert, die Firma wegen Vertragsbruchs zu verklagen, sollten sie sein Angebot auf Streichung der strittigen Stelle in ›Ivy Day‹ ablehnen. Auch soll die Zensur Erwähnung finden. Dabei geht es um den eher humorvollen als verleumderischen Hinweis auf den verstorbenen Eduard VII., der im zeitgenössischen Irland theoretisch eine Klage wert gewesen sein mag. Bevor Joyce an die angekündigte Pressekampagne denken kann, muss er den Brief des Vaters vom 20. Juli verkraften, in dem er vom Tod der 17-jährigen Schwester Mabel erfährt. Voller Liebe für die Abwesenden – zwei Söhne im Triestiner Abseits, die Gattin und jüngste Tochter im Jenseits – voller Abscheu gegen die anwesenden Töchter, Eva ist nach Dublin zurückgekehrt, verfällt John Stanislaus in die übliche Litanei: mal wieder in Todesahnungen gipfelnd. Er lebt noch 20 Jahre – und hält an allen Kindern eisern fest. Familiäre Sorgen bleiben Joyce ebenso erhalten wie finanzielle Nöte, und es hilft ihm nicht, wenn er, geschäftlich spitzfindig, zur Gewinnung von Triestiner Kunden für irischen Tweed, diesen Rabatte einräumt, die er vom Lieferanten für sich reklamiert. Denn am 28. Juli schreibt ihm V. J. Roche von der Dublin Woollen Co., man schätze Joyces Engagement und honoriere es, indem man dem Antrag auf Provision für »frühere Bestellungen« nachkomme. Künftig müsse er mit zehn Prozent zufrieden sein – oder weniger, falls *er* seinen Abnehmern Nachlässe gewähre. Ein Hitzkopf wie Joyce dürfte die Geschäftsverbindung leichthin abgebrochen haben, denn ab Ende Juli 1911 bleiben Belege aus.

Im August schickt Joyce einen Rundbrief an die irische Presse, darin er die Lage der Autoren in England und Irland am eigenen Beispiel darlegt. Im ›Northern Whig‹, Belfast, erscheint am 26. ein Teilabdruck, und am 2. September in ›Sinn Féin‹, Dublin, das Elaborat ganz: ein Mosaik aus Joyces Bericht über die Buchgeschichte, einem Brief von Seiner Majestät Georg V. Privatsekretär (11. August) sowie der strittigen Stelle und einer Erklärung mit dem Protest gegen die Irland beherrschenden rechtlichen, gesellschaftlichen und verhaltensbezogenen »Systeme«. (17. August)

Zuvor hat Joyce das Zimmermädchen Maria Kirn am Mittwoch, dem 30. August, ultimativ zur Rückkehr nach Triest aufgefordert. Mit Giorgio und Eileen bei ihren Eltern in der Sommerfrische, hat Frau Kirn nach Eileens Abreise gen Triest allein für den Sechsjährigen zu sorgen, und der beunruhigte Vater weist 20 Kronen an, als vertraue er einzig familiärer Aufsicht – oder eben einem Gendarm, den Maria rufen solle, falls Giorgio ihren Anweisungen im Zug nicht Folge leiste.

Joyce sitzt in perfekter Symmetrie auf der Piazza della Borsa in Triest (»And Trieste,
ah trieste ate I my liver!« FW 301.16), während sein literarischer Freund Italo
Svevo dort auch zu finden war.
(»Knock knock. War's where! Which war? The Twwinns. Knock knock. Woos with-
out! Without what? An apple. Knock knock.« FW 330.30)

Seit 16 Monaten in der Via Barriera Vecchia 32 wohnhaft, Standort
einer Apotheke, deren Betreiber der Hauswirt ist, beendet Joyce das
Jahr 1911 mit einem Weihnachtsgruß an Palmer, ihm lakonisch und
mit musikalischer Karte für ein Lied dankend. Umseitig ist Joyces
Nachbar Antonio Smareglia, der früh erblindete Opernkomponist, zu
sehen, der den gleichen Augenarzt aufsucht: »Professor Oscar Ob-
lath«. Über Literatur mag Joyce Palmer nichts schreiben, also lässt er
es bei der Schwesterkunst, der Musik, bewenden.

Den *Auf*bruch von Dublin hat Joyce 1904 ja im zweiten Anlauf geschafft, aber den *Durch*bruch als Autor sieben Jahre später noch immer vor sich. Zum Verständnis seiner Lage anfangs 1912 hilft es, an
seine Bemühungen zu erinnern, wenigstens finanziell festen Boden
zu gewinnen: der Ausflug nach Rom, die dort angestellten Gedankenspiele zwecks Übersiedlung nach Marseille, die Überlegungen, noch

1907, von Triest als Kolonisator in die neu entstandene Union Südafrika zu gehen, bis hin zur Gründung des Voltà-Kinos in Dublin, die
Bewerbungen um Anstellungen in Irland und den Verkauf von Tweed
an wohlwollende Triestiner. Man überlebt mehr schlecht als recht,
und als Joyce im November 1911 an der Universität Padua wegen nö-
tiger Zeugnisse und beim Istituto Tecnico in Como wegen einer Englischlehrerstelle anfragt, erhält er außer einer Ablehnung die Antwort, er brauche die »abilitazione«, die Lehrbefugnis, um an italienischen Gymnasien arbeiten zu können (15., 20., 29. November). Zur
Absolvierung dieser Prüfung benötigt er eine Erlaubnis des Erzie-
hungsministeriums in Rom. Joyce schreibt einen Brief, schickt die
Unterlagen ab (30. November) und wartet dann auf Antwort.

Inzwischen erhält er die Aufgabe, an der Università Popolare zwei
Vorträge auf Italienisch zu halten: ›Verismo ed Idealismo nella Lette-
ratura inglese‹. Als Beispielautoren wählt er den »Realisten« Daniel
Defoe und den »Idealisten« William Blake. Im März 1912 tritt Joyce
ans Rednerpult, bereit, auch Defoe aus irischer Sicht zu lesen. Warum
sonst betont er in der Einführung bei Oliver Cromwell die keltische
Herkunft, väterlicherseits aus Wales, mütterlicherseits aus Schottland
stammend? Während Hugo, der den späteren Lordprotektor im Kö-
nigsmorddrama ›Cromwell‹ (1827) inszeniert und dort einen fiktiven
Joyce auftreten lässt, der England für verloren erklärt, ist dem realen
Joyce 85 Jahre später daran gelegen, die keltischen Kulturen als die älteren zu bestimmen und Defoe als englischen Patrioten und Erfinder
des Nationalepos ›Robinson Crusoe‹ zu porträtieren. Mit Anspielungen
auf Shakespeare als »italianisiertem Engländer« bringt Joyce die eigene
Person als Triestiner Iren ebenso ein wie mit dem Verweis auf die Odyssee Defoes im Londoner Verlagswesen, deren Parallelen zur Geschichte
von ›Dubliners‹ die Sprachschüler im Publikum erkannt haben dürften. Gewieft im Kompilieren und Kondensieren biographisch-histo-
risch-literarischer Informationen denkt Joyce auch an Bezüge Defoes
zur zeitgenössischen Literatur: an Tolstoi und Hauptmann, die »Ly-
rismus, eine bewußte Kunst«, mit Realismus verbänden. Und lange vor
den Cineasten sieht Joyce in Defoes Abschilderungen »realistische
›Aufnahmen‹«, stellt ihn Zeitgenossen wie Huysmans und Anatole
France gegenüber, bevor er ›Robinson Crusoe‹ als »wahres Sinnbild des
britischen Eroberungsfeldzuges« benennt, dessen Ursprung mit Qualitäten dieser Insulaner nicht schlüssig zu erklären sei.

Besessen alle von ihm beschrifteten Papiere sammelnd, hat Joyce auch eine zugespitzt formulierte Defoe-Notiz aufbewahrt: »Unser Jahrhundert [...] könnte die Geschichte Robinson Crusoes und seines Dieners Freitag mit großem Gewinn lesen. Es fände darin viele höchst nützliche Hinweise für jene internationale Industrie unserer Tage, mithin die wirtschaftliche Herstellung des englischen Imperialisten und dessen Verkauf zu Schleuderpreisen.« Hat Joyce an die »abilitazione« gedacht, ist das Grund genug, solche Hiebe wider die Kolonialmacht und ihre Reproduktionsmechanismen in der Schublade zu belassen.

Beim Blake-Vortrag fehlen Anfang und Abschluss, doch der Text ist schlüssig. Einprägsam, wie er sie in Metall eingraviert und dem Papier eingeschrieben hat, sind Blakes Bilder allemal. Die Gestalt des Schornsteinfegerjungen, den Joyce mit Worten schildert, ist Benjamin Britten später eine Oper für Kinder wert, deren Klänge wie Blakes Text mancher Darstellerin des »little sweep« im Gedächtnis haften bleiben. Im Porträt Blakes ersteht allmählich ein Bild des Redners selbst, der auch keine standesgemäß so grazile wie geistig ebenbürtige Gefährtin gewählt hat und wie Blake Italienisch lernt, um Dante zu lesen, oder Deutsch und Norwegisch zur Aufnahme der Dramen Ibsens wie Hauptmanns. »Eine vollständige Untersuchung der Persönlichkeit Blakes hätte«, so Joyce, »logisch drei Phasen zu unterscheiden: Pathologie, Theosophie und Künstlertum«. Vom Kritiker erwartet er, Wahnsinn als medizinische Kategorie zu fassen, nicht als ästhetische. Theologen sollten Häresien und Juristen Unmoral in der Kunst leben lassen. Hier wird wohl Wildes Los mitbedacht, dem Joyce zu entgehen hofft, indem er mit Blakes Rubrizierung unter die großen Visionäre *à la* Michelangelo und Swedenborg dem eigenen Werk annehmbare Ahnen verschafft – passend zur Äußerung, Blake habe nur geistige Vaterfreuden genossen.

Geistig auf die Prüfung eingestellt, löst die Nachricht, Joyce könne vom 24. bis 26. April in Padua antreten, bei ihm keine Panik aus. Er ist vorbereitet. Dem Schreiben des Universitätsrektors geht ein Brief vom Erziehungsministerium voraus, darin »Mr. James Joyce, britischer Untertan mit einem Diplom in Neo-Latein von der University of Ireland«, die Genehmigung zur Teilnahme erhält – vorausgesetzt die zuvor erworbenen Zeugnisse fänden höchstamtliche Anerkennung (19. April). Dem Rektor repliziert Joyce am 21., bevor er in die Stadt des wunderwirkenden heiligen Antonius reist. Am 24. morgens um acht, einem Mittwoch, wählt Joyce im freskenreichen Arkadenbau des Palazzo del Bo unter zwei Themen für den italienischen Essay. Er füllt sechs Seiten unter dem Titel ›L'influenza letteraria universale del rinascimento‹. Der Text voller Ideen und Paradoxien sowie sprachlicher Unüblichkeiten verstört die Prüferin. Heute bietet der Aufsatz Aufschluss über Joyces poetologische Position. Er benennt den »so sehr hinausposaunten Fortschritt« des 20. Jahrhunderts, identifiziert ihn im Alltag am Beispiel »der elektrischen Tram, de[r] Telegraphendrähte[.] [...], de[r] großen Handelshäuser«; wichtiger findet er das allmähliche Ersticken des »menschlichen Geistes« im aktuellen Materialismus. Wie 1901 nutzt Joyce des Häretikers Giordano Brunos Ideen zur »coincidentia oppositorum«, um die von ihm erstrebte Re-Union auseinanderstrebender Pole der Existenz in einer einzigen Ästhetik zu fassen. Gleich Bruno in der Renaissance weicht Joyce von der Norm ab, denn er rezitiere keine Litanei. Statt ihn zu zelebrieren, seziert er den Zeitgeist, konstatiert die Auflösung einer in ihren Grenzen von »Scharfsinn geprägten Mentalität« durch eine »unruhige und etwas formlose Mentalität«. Verantwortlich für die gedankliche Einstellung auf die »Kinematographie« seien auch Shakespeare und Lope de Vega. Der Beobachter Joyce nennt »Amoralität« und Leidenschaft als Züge der Moderne, Dante mit Wagner vergleichend. So giere die aktuelle Kultur nach »Details« – ein Wort, das im Briefwechsel mit Nora auftaucht und hier der Prüferin missfällt – und »Neuheiten, ausgedrückt im Lokalkolorit«. Emotional nostalgisch, hört Joyce, die Zeit aufhebend, die Stimmen der Vergangenheit, als halte er am Strand von Dublin oder Triest eine Muschel ans Ohr. Elegisch schließt er, zumindest habe die Renaissance im Menschen ein »Mitleidsempfinden für jedes Wesen, das lebt, hofft, stirbt und Selbsttäuschungen erliegt«, geschaffen. »Darin ist der populäre Journalist dem Theologen überlegen.«

Am nächsten Morgen sitzt er wieder vor dem leeren Bogen mit Namen und Wappen der Universität Padua. Auf Englisch füllt er acht Seiten zum Thema: ›The Centenary of Charles Dickens‹. Als Muttersprachler und dem italienischen System Fernstehender hat der 30-jährige Ire freilich so viel Kenntnisse wie ein Fachmann. Zum Abschluss der Schilderung von Auf und Ab des Ruhmes von Charles Dickens schreibt Joyce: »er ist weder der Schriftsteller mit großem

Herzen, großem Hirn, großer Seele, zu dessen Ehren seine Anhänger
so viel Weihrauch verbrennen, noch gar der gewöhnliche Lieferant
gefühliger häuslicher Dramen [...], als der er dem voreingenomme-
nen Kritiker neuer Schule erscheint.« Nur in der Gegenwart und einzig im London derselben sei Dickens' Hand die »List« eigen, mit der es
ihm glücke, »Farben, vertraute Geräusche, ja gar die Gerüche der Metropole gleich einer mächtigen Symphonie im Werk zu vereinen«.
Unter Nennung der Größe Defoes sucht Joyce nach einer »gerechten
Einschätzung« seitens »der repräsentativen Autoren Schottlands oder
der Kolonien oder Irlands«. Listig und prüfungskonform sich selbst
aussparend, wüßte er gern, wie »der große Cockney« von »[Steven-
son] oder Mr. Kipling oder Mr. George Moore« beurteilt würde. Da die
Jury noch berate – ein Euphemismus für eine während der Klausur
unlösbare Frage –, will Joyce Dickens immerhin den Status eines »großen Karikaturisten und großen Sentimentalen« einräumen: Hogarth
und Goldsmith vergleichbar. Wie Joyce in der Renaissance Shakespeare als Wegbereiter der Kinematographie ausmacht, sieht er in Dickens, dem von »*kleinen* [Übertreibungen]« lebenden Erzähler, den
nach dem Barden von Stratford effektivsten Faktor in der »gesproche-
nen Sprache der Bewohner des British Empire«.

Bevor Joyce am Freitag ein englisches Diktat sowie eine Übersetzung aus dem Italienischen anfertigt, teilt er Stanislaus seine Eindrücke aus der überteuerten Stadt mit, schildert frauenfeindlich die
Englischprüferin, Margharita de Rénoche, die er als Engländerin bezeichnet. Auch kündigt er für den 26. die Rückkehr an, denn auf die
noch nicht terminierte mündliche Prüfung samt Lehrprobe zu warten, sei teurer als Hin- und Rückfahrt am selben Tag. Am Dienstag,
dem 30. April, absolviert er alles Ausstehende mit Auszeichnung, erzielt 421 von 450 Punkten – nur im Italienischen jeweils von Abzü-
gen betroffen. Auch die Lehrprobe zu Fragen wie ›The Rise of the
Drama‹ und ›The Good Parson of Chaucer‹, die wohl ohne Schüler zu
improvisieren war, findet volle Zustimmung der fünfköpfigen Kom-
mission. Nun wartet er auf die Anerkennung des Bachelor-Titels im
Erziehungsministerium zu Rom.

Zurück in Triest, kommentiert Joyce am 16. Mai in ›L'ombra di Parnell‹ für ›Il Piccolo‹ bissig die Geschichte der irischen Autonomie-
bewegung, deren Sieg im Parlament von Westminster endlich gesichert scheint. Rückblickend rollt er Parnells Lebens- und Leidensweg

auf, in dessen Schatten die politisch wie finanziell freilich halbherzige Reform noch immer stehe. Mit Bezug auf Nationalisten wie Griffith schaut Joyce in die Vergangenheit und nennt Parnell mythisch-biblisch überhöhend einen »Moses«, den die Iren nach dessen Fall mit Gift und Galle überschüttet und wie Wölfe zerrissen hätten. Auch 14 Tage später, im Brief an Schwester Eileen, nun Gouvernante in Udine, erwähnt Joyce den Artikel – der für ihn ein Erfolg ist: denn wer oft ergebnislos dem Dubliner Verleger schreibt, braucht Zutrauen in eigene Fähigkeiten.

Mit dem Hauswirt in Triest gibt es Streit, ebensolcher droht in Dublin, wohin Bruder Charles samt Gattin und drei Kindern aus Boston zurückgewandert ist, und Eileen soll bei Mrs. Schmitz als Hauslehrerin für deren Tochter Letizia anfangen und zugleich sich als Klavierbegleiterin fortbilden. So will es der Bruder, der zeigt, wie wenig er sich Ettore Schmitz und dessen Familie sozial ebenbürtig weiß. Am selben 30. Mai fragt er bei Mathews nach Tantiemen an: erfolglos.

Etwa am 7. Juli verlässt Nora mit Lucia Triest in Richtung Irland. Vier Tage später schreibt sie James aus Galway – nach zwei Nächten in Finn's Hotel Dublins bereits überdrüssig trotz des freundlichen Empfangs durch Vater und Geschwister Joyce. Sie sollte im Verlag vorsprechen, tut das auch, begleitet von John Stanislaus und Charles Joyce. Die Konferenz verläuft ergebnislos, der Brief und Joyces Postkarte vom ?12. Juli kreuzen sich, so dass Nora den Gefährten und Giorgio im Haus der Mutter wohl überrascht empfangen haben wird. Immerhin, James weiß, ohne Nora hält er kein Leben durch, weckt er doch den knapp siebenjährigen, seit kurzem bebrillten Sohn dreimal in einer Nacht, um der Angst vor dem Alleinsein abzuhelfen. Auf dem Weg schaut er in London bei Yeats vorbei, der, entgegen Joyces Erinnerung, ihn schon zehn Jahre zuvor freundlich aufgenommen hat, aber ein Gespräch mit Verleger Roberts erbringt nichts (17. Juli). Im August/September kämpft Joyce gegen Hauswirt Picciola, der ihm zum 24. August, dem zentralen Aus- und Umzugstag für Triest, gekündigt, aber die schriftliche Erklärung angeblich viermal mündlich widerrufen hat. Erneut hält Stanislaus die Stellung. Als man Mitte September zurückkehrt, ist die Wohnung doch leer.

Anfang August trifft in Triest ein Brief aus Padua ein, der die Ablehnung des Antrages auf Anerkennung des britischen Bachelor-

Titels enthält. Die Entscheidung ist am 14. Juni in Rom ergangen, elf Tage darauf dem Universitätsrektor übermittelt und von diesem am 1. August weitergeleitet worden. Im Stakkatorhythmus gewechselte Episteln mit Stanislaus und der Londoner Behörde für Erziehungsfragen erbringen nur die Erkenntnis, ohne bilaterale Abkommen könnten Italiener und Briten mit Hochschulabschlüssen machen, was sie wollten – unabhängig von der Qualität des Kandidaten (10., 14., 15., 18., 19. August).

Dabei wird alles überlagert von den Querelen um ›Dubliners‹, die zum Abbruch der Beziehungen mit Maunsel & Co. führen. Dabei hat Joyce die Lage noch am 20. August nicht voll erkannt, denn er meint, Bruder Charles eine Anstellung bei Roberts besorgen zu können (17. Juli). Mit Einschaltung eines Anwaltes wird alles noch verzwickter, die Briefe an Stanislaus strotzen vor Einzelheiten, und die Streitfragen, an denen die Veröffentlichung anno 1905/1906 gescheitert waren, tauchen wieder auf – verschärft durch fruchtlose mündliche Verhandlungen. Das heißt, Joyce ist es geglückt, einen Fahnenabzug des Buches zu retten. Der Scherbenhaufen ist so vollkommen, dass Bruder Charles drei Briefe an des Älteren statt verfasst, in denen er Stanislaus, der zum wiederholten Mal Fahrtgeld beschaffen muss, die täglich revidierten Planungen darlegt. Als die Verhandlungen mit dem Drucker zur Veröffentlichung auf eigene Kosten fehlschlagen, kündigt Charles an, James werde ›Dubliners‹ in London der von dem Anglo-Deutschen Ford Madox Hüffer 1908 gegründeten, nun in andere Hände übergegangenen Zeitschrift ›The English Review‹ anbieten (11. September). Auch daraus wird nichts. Fortan pflegt er den Mythos, sein Buch sei verbrannt worden wie anno 1600 Giordano Bruno. Tatsächlich wurde die Auflage makuliert.

Bei aller Aufregung ruht der Autor Joyce gleichwohl nicht. Im ›Piccolo‹ erscheint am 11. August ›La città delle tribù: Riccordi italiani in un porto irlandese‹. Am Westrand Irlands stellt er Bezüge zur Mittelmeerwelt Spaniens und Italiens her, lässt die Stadtgeschichte Galways, Lokalkolorit eben, einfließen, aber auch Biographisches, als er eingangs vom vorurteilsgeleiteten Dubliner schreibt oder ausgangs Nonnen schildert, die Nora als Türhüterin eines Konvikts allabendlich hätte sehen können. Am 5. September lesen die Triestiner wie drei Wochen zuvor von Henry Joyce aus Galway. Das klingt, als habe Joyce die eigene Familie publizistisch im Westen Irlands verwurzeln wollen – darin dem Mythomanen Schliemann ähnlich, der rückwirkend sein Leben als auf die Entdeckung Troias zulaufend deutet. Offener sind im Artikel über den möglichen transatlantischen Tiefseehafen von Galway die Verweise auf den Genuesen Christoph Kolumbus, dessen Entdeckerruhm Joyce ironisch untergräbt, indem er diese Tat im Falle Amerikas dem hl. Brendan zuerkennt. Zugleich dichtet er dem Exilflorentiner Dante einen irischen Vorläufer an. In Irland rühre Ruhm vom Wort her, der Niedergang sei greifbar nahe. Entsprechend mag man den Hinweis auf Wilde deuten, dessen Beiname O'Flaherty den Abstieg einer Hochkultur markiere, die nur in Worten überliefert sei. Am 10. September endlich argumentiert James Joyce anonym im ›Freeman's Journal‹ für die Aufhebung des Einfuhrverbots für irische Rindviecher in englischen Häfen. Hintergrund ist die Maul- und Klauenseuche, deren Verbreitung in Irland englische Protektionisten auf den Plan ruft, worauf die Unionisten mit Schweigen reagieren. Joyce will von solch separatistischer Taktik nichts wissen, da sie Irland insgesamt schade. Inzwischen hat er brieflich mehrfach einen protestantischen Iren aus Ulster, Fachmann für die Maul- und Klauenseuche, erwähnt: Henry Blackwood Price, Angestellter einer Telegraphensozietät in Triest, der ihm am 25. August 1911 eine wohlwollende Epistel gesandt hatte:»Ob Sie sich *selbst* mit ›Dubliners‹ und was damit zusammenhängt, etwas Gutes tun, da habe ich noch Zweifel. Daß Sie jedem denkenden Iren mit Vernunft im Kopf mehr *oder minder* Gutes tun, wenn er Dubliners liest, halte ich für nicht so zweifelhaft.«

Beide Vorhersagen sind im August/September 1912 eingelöst, obwohl die endgültige Ablehnung durch Maunsel & Co. vermuten lassen könnte, die Iren bekämen Joyces Erzählungen nie zu lesen. Doch hat der Autor mit Curran einen alten Freund getroffen, der für ihn eintritt (Dankesbrief vom 19. August), und auch Padraic Colm hat ihm in London einen Verleger genannt, Mr. Boon, der Joyce am 13. September empfängt (14. September). All das nützt nichts, aber zumindest steigt die Stimmung, und als James Stanislaus morgens am 15. aus München die Ankunft für den selben Abend ankündigt, hat er auf die Rückseiten des Makulatur gewordenen Vertrages mit Maunsel & Co. ein satirisches Poem geschrieben: ›Gas from a Burner‹. Aus Sicht des Verlegers verfasst, ist es ein bitterböser Abgesang auf die Literaten Irlands, selbst die, die Joyce geholfen hatten, einst und jetzt: Lady Gregory, James H. Cousins, welchem er noch am Tatort in Vlissingen,

Niederlande, per Postkarte dankt, Padraic Colm etwa, oder Rivalen wie Moore und der verblichene John »Millicent« Synge.

Am 19. September, nun in der Via Donato Bramante 4, II, ansässig, richtet Joyce einen Brief an Yeats wegen einer Übersetzung von dessen ›Countess Cathleen‹ ins Italienische, aber auch um vom Ende der Hoffnungen auf das Erscheinen von ›Dubliners‹ zu berichten, was er selbigen Tags gegenüber Colm wiederholt.

Auch im neuen Domizil der Familie Joyce gibt es im Oktober Probleme mit dem Mietzins, und Stanislaus wird durch eine Notiz auf James' Visitenkarte herbeigeholt. Noch am 7. Oktober bittet er Verleger Mathews um Verzeihung ob verspäteter Antwort, man sei mit Möblieren befasst. So etwas reizt Joyce, schreibt er doch am 30. Mai an Schwester Eileen, sein Schreibtisch habe 160 Kronen gekostet, die Stühle würden gerade mit »Elefantenhaut« bezogen. Ob sie gemerkt hat, für Schnickschnack verschwendet er Geld, aber ein Besuch in Udine könnte an den 300 Kronen jährlich für Miete scheitern?

Unterdes bietet die Società di Minerva in der Via Carducci 28 Joyce an, einen Zyklus von zehn Vorlesungen auf Englisch über Shakespeares ›Hamlet‹ zu halten. Der erste Termin ist für Montag, den 4. November, geplant, wird aber um eine Woche verschoben. Bis Weihnachten ist allein der 2. Dezember verbürgt, es hätten unter Auslassung des 23. genau sechs Abende stattfinden können. Bei wöchentlich einem Termin vom 6. Januar bis zum 10. Februar wären es 1913 ebenfalls sechs, wofür einiges spricht, denn das überlieferte Notizheft ist umfänglich – zumal Joyce wie bei ›Dubliners‹ der Stoff unter den Händen gewachsen ist. Am 9. Dezember kondoliert er Tante Josephine Murray, deren Mann Willie in der Vorwoche gestorben ist, laut Joyce der einzige aus seiner Mutter Familie, der ihn je »mit Stolz« betrachtet und von ihm als seinem Neffen gesprochen habe. Doch das Jahr endet nicht mit traurigen Nachrichten aus Dublin. Joyce fasst nach Kontakten mit Yeats wieder Mut und expediert die Fahnen von ›Dubliners‹ erneut gen London, der Hoffnung Ausdruck gebend, der ältere Dichter werde es schon richten (16., 25. Dezember 1912).

Endlich am Ziel: Ein Literat wird entdeckt (1913–1915)

Erfolg hat ein Schriftsteller erst dann, wenn sein Wort die Aufmerksamkeit anderer findet. Die Vortragsreihe über ›Hamlet‹ ist ein finanziell honorierter Achtungserfolg, mag sie doch zurückgehen auf das positive Echo, das die Vorlesungen zu Defoe und Blake an der Civica scuola popolare e cittadina gefunden hatten. McCourt hat Berichte der k.u.k. Polizei ausgegraben, wonach am 9. Februar 1912 sechzig und später im selben Monat gar 120 Zuhörer den politisch unverdächtigen Ausführungen Joyces gefolgt waren. Die Società di Minerva, laut McCourt »die angesehenste kulturelle Vereinigung in Triest«, lädt im Winter 1912/1913 neben dem aufstrebenden Iren den Senator Guido Mazzoni und Marino de Szombathely ein, die über einen kürzlich gestorbenen Lyriker, den Lehrer und Symbolisten Giovanni Pascoli, und über Umberto Saba berichten, einen Altersgenossen Joyces, Triestiner begüterter Herkunft, Autor und Antiquar. Dazu passt das Porträt, das am 12. November 1912 im ›Piccolo‹ über »Prof. James Joyce« erscheint, dem Denker, Journalisten, Schriftsteller, bekannt und bewundert in Triestiner Intellektuellenzirkeln. Der Verfasser Roberto Prezioso schwelgt in Titelhudelei, schreibt von Dr. Joyce und erklärt ihn hymnisch zum neuen Leitstern. Joyce habe vor stets gefüllten Rängen ›Hamlet‹ weder kritisch noch philosophisch beurteilen wollen, so Prezioso, Herausgeber des ›Piccolo‹, Bewunderer Joyces und Verehrer Noras. Diesen Höreindruck bestätigt eine Lektüre der erhaltenen, erst 1974/1975 transkribiert publizierten Notizen. Sie deuten darauf hin, dass Joyce die Triestiner nicht allein mit ›Hamlet‹ als Stück, vielmehr mit der Geschichte des Dramas als Genre und beispielhaft anhand anderer Schriften mit Lokal- und Zeitkolorit vertraut macht. Das Material lässt vermuten, Joyce habe nie einen zusammenhängenden Text geschrieben.

Wer einwendet, Joyce habe stets komplette Texte seiner Vorträge hinterlassen, dem sei erwidert, in Dublin will der Student am UCD im akademischen Forum des Debattierclubs eine Polemik zum modernen Drama entfachen, und in Triest hat er 1907/1912 nur italienisch vortragen können – eine Fremdsprache, die er zwar sicher beherrscht, welche ihm indes mehr Konzentration bei der Kleistschen Verfertigung der Gedanken beim Reden abverlangt haben dürfte als das Englische. Kann er auf Italienisch dem Publikum einiges an Komplexität zumuten, muss der erfahrene Fremdsprachenlehrer Joyce bei der ›Hamlet‹-Reihe Abstriche machen, will er die Zuhörer befähigen, mit biographisch-historischen sowie landeskundlich-literarischen Kenntnissen im Kopf den Heimweg anzutreten und später die Shakespeare-Lektüre eigenständig anzufangen oder zu vertiefen. Um dies aus dem Material ersichtliche Bündel an Lehrzielen zu erreichen, darf der Fortgang nicht mit Siebenmeilenstiefeln erfolgen. Joyce hätte mithin stets sprechen müssen, niemals ablesen dürfen – was Stanislaus beim Irland-Vortrag 1907 »langweilig« gefunden hat. Jedes Zitat begleitet er mit Wortglossen. Das ist nötig, auch wenn er das Konvolut jede Woche ergänzt und das Publikum von fremden Sprach- und Lautständen jeweils entlastet.

Der Text des ›Hamlet‹ selbst und die der Betrachtung von 13 Szenen zugeordneten Notizen zum englischen Drama – worüber er im April in Padua eine Lehrprobe gehalten hat – und zu Shakespeare als Autor und Mensch liegen in einem Mosaik vor, das erst in mündlicher Rede zur Ganzheit wird. Da Joyce die Zusatzschriften über ein Netzwerk alphanumerisch auf ›Hamlet‹-Szenen bezieht, somit aus drei Notizdiskursen und dem Tragödientext ein »Medienquadrat« (Thorsten Melchers) bildend, in dessen leerer Mitte er am Pult redet, wird er, den jeweils starker Beifall verabschiedet, so zum Vortrags-Künstler. Wilde-gleich verkörpert Joyce vielfältige Rollen und Stimmen, und nicht zufällig widmet er dem Stück im Stück (II, ii) besondere Aufmerksamkeit, als fasziniere ihn die Theatralität Hamlets mehr als etwa dessen Melancholie.

Joyce als Akteur, der mit Lokal- und Zeitkolorit Zitate und Wortglossen würzt, dürfte es gelungen sein, die Zuhörer im Saal an der Via Carducci zu fesseln. Auch könnte er manch schwieriges Wort an der Tafel fixiert haben, um den Triestinern italienischer Zunge, die bei zugleich geringem Interesse der ortsansässigen Anglophonen den Saal füllten, das Verständnis zu erleichtern. (Immerhin kann Joyce laut einem Brief J. Browning-Spences, dem er den Gedichtband gesandt hat, auf die geistige Unterstützung des britischen Konsuls rechnen [18. Oktober 1912].) Obzwar sie in einer Zeit leben, die stärker akustisch als visuell geprägt ist, hätten die Zuhörer Joyce so besser folgen können. Schließlich dienen wiederholte Hinweise auf das Italien der Renaissance nicht nur der *captatio benevolentiae*, als Mittel zur Gewinnung des Publikums. Vielmehr hat der polyglotte und durch seine pädagogische wie performative Praxis auch geschickte Joyce so Bekanntes mit Unbekanntem vermischt.

Es bleibt Joyces einzige Vortragsreihe, denn er taugt nicht für den »literarische[n] Klub«; ihm dienen, statt wie anderen Triestinern »das Büro« (Svevo) oder »das Hinterzimmer in Sabas Buchhandlung«, »Kaffeehaus und Kneipe« als »Ort[e] der Literatur«. Nicht die Dante-Gesellschaft hatte ihn eingeladen, zu philologischen Themen zu sprechen, sondern eine den Namen der römischen Göttin des Handwerks und der Künste tragende Vereinigung: die Società di Minerva, als solche Ausdruck Triestiner »Armut an kulturellen Traditionen des 19. Jahrhunderts« (Claudio Magris/Angelo Ara). Große Dichtung entsteht im 20. Jahrhundert oft am Rand: in Dublin und Triest. Denn dort fehlt das so verbildete wie verkrustete Milieu der etablierten Akademie, und Joyce hat an der Adria den Punkt erreicht, wo der Künstler frei über die ihm gebotenen Fähigkeiten verfügen und mit Hilfe erworbener Fertigkeiten das vorliegende Material zu eigenen Werken gestalten kann. Er mag auch deshalb den glücklichen Gedanken gefasst haben, über ›Hamlet‹ in freier Rede zu sprechen – als krönenden Abschluss einer Ausbildung zum alle Sinne ansprechenden Autor, der fortan in der Schrift aufhebt, was andere nur in ihrer Person bieten können.

Ein Werk dieser Jahre, das, voller Sinnenfreuden, ihm wie die Epiphanien zu nahe ist, um publiziert zu werden und erst 1968 über Ellmann an die Öffentlichkeit gelangt, trägt auf dem Manuskript den nicht von Joyce geschriebenen, italianisierten Titel: ›Giacomo Joyce‹. Der Text ist wie die Vorlesungsnotizen in einem Heft erhalten. Wegen der vielen Verweise auf ›Hamlet‹ und der verbalen Verbindungen zu früheren sowie späteren Werken und Briefen, die in den 49 kurzen Abschnitten ermittelt wurden, kann ›Giacomo Joyce‹ als Gelenktext im Werk des Iren gelten. Da in den meisten Szenen Ansichten einer namenlosen Triestiner Jüdin, Englischschülerin des erzählenden Ich, aufscheinen, die das vielgestaltige Porträt eines von Verlangen erfüllten Mannes am Ausgang der Jugend ergeben, entsteht zugleich das Bild einer Beziehung – Emilio Brentanis Illusionen in Svevos ›Senilità‹ ähnlich und unähnlich. Unerfüllt bleibend, ist die Liebe des Lehrers zur begehrenswerten und begabten Schülerin ein Fantasieprodukt, das nach Anrufung des Lust-Gottes nicht wirklicher wird – vergleichbar den Briefen an Nora, als Joyce 1909 sie mit Worten liebt, da sie getrennt sind.

Allein Schreiben hilft ihm zu sehen – anders als Svevos Figur, die indes alle Ereignisse analysiert, ohne danach handeln zu können. Auch insofern steht ›Giacomo Joyce‹, wo mit Dublin, Paris, Triest, Padua Lebensorte des Verfassers vignettenhaft auftauchen, zwischen der Vortragsreihe und den großen Werken: nicht mehr mündlich verfertigt im monologischen Diskurs *coram publico* – noch nicht schriftlich fixiert im dialogischen Text, wie ihn Joyce im fünften Kapitel des Porträtromans und im Drama ›Exiles‹ zu Papier bringt; nicht mehr das Triestiner Intellektuellen bekannte Autoren-Ich – noch nicht das literarische Traditionen einschließende und sprengende Figuren-Ich, das späteren Lesern ein Vexierbild Joyces bietet. ›Giacomo Joyce‹ markiert die Grenze, die ihm, weil er sie in Triest, »eine[r] blockierte[n] Stadt«, erreicht hat, hilft, »Dublin und Irland« wiederzufinden, »die unerträgliche und unvergeßliche Heimat, die ihn verfolgte und die der Flüchtling ebenso notwendig braucht wie der Dichter: ein Mutterschoß, aus dem man flieht und von dem man doch nie loskommt, eine Stadt, die einen darauf fixiert, ständig schlecht von ihr zu reden, vor allem aber ständig von ihr zu reden.« (Magris)

Womöglich hat Joyce, der 1913 versucht, mit Hilfe von Empfehlungsbriefen einflussreicher Triestiner und seines Examenszeugnisses den Defoe-Vortrag in Florenz zu veröffentlichen (30. Juni), die Entdeckung gemacht, derzufolge seine Autoreninteressen in Dublin liegen. Dort kann er auch seine Affinität zum Triestiner Judentum literarisch ausagieren, welches – verkörpert durch Svevo im Leben und die Englischschülerin in ›Giacomo Joyce‹ – zwischen seiner italienischen Identität und Mitteleuropa an der Grenze zweier Welten existiert. 1993 hat Magris die für Joyce als Porträtisten von Triestiner Juden so attraktiven Züge der sprichwörtlich gewordenen Wanderer am Beispiel einer Ende der zwanziger Jahre an die Adria gelangten orthodoxen Familie aus Polen veranschaulicht. Bis zur Verfolgung und Vertreibung der Juden durch Mussolinis und Hitlers Häscher ein Hort der Liberalität, ist das von Joyce er- und belebte Triest ein Schmelztiegel, obwohl selbst er schon, wie in der Reihung der Bilder in ›Giacomo Joyce‹ zu sehen, das *Neben*einander der Verschiedenen gegenüber dem *Mit*einander der Ähnlichen betont. Joyce lebt zwar in Triest, schreibt aber nur fern von der Stadt am Mythos mit, der beim Österreicher Hermann Bahr in der 1909 publizierten ›Dalmatinischen Reise‹ nach Schilderung der Begegnung mit »k.u.k.-Statthalter Prinz

Hohenlohe« in einem Panoramabild in Prosa erscheint:»Wir stehen am Obelisken. Unter uns die Stadt, der Hafen mit Schiffen und Barken, den rauchenden Schlöten und den roten, gelben, braunen Segeln, das blaue Meer, die gelinde Bucht von Muggia, die grelle Küste bis Pirano, rechts aber der glitzernde Golf bis zu den Lagunen, weiß glänzt Grado, weiß der Turm von Aquileja her.«

Fern von Mythen, schreibt Joyce vor Abschluss der Shakespeare-Vorträge im Januar 1913 an Stanislaus, am Ende um Geld – leihweise – bittend, hauptsächlich um die eigene Meinung zur möglichen Beschäftigung als Englischlehrer an der Scuola Superiore di Commercio »Revoltella«, der höheren Handelsschule, zu klären. Zwar ist er zweimal in die Fußstapfen des Vorgängers getreten, »als Schmitz' Privatlehrer und dann an der Scuola Commerciale di perfezionamento« (McCourt 2001), aber ausbooten möchte er den Engländer Phillip Cautley genauso wenig. Der Vorteil eines regelmäßigen Gehalts ist beachtlich, doch bekomme der Pedell mit 2000 Kronen im Monat ein Viertel mehr – wohl wegen der um vieles längeren Anwesenheitspflicht und Rufbereitschaft. Zu solchem Dienst hätte der akademisch qualifizierte Ire kaum antreten mögen, hat er doch solche Gelegenheiten in Dublin immer wieder ausgeschlagen. Gleichwohl bittet er Senator Mazzoni um Vermittlung bei der Anerkennung des Bachelor-Titels: ebenso vergeblich wie der erneute Vorstoß bei Mathews, über eine Selbstbeteiligung am verlegerischen Risiko die prompte Publikation von ›Dubliners‹ zu bewirken. Selbstironisch das Buch »berühmt« nennend, spinnt Joyce die unbewiesene Verbrennung zum Mythos einer »einzigartigen Geschichte« aus, die allein schon werbewirksam sei (26. Februar). Umsonst. Mathews lehnt ab. Am 20. März, wohl einer Mahnung Joyces folgend, schreibt er:»Ich denke, das Buch müßte einem Verleger realistischer Vollblutromane zusagen; es ist voller Tempo und Kolorit, aber harmoniert mitnichten mit dem Typ Buch, den ich veröffentliche. Ich veröffentliche wenige Romane – die dann eher idealistisch-poetischer Art sind.« Dennoch bleibt Mathews wohlwollend und empfiehlt Joyce einem Kollegen, John Long. Mit wachsendem Zutrauen bietet Joyce Mathews postwendend außer ›Dubliners‹ den Porträtroman an, setzt aber hinzu, er werde beide Bücher auch Long vorlegen (Ostern 1913). Der autobiographische Roman taucht als aktuelles, im selben Jahr zu vollendendes Vorhaben wieder auf – nun mit vollständigem Titel: ›A Portrait of the Artist as a

Young Man‹. Die Lektüre des vierten und fünften Kapitels lässt vermuten, Joyce habe aus den ›Hamlet‹-Notizen ebenso Material geschöpft wie aus dem zeitgleich verfertigten ›Giacomo Joyce‹, die
Briefe an Nora emotional wie verbal ausgeweidet und die frischen Erinnerungen an Besuche wie Fußmärsche in Dublin literarisiert in den
Text eingefügt. In einigen Szenen liegt der Verdacht nahe, Joyce habe
Stephen Dedalus als jüngeres *alter ego* vor Augen, etwa als er die
Kasteiung der fünf Sinne durch den eine Phase religiösen Eifers erlebenden Jesuitenzögling schildert. Stephen fällt es schwer, einen abstoßenden Geruch zu finden, da ihn der Gestank menschlicher Ausscheidungen so wenig schreckt wie den Autor Joyce im Leben. Auch
Selbstkritik klingt an, als Stephen sich die Schar jüngerer Geschwister
besieht, denen so viel weniger Möglichkeiten offenstehen, während
ihm als Ältestem alle Wege geebnet worden waren – was in der Familie Joyce auf die Söhne, primär auf James zutrifft. Anders als in ›Stephen Hero‹ fehlt in ›Portrait‹ der jüngere Bruder Stephens als Gegenüber – das der Autor in Triest nötig braucht.

Die Stimmung steigt, schließlich erfährt Joyce durch Mathews im
Frühjahr von der Anthologie irischer Lyrik, in der Katharine Tynan
drei Gedichte aus ›Chamber Music‹, darunter das Schlussstück ›I hear
an army‹, publizieren will. Also wirft ihn der vergebliche Vorstoß bei
MacMillan, seit kurzem Yeats' Verlag auch in Europa, nicht mehr um
(13. Juli). Er findet gar Gelegenheit, ein Gedicht über die Ruderer von
San Sabba zu verfassen, die wie er selbst gern Opernmelodien singen – Joyce, der als Rheumatiker nicht nur dem Sport abschwört, dem
Vater und Bruder als junge Männer frönen, sondern auch in Triest die
Chronistenrolle spielt, der aus Lebenserfahrung anderer Literatur
schafft. Stanislaus am 9. September vom Haus der Familie Schmitz
schreibend, befürchtet James stets, ihm könne der Stoff ausgehen, zumindest mit Blick auf die Lyrik, welchen Gedanken er gegenüber Molyneux Palmer am 6. Oktober aufgreift. Zehn Jahre habe der Dichter
in ihm geschwiegen, nun seien am 20. September einige Verse in der
›Saturday Review‹ erschienen. Natürlich freut ihn die Nachricht, Palmer wolle die Vertonungen von ›Chamber Music‹ herausbringen,
doch ebenso interessieren ihn Ansichtskarten von Mallow, wo der
Tonsetzer nun lebt, als bewege ihn – Joyce – ein ungeschriebenes
oder unvollendetes Werk mehr denn ein unveröffentlichtes wie ›Dubliners‹ oder gar ein publiziertes und erfolgloses wie ›Chamber Mu

sic‹. Sechs Wochen später versucht Joyce etwas Verrücktes. Es ist unklar, warum er ausgerechnet Grant Richards wegen ›Dubliners‹ abermals behelligt.

Seinen kompromisslosen Umgang mit Dublin ebenso betonend wie die Aktualität des Buches angesichts der in Schwung geratenen Autonomie-Diskussion, auf die Joyce nunmehr anspielt, bietet er Richards offen die Selbstbeteiligung an. Auch bemerkt er nicht ohne Stolz, in Triest lägen 100 Vorbestellungen vor (23. November). Der beigelegte kurze Artikel über die verhinderte Veröffentlichung birgt für den Verleger nichts Peinliches, denn alle Schuld liege bei Maunsel & Co. sowie deren Drucker (30. November). Vierzehn Tage später datiert ist ein Brief aus London, in familiärem Ton verfasst, trotz formaler Anrede:»Dear Sir«. Er stammt aus der Feder Ezra Pounds, eines Amerikaners, der wie Henry James und später, nach T. S. Eliot, viele Landsleute in Europa als Literat reüssieren wollte und dabei außer Ford Madox Hüffer auch Yeats kennenlernte. Zu deren Zirkel zählt mitnichten der abseits lebende Joyce, man trifft ihn nicht in Buchläden oder auf Gesellschaften, also plaudert Pound schriftlich, bewusst Satzzeichen falsch setzend, von Zeitschriften, wo er, wie von Yeats angeregt, Prosa und Verse Joyces unterbringen will: ohne Kenntnis derselben. Gutwillig, selbstlos, will Pound das Abenteuer der Zusammenarbeit wagen, allein auf der »problematischen Basis einiger Dinge, die beiden gleichermaßen verhaßt« seien (15. Dezember).

Während der Name des Autors Joyce 1913 an Gewicht gewinnt und er seit dem 6. Oktober wöchentlich sechs Stunden Handelsenglisch an der Scuola »Revoltella« erteilt, dabei Grammatik im ersten Jahr auf Italienisch erklärend – anders noch als bei Berlitz in Triest und Rom –, hat er auch die Arbeiten an einem weiteren Werk begonnen: einem Drama, ›Exiles‹, Verbannte, überschrieben. Es spielt in Dublin 1912. Darin integriert Joyce die römische Erfahrung in die fiktive Vita des Protagonistenpaares und eine Triestiner Episode zwischen Roberto Prezioso und Nora Barnacle, die durch die häufige Abwesenheit des lehrenden und zechenden Gefährten anscheinend fast in die Rolle der Verräterin gedrängt wird, bevor es ihr nach einer Liebeserklärung Preziosos zu bunt wird und die vorher herzliche Beziehung abkühlt. Auf den 12./13. November 1913 sind Notizen für ›Exiles‹ datiert. Also hat Joyce die Erweiterung des Erfahrungsschatzes um die Sicht des fast Gehörnten bald fixiert – so wie er Anfang des

Jahres mit ›Hamlet‹-Vorträgen der Literaturkritik entsagt hatte, um Lesefrüchte nurmehr in eigene Werke einfließen zu lassen. Grant Richards muss Joyce um nochmalige Zusendung von ›Dubliners‹ gebeten haben, denn bevor am 15. Januar 1914 in der Zeitschrift ›The Egoist‹ – ohne Leser und ohne Geld – der Brief über die verhinderte Veröffentlichung der Erzählungen erscheint, schreibt der Autor drängend an den Verleger. Noch wartend, Privatstunden erteilend und laut McCourt seit dem 4. Januar in der Firma von Ettore Schmitz' Schwiegervater für 100 Kronen monatlich Korrespondenzen und Rechnungsbücher führend, erlebt er sich überschlagende Ereignisse: Denn Pound findet den Porträtroman »verdammt gut«, was Joyce so gut wisse wie er: »klar und direkt wie Mérimée«, der Verfasser der Novelle ›Carmen‹. Dabei lese er sonst englischsprachige Prosa nur von Henry James, William Henry Hudson und Joseph Conrad mit Gewinn (17. Januar). ›A Portrait of the Artist as Young Man‹ soll in ›The Egoist‹ erscheinen, und auch ›Dubliners‹ findet Pound gelungen, dabei »zu gründlich, zu psychologisch oder subjektiv im Ansatz« für ›The Smart Set‹ in New York (19. Januar). Selbigen Tags mahnt Joyce Richards, am 20. Januar berichtet er Palmer von der Publikation des offenen Briefes in ›The Egoist‹ und der Auswahl von ›I hear an army‹ für eine Gedichtsammlung. Endlich antwortet Richards am 20., und Joyce beginnt vier Tage später mit schriftlicher Klärung der Positionen und erneuert das Angebot, zum rabattierten Preis 120 Exemplare für Triest zu übernehmen. Am 29. schlägt der Verleger die Fortschreibung des Altvertrages vor, als bereue er seine damalige Haltung, fürchtet zwar eine Verleumdungsklage, doch folgt er nun Joyces Urteil, da sei nichts zu erwarten. Veränderungen, vom Autor am 3. Februar vorgeschlagen, betreffen den Verkauf des Bandes in Kontinentaleuropa, den Joyce für zwei Jahre selbst betreiben will, und die Erhöhung der Tantiemen von 10 auf 15 Prozent ab dem 8001. Exemplar. Auch verspricht Joyce, die Fahnen binnen zwei Tagen korrigiert zurückzusenden. Wieder heißt es warten. Er schreibt erneut am 12. Februar: erfolglos. Nach einer Postkarte am 2. März zu schließen, reißt ihm der Geduldsfaden. Doch Richards' Brief vom 27. Februar ist nur länger unterwegs als sonst. Darin stimmt er in Form des veränderten Vertrages Joyces Vorschlägen zu und sieht die statt der An- und Abführungszeichen beim Dialog verwandten Gedankenstriche als Versehen an, will sie daher ersetzen lassen. Joyce antwortet postwendend (4. März), empfindet die invertierten Kommata zwar weiterhin als Schandflecken im Druck, sie schüfen »einen Eindruck von Unwirklichkeit«, möchte aber das Vorhaben daran nicht scheitern sehen. Die 1912 als Menetekel beschworene Verleumdungsklage stellt er – anders als noch Ostern 1913 gegenüber Mathews – nicht mehr im Sinne einer »bewußte[n] Verschwörung gewisser Kräfte in Irland, um mich still zu halten«, dar, sondern – fraglos geschickter – als Versuch, »mich zu ermüden und, falls möglich, ein für alle Male zu erstikken«. Das genügt Richards, der am 23. März um Zusendung verlegter Doppelseiten bittet, die, abgetippt, am 26. aus Triest abgehen. Im Begleitbrief begehrt Joyce die Originaltitelseite der Dubliner Ausgabe als Souvenir und wünscht dem Produktionsprozess mit Blick auf den vereinbarten Termin im Mai keine weiteren Verzögerung mehr. Auch hat Joyce am 25. März dem »sozialistischen Verleger Angelo Fortunato Formiggini« den Vorschlag geschickt, die neun im ›Piccolo‹ gedruckten Artikel als Buch herauszugeben. Irland drohe ein Bürgerkrieg, und die Publikation der Texte ohne literarischen Wert sei in Italien von politischem Interesse (McCourt 2001).

Unbescheiden, autoritativ wirkt Joyce im Brief an Katharine Tynan, der er für die Aufnahme von ›I hear an army‹ in die Anthologie ›The Wild Harp‹ dankt, um sie sogleich auf zwei Fehler hinzuweisen, die, ebenfalls in ›Des Imagistes‹, dem in New York publizierten Band Pounds, aufgetreten und in der zweiten Auflage zu beheben seien. Nicht unpassend folgt in der englischen Briefausgabe eine der stets larmoyant-apokalyptischen sowie säkular-dominanten Episteln von Vater Joyce, der dem Ältesten die Entscheidung über die Verehelichung Eileens mit Frantisek Schaurek, einem tschechischen Bankangestellten in Triest, ans Herz legt. James und Stanislaus, welch letzterer seit Jahren schweige, hielten der Schwester Zukunft in Händen. Einen Besuch an der Adria annoncierend, da den Rekonvaleszierenden in Dublin kaum etwas halte, liefert der längst allein lebende Patriarch die Begründung gleich mit. Er will die Ahnenporträts sehen, die seit 1913 in Triest hängen, bei James, dem er sie am 25. Juli 1911 zur Übernahme angeboten hatte (5. Mai 1914).

Als Autor ein Meister der Selbstvermarktung, dabei wie Schliemann bereit, Geld in die Legenden- und Mythenbildung zu stecken, obwohl er ständig blank ist, nimmt Joyce die Kosten für den auszugsweisen Druck der Kritiken zu ›Chamber Music‹ auf sich. Das Ergebnis sendet er Richards am 8. Mai, damit dieser die Zettel den Exemplaren von ›Dubliners‹ beilege. Mit elisabethanischen und jakobinischen Poeten, dem Satiriker Rochester ausgangs des 17. Jahrhunderts sowie Paul Verlaine am Ende des 19. auf eine Stufe gestellt, hat der Verfasser von »Musik in Versen« (›Irish Daily Independent‹) durchaus Grund, stolz zu sein, zumal sein zarter Ton auch mit der Zeichentechnik eines James Abbott McNeill Whistler verglichen wird. Optimistisch sieht Joyce dem ersehnten Tag entgegen, dankt Richards am 14. Mai für die ein zweites Mal erbetene Titelseite der verhinderten Dubliner Ausgabe und hofft, da weitere Fahnen ausbleiben, auf Berücksichtigung seiner Korrekturen. Doch nichts geschieht – ebenso wenig wie das Buch mit Vorwort erscheint. Joyce indes arbeitet daran, sein Werk, die Geschichten wie die Gedichte, bestmöglich unters Volk zu bringen, schreibt Katharine Tynan am 18. und fragt Mathews am 19. Mai, wie viele Exemplare der gesammelten Kritiken er benötige, worauf dieser erwidert: »hundert oder zweihundert – ja, so viel Prospekte Sie erübrigen können« (21. Mai). Eine Folge von sieben Geschäftsbriefen an Richards (13. bis 22. Juni), deren einer von der Herstellung eines aktuellen Autorenfotos handelt (19. Juni), zeugt von Hektik um das Erscheinen von ›Dubliners‹ am 15. Juni in 1250 Exemplaren.

Eine erste Einschätzung des Textes bietet am 26. Juni »seinem Lehrer und Freund« Ettore Schmitz. »Sorgfältig« werde er das Buch lesen und es jedem vorstellen, den er des Interesses an »einem englischen Werk mit irischem Inhalt« für fähig halte. Vorsichtig deutet Schmitz an, wie er Literatur lebt: die argwöhnische Gesellschaft stets im Blick. Auch regt er ein »italienisches Werk über unsere Stadt« an. Ob er ›Giacomo Joyce‹ kennt? Nach Lektüre der in ›The Egoist‹ publizierten Kapitel meint Schmitz, den Geruchssinn des ihm als Augenmensch vertrauten Stephen Dedalus entdeckt zu haben, der »ihm hinter Ihrer schrecklichen Handschrift verborgen geblieben war, die nicht viel besser ist als meine«.

Zwei Tage später trifft ein serbischer Student in Sarajevo tödlich den österreichischen Thronfolger, und binnen weniger Wochen rückt Triest vom Rand des Habsburgerreiches in die Mitte der Auseinandersetzung um die italienische Ostgrenze, obwohl ein Kriegseintritt Italiens an der Seite Englands und Frankreichs zunächst nicht bevorsteht. Zeichen italienischer Freiheitsbestrebungen, ist das »gegen den Widerstand des Konsortiums der Triestiner Kaffeehausbesitzer

[...] am 3. Januar 1914 eröffnet[e]« und noch bestehende San Marco im Sommer unbehelligt geblieben. Magris erzählt von einem Zeitzeugen, der selbst die Zerstörung des Cafés durch die Österreicher am 23. Mai 1915 nicht als Zeichen zerrütteter Verhältnisse wertet. So ist es kein Wunder, wenn Joyce in Briefen aus dem Jahr 1914 nur von eigenen Angelegenheiten schreibt. Richards hat ihm am 30. Juni von Rezensionen berichtet, darin man die »elende Stimmung« betone, die ›Dubliners‹ präge, doch fast ausnahmslos den Text als solchen lobe. Am 3. Juli antwortet der Autor mit Bitten um Versendung von Exemplaren auf seine Kosten, dem Hinweis auf ›A Portrait‹ als nächsten Titel, den er dem Verleger vertragsgemäß für 1915 anbietet, und mit dem Vermerk, einige Fehler in ›Dubliners‹ müssten behoben werden. Dabei gefallen ihm Type und Umschlag. Ansonsten scheinen die Erzählungen nun erledigt. Nur geschäftlich schreibt Joyce Richards am 1. und 20. Juli noch zwei Briefe, bevor die Kriegserklärungen der Österreicher am 28. Juli sowie vom 2. bis 4. August seitens der Russen, Deutschen, Franzosen und Briten jedes normale literarische Leben sowie die Korrespondenz zwischen London und Triest zum Erliegen gebracht haben dürften.

Das Los Irlands scheint für den 1913/1914 im Aufstieg befindlichen Autor in weite Ferne gerückt. So ist unbekannt, ob er im Juli 1914 verfolgt, inwieweit Großbritannien außer am Rande des Weltkrieges auch am Rande eines inneririschen Bürgerkrieges steht. Der irische Historiker Pater X. Martin beschreibt 1964 eine Episode vor der Halbinsel Howth im Norden Dublins: »In der Geschichte mag man Muster von ›Bewegungen‹ sehen, aber die Rolle des Individuums bleibt von höchster Bedeutung [...]. [Erskine] Childers zeigte vom Moment, da er [die] Aufforderung annahm, die Gewehre nach Irland zu schaffen, bis das Boot am Pier von Howth festmachte, eine Meisterschaft in praktischen Einzeldingen, anhaltenden Mut und einen visionären Sinn für das zu erreichende Ziel. [...] Die Gründung der Irish Volunteers im November 1913, die Landung der Gewehre in Howth und Kilcoole, der Aufstand von 1916, waren drei Schritte, die logisch, aber nicht unweigerlich aufeinander folgten. Vom Osteraufstand rührte die Unabhängigkeitserklärung des Dáil Éireann am 21. Januar 1921 und die Gründung eines eigenen irischen Staates im Jahr 1922.« Der hier kurz porträtierte Erskine Childers, Anglo-Ire, Jahrgang 1870, hat am Burenkrieg teilgenommen, ein Buch mit Briefen aus Südafrika publiziert und 1903 mit ›The Riddle of the Sands‹ einen Erfolgsroman vorgelegt, in dem er die mögliche Invasion Großbritanniens ausgehend von den Sielen und Inseln Ostfrieslands als Plan deutscher Spione präsentiert. Zunächst Imperialist, Autor militärischer Studien und Unionist, erlebt Childers eine Wandlung zum Vertreter von Home Rule, der den Irish Volunteers sein Können als Segler zur Verfügung stellt, bevor er im Ersten Weltkrieg sowohl an Angriffen auf die deutsche Nordseeküste und Planungen zur Einnahme von Borkum und Juist als auch an der von der Admiralität beschlossenen Eroberung der türkischen Halbinsel Gallipoli aktiv mitwirkt. Kaum hat er 1916 einen Heimaturlaub angetreten, bricht in Dublin der Osteraufstand los.

Von solchen Verstrickungen eines integren Mannes weiß Joyce in Triest so wenig wie von Michael Collins, einem 1890 in West Cork geborenen Angestellten, der, seit 1906 in London, dort politisch aktiv wird und nach Kriegsausbruch gar in den britischen Staatsdienst wechselt, wegen der Wehrpflicht an Emigration in die USA denkt, bevor er am 15. Januar 1916 Richtung Irland geht. Childers wie Collins sind wichtige Akteure im irischen Unabhängigkeitskampf, den Joyce von ferne verfolgt und während des Krieges gewiss manchmal aus den Augen verliert. Wie er sind sie Individuen, zerrissen zwischen verschiedenen Loyalitäten, nur sehen sie ihre Aufgabe im direkten politischen Engagement und handeln danach. Da lebt der Literat Joyce vergleichsweise beschaulich.

Am 8. August 1914 titelt ›L'Indipendente‹ »La Grande Guerra«, und kaum einen Monat später, am 17. September, erhält Joyce ein Schreiben von der Scuola Superiore di Commerciale »Revoltella«, er sei bis auf weiteres ohne Bezüge freigestellt. Statt der im Juli für ihn in Wien beantragten Dauerstellung hat er nun nichts in Händen außer dem Minigehalt als Korrespondent und Buchhalter der Firma für Antikorrosionsfarben bei Schiffen, in deren Auftrag Ettore Schmitz zu Kriegsbeginn in Deutschland weilt, um in Wesseling bei Köln den Aufbau der dortigen Filiale zu leiten. Das hatte er zuvor jahrelang im Londoner Stadtteil Charlton im Dienste britischer Marineinteressen getan. Nichts ist entschieden, als Joyce am 11. November Harriet Shaw Weaver, der Herausgeberin von ›The Egoist‹, ledigen Feministin und großzügigen Kunstmäzenin auf dem Umweg über eine Adresse in Venedig mitteilt, ihr Brief vom 21. Oktober sei eingetroffen (nach kriegsbedingten 13 Tagen Laufzeit). Inzwischen habe er die beiden letzten Kapitel von ›A Portrait‹ über die Schweiz nach England geschickt. Die freie Zeit hat er für den Abschluss des Romans genutzt, der, je länger die Lektüre währt, um so mehr auf wenige Tage erzählter Zeit zusammenschrumpft – wie eines der von Joyce geschätzten späten Ibsen-Dramen –, während die Intensität der in der Erzählzeit gebotenen Inhalte proportional dazu wächst. Stephen Dedalus erscheint zunehmend als Künstler, der um den Preis, nicht der Masse der Studenten oder auch der irischen Nationalisten anzugehören, der einzig eigenständige Kopf seiner Umwelt ist. Es wäre interessant, ließe sich ermitteln, wann genau Joyce die Passage schrieb, in der Stephen es ablehnt, eine zugunsten des Weltfriedens im College ausgelegte Liste zu unterschreiben. Ins Jahr 1899 verweisend, als der Zar eine Friedensmission schickt und auch der Burenkrieg beginnt, ist die Stelle nach Ausbruch des Weltkrieges ironisch zu lesen. Und Joyce, darin seiner Figur so ähnlich wie verschieden von Childers und Collins, agitiert nicht, sondern sondiert die Möglichkeiten, von Wien alimentiert zu werden.

Am 10. Dezember 1914 erbittet er die Hilfe lokaler Behörden, und später findet er unter den Beamten Fürsprecher, sogar bei Prinz Hohenlohe, k.u.k. Statthalter, dessen Gattin und Kinder von Joyce Englischunterricht erhielten. Unisono lautet der Tenor, Joyce habe nur seinen Lebensunterhalt im Sinn (McCourt 2001). Das gilt nicht für Stanislaus, den die Verwaltung im Januar 1915 für die Dauer des Krieges zunächst in Schloss Kirchberg, Niederösterreich, interniert. Wie Ettore Schmitz und unterstützt von dessen Familie, glückt James Joyce der Spagat zwischen unauffällig wirkender Privatperson und dem Leben als Autor. Über die Firmenfiliale in Murano bei Venedig nimmt er Ende Januar wieder Kontakt mit Richards auf, der das »vierte, fünfte und dritte Kapitel« des Romans bei Pound erhalten könne. Finanziell blank, muss Joyce zur selben Zeit offiziell einen Kredit von 600 Kronen aufnehmen, für den Vidacovich und Artifoni als Bürgen eintreten.

Krieg hin, Krieg her, den Autor Joyce kümmern Rezensionen, Kritikernamen und mögliche Reaktionen in nationalistischen Dubliner Organen mehr, und die Fehler in ›Dubliners‹ grämen ihn am 2. Februar 1915 noch immer. Vierzehn Tage darauf trudelt in Triestiner Amtsstuben die Nachricht ein, Joyce sei als politisch unbedenklich eingestuft und könne – wenngleich mangels österreichischem Pass nur zeitlich begrenzt – weiterhin Englisch lehren. Von dieser Wende weiß der Begünstigte nichts, ist auch höchlich überrascht, als 18 seiner Schüler am 4. März bei der Schulverwaltung Druck ausüben. Ihn, den Unbehelligten, interessiert weit mehr der Fortgang der Vorabveröffentlichung von ›A Portrait‹ durch Weaver, deren Zeitschrift hoffentlich »trotz der schlechten Zeiten« erscheine (5. März), und die Frage, ob der Satz der vorangegangenen Nummern von ›The Egoist‹ erhalten sei, was sie am 17. März verneint. Am St. Patrick's Day erfährt Joyce von der Unterrichtserlaubnis, und am selben Tag nimmt er, vermittelt über Pound, Kontakt mit James B. Pinker auf, dem bekannten Literaturagenten. Abgeschnitten vom freien kulturellen Austausch, beginnt er einen dichten Briefverkehr mit Korrespondenten dies- und jenseits des Atlantiks, etwa mit dem Journalisten H. L. Mencken (23. März), Pinker, der die Buchrechte von ›A Portrait‹ erwerben will (März 1915), und Richards, welcher den Roman zuerst begutachten darf. Im gleichen Schreiben vom 5. April teilt Joyce dem Verleger mit, er habe eine dreiaktige Komödie verfasst, ›Exiles‹, die der Agent zwecks Vermarktung der Bühnenrechte betreue. Auch im Erfolg bleiben Missverständnisse und Fehlschläge nicht aus. So soll in den Vereinigten Staaten ein Raubdruck von ›Dubliners‹ kursieren (19. April) oder Agent Pinker der Sekretär des Autors H. G. Wells sein, ein Joyce peinlicher *Faux pas* (22. April). Als am Monatsende der Kredit fällig wird, lässt er den Termin verstreichen, das neue Zahlungsziel lautet 30. Juli. Auch teilt er Weaver mit, er habe Pinker zum Agenten bestimmt. Nebulös klingt ein Absatz, darin er sie bittet, ihm wegen der vielen Hindernisse keine Exemplare von ›The Egoist‹ zu schicken, als sei ihm daran gelegen, das ungetrübte Bild des Fremdsprachenlehrers zu erhalten. Womöglich wird die Post geprüft, und literarische Aktivitäten im englischsprachigen Feindesland könnten die Zöllner beargwöhnen (30. April).

In Triest geht das Leben weiter. Am 6. Mai hängen in der Scuola »Revoltella« die Prüfungstermine aus. Tags darauf setzt Joyce die Geschäftspost mit Richards und Pinker fort – es geht um den niedrigen Absatz von ›Dubliners‹: 499 Exemplare bis zum 31. Dezember 1914 bei 117 Freiexemplaren. 1910 hatte er sich beim Verkauf von 12 000 Büchern £ 500 Gewinn erträumt. Ein verzeihlicher Irrtum des Unerfahrenen. Noch dramatischer klingt die niedrige Zahl in Joyces Brief an Pinker vom 9. Mai, da er 240 Exemplare als von ihm selbst,»in Dublin, Irland und London von Freunden, Verwandten und Bekannten« erworbene bezeichnet. Wie schon bei Mathews bezweifelt er Richards' verlegerisches Vermögen. Doch sind ›Chamber Music‹ und ›Dubliners‹ im ungünstigen Moment erschienen. Bevor Joyce Mitte/Ende Mai Richards' Absage einer Veröffentlichung von ›A Portrait‹ erhält, feiert er am 12. Mai in der Basilika San Giusto die Hochzeit von Schwester Eileen mit Frantisek Schaurek, dem Tschechen, die Vater Joyces Bedenken nicht verhindern konnten. Ort ist der Dom, mit der nahe gelegenen, nutzlosen Festung »schon um 1905 hauptsächlich Symbol«, ja Emblem Triests wie seiner Vergangenheit (Oliver Schneider).

Kein Symbol ist Italiens Eintritt in den Krieg auf Seiten der Entente am 23. Mai. In Triest bricht der Antagonismus zwischen pro-italienischen und proösterreichischen Fraktionen endgültig aus. Am 16. Juni schließt Joyces Schule. Vergeblich versucht er, das Juli-Gehalt zu ergattern. Immerhin richtet er am selben Tag, zum für die Beziehung zu Nora symbolträchtigen Datum, eine Postkarte auf Deutsch an Bruder Stanislaus, die nur von Triest handelt, außer dass er dem Internierten wünscht,»bei guter Gesundheit« zu sein. Grund für dies Lebenszeichen scheint die Nachricht, der Autor James Joyce »habe etwas geschrieben«, den »neue[n] Roman ›Ulysses‹«, der, in Rom 1906/ 1907 als Erzählung erdacht, dort nicht über den Titel hinausgelangte und nun in einer dreiteiligen, episodischen Struktur mit 22 Kapiteln entworfen ist:»Telemachie, [...] Ulysses['] Wandlungen [...] Ulysses['] Heimkehr«. Das für den Fall der Abreise versprochene Schreiben an den Bruder ist nicht erhalten. Finanziell und persönlich von vielen unterstützt, besteigt Joyce mit Nora und den Kindern am 27. Juni den Zug nach Zürich. Im Gepäck haben sie außer guten Wünschen und Erinnerungen das Triestino, das ihr Familienidiom bleibt. Er reist mit der Gewissheit, bekannt zu sein, denn der amerikanische Verleger und Übersetzer Benjamin W. Huebsch hat am 2. Juni Interesse an ›Dubliners‹ und, wichtiger, an ›A Portrait of the Artist as a Young Man‹ bekundet.

Station V: Exil vom Exil – Zürich/Triest (1915–1920)

[. . .] das Benehmen meiner italienischen Umgebung machte
mich stutzig. Ich wurde verhätschelt [. . .]. Auch Croce
schien mir ein wenig wärmer im Ton und besorgter um den
Frieden als sonst. Bei meinem letzten Besuch schalt er auf
Savy-Lopez, den Salonlöwen und Romanisten. Der Mann
[. . .] habe dieser Tage geschrieben, er liebe Deutschland,
und eben deshalb halte er seine Niederlage für notwendig.
[. . .] Croce nannte das preziösen Unfug, mir selber schien
der Ausspruch treulos, ja verbrecherisch. Wie hätte ich da-
mals ahnen können, daß ich ihn vierundzwanzig Jahre
später, ohne im geringsten an Savy-Lopez zu denken, rein
von mir aus, aus eigener verzweifelter Überzeugung, oft
und wörtlich wiederholen würde.
Victor Klemperer, ›Curriculum Vitae. Erinnerungen,
1881–1918‹, II (1989) 1996

James Joyce, der zwiespältig über Deutschland, deutsche Sprache und Kultur denkt, hat politisch nichts Verfängliches geäußert, solange er – als Untertan Georgs V. britischer Staatsbürger – in Kakanien weilt. Er will bleiben können. Zugleich naiver und drastischer schreibt T. S. Eliot, der Student aus den noch neutralen Vereinigten Staaten: Bei einer Pfarrersfamilie für den Sommerkursus in Marburg/Lahn einquartiert, schildert er am 26. Juli 1914 »unheimlich nette Leute«, die Essgewohnheiten und »das Gefühl, im hintersten Winkel Deutschlands zu sein«. Die Muttersprache Englisch scheint inexistent, und die Studenten nennt Eliot »schrecklich höflich«, die »Bedienstete[n], Eisenbahnbeamte[n] sehr entgegenkommend«. Am 22. August schreibt Eliot erneut, von der Noblesse der Deutschen und vom Unwohlsein wegen der 14 Tage »ohne Verbindung mit der Außenwelt« berichtend. Der Mutter gibt er tags darauf ausführlich Nachricht, skizziert das Warten und die Ausreise selbst, über Frankfurt/Main und Köln in die Niederlande, wo er, zwei Jahre nach Joyces Landung in Vlissingen, nach England und ins Herz Londons fährt: »Ein amerikanischer Paß ist in Deutschland viel wert.« Ohne Zugang zur britischen Presse sei er durchaus von der deutschen Sache eingenommen gewesen. Jetzt sei er klüger:»*ich halte es für besser, daß Deutschland abtritt.*« Am 8. September endlich meint er: In Marburg »kam ich mir vor wie ein Kind, das in der oberen Schlafkoje liegen muß, während der Zug an einer großen Stadt vorbeifährt«. Ohne »Sensation und Information« könne er nicht arbeiten. Er lobt London als Stadt voller Flüchtlinge aus Frankreich und Belgien und polyglotte Metropole,»eine Fremdenstadt«, will im belagerten Paris sein, er wünscht wie Croce »Deutschlands Niederlage«, nicht polemisch-politisch »Verbrechen« anprangernd, vielmehr »gegen die deutsche ›Zivilisation‹ – diese ganze Rangordnung von Offizieren und Professoren« protestierend.

Joyce bleibt damals in Triest, wo er deutscher Kultur mit Hinweisen auf die Frauenfiguren in Hauptmanns Dramen ebenso literarisch Reverenz erweist wie dem Vogelruf in Wagners ›Siegfried‹. Dabei zitiert er, gebrochen in der Sicht des Stephen Dedalus, auch das zum Markenzeichen gewordene Stigma für Waren deutscher Herstellung: »Made in Germany«. Passenderweise versieht er es mit der Anspielung auf den unter katholischen Nationalisten Irlands verpönten Import der Ideen Martin Luthers. Anders als Eliot erkennt der dem Tun und Treiben entrückte Ire Joyce ein von Deutschland ausgehendes Freiheitspotential. So wenig er mit derlei Ansichten hervortritt, da er die eigene Haut retten und das Werk fördern will, so wenig kann er von der Beschäftigung mit Dingen deutscher Herkunft lassen. Die Inventarliste der in Triest gelassenen Bücher etwa deutet außer auf das polyglotte Lektüreinteresse Joyces und die Neigung, Übersetzungen heranzuziehen, falls das Original nicht greifbar ist, auch auf bisher wenig Bekanntes. So hat er eine italienischsprachige Grammatik des Englischen zur Unterrichtsvorbereitung genutzt und die frühe Colette zur Kenntnis genommen wie Bestsellerautor Georges Ohnet. Selbst Standardwerke ›The Troubadours‹ (1879) wie von Francis Hueffer (Franz Hüffer), dem aus Münster/Westfalen stammenden Musikkritiker, der Schopenhauer und Wagner in England popularisierte, sind in Joyces Bücherschrank vertreten. Hüffer, früh verstorbener Vater Ford Madox Hüffers, dürfte den meisten um die Wende zum 20. Jahrhundert kein Begriff mehr gewesen sein. Doch der studierte Romanist Joyce kennt sein Hauptwerk. Sohn Ford, der im Juli 1914 bei einer Landpartie an der schottischen Grenze eine Lesung aus ›A

Portrait‹ hört, ist Joyce 1914/1915 persönlich noch unbekannt. Dabei
steht er mit Pound, den Hüffer entdeckt hatte, in regem Schriftverkehr. Pound, der Joyce am 1. April 1914 einen Ruhm im kleinen
Kreis prophezeit, hatte Hüffer 1911 in Gießen besucht. Das nahe
gelegene Marburg spielt in der Vita Hüffers und Eliots wie im Œuvre
Hüffers, besonders im Roman ›The Good Soldier‹ (1915), eine tragende Rolle. Anders als Pound und Eliot oder Joyce, der bald sein
Exil vom Exil antritt, und Henry James, der kurz vor dem Tod 1916
Untertan Sr. Majestät wird, zieht Hüffer Uniform an, nachdem er Gedichte und Geschichten über den Krieg sowie zwei Propaganda-
bücher wider die von Preußen ausgehende ›Kultur‹ verfasst hat. Damit ergreift er so entschieden Partei wie wenige Schriftsteller, was ihm
außer einer Kriegsneurose und einer Schreibblockade einen Karrie-
reknick einbringt. Denn als Anglo-Deutscher sitzt Hüffer im Ersten
Weltkrieg zwischen allen Stühlen wie der Anglo-Ire Erskine Childers
im irischen Bürgerkrieg oder im ›Dritten Reich‹ und Zweiten Weltkrieg der deutsche Jude Victor Klemperer. Diesen drei Männern ist die
Feder zeitweilig zum Fluch geworden. Verglichen damit folgt Joyce
stets seiner Nase, mit der er literarische Fährten wittert, etwa indem er
nach Zürich wechselt, dort wie 1904 in der Pension Hoffnung absteigt (30. Juni bis 7. Juli 1915) und dann fünf weitere Wohnungen
bezieht, jeweils möbliert, bevor er im Oktober 1919 für acht Monate
nach Triest zurückkehrt. Zwischendurch weilt er zweimal in Locarno,
einmal in der Pension Daheim logierend, und lebt sonst so sesshaft
wie nie zuvor. Denn nun schreibt er an *seiner* Odyssee.

Die abenteuerliche Ausreise aber, bei der die Familie Joyce den
Weg über Innsbruck nimmt, wo der Zug wartet, damit Kaiser Franz
Joseph per Eisenbahn passieren kann, wäre in letzter Sekunde bei-
nahe missglückt. Zugleich Grenzort zur Schweiz und Sitz der »k.u.k.
Briefzensurstelle«, ist Feldkirch fast Schauplatz einer Tragödie der
Irrungen geworden. Doch, passend zu Joyce, dem Mann des Wortes,
geht es nicht um einen Doppelgänger, vielmehr hat laut Franz Karl
Stanzel »jemand die Adresse einer gewissen Mrs. J. Joyce [...] als
Deckadresse verwendet«. Dem Namen nach verdächtig, dürfte Joyce
den Uniformierten erklärt haben, warum er männlich sei.

Außer dem Wiener Satiriker Karl Kraus hat Stefan Zweig in ›Die
Welt von Gestern. Erinnerungen eines Europäers‹ (1944) die Ausreise-
bedingungen nach Buchs literarisch festgehalten: »Es ist schwer, sich

zu vergegenwärtigen, was [1917] der Übergang von einem versperr-
ten, schon halb ausgehungerten Kriegsland in die neutrale Zone bedeutete.« So dramatisch hat Joyce es kaum empfunden, schließlich ist
er dem Krieg, auch dem am Isonzo unweit Triests, früher entronnen
als die meisten anderen. Dennoch mag Zweigs Beschreibung der
Stimmung am Übergang zutreffen:»All der Widersinn europäischer
Kriege wurde mir durch das nahe Nebeneinander im Raum geradezu
sinnlich offenbar; [...] ich fragte mich unwillkürlich, ob nicht auch
die Fische in diesem Grenzflüßchen auf der rechten Seite Krieg füh-
rende Tiere wären und die zur linken neutral.«

Als Zweig in die Schweiz einreist, ist Joyce seit gut zwei Jahren in
Zürich, als Privatlehrer etabliert und finanziell gesichert wie nie zuvor, denn literarische Freunde in England, darunter Yeats, Moore und
Pound sowie der Kritiker, Übersetzer und Ibsen-Herausgeber Edmund Gosse haben ihm 1915/1916 aus Mitteln des Königlichen Lite-
raturfonds ein offizielles Stipendium verschafft. Auch Noras Onkel
Michael Healy aus Galway hat der Familie mit Geld geholfen. Stanislaus weilt nun in Schloss Grossan bei Raabs, Niederösterreich, Schwester Eileen mit Ehemann Frantisek in Prag. Die Familie Joyce lebt also
zerstreut – in der irischen Diaspora. Am Festtag des San Giusto, Triests
Schutzpatron, will Joyce der Jahre an der Adria gedenken (2. November 1915). Hat er mit Absendung des ›Portrait‹ an Weaver Ende 1914
und der Ankündigung gegenüber dem Agenten Pinker, mit ›Exiles‹
einen komischen Dreiakter vollendet zu haben, den er in Zürich tippen lässt (15. August 1915), noch in Triest die Schublade fast geleert,
verfolgt er nun parallel ein weiteres Vorhaben.

Im Briefverkehr erwähnt er ›Ulysses‹ gegenüber Weaver am 10. Oktober 1916. Die ihm seit der Vorabveröffentlichung des Porträtromans in ›The Egoist‹ als Korrespondentin vertraute Mäzenin hat wohl
danach gefragt. Das Buch spiele, so Joyce, im Dublin des Jahres 1904,
er habe Teil I fast beendet und Teile II und III partienweise aufge-
schrieben und werde es hoffentlich 1918 beenden. Am 8. November
schickt er Weaver eine Aufstellung zur bisherigen Laufbahn mit lapidaren Sätzen zu ›Ulysses‹, den er in Rom begonnen habe,»vor sechs
Jahren (oder) sieben« – tatsächlich sind es zehn! Noch will der unge-
nau Zählende binnen 24 Monaten zum Abschluss kommen.

Während ein weiteres Manuskript wächst, hat ein umfangreicher
Schriftverkehr stattgefunden, die Publikation von ›A Portrait‹ und

›Exiles‹ betreffend. Pound dient Joyce als lobender wie tadelnder Leser, der dem Roman Dauerhaftigkeit bescheinigt wie Flauberts und
Stendhals Werken und das Drama als bühnenuntauglich beschreibt
(um den 7. September 1915). Dennoch bringt Joyce Menschen in Bewegung – wie aus egoistischen Motiven den Agenten Pinker. Ein Gutachten aus dem Verlag Duckworth & Co., verfasst von Edward Garnett, Jugendfreund von Ford Madox Hüffer, zeigt, noch fehlt Joyce
der äußere Status eines Klassikers. Der Aufforderung, den Roman
gründlich zu revidieren, die am Ende wie »feuchte, unwirksame Ra-
keten« ins Leere zielenden Gedanken zu konzentrieren, hätte Joyce
niemals nachkommen mögen (26. Januar 1916). Pound tritt für ihn
ein, und Weaver sucht einen Drucker, der eine Publikation riskieren
will. Nicht alles ist wie bei ›Dubliners‹, denn auch in Amerika wird
Interesse laut, und trotz des Osteraufstandes in Dublin, den Joyce wie
den Weltkrieg mit Schweigen aus dem brieflich vermessenen Raum
verbannt, geht er als Autor weiter: nahezu unbeirrt von Ablehnun-
gen, Rückschlägen und Vorbehalten. So übernimmt im Juli/August
1916 Benjamin W. Huebsch aus New York die Publikation der amerikanischen und letztlich auch die Produktion der englischen Ausgabe
des Porträtromans.

Hilfreich wirkt bei solch politischer Reserviertheit Joyces eine
Epistel, in der George Moore zwar in ›Dubliners‹ manch »triviale und
unangenehme« Geschichte ausmacht, aber auch ein vollkommenes
Werk: ›The Dead‹. Unsicher, ob er bald ein »Meisterwerk« verfasse, gesteht Moore dem Jüngeren einen tiefen persönlichen Wandel zum
Besseren zu und kann ihn politisch nicht zuordnen. Joyce sei im Ausland gewesen, als Sinn Féin den Samen säte und sei hoffentlich nicht
für Home Rule. Da irrt der Gentleman aus Nr. 121, Ebury Street, London. Moore setzt hinzu, unter literarischem Aspekt habe Joyce Hilfe
gewiss verdient (3. August 1916). Dies Urteil bekräftigt am 20. August
knappst W. B. Yeats, der Joyce ein »mögliches Genie« nennt. Tags zuvor hatte Weaver beschlossen, den Roman ungekürzt auf eigene Kosten in England zu publizieren (26. August).

Von der Dubliner Familie vernimmt Joyce am 1. September neueste
Nachrichten – nachdem er eine Karte an Schwester May gesandt hatte.
Vater Joyce lebt noch, nicht immer in gutem Zustand und eher fern
von den Töchtern und besonders von May, ein Erfinder »schöner Märchen«. May lobt Stanislaus' Stamina als Häftling Österreichs, berichtet

von Bruder Charles' Kindersegen und dessen Telefonvermittlertätigkeit sowie von der Zerstörung des Verlagsbüros der Firma Maunsel & Co. »im letzten April«. Kein Wort zum Osteraufstand, der mit der Unabhängigkeitserklärung im Hauptpostamt beginnt und an dessen Ende etliche Anführer von den Briten im Kilmainham-Gefängnis hingerichtet werden, was sie zu Märtyrern macht und die Sache der irischen Republikaner erst richtig ins Rampenlicht rückt. Schwester Eva habe als Typistin bei Maunsel anfangen wollen und sei nach ›A Portrait‹ gefragt worden. James solle von diesem Verlag die Finger lassen.

Der Weg nach Irland scheint verbaut. Um so wichtiger werden die in London durch Pound vermittelten Erfolge. Für das königliche Stipendium solle Joyce Moore, Yeats und Edward Marsh, dem Sekretär von Premier Asquith, danken (2. September). Überliefert sind ein förmliches Schreiben an Marsh und eine freundschaftliche Epistel an Yeats, dem Joyce am 14. September die den Schriftstellerkollegen vorher unbekannte Tatsache mitteilt, er sitze an ›Ulysses‹, dessen Erscheinen einige Jahre auf sich warten lassen werde. Nach Bemerkungen zu Yeats' Dramen auf Italienisch und eigenen diesbezüglichen Vorhaben, die gescheitert seien, schließt Joyce mit Dank – auch an die Adresse des »Wunderwirkers« Ezra Pound.

Abseits weltbewegender Schauplätze und Ereignisse, bringt Joyce ihm wesentliche Vorkommnisse stets in Erfahrung, etwa als er Mrs. Kettle, Witwe des Kommilitonen Thomas Kettle, kondoliert (25. September). Aus solcher Post spricht der Gentleman – wie aus Briefen, darin er Weaver um Verbreitung der Werbemittel für ›A Portrait‹ bittet (10. Oktober). Zwei Wochen später betont er gegenüber Huebsch den Wunsch, den Roman als im Jahr 1916 publiziert erscheinen zu lassen, und liefert am 30. die Begründung nach: Er möchte ›Exiles‹ 1917 herausbringen – vielleicht eingedenk des Publikationsplanes, den er Mutter May am 20. März 1903 dargelegt hatte: Lieder 1907, die erste Komödie 1912, die Ästhetik 1917: ein früher Mythos seiner Autorenvita. Doch ›Exiles‹ stockt, er liegt zwischendurch krank darnieder und harrt gespannt der Zukunft.

Eine Ästhetik in expositorischer Form hat Joyce auch später nicht verfasst. Aber ästhetische Ideen, literarische und musikalische Anspielungen hat er in ›A Portrait‹, ›Exiles‹ und ›Giacomo Joyce‹ einfließen lassen, Werke, die, verbunden mit einigen Gedichten, um 1917 das geistige und sprachliche Fundament des neuen Romans bilden.

Der von Hans Walter Gabler für ›Ulysses‹ geprägte Begriff des »continuous manuscript text«, des fortlaufenden handschriftlichen Gewebes,
gilt für Joyces Werk insgesamt, denn er stößt ständig an Grenzen, nicht
zuletzt in bezug auf die Vermengung fiktiver und realer Elemente, hoher und niederer Kunstformen, profaner und religiöser Sujets, elaborierter und restringierter Kodes. Im Tableau literarischer Paten für die
drei 1916/1917 vollendeten Werke sticht Shakespeare mit ›Hamlet‹
hervor und Wagner, dessen ›Tannhäuser‹ und ›Tristan und Isolde‹ im
Drama sowie den erhaltenen Notizen auftauchen. Einen Johann Joachim Winckelmann, den »1768 in Triest ermordeten Archäologen«
aus Stendal, Altmark, dessen Grabstein nahe der Basilika San Giusto
»im Garten des Museo Civico di Storia ed Arte« (Oliver Schneider)
steht, erwähnt Joyce so wenig namentlich, wie er Stephen Dedalus'
Gang durch das Viertel der ärmeren Juden Dublins stilistisch hervorhebt. Dennoch sind Winckelmanns Ideen im Roman präsent, vermittelt über Gotthold Ephraim Lessings ›Laokoon‹ und Walter Pater,
den ästhetischen Lehrmeister Wildes in Oxford. Die laut Garnett
zerbröselnden letzten Seiten von ›A Portrait‹ sind als ungewöhnlich
poetische Prosa zu bezeichnen. So deutet der Tagebucheintrag vom
20. März, morgens, auf Stephen Dedalus' Freund Cranly und im Kontext der Bibel auf Johannes den Täufer; aber auch auf die Verarbeitung des Salomé-Stoffes in Literatur, Malerei und Oper an der
Wende zum 20. Jahrhundert: auf Flaubert und William Wildes Sonett,
über Mallarmé und Huysmans zu Oscar Wildes Drama, sowie auf
Saint-Saëns, über Massenet zu Richard Strauss, dessen Oper Joyce
1909 in Triest erlebt hat – nicht zu vergessen die bei Huysmans genannten Gemälde Gustave Moreaus. All das sprengt den Rahmen
eines Verlagsgutachtens. Also hat Joyce auf Menschen und Gelegenheiten gewartet, durch die er dem Ziel, der Aufnahme seiner Schriften
in den Kanon die Zeit überdauernder Werke, näherkommen würde.

Trotz des Krieges ist Joyce fortan das Glück hold. Auch Biographen sind froh, wenn bei Autorenviten schriftliche Quellen im Übermaß existieren und wenn wie bei ›Ulysses‹ die Beteiligten verstreut
leben. Hier greife ich auf publizierte Briefe zurück; nicht einmal die
Antworten liegen gesammelt vor, von der Verlagspost ganz zu
schweigen. Ein Journal des James Joyce der Jahre 1917 bis 1922 zeugt
von den vielfältigen, kumulierenden und abrupt beendeten Vorbereitungen zur Vollendung des ›Ulysses‹.

1917

Die Kaffeehauskultur ist auch in Zürich lebendig, das im Ersten Weltkrieg Exilanten unterschiedlicher Herkunft und Tätigkeitsbereiche anzieht. »Erst am »21. November 1917 führte der Bundesrat den Visumszwang und die Anmeldepflicht für Ausländer ein [...]. Joyce und seine Familie kamen bei ihrer Einreise noch in den Genuß der liberaleren Bestimmungen. Unter ihnen waren auch die russischen Revolutionäre Lenin, Trotzki, Sinowjew und Radek [...] in das neutrale Land gekommen.« (Thomas Faerber/Markus Luchsinger) Im Café Odéon geht Joyce ein und aus und soll laut einer Zeugin Lenin einmal dort begegnet sein. Dieses Treffen ist indes so unauffällig im Dunst der Zeit versunken, wie umgekehrt Lenins Abreise im März 1917 am Hauptbahnhof und der Transit im plombierten Waggon quer durch Deutschland von einem lokal unbeachteten Vorfall zum weltweit bekannten Anfang vom Ende des Zarenreiches wurde. Aufzeichnungen Lenins über Joyces Gebaren sind ebenso wenig aufgetaucht wie Aufschlussreiches aus der Feder Tristan Tzaras oder anderer Dadaisten, die ebenfalls am Zürichsee weilen und künstlerische Aktionen einem durchaus skeptisch-reservierten Publikum präsentieren. Diese Begegnung fügt der anglo-tschechische Dramatiker Tom Stoppard 1974 auf der Basis von Ellmanns Biographie in das fiktive Stück ›Travesties‹. Hautnahes Erleben birgt ein Zeugnis des Zürcher Autors Wolfgang Hartmann. Ihm gilt Joyce als »der stillste und einsamste Mensch«, ein »passionierter Pessimist und Menschenverächter«. Bei aller Kurzsichtigkeit mit einem von den Augen beherrschten Gesicht samt »alles wissende[m] Blick« verwirre Joyce erst recht, wenn er die Stimme erhebe. Es vergehe viel Zeit, »bis er wirklich er selbst wird, seine Starre ablegt, sein Inneres strahlen läßt auf den andern«. So unnahbar geheimnisumwoben er wirke, »er behält bei aller Verneinung eine kindliche Bescheidenheit«. Hartmann schreibt rückblickend, denn ihm war damals nicht bekannt, woran Joyce gerade arbeitet. Doch will er mehrere Treffen des Iren mit Lenin, »der ebenso still und verschlossen war«, bemerkt haben.

9.4.1917: Pound könne Skizzen haben, die im Triestiner Schreibtisch eingeschlossen seien und von ›Ulysses‹ nur das »Hamlet-Kapitel«, aber auch das leide bei einer Teilveröffentlichung. Mit dem Satz, er schreibe, frei nach Aristoteles, das Buch an verschiedenen Stellen in jeweils eigenem Stil, gibt Joyce den Blick frei auf die klassisch-grie-chische Basis seiner Ästhetik. Von Ernest A. Boyd aus Irland hat er eine »sehr günstige« Kritik zu ›A Portrait‹ erhalten.

28.6.1917: J. Browning Spence, nun »britischer Generalkonsul in Tripolis, Libyen, dankt Joyce [...] für den Porträtroman und lobt[.] ihn dafür, einen eigenen Weg eingeschlagen zu haben – jenseits des Durchschnitts ›banaler‹ Schmöker, der uns heute vorgesetzt wird.«

8.8.1917: Wie so oft scheint ein unveröffentlichtes Vorhaben wie nun ›Exiles‹ Joyce am Fortkommen des ›Ulysses‹ zu hindern. Also drängt er Grant Richards zur Eile, denn er hoffe, den Roman 1918 ab-zuschließen.

November 1917: Aus Locarno weist Joyce Claud W. Sykes, einen als Schauspieler, Schriftsteller und Übersetzer aktiven Engländer, an, baldigst mit dem Abtippen der ersten Episode des ›Ulysses‹ zu be-ginnen. Mr. Rudolph Goldschmidt stelle die Maschine zur Verfügung. Der augenkranke Autor wird fast stets auf Typisten angewiesen bleiben. – Im selben Monat erfolgt während der russischen Oktober-revolution der Sturm auf den Winterpalast des Zaren in Petrograd.

15.12.1917: Abschluss eines Waffenstillstandes zwischen den rus-sischen Revolutionären und dem Deutschen Reich.

?16.12.1917: Noch in Locarno, weist Joyce Sykes eine weitere Honorarpartie an. Er soll die zweite Episode rasch tippen. Er will zwei »kleine Änderungen« vornehmen lassen, die Einfügung von drei Punkten sowie nach der Nennung der irischen Hungersnot die Jah-reszahl »'46«. Präzise will er und sollen die Typisten sein. Er versu-che, »sehr lesbar« zu schreiben, aber es gebe »interlineare« Ergänzun-gen: »sehr wichtig«.

1918

Ende Januar 1918: In Zürich ist mit dem Ehepaar Goldschmidt Schreibmaschinenorganisatorisches zu klären, da das Gerät bei ihnen steht und Sykes »vor Samstag« Zeit einschieben soll, denn Joyce will »die Episode [›Proteus‹] los sein«.

3.3.1918: Deutsch-russischer Friede von Brest-Litowsk.

20.3.1918: Weaver gegenüber entschuldigt Joyce das »sehr schlechte Typoskript«, gelobt Besserung der Hilfskräfte, als trage der

Exil vom Exil – Zürich/Triest 1915–1920. Joyces Geburtshaus, Clongowes Wood College, County Kildare, die Berlitz School in Pula sowie Joyce, Nora, Hans Curjel und Carola Giedion-Welcker ca. 1938 in Luzern.

Autor keine Verantwortung für die Fehler. Die Mäzenin erstrebt eine Vorabveröffentlichung in ›The Egoist‹, und Joyce will gern die Buchrechte an sie geben, auf die Richards bis zum 15. Juli 1919 Anspruch habe.

18.5.1918: ›Ulysses‹ kommt durch die episodenweise Publikation in ›Little Review‹ und ›The Egoist‹ in Fahrt, und Joyce skizziert sein Vorhaben mit je drei, elf und nochmals drei Episoden, 17 insgesamt, von denen er sechs »abgeliefert« habe. ›Proteus‹ allein habe ihm »200 Stunden« abverlangt: »Ich fürchte, ich habe wenig Phantasie.« Die Dinge finden langsamer als zielbewusst und erbsenzählend ersehnt ihren Platz im Roman, der im »Sommer 1919« fertig werden soll.

11.8.1918: Alle Pläne sind *ad acta* gelegt, weil Joyce wegen seines Augenleidens im Sommer wochenlang lese- und schreibunfähig ist: seit dem 19. Mai, wie er Weaver am 29. Juli mitteilt, als er eine amerikanische Ausgabe von ›Chamber Music‹ autorisiert – ohne Zusätze später verfasster Verse. Er dankt Virginia Woolf, die mit Gemahl Leonard im Süden Londons eine Handpresse betreibt, für »ihr Interesse am Druck [s]eines Buches« und Wyndham Lewis für die Zusendung des Romans ›Tarr‹. Inzwischen ist am 25. Mai ›Exiles‹ und im Juni in der ›Little Review‹ ›Calypso‹, die erste Episode mit Leopold und Marion Bloom, erschienen, letztere unvollständig und zensiert, was auch für ›Proteus‹ gelte. Weaver bittet Verleger Huebsch um Wiederherstellung des Textes, sobald ›Ulysses‹ in Buchform herauskomme.

12.9.1918: Stefan Zweig, nach drei Jahren im Kriegsarchiv Österreich-Ungarns (Knut Beck) nun in der Schweiz, schreibt, sein Scholarenenglisch entschuldigend, mit Dank zu ›Exiles‹, das er empfing und in zwei Nachtsitzungen las: »eine große künstlerische Offenbarung«. Er meint, das Drama nach dem Krieg auf deutschen Bühnen plazieren zu können.

10.10.1918: »Politisch scheint sich alles zu klären, Deutschland gleiten die härtesten Brocken heute glatt durch die Gurgel, es wird auch dies fressen, freilich wird ihm die Sache länger im Magen rumoren als die Leute meinen«, notiert Zweig, nahtlos anfügend: »Ich arbeite ein wenig. Nachmittags mit James Joyce, dem irischen Dichter, hager, spießig[,] scharf, klug, aber sehr ›quaint‹ [kurios]. Er hat 14 [sic] Jahre in Triest gelebt und liebt diese Stadt weil sie keine Steuern von ihm gefordert hat: sein dichterisches Werk hat erst bedeutend später begonnen, d. h. er hat 10 Jahre an seinem Roman gearbeitet. Jetzt erscheint eine irische Odyssee in einer Zeitschrift ohne daß er selbst damit fertig wäre – seltsame Zustände wie auch, daß kein Drucker in England sein Werk [›A Portrait‹] übernehmen wollte. Er scheint sonderlingshaft und wie alle solchen Ichnarren einzig mit sich selbst beschäftigt: in 14 Jahren Triest ist er nicht einmal nach Fiume, Agram oder Wien gefahren, auch hier lebt er ganz in der Höhle.« So urteilt privat der Groß- über den Kleinbürger, dem er in ›Die Welt von Gestern‹ (1944) Jahrzehnte später eine freundlichere Erinnerung widmet: Zu denen zählend, »die statt eines Vaterlandes zwei oder drei hatten«, sei Joyce ihm im »Café Odéon« eindrücklich geworden mit »auffallend dicken Brillen vor den scharfen dunklen Augen«. Wie üblich reagiert Joyce »schroff«, wird er auf England angesprochen: »Er sei Ire.« Und weiter: »[I]ch möchte [...] eine Sprache, die über den Sprachen steht, eine Sprache, der sie alle dienen. In Englisch kann ich mich nicht ganz ausdrücken, ohne mich damit in eine Tradition einzuschließen.«« Ein Sprachgenie, einen gegen Vaterstadt, England,»gewisse Personen« Verbitterten, der daraus dichterische Kraft schöpft, aber nie lacht oder Heiterkeit zeigt, sieht Zweig vor sich:»Immer wirkte er wie eine in sich zusammengeballte dunkle Kraft, und wenn ich ihn auf der Straße sah, die schmalen Lippen scharf aneinander gezogen und immer raschen Schrittes, als ob er auf etwas Bestimmtes zuginge, so spürte ich das Abwehrende, das innerlich Isolierte seines Wesens noch stärker als in unseren Gesprächen.« Auch Zweig schreibt am Mythos Joyce.

26.10.1918: Joyce berichtet Weaver, er habe ›Aeolus‹, die siebte Episode, Pound gesandt, ›Lestrygonians‹, die achte, tags zuvor expediert, aber lange nichts gehört. Er bitte um Nachsicht ob des langsamen Fortschrittes und arbeite an ›Scylla and Charybdis‹, der Nummer neun.

11.11.1918: Kriegsende. Deutschlands Emissäre besiegeln im Eisenbahnwaggon im Wald von Compiègne die Kapitulation. Joyce meldet in publizierter Korrespondenz dazu nichts.

16.11.1918: Joyce tritt als Kläger in einem Zivilprozess gegen einen Beamten des englischen Konsulats auf, der in der von Sykes geleiteten Theatergruppe, The English Players, einen kleinlichen Streit angezettelt hatte. Joyce hat einige, teils bissige, teils frauenfeindliche oder auch lobende Programmnotizen verfasst. Ob zu Wildes ›The Importance of Being Earnest‹ ist unbekannt, denn bei dieser Komödie beginnt der Zwist mit Henry Carr, den Joyce, unzufrieden mit seinem Sieg vor Gericht am 30.11.1918, ausweitet durch ein Schreiben an den britischen Botschafter zu Bern, Sir Horace Rumbold.

Dezember 1918: Ein unterwürfiger Joyce schreibt französisch und deutsch einer Frau, Martha Fleischmann, die der Voyeur in ihm erblickt hat. Er stilisiert sein Schriftsteller-Ich, zieht den Vergleich mit Shakespeare, klagt sich an, so sie schweigt, schickt ihr ›Chamber Music‹ – wie Nora – sieht sie mit dem Buch hantieren – von der Straße hereinlinsend. Joyce imaginiert eine Affäre – wie in Triest, als er die Erlebnisse hat, welche zur Verfertigung von ›Giacomo Joyce‹ führen.

11.12.1918: Joyce singt bei einem Zürcher Theaterabend zu Robert Brownings ›In a Balcony‹, auf der Gitarre begleitet von Paul Ruggiero ›Amante tradito‹: der betrogene Liebste.

1919

2.2.1919: Am 37. Geburtstag fabriziert Joyce auf deutsch eine lyrische Liebeslitanei an Martha Fleischmann, kitschige und religiöse Elemente mischend, als hoffe er, im Schreib- den ihm unmöglich dünkenden Liebesakt zu vollziehen – mehr als nur ein Echo auf Liebesbriefe an Nora im Jahr 1909.

25.2.1919: Weaver vermeldet Joyce die Vollendung von ›Wandering Rocks‹ und Arbeitsunfähigkeit wegen eines neuerlichen Anfalles, nun das »gute?« Auge betreffend. Über einen Monat habe er kaum anders als ein Schimpanse, dem er ohnehin ähnele, neben einem Ofen gelegen.

28.2.1919: Der Schweizer Kritikerin und Übersetzerin Fanny Guillermet teilt Joyce mit, im März werde ›Exiles‹ in Zürich auf deutsch erscheinen und »irgendwo eines Tages (oder Abends) [auch] aufgeführt« werden.

31.3.1919: Rezensiert in der ›Neuen Zürcher Zeitung, Abendblatt‹, wird ›Verbannte‹ in der Übersetzung Hannah von Mettals. Der Kritiker meint, Wildes und Shaws Dramen seien wie Joyces Erstling Irland keineswegs verpflichtet: »Der Verleger hat [. . .] unter den Titel [. . .] die Worte gesetzt: ›Ein dreiaktiges Schauspiel, das auf ein Bücherregal mit Ibsen und Hauptmann gehört.‹« Das hat ihm wohl Joyce gesagt, der Rezensent hält es mit Shaw. Über die Verfertigung der deutschen Version, Verträge und ähnliches ist bis dahin nichts vermeldet, immerhin erfahren die Zürcher aus der Zeitung von Joyces neuem Werk: »einer modernen Odyssee«. Schon Schliemann hat Nachrichten über seine Grabungen, die bei Joyce ja literarisch verlaufen, regelmäßig in der Presse lanciert.

28.4.1919: In einem offenen Brief verbreitet Joyce wie anno 1911 seinen Disput mit dem Konsulatsoffizial Carr und die Legende, er sei ein auf Ehrenwort entlassener Kriegsgefangener der Österreicher, dem Mr. Bennett als Vorgesetzter Carrs, was wieder Fakt ist, den Musterungsbescheid für Sr. Majestät Militär zustellen ließ. Außerliterarisch ist Joyce schriftlich stets fähig, verbittert zu sein und unrühmlich zu wirken.

Mai: Die Münchner Räterepublik endet in einem Blutbad.

25.5.1919: Stanislaus Joyce, eben aufgetaucht aus einer Periode von »vier Jahren Hunger und Dreck«, täglich vom Sprachunterricht in

Beschlag genommen, will von James eine Entscheidung: Kommt er zurück oder bleibt er in Zürich? Denn der Jüngere hat nach der ersten Miete 1911 nun die letzte bezahlt, Schwester Eileen und Schwager Frantisek haben sieben Tage in »knöcheltiefem Staub« geschuftet: »Meinst Du, Du kannst mich mal verschnaufen lassen?« James' Antwort fehlt, aber ihr Briefwechsel geht weiter.

17.6.1919: Im ›Börsenblatt für den Deutschen Buchhandel‹ erscheint eine Annonce zu ›Verbannte‹, darin »das Exil« Thema und von »Ibsenscher Eindringlichkeit« die Rede ist.

19.6.1919: An Frank Budgen, den Maler und ehemaligen Seemann, mit dem er seit 1918 ›Ulysses‹ erörternd Zürich erlaufen hat, schreibt Joyce von der Unterstützung, die Padraic Colm zufolge in New York dem verbotenen Buche gelte – nicht unähnlich der Hilfe, die die Iren daheim beim Kampf um die Unabhängigkeit durch ihre Landsleute in den USA erhalten. Über Pounds »Mißbilligung« der ›Sirens‹ berichtet Joyce wie von dessen Wunsch, Stephen Dedalus auf Kosten von Leopold Bloom ins Zentrum der Handlung zu rücken. Dabei erinnert der Entstehungsprozess des ›Ulysses‹, von dem Episoden einzelnen handverlesenen Rezipienten bekannt werden, die jeweils ihre Wünsche brieflich verbreiten, durchaus dem Verfahren, das Charles Dickens bei ›The Old Curiosity Shop‹ (1840/1841) dazu bewegt, dem Los seiner Heldin eine glückliche Wende zu geben, nachdem viele tausend Leserstimmen schriftlich Einspruch gegen Little Nells Tod erhoben hatten. Joyce rührt nichts, denn er formt gerade die ›Cyclops‹-Episode, wo er den Gegensatz zwischen Angelsachsen und Iren aufs Korn nimmt.

28.6.1919: Abschluss der Friedenskonferenz mit der Unterschrift unter den Versailler Vertrag – auf den Tag genau fünf Jahre nach den Schüssen von Sarajevo. In Deutschland war schon am 20. Juni die Regierung Philipp Scheidemanns aus dem Amt geschieden, und auch kleine Nationen wie Irland und Vietnam, für deren Selbstbestimmung der Sieg der Alliierten gemäß deren Rhetorik errungen worden war, sind unzufrieden, da das Ergebnis der Missachtung ihrer Interessen gleichkommt.

2.7.1919: Kurz vor Ablauf des Vorvertrages über ›Ulysses‹ mit Verleger Richards bietet Joyce den Roman Weaver an, äußert Wünsche zur Gestaltung und zu einem möglichst niedrigen Preis und erwähnt die bevorstehende Abreise aus Zürich.

4.7.1919: Am 70. Geburtstag von John Stanislaus Joyce wird ›Verbannte‹ im ›Börsenblatt‹ um 20 Prozent teurer feilgeboten.

7.7.1919: Stets in Vorhaben verwickelt, nun einen Liederabend mit einem irischstämmigen Tenor in der Zürcher Tonhalle, bittet Joyce Molyneux Palmer um Zusendung zweier Lieder – die vielleicht schon gedruckt vorlägen. Der Grund ist einfach: Joyces eigene Exemplare liegen in Triest.

11.7.1919: Weil er Budgen in einen Kunsthandel auf Kommissionsbasis verstricken will, der »30.000 frcs.« bringen soll, berichtet Joyce vom »Porträt meiner Frau«, das nun gerahmt und aufgehängt sei, so den Maler Budgen in Erinnerung behaltend. Auch das Tonhallenkonzert erwähnt er, mit dem Programm »traditioneller irischer und moderner Musik«.

20.7.1919: Den Zweifeln Weavers an der Qualität von ›Sirens‹ setzt Joyce die Erklärung seines methodischen Wahnsinns entgegen, der, stets variiert nach Figur oder Episode, den Sinn habe, »das einzige Buch, das [er] gegenwärtig schreiben« könne, der Vollendung zuzuführen. Er sieht weitere Schwierigkeiten für die Lektüre von ›Cyclops‹ oder gar ›Circe‹ voraus, Episoden zumal, deren Materialien zu einem Ganzen nur allmählich sich fügten. Zur Mäzenin, deren Großzügigkeit seit sechs Wochen offen erfolgt (Brief der Anwälte Monro, Saw & Company vom 3.6.1919), meint Joyce weiter, mit jeder Episode, darin er einen Bereich der Kultur abhandle, hinterlasse er verbrannte Erde, ohne am Krieg teilzunehmen: »Seit ich ›Sirens‹ schrieb, [kann] ich Musik jeglicher Art nicht mehr zu[..]hören.« Nur ein Konzert arrangiert er noch. Dann bietet er Weaver das Manuskript des Porträtromans an, wenn er es in Triest in die Hand bekomme.

22.7.1919: Erste Ankündigung der Uraufführung von ›Verbannte‹ in der ›München-Augsburger Abendzeitung‹ (MAAZ).

24.7.1919: Die ›Münchner Neueste Nachrichten‹ (MNN) melden: »Der irische Autor wird an der Inszenierung des auch in seiner Heimat noch nicht aufgeführten Stückes teilnehmen.«

25.7.1919: Die Notiz in der MAAZ weiß von glänzendem in- und ausländischem Presseecho – die oben zitierte Rezension ist die einzige damals bekannte auf deutsch.

26.7.1919: Premiere von Shaws ›Helden‹ (MAAZ).

31.7.1919: Die MNN melden den Termin der Uraufführung: Donnerstag, 7. August, Regie: Erwin Busse.

31.7.1919: Dem »lieben Stannie« schickt James einen italienischen Brief, in dem er mitnichten dem Bruder die erbetene Ruhe lässt, denn da ›Exiles‹ binnen kurzem in München Premiere hat, gefolgt von Aufführungen in »Stuttgart, Wien und Zürich«, braucht er für den Besuch der Vorstellung seinen guten Anzug, »falls ihn nicht die Motten – oder der Hauswirt gefressen haben«. Wegen der »enormen Schwierigkeiten« des in Arbeit befindlichen Buches sei er in ärztlicher Behandlung.

1.8.1919: Beginn des Vorverkaufs für ›Verbannte‹ am »Samstag, 2. August«. Regie: »Erwin von Busse« (MAAZ).

3.8.1919: Der amerikanische Mäzen John Quinn soll auf dem laufenden bleiben, also teilt Joyce ihm mit, »Hermine Koerner (zuletzt in Mr. Reinhardts Truppe)« spiele in München die Hauptrolle. Er will Quinn zu mehr Einsatz für ›Exiles‹ anspornen und wegen der Verzögerung bei ›Ulysses‹ günstig stimmen, bei dem ihn jedes Kapitel »vier oder fünf Monate« koste. Auch lobt er den Juristen für die Verteidigung gegen die Beschlagnahmung der ›Little Review‹.

4.8.1919: »Herr Franz Scharwenka [...] wird am 7. ds. in der Uraufführung von Joyces ›Verbannte‹ zum ersten Male wieder auftreten.« (MNN)

5.8.1919: Die MAAZ meldet die Akteure: Wilhelm Dieterle (als Richard Rowan), Franz Scharwenka (als Robert Hand), Carla Holm (als Bertha), Ewis Borkmann (als Beatrice) sowie beim Regisseur den Titel »Spielleiter am Deutschen Theater in Berlin« und das Adelsprädikat.

6.8.1919: Tante Josephine Murray erfährt per Postkarte, ihres Neffen Stück habe tags darauf Premiere, doch ohne ihn, da »heutzutage zu reisen außer in Trance« schwierig sei.

1919: Karl Gottfeld meint in ›Verbannte‹ außer der »Idee der Verbannungspolitik« nichts Irisches zu erkennen und sieht nach unvorteilhaftem Vergleich mit ›Liebe‹ von Anton Wildgans (1881–1932) Vorzeigbares nur in »tiefangelegten Gedanken, die starkes Erleben und dichterischen Ausdruck kennzeichnen«. Die spröde Sprache schiebt er auf die »mangelhafte Uebersetzung, deren Verfassername wohlweißlich verschwiegen wurde«. Er bilanziert: »Eine Aufführung würde die Fehler nur um so stärker hervorzeichnen.«

7.8.1919: Bis zuletzt heißt es: »Der Autor wird der Vorstellung beiwohnen.« (MAAZ und ›Münchner Zeitung‹ [MN])

8.8.1919: Das Presseecho am Tag danach klingt widersprüchlich. Elchinger verbreitet Skepsis, eine Ignoranz die Unterschiede zwischen Irland und England betreffend, und schließt:»In [...] ›Exil‹ sind die Probleme [...] nicht gestaltet. Es sind auch gar keine, wenigstens nicht für Leute, die sich nicht unter die Erotomanen rechnen.« In den MNN als Mélange »aus [Eugenie] Marlitt [1825–1887] und gelegentlichem Strindberg« verunglimpft, kommt ›Verbannte‹ in der MN noch schlechter weg: »sehr seelenvolle und sehr spannungslose Geschichte«. Hanns Braun billigt Shaw und keine »Nichtskönner«, sieht unter Iren und Deutschen »die Sympathie zwischen Unglücklichen« walten, aber das Stück sei »schlecht«. Anonym bleibt der Kritiker der MAAZ, der Joyce indes »eine ungewöhnliche Begabung« attestiert, das Drama selten reichhaltig, »an keiner Stelle blind [...] oder mit Füllselns verbrämt« findet und rät zu flotterem Spiel und »eine[r] leichte[n] Retusche ins Hellere«.

9.8.1919: Direkte Wirkung der unter Zischen aufgenommenen Premiere ist die Absetzung der Wiederholungen am 13./16. August (MNN). Unter dem Signum h.m. wird die enttäuschte Erwartung auf eine Darstellung des irischen »Volksleiden[s]« festgestellt. »Eheleiden« seien im »Pianissimo« fast unverständlich geworden, eine »Qual« für die Zuhörer des Wortspiels. Die Verweigerung der Einreise sei »angeblich« Grund für Joyces Absenz (›Bayerische Staats Zeitung‹).

10.8.1919: J.D. hält die Figuren für »übergeschnappt«, Richard Rowan für einen »weibischen dekadenten Schwätzer« und die Rede »von der sogenannten Freiheit« für unsinnträchtig (›Münchener Tageblatt‹). Doch in der sozialdemokratischen ›Münchener Post‹ lobt h.e. das doppelbödig angelegte, politische Verbannung andeutende, doch ethische »Gebanntheit« meinende Drama. Kritik gilt den Zoten erwartenden Zuschauern, dem »Tiefstand deutscher Gesellschaftlichkeit«. Doch dies bleibt eine Mindermeinung.

11.8.1919: In der liberalen ›Vossischen Zeitung‹, Berlin, meldet E. »sehr geteilt[e]« Aufnahme, heißt Rowan einen »Ideologe[n]« mit unerfüllbarem Wissensdrang, das Prinzip des Alles-beichten-Müssens, das ›Verbannte‹ prägt, beinahe erkennend. Doch hetzt E. gegen das »Freiheitsprinzip« wie – dem freikorpshörigem Zeitgeist gemäß – gegen die »Kommunisten« und hätte »Hörrohre« für nötig erachtet. D. Frieß-Lanquillon sieht »wild-fades Schwabing von heute« statt Dublin 1912. Von Shaw sei »keine Spur«, aber da liegt er/sie nicht allein falsch

(>Leipziger Neueste Nachrichten<). Richard Rieß notiert für die >Magdeburgische Zeitung< und die >Breslauer Zeitung< (14.8.1919), es sei ein Drama »voll ernster Geistigkeit« ohne »Klärungen und letzte Deutungen«, was bei »guter Regie« unanschauliches Spiel nach sich ziehe.

12.8.1919: G. legt im >Berliner Börsen-Courier< eine inhaltsreiche Besprechung vor, mit dem Vorurteil, Iren müssten wie Shaw und offen über den »politische[n] Freiheitskampf« schreiben, so die Tatsache der Uraufführung erklärend. Da man in Deutschland Ibsens >Frau vom Meer< längst kenne, sei Joyces Fassung der Frage nach Freiheit zwischen Mann und Frau »schon ziemlich veraltet«. Immerhin erkennt G. den Beichtzwang, erwähnt bei »freundliche[m] Beifall« die scharfen Proteste. J. Fr. sitzt der Ente auf, >Verbannte< werde in München gegeben, weil Joyce dort lebe (>Kölner Tageblatt<). Edgar Steiger sieht einen alten Hut, den »aufreizende[n] Titel [als] Bluff«, was er ist: indes nicht banal, sondern subtil gedacht. Als Echo auf das >Hamburger Fremdenblatt< klingt es anonym in der >Berliner Mittagszeitung<: »Es ist ein Ehedreiecksdrama, das Strindbergsche Untertöne mit süßlichem englischen Ansichtskartenkitsch verbindet und halb Zustimmung, halb zischende Ablehnung fand.«

13.8.1919: Als Vielfachverwerter kommt Richard Rieß im >Leipziger Tageblatt< und in der >Badischen Landeszeitung< (16.8.1919) mit seinem Urteil über fehlende dramatische Verve und schauspielerische Plastizität zu Wort. W. kontrastiert >Verbannte< mit Frank Wedekinds >Büchse der Pandora<, das anstatt »seelische Entkleidungsszenen« zu bieten, sittlich wahrlich verstöre. Nur Carla Holm, die Münchner Bertha, erfährt Lob, sonst sei alles »papieren« wie die toten Rosen (>Frankfurter Zeitung<). Die MNN melden die Verschiebung der »Wiederholungen« wegen urlaubender Akteure. Soviel erfährt Joyce in Zürich. Und in der MAAZ wird Hermine Körner als Lady Milford in >Kabale und Liebe< angekündigt.

14.8.1919: H.H., tiefer zum Kern des Stückes vorgedrungen als die meisten Kollegen, sieht den Erfolg des nun die ganze Woche gegebenen Wedekind-Dramas als Folge der »von Zentrumsanhängern inszenierte[n]« klerikalkatholischen Theaterskandale. Auch erkennt H.H. Bezüge zur in Shaws >John Bulls andere Insel< wirkmächtigen »Trauer eines unterdrückten Volkes«. Zuerst die Überflüssigkeit, alle Probleme oder nur eines im Stück durchzuführen, feststellend, erkennt H.H. wie das Publikum die Eigenart des Werkes (›Hamburger Nachrichten‹). Hermine Heide – war sie etwa H.H.? – publiziert in den MNN einen Aufsatz, in dem sie beim irischen Gegenwartsdrama die bekannten Humoresken berühmter Autoren und die Werke trennt, verfasst von Dramatikern, »die auf der Emeraldinsel geboren und geblieben sind und ihre Stücke im gedämpfteren Rampenlicht von Dublin oder Belfast aus der Taufe gehoben haben«. Joyces Name fehlt, dafür werden Lady Gregory, Yeats und Synge besprochen, wird die europäisch-keltische Dichtung, die er ebenso verficht, benannt.

17.8.1919: Anonym geißelt ein Kritiker die »stark an Schamlosigkeit streifende Offenherzigkeit« der Rede von Amouren; was H.H. im liberal-protestantischen Hamburg ironisch »Flagellantensehnsucht« nennt, geht im katholischen Köln nicht durch (›Kölnische Zeitung‹).

19.8.1919: M. G. Conrads Eloge auf die Schauspieldirektorin, nicht Aktrice, Hermine Körner, ist die vorteilhafteste Kenntnisnahme von ›Verbannte‹ überhaupt: gegen »unsere gräßliche Sensationsspielerei« stehe »grundsätzliche Wahrhaftigkeit«, vortrefflich ins Deutsch gebracht »von der Schweizerin Hannah v. Mettal«, ein kaum glaublicher »Genuß gediegener Darstellungskunst«. Und Max Reinhardt (1873–1943), Wiener Theatermacher in Berlin, soll als einziger den Autor Joyce gekannt haben. So ist es kaum gewesen, denn Stefan Zweig, dessen Übersetzung eines Dramas von Emile Verhaeren Reinhardt vor dem Krieg aufführt, hat, wie er es Joyce versprochen, vermittelt – und Reinhardt, dessen Verhältnis zu Zweig nicht ungetrübt ist, den Iren an Hermine Körner weiterempfohlen, die unter seiner Ägide agiert hatte. Die Direktorin lädt zur Inszenierung wiederum Erwin von Busse aus Berlin ein. So von Freund zu Freund zu Freundin oder Kollegin weitergereicht, macht ›Verbannte‹ informell bei der Avantgarde deutscher Theaterleute seinen Weg – um über die Zeitungskritiker zu stolpern, die je nach Ort oder politisch-religiöser Richtung ihres Organs Verbannungs- oder Verdammungsurteile fällen.

21.8.1919: Georg Hirschfeld widmet in einer Sammelrezension neben Shaws ›Helden‹ in den Kammerspielen ›Verbannte‹ im Schauspielhaus einige Zeilen. Es sei ohne »wilde[.] Originalität phantastischer Lügenpoesie«, vielmehr England untertan »mit seinen langen, klugen Oskar-Wilde-Dialogen«. Das Subversive wird erkannt, aber nur als Andeutung benannt sowie die Darbietung gelobt.

25.8.1919: Bruder Stanislaus soll Hefte mit ›Ulysses‹-Manuskrip-

ten hüten, von denen schon am 31.7. die Rede ist, und die prakti-
schen Probleme bei der Rückführung der Zürcher Joyce-Familie nach
Triest lösen helfen – indem er nach Vorstreckung der Kosten zum
Vier-Augen-Gespräch in die Schweiz reist. Auch darauf hat James
Wochen zuvor angespielt. Hintergrund ist die Existenz eines bei den
Schweizer Behörden verbleibenden Sammelpasses für die ganze Familie und die Unmöglichkeit, sich beim britischen Konsulat ein weiteres Reisedokument auf denselben Namen ausstellen zu lassen.
September 1919: Kurt Moreck berichtet bissig vom »Komödien-
sommer«. Joyce fehle die Salbung durch Shaws Esprit: »Schon im ersten Akt möchte man abwinken. Man schrie nach der vierten Wand.«
Es sei *nolens volens* wie bei Max Reinhardt gespielt worden (›Allgemeine Zeitung‹). Berühmt, ist der Regisseur gleichwohl nicht beliebt.

8.9.1919: Italienisch Umzugsdetails mitteilend, da nun niemand
nach Zürich kommt, um James aus dem zweiten Exil zu erlösen, geht
der Ältere zur Umsetzung des Reiseplanes über: Bücher und Manuskripte wolle er schicken, nun da nach sechs Wochen Laufzeit die Genehmigung zur Einreise nach Italien eingetroffen sei. ›Exiles‹ sei in
München stürmisch aufgenommen worden, stehe aber auf dem
Herbstspielplan.

21.9.1919: Mit G. Herbert Thring, Bevollmächtigter G. B. Shaws,
wechselt Joyce Briefe, die Aufführungsrechte von ›Mrs. Warren's
Profession‹ betreffend, das die Zürcher English Players seit dem
30.9.1918 mehrmals gegeben haben. Joyce behauptet, nach der Ber-
ner Konvention fielen keine Tantiemen an, und rechnet auf Verständnis, nachdem er der Society of Authors für die ihm zuvor mehrfach
zuteil gewordene Finanzhilfe gedankt hat. In juristischem Jargon
macht Thring ihm am 15.10.1919 klar, bei solchen Urheberrechts-
verletzungen werde zur Not geklagt.

10.10.1919: Mrs. Edith Rockefeller McCormick, Amerikanerin, die
Joyce per Bankanweisung seit März 1918 mit monatlich 1000 Fran-
ken unterstützt, dreht nun den Geldhahn zu und sagt dem perplexen
Autor das erwünschte Treffen ab.

13.10.1919: Selbst die Zusendung des ›Ulysses‹-Manuskriptes
kann die Dame nicht umstimmen, schließlich seien »die schwierigen
Kriegsjahre nun *passé*«.

1919. Triest

16.10.1919: Wie schon am 12.9.1909 telegraphiert Joyce Bruder Stanislaus aus Mailand italienisch die Ankunft in Triest.

28.10.1919: Weaver schildert Joyce die Wohnungsnot, die entmutigende Lage und setzt hinzu, ›Cyclops‹ sei sicher im Typoskript voller Fehler. Zwei Wohltätern, Graf Francesco Sordina und Baron Ambrogio Ralli, will er mit Exemplaren von ›A Portrait‹ danken – die Weaver schicken soll –, ohne dass er von Geld spricht. Bei allem Interesse im Ausland will Joyce nur einen Vertrag abschließen, sofern er den Übersetzer kenne oder ihm vertraue. Liegt das an Erfahrungen mit Hannah von Mettal?

7.11.1919: Budgen erfährt per Postkarte vom mythischen Schiffbruch des ›Ulysses‹ wie seines Autors an der Adria.

Dezember 1919: Geschäftliches zur Frage der Aufführungsrechte an den Stücken der English Players, böse Anspielungen auf einen Herrn, der Joyce bei McCormick angeschwärzt haben soll, und der Hinweis auf eine Buch- sowie Bühnenausgabe von ›Verbannte‹ gehen dem Fazit voran: Von ›Nausikaa‹ habe er fast nichts geschafft. Pound und Weaver gefalle ›Cyclops‹.

10.12.1919: Carlo Linati, der ›Exiles‹ ins Italienische bringen will, möchte Joyce das Drama senden, für das Yeats in Dublin keine Akteure zu haben glaubt. Auch verweist er auf Swift, an dessen Verhältnis zu Stella-Vanessa er im Dreieck Richard-Bertha-Beatrice erinnere. Der Münchner Premiere habe er nicht beigewohnt, weil die Einreiseerlaubnis vom Berliner Auswärtigen Amt zu spät gekommen sei – was bei den damaligen innerdeutschen Unruhen, die in den Besprechungen anklingen, plausibel klingt. Im ›Literarische[n] Echo‹ (1919/1920) lobt Hans Franck »Stille« und »Wahrhaftigkeit dieses Irländers« in ›Verbannte‹, preist den Verzicht »auf übliche Theatertragik« ebenso als Tugend wie den Grundsatz des Sowohl-als-Auch: »Ja und Nein. [. . .]. [. . .] Glaube und Nichtglaube«. Franck nennt Joyce »ein[en] Dichter« und erwartet von ›Verbannte‹, »entschlossen um Dialogbreiten gekürzt«, tiefgreifende Wirkung.

1920. Triest

3.1.1920: Joyce schreibt Budgen von der anstehenden Wiederbeschäftigung an der Scuola »Revoltella« – »nun eine Handelsuniversität« –, wovor ihm graut, und erwähnt Wohnungs- und Schreibnöte, den Untergang von ›Verbannte‹ in Deutschland, das Opernprogramm, das er wegen der Kosten eines neuen Anzuges auslässt. Denn der Gentleman in ihm verabscheut ein schäbiges Äußeres: »›Ulysses‹ zu schreiben ist anstrengend genug ohne all diesen Ärger. [...] Jede Art geschäftliche Tätigkeit bringt mich aus dem Tritt.« Also kommt ›Nausikaa‹, die 13. Episode mit Leopold Bloom, der am Strand von Dublin masturbiert, nicht voran.

5.1.1920: Tante Josephine soll ihm Schundromänchen und irgendein »Penny-Psalter« schicken sowie recherchieren, ob hinter der Seestern-Kirche von Sandymount Bäume hervorragen, sofern man an der Küste stehe, und ob von Leahy's Terrace Treppenstufen an den Strand führten. Das braucht er für ›Nausikaa‹: »Allen außer mir geht es hier gut.«

Ohne Datum 1920: Tante Josephine wünscht er, ihre Operation möge gut verlaufen sein, bevor sie wieder kreuz und quer durch Dublin jagt, nun ihm bei der Vollendung von zwei Episoden mit Tratsch und Tatsachen zu helfen.

17.1.(?)1920: Von Vater Joyce trifft ein Klagelied ein. Er habe Jim alles vermacht: »um die £ 150«. Der Sohn solle postwendend schreiben. In Dublin wie in Triest sind nach nationalistisch-irischen oder -italienischen Umwälzungen die Preise für Vater und Sohn Joyce kaum noch tragbar.

27.1.1920: Nora grüßt Budgen. Der Maler kommt nicht zu Joyces Geburtstag: »Wir sind über den Verlust Ihrer Gesellschaft nicht hinweggekommen und sprechen oft von Ihnen.«

?Februar 1920: Mit einem »Gloria in excelsis« übermittelt Joyce Budgen das Ende von ›Nausikaa‹: »Wird getippt.«

Anfang Februar 1920: Geschäftliches geht ihm leichter von der Hand, wenn ein Neuanfang bevorsteht: »Jetzt ›Oxen of the Sun‹.« Budgen soll in Zürich Autorenfotos nachmachen lassen und »eingeschrieben« in die USA senden, wo die Mai-Ausgabe der ›Little Review‹ nach Beschlagnahmung verbrannt worden sei. Immer wieder sieht Joyce sein Werk in Flammen aufgehen, auch klingen manche

Sätze so, als schulde die Triestiner Sprachenschule nur ihm Geld. Am Geburtstag gab's zudem Krach mit Schwager Frantisek Schaurek.

18.2.1919: ›Ulysses‹ in den USA bedroht die Existenz der ›Little Review‹, während Joyce sich europaweit verbreitet sieht: ›A Portrait‹ in Schweden; ›Exiles‹ in Italien.

24.2.1920: Sykes soll ermitteln, ob ›Nausikaa‹ bei Budgen angelangt sei. Joyce erarbeitet mühevoll ›Oxen of the Sun‹.

25.2.1920: Einschreiben sind ein Muss im Tohuwabohu Triests. Weaver erfährt von überhöhten Preisen für importierte Bücher in Italien und soll bei dem schlechten Wechselkurs nichts mehr schicken. Joyce gesteht ihr halb im Ernst, als Arzt wäre er noch gesellschaftsschädigender gewesen denn als Autor, aber er sei in Irland und Frankreich jeweils im ersten Jahr an Chemie gescheitert. ›Ulysses‹ könne im »Spätherbst« vollendet sein, »aber ohne Verpflichtung meinerseits«.

8.3.1920: Linati schickt Joyce ein P.S. zum Titel ›Exiles‹, welches, länger als der Brief, erneut Joyces Sprachbegabung und Interesse an babylonischen Verwirrungen beschreibt. Das englische Wort ›Exiles‹ ist klug gewählt, denn ›Verbannte‹ lassen wie ›The Exiled‹, ›Esigliati‹ und ›Les Exilés‹ den Sinn der im Original aufscheinenden Freiwilligkeit nicht zu.

11.3.1920: Joyce erläutert dem Mäzen Quinn den Plan für den Abschluss von ›Ulysses‹ und nennt eine Bedingungskette. Endlich will er jeder Zensur und Einflussnahme vorbeugen »mit Blick auf sechs Jahre ununterbrochener Mühe, die mich das Buch gekostet hat«. Mit einem Satz erwähnt er Quinns Krankheit; wichtig ist Joyces Unwohlsein, das Lied von der gegen britischen Widerstand durchgeführten Kampagne der English Players. Auch sonst sei das Autorenlos eine Kette von Fehlschlägen, so hätten vier Übersetzer ›A Portrait‹ ins Französische bringen wollen, er wisse nicht, ob sie je über das Titelblatt hinausgekommen seien, so dass »die materielle Seite [seines] Literatenlebens äußerst ermüdend« sei.

13.3.1920: Budgen möge nach Triest kommen – wie einst Stanislaus als Englischlehrer. Tatsächlich braucht Joyce wie 1905 einen Gesprächspartner und entfaltet in Ermangelung eines Diskurses mit Gleichgesinnten, die er an der Adria nicht finde, den Plan von ›Oxen of the Sun‹ im Brief: eine Geschichte der englischen Sprache und

Stile gebunden an eine neunteilige Struktur – analog zur ebensoviele Monate währenden Schwangerschaft. Als Bindeglied diene ein wiederkehrendes angelsächsisches Motiv. Selbigen Tags schreibt Joyce dem Agenten Pinker mit einer Aufstellung zu anstehenden und abgeschlossenen Vorhaben. Erstaunlich unverfroren schildert er die Übersetzung und Veröffentlichung von ›Exiles‹ in Zürich als auf eigene Kosten veranlasst; schließlich wäre er ohne Mäzeninnen nicht dazu imstande gewesen. Einer Fußnote der englischen Briefausgabe ist zu entnehmen, der Verlag Rascher & Cie., Zürich, habe den Druckkostenzuschuss nie in voller Höhe erhalten. Joyce allerdings dürfte – wie immer – alle Rechte, die ihm der Verlag einräumt, ausgeschöpft haben: etwa auf die Verbreitung des Werkes in zwei Ausgaben für Buchhandel und Bühnen oder eine erkleckliche Anzahl von Belegexemplaren. Pinker gegenüber macht er den fehlenden Rechnungsabschluss geltend, was heißt, hier sind keine Provisionen zu holen.

23.3.1920: Erneut lockt Joyce den Maler mit Sprachunterricht und einem Atelier:»Das Essen ist nicht so teuer. Und Sie werden MICH sehen.« Auch nach Exemplaren von ›Verbannte‹ fragt er: »SEIEN SIE ENERGISCH.« Budgen bleibt, wo er ist.

15.4.1920: In Mailand erscheint auf Vermittlung Linatis, dem Joyce am 11.3. Korrekturen sandte: ›A Memory of the Players in a Mirror at Midnight‹. Ein Sang von der Liebe zur Sprache, der Joyces Abscheulichkeiten bevorzugenden Wortschatz birgt, in Zürich entstand und zeigt, dass er Lebensabenteuer nur schreibend verarbeitet.

1.5.1920: Bei Kurt Wolff, Verleger Trakls und Kafkas, dessen Ruf wohl Joyce zu Ohren gekommen ist, fragt er an, ob ›A Portrait‹ für »Ihre Sammlung ›Moderne Bücher‹« geeignet sei, und erwähnt, einige »Werke« lägen auf Deutsch, Italienisch und in »swedisch« vor. Dieser Versuchsballon landet mitnichten.

2.5.1920: Trotz aller brieflicher Ankündigungen ist ›Esuli‹ nicht erschienen. Also sendet Joyce Linati seine Korrekturen und dankt für den freundlichen, ihn italienischen Lesern vorstellenden Essay. Solches fehlt bei ›Verbannte‹. Vielleicht hat Joyce aus dem Auftakt mit Übersetzungen gelernt und will die Verbreitung selbst steuern: durch enge Verbindungen zu Übersetzern und Verlegern, auch über große Entfernungen hinweg – was ihn mit Schliemann verbindet.

11.5.1920: Weaver Mitgefühl für eine Verwandte ausdrückend, die eine Augenoperation ähnlich der seinigen hinter sich hat, berichtet er von ›Oxen of the Sun‹, die eben getippt werde, und vom Vorhaben, ›A Portrait‹ durch den Verlag Bernhard Tauchnitz, Leipzig, auf dem Kontinent vertreiben zu lassen, da der Wechselkurs englische Werke unerschwinglich mache.

18.5.1920: Budgen erfährt von 1000 Arbeitsstunden, die in ›Oxen of the Sun‹ stecken, nach 200 für ›Proteus‹ 1918. Er soll Federzeichnungen zur Stadtodyssee anfertigen, um seine Kasse zu füllen und Joyces Ruhm zu mehren – was so nicht im Text steht. Dafür ersehnt Joyce »einen Liter Fendant«, Weißwein aus Sion, hält eine Irlandreise im Sommer für »unmöglich«, ohne als Grund den Anglo-Irischen Krieg (1919–1921) zu nennen.

24.5.1920: Sykes soll weiter für die English Players sorgen.

2.6.1920: Jeder Adressat hält Anteile an Joyces vielfachen Aktivitäten: Henry Davray, der einen Kontakt zum ›Daily Telegraph‹ vermittelt hat, wo ein Artikel von Sykes über die English Players erscheint, liest französisch von des Autors Erschöpfung wegen ›Ulysses‹, weshalb ihm keine Zeit zur Abfassung von Artikeln bleibe. So lässt Joyce Davray einfach abprallen.

3.6.1920: Nora erhält aus Portogruaro zwischen Triest und Venedig Anweisung, zwei Eintrittskarten zu kaufen, dann doch auf weitere Nachrichten zu warten. Öde sei es bei drohendem Unwetter.

5.6.1920: Pound in Sirmione, wo die beiden sich hätten treffen sollen, zählt Joyce die Gründe für den Wegzug aus Triest auf: die unerquickliche Wohnung mit »elf Leuten«; teure Kleidung, die er nun in Dublin erwerben will; Funkstille mit der Umwelt, denn er verbringe die meiste Zeit des Tages auf zwei Betten liegend, in Bergen von Akten versinkend; den Kindern fehlt ein Bett zum Schlafen; die Preise zwingen ihn zum Abzug, zumal er ungern an Orte zurückkehre. Gedankenspiele über einen dreimonatigen Irlandaufenthalt zur Vollendung von ›Circe‹, der 15. Episode, beendet er abrupt: »Die in Irland statthabende Verstörung ist natürlich ein Grund, nicht zu reisen.« ›Circe‹, ein Mosaik der vorherigen Episoden, voller halluzinatorischer, illusionärer, traumatischer wie traumhafter Sequenzen, mag als Echo auf Svevos ›Senilità‹ gelesen werden, worin Emilio und Amalia Brentani Liebe als traum- wie traumaträchtige Erfahrung erleben. Nur beruht Joyces Roman auf einem um vieles chaotischeren Lebenswandel als der Svevos.

9.6.1920: Ein italienisches Postskriptum in einem Brief Pounds an Linati versichert den ›Exiles‹-Übersetzer Joyces Mitgefühl, da ihr Dreiertreffen wohl eines Trauerfalles wegen nicht stattfand. Auch zeigt Pounds Schreiben, in dem er Linati anbietet, in ›Dial‹, der amerikanischen Zeitschrift, zu veröffentlichen, wie die Coterie der Moderne funktioniert. Freunde treffen und helfen einander sowie Freundesfreunden – wie im Falle von ›Verbannte‹ in Deutschland.

17.6.1920: Tante Josephine als treue Helferin kann wohl aus presserechtlichen Gründen etwas nicht senden, also fordert James Ersatz, die Abreise nach Paris oder London ankündigend.

22.6.1920: Verleger Huebsch in New York soll denken, ›Ulysses‹ werde noch im selben Jahr fertig – zur Veröffentlichung im Januar 1921. Vorerst verlasse er, Joyce, Triest zu einem Urlaub in Paris, wo er auch verharren könne.

1.7.1920: Linati trifft Joyce nicht in Mailand, da die Umstände es verhindern, aber der Ire will den Übersetzer auf dem Rückweg im September aufsuchen. Zunächst sucht er nur ein Quartier auf der Durchreise in der lombardischen Hauptstadt und nennt als Pariser Adresse Pounds Domizil.

Station VI: Wege ins Pariser Labyrinth
(1920–1939)

> *Was Hugo für den französischen Vers geleistet hat, haben Flaubert, Goncourt, Zola und Huysmans für die französische Prosa getan. Nichts, das in stärkerem Maße als die Realisten eine literarische Schule gebildet hat, hat je existiert, und ich nehme nicht einmal die Elisabethaner hiervon aus. Und aus diesem Grunde sind unsere Fehler interessanter als die verbreiteten Erfolge unserer Gegner [. . .].*
> George Moore, ›Bekenntnisse eines jungen Mannes‹ (1887; 1904) 1986 (Ü: Sylvia Moravetz)

> *Die Dadaisten wollten auch das logische Satzgefüge der Sprache sprengen. Sie hatten einen illustren Schüler: James Joyce. Anna Livia Plurabelle, die das Spätwerk von Joyce belebt, läßt erkennen, daß von Dada auch künstlerisch fruchtbare Impulse ausgingen.*
> Gertrude von Schwarzenfeld, ›Das neue Paris. Es begann mit Dada‹, 1958

Im Vorgriff auf das berühmteste Kapitel aus ›Finnegans Wake‹ und im Rückblick auf das 19. Jahrhundert, ist Paris als Kristallisationspunkt diverser Epochen erkennbar, die man je für sich Moderne nennt, auch wenn Joyce mal als Dadaist, Expressionist oder Surrealist gilt, ohne je Mitglied literarischer Coterien zu sein, deren Fixpunkt nicht er selbst ist. Wer in Paris geboren ist oder endlich dort eintrifft, will nicht wieder fort. Also wird Joyces Wechsel aus Italien ins Herz der Dritten Republik mehr als ein Umzug. Es ist ein tiefer Einschnitt. Gleichwohl arbeitet er weiter an ›Ulysses‹, daher wird sein Brieftagebuch fortgesetzt.

1920. Paris

12.7.1920: Stanislaus liest englisch von Anfangserfolgen des endlich arrivierten Autors, der nun seinem Lebenslauf zwei Tage Venedig und eine Nacht Dijon einschreiben kann:»Frage Frank, ob er Assignate der Revolutionszeit haben will.«Weaver gegenüber preist Joyce »Pounds Energie« und bemerkt zu ›Circe‹, er müsse»große technische Schwierigkeiten, der Leser etwas Schlimmeres« überwinden. Nach Beendung des Romans»werde ich sechs Monate schlafen«.

19.7.1920: Freund Francini Bruni erfährt italienisch von einer Bewunderin und Übersetzerin, die Joyce drei Monate möbliert gratis im gegenüber Triest halb so teuren Paris logieren lässt, wo»Circe von neuem fortschreitet«.

22.7.1920: Französisch schreibend, schickt Joyce der belgischen Agentin und Übersetzerin Jenny Serruys»einige Auszüge von Kritiken« zu ›A Portrait‹, dankt für ihr»wohlwollendes Interesse« und entbietet höflichsten Gruß.

25.7.1920: Stanislaus erhält Mitteilung von der Odyssee als kulturellem Movens in Drama, Lyrik, Oper und Satire bei Jean Giraudoux, Guillaume Apollinaire, Gabriel Fauré und Anatole France. Doch die Unruhen (»troubles«) in Triest hat Joyce ebenso registriert wie deren »schlimmeres« Gegenstück in Irland.»Madame Circe schreitet majestätisch ihrer Vollendung entgegen, danach hoffe ich einem Tennisclub beizutreten.«

27.7.1920: Budgen schickt Joyce eine parodistische Reiseanleitung, damit sie ihre seit 1919 nur brieflich geführten Dialoge zu ›Ulysses‹ wieder aufnehmen können.

31.7.1920: Pound mit den Details behelligend, die Autoren ihrem Impresario aufladen, nennt Joyce Sylvia Beach, eine amerikanische Buchhändlerin, die ihm einen Scheck einlöste. Auch Zürcher Bekannte wie Ivan Goll, der die deutschen Rechte an ›A Portrait‹ erwerben will – »für 7-Francs irgendwann, wenn möglich« –, tauchen auf. »P.S. of Quinn. Nothing. Rien. Nicht. E po nulla.« Polyglott wie seine Bücher ist des Autors Schlußseufzer über fehlende Nachrichten von Mäzen Quinn.

5.8.1920: Als Bote, der Joyce Pounds Paket und Grüße am Sonntag, dem 15.8., im Hôtel de l'Élysée, Nr. 3, Rue de Beaune, übergeben will, trifft T. S. Eliot, Bankangestellter und Dichter, aus London ein. Dem Tennisschuhträger Joyce will Pound mit getragenem, gediegenem Schuhwerk Gutes tun. Davon weiß Eliot nichts. Ihr Treffen mag grotesk gewesen sein. (Siehe das Umschlagfoto)

16.8.1920: Weaver für eine Kritik zu ›A Portrait‹ dankend, in der die Güte des Werkes und die Krankhaftigkeit des Autors gepaart werden, schildert Joyce Sorgen mit Circe, die er webe – wie Penelope täglich den Teppich in Homers ›Odyssee‹.

27.8.1920: Verse versendet per Postkarte der sich Ärger aus dem Bauch reißende 38-jährige, den der Hungerstreik des Corker Oberbürgermeisters Terence MacSwiney, eines des Hochverrates angeklagten Nationalisten, so aufrührt wie 1918 der Zwist mit dem britischen Diplomaten Rumbold in der Schweiz (an Stanislaus); während er Sykes eine europäisch-englisch angehauchte Version schickt.

29.8.1920: Ein erneutes Geldgeschenk Weavers vermeldend, berichtet James dem Jüngeren von Partys, Besuchern wie Budgen, kann über die irischen Unruhen weder in ›Ulysses‹ noch sonst hinweggehen und legt einen Zeitungsauszug bei, eine Rede des Vizekönigs von Dublin betreffend, der als Ire zwar seine Heimat verlassen, sie aber nicht vernichten könne.

September (?) 1920: Budgen, dem treuen Helfer, schenkt Joyce reinen Wein ein: »*Circe* geht sehr langsam voran.« Huebsch in New York schreibe den Roman ab, Manuskripte hätten Quinn so wenig erreicht wie die Bücherkiste aus Triest ihn, den Autor, der willens sei, »*Circe* binnen eines Monats zu beenden«.

3.9.1920: Quinn, dessen Geld Joyce dringend braucht, erhält den Episodenplan des ›Ulysses‹, samt Titel und dem Hinweis, nach ›Scylla and Charybdis‹ sei die Hälfte der Kapitel erreicht, nicht des Umfanges. Auch vermerkt Joyce, er sei mit ›Nausikaa‹ und ›Circe‹ befasst, welch letztere er zum wohl »sechsten Male« schreibe: »aber ich bin zufrieden, das getan zu haben, was ich mir vorgenommen hatte«.

6.9.1920: Natalie Clifford Barney, *Salonnière américaine* in Paris, fragt höflich der die Verbreitung seines Werkes suchende Autor, ob sie von Theaterdirektoren Neues zur Aufführung von ›Exiles‹ erfahren habe, und bietet ihr den Porträtroman an, dessen erstes Kapitel französisch vorliege. Linati sagt er auf Italienisch, er arbeite wie ein Galeerensklave, ein Esel, ein Stück Vieh, finde keinen Schlaf, sei durch ›Circe‹ in ein Tier verwandelt – was der Episode mit ihren phantasmagorischen Transformationsszenen entspricht.

?8.9.1920: Francini Bruni soll den Verbleib der Triestiner Bücherkiste klären: »Du kannst Dir denken, in welchem Zustand meine Seele nach sieben Jahren Arbeit ist.«

14.9.1920: Erfolglos scheint die Nachfrage bei Bruni verpufft, also führt Joyce gegenüber Stanislaus das leidige Thema wieder an, auch den Verlust einer Manuskriptsendung an Quinn, was ihn zur erneuten Abschrift zwingen könnte. Mit Giorgio übe er Fremdsprachenkorrespondenz: »Englisch, Französisch, Deutsch und Italienisch«. Das beherrscht er selbst so gut, dass er hofft, des Sohnes Fähigkeiten würden vom künftigen Arbeitgeber nicht überschätzt. Denn im Gegensatz zu Lucia war Giorgio nie lerneifrig und fleißig. Aufmerksam die irischen Ereignisse verfolgend, teilt er Stanislaus' Urteile, bittet ihn, Gerüchte zu James Joyce zu dementieren, etwa dass er als Sinn-Féin-Emissär in der Schweiz war, kokain- oder morphiumsüchtig sei oder in Zürich die Dada-Bewegung begründet habe. »P.S. Ich sehe, Triest ist in Aufruhr. Meide die beschissenen Kugeln beider Seiten.«

21.9.1920: Er kündigt Linati das Strukturschema von ›Ulysses‹ an, in dem er »Stichwörter« nennt, mit deren Hilfe der Roman als Epos zweier Rassen (der israelitischen und der irischen) zu erkennen sei und als Zyklus des menschlichen Körpers sowie als »storiella« eines Tages (Lebens). Jedes Kapitel bedinge und schaffe seine ihm eigene literarische Technik. Das soll Linati verbreiten, das Schema für sich behalten und dem Autor retournieren. Ein frommer Wunsch!

Michaelis 1920: Joyce berichtet John Rodker von der »Kündigung« der ihm kostenlos überlassenen Wohnung und schreibt Budgen, er müsse »diese Streichholzschachtel« verlassen, aber vor allem von ›Circe‹. Ein Freund Budgens, der Maler Louis Sargent, habe ihm über das »Verhalten des Mobs« kaum Fassliches erzählt – was ihn bewegt, es im Roman zu verwerten; Lord Alfred Douglas' Zeitung ›Plain English‹ interessiert ihn, und Sargent gleiche einem Schulbuben aus Nestor: von dem er »geschrieben, bevor [er] von ihm gehört hatte«. Wilde und Joyce finden die Fiktion oft in der Realität wieder.

11.10.1920: Sykes teilt er mit, man jage nach einer Wohnung, und ›Exiles‹ sei übersetzt und »wird von M. Lugné-Poë produziert werden«, der 1896 Wildes ›Salomé‹ im französischen Original uraufgeführt hatte. Mag Joyce daran nicht gedacht haben, von Lord Alfred Douglas' Schlüsselrolle im Wilde-Skandal und seiner Übersetzung der ›Salomé‹ ins Englische hat er wohl gewusst. Klein ist die literarische Welt.

20.10.1920: Geschäftlich schickt er Giorgio mit einem Brief zu Mme Serruys. Mit ›Exiles‹ und ›A Portrait‹ auf Französisch gibt es Probleme, und eine Wohnung hat Joyce auch nicht gefunden, aber Andeutungen verfangen bei ihr nicht.

24.10.1920: Budgen, dem er Malfortschritte wünscht, schreibt
Joyce von Versuchen, ihn und »einen gewissen Mr. Marcel Proust«
in Konkurrenz zu bringen. Nach »einige[n] Seiten« könne er als
»schlechter Kritiker« keine besondere Begabung erkennen. Wohl
glaubt Joyce, »einen schlechten Eindruck« gemacht zu haben, den er
»bloomesk«, wie er sei, kaum korrigieren könne. Dublinesk ist das
P.S.: ein Katalog chaotischer Gedanken des an verschiedenen Stellen
zugleich sein Werk bearbeitenden Autors, der nach der neunten Episode ein »*Entr'acte*« fabrizieren will – woraus nichts wird, zu ausge-
feilt ist bereits das Werk.

28.10.1920: Stanislaus erhält Nachrichten zu Finanzen und Publi-
kationen des Älteren. Auch das Buchpaket aus Triest sei eingetroffen –
nach vier Monaten!

3.11.1920: Linati bringt Joyce den Sittlichkeitsprozeß zur Kenntnis, der am 22. Oktober in New York gegen die Veröffentlichung von
›Nausikaa‹ eröffnet wurde.

5.11.1920: Erschöpfung beklagend, die »Odyssee« der Bücher wie
die eigene erfolglose Wohnungssuche, schreibt Joyce Pound wegen
des Zensurprozesses, bei dem Mäzen Quinn ihn verteidigt als Anwalt
der ›Little Review‹. Mme Serruys sendet er mit Dank »Bett, Matratze
und Tisch« zurück, bittet aber, »zwei Decken« zum Schutz und Trost
während der »Stunden« behalten zu dürfen, wenn ihn »›Skeptizis-
mus‹« befalle.

10.11.1920: Weaver erfährt von der Bücherkiste, die lange an der
nachkriegsbedingt undurchlässigen deutsch-französischen Grenze
liegengeblieben war. Unterdes ist ›Circe‹ doppelt so umfangreich wie
›Cyclops‹, und Joyce stoppt wegen ›Ulysses‹ vorerst die Suche nach
einer dauerhaften Bleibe.

16.11.1920: Belegexemplare gehören zum Los des ruhmlosen
Schriftstellers und sind ein Kostenfaktor im Verlagsbudget. Aber als
(Eigen)Werbung sind sie vonnöten. So bittet Joyce Weaver um ein
Exemplar von ›A Portrait‹ für den Schauspieler, »der sagt, er werde
›Exiles‹ produzieren«.

November 1920: Budgen soll ihm zwei Zeitungsausgaben vom
Mai/Juni 1920 besorgen und erfährt im Telegrammstil von der
»Hölle«, die in New York wegen ›Nausikaa‹ tobe.

24.11.1920: Noch immer eine amerikanische Erstausgabe von
›Ulysses‹ ausspinnend, wie sie seit Monaten brieflich besprochen

wird, schildert Joyce Quinn den Stand der Arbeiten, die seit 1914 während und bis 1921 dauern sollen – die *n-te* Umdatierung des Entstehungszeitraumes: nun in der Form, die am Ende des Buches dessen Mythos fixiert. Aber er nennt eine Textsammlung aus Triest, deren Fragmente vor der Veröffentlichung in den Roman finden müssen. Also ist das dem Mäzen veräußerte Manuskript nicht endgültig.

8.12.1920: Joyce sendet John McCormack patriotisch-irische Glückwünsche zu dessen Konzert, spielt auf ihr Sänger-Treffen 1904 in Dublin an und vergleicht den Tenor aus der Grafschaft Roscommon vorteilhaft mit dessen italienischen Zeitgenossen.

9.12.1920: Rodker berichtet Joyce von einer Augenattacke, was er McCormack ebenso verschweigt wie die Wohnungssuche und die anstehende Gerichtsverhandlung am 13. Dezember in New York: »eine Glückszahl für mich und auch der Tag der hl. Lucia, der Patronin der Augen«. ›Exiles‹ soll nach dem Münchner Fiasko in Deutschland erstmal ruhen, sagt die Berliner Agentur, und auch bei anderen Werken sieht Joyce die Verbreitung in Übersetzungen momentan wenig rosig.

10.12.1920: Für Budgen malt er ein farbiges Bild der auf sechs Monate gemieteten Wohnung samt Klavier und Telefon, das den Eindruck vermittelt, als schöpfe Joyce beim Schreiben von ›Circe‹ außer aus den abermals überall angeforderten textlich-musikalischen Materialien, auch aus dem Ambiente, in das ihn die Odyssee seiner Autorenvita jeweils verschlägt. Molly Bloom hat das letzte Wort, während »Poldy« den Kopf zu ihren Füßen bereits schläft.

12.12.1920: Pound, Parodist *par excellence*, weiß sicher, was Joyces Satzperioden bedeuten, die besagen, ohne den Gasherd hätte er in diesem kalten Klima, bei dem ihm der Schal Mrs. Pounds und Mme Serruys' Decken ein wenig Wärme schenkten, eine ausgewachsene Augenattacke zu erwarten.

17.12.1920: McCormack schickt Joyce ›A Portrait‹ und ›Dubliners‹, welche er zurückbittet, denn das Buch sei vergriffen. Wie er in anderen Briefen den um das berufliche Fortkommen des Sohnes besorgten *Pater familias* gibt, posiert Joyce gegenüber dem Sänger als Bürger, dessen allnachmittäglich gelangweilte Tochter nur zu bereit sei, McCormacks Tochter durch Gesellschaft Kurzweil zu schenken: »Telephonnummer [...] Saxe: 34–33«.

20.12.1920: Nur Pound eine Weihnachtskarte mit bösen Versen

samt Bild sendend, das die »Joyce Familie Robinson« zeigt, meldet
Joyce Budgen den Abschluss von ›Circe‹. Molyneux Palmer bittet er
ohne begleitende jahreszeitliche Wünsche, drei Lieder an McCormack
zu schicken: »in Tenorlage transponiert«.

30.12.1920: Noras Onkel Michael Healy in Galway kommt nur
in den Genuss von Joyces »neuerlichen Wünschen zum Neuen Jahr«,
weil er ein Schreiben an Ernest A. Boyd weiterleiten soll, dessen Rolle
als »anerkannter Historiker der irischen literarischen Bewegung« ihn
qualifiziere, je einen Artikel über Romane, Dramen und Ökonomie
des zeitgenössischen Irland für eine Pariser Zeitschrift zu verfassen.
Sicher denkt Joyce daran, selbst gebührend Erwähnung zu finden,
sagt aber nur, die Artikel sollten getippt und auf Englisch vorgelegt
sowie in »darstellendem und nicht angriffslustigem« Stil abgefasst
sein. Da das Honorar niedrig sein dürfte, empfiehlt er Boyd, die Artikel zeitgleich an Pound zu senden.

Ende 1920: Joyce trifft vermutlich bei Sylvia Beach Yva Fernandez, eine seit 1915 im Pariser Künstlermilieu aktive junge Frau aus
einer italienisch-sprechenden jüdischen Familie mit spanischen und
griechischen Vorfahren. Sie will eine Erzählung aus ›Dubliners‹ übersetzen.

1921

5.1.1921: Dem »verehrten Kollegen«, Italo Svevo, alias Ettore Schmitz,
schreibt italienisch aus Paris der Autor von ›Ulysses‹. Parodistisch
klingt die pedantische Beschreibung des Ortes, wo, ebenso genau geschildert, von einem Gummiband umschlossen, der Packen Papier
bewahrt wird, der die notwendigen Worte birgt. Nicht schicken, sondern bringen soll es jemand aus der Familie Schmitz: eine in ihrer
zugespitzten Form noch erträgliche Zumutung. Zu Lasten der Triestiner, ob nun von Stanislaus oder der »Revoltella«-Universität, geht ein
Passus, worin Joyce es ablehnt, für ein Nichts an Honorar Prüfungen
abzunehmen. Offenbar will er immer noch zurückkehren: Ab und an
habe er ein wenig Spaß. Vielleicht auch an der Verfertigung dieses
Schreibens, dem Svevo wohl die Schilderung seines Papiertransfers
gen Paris entnommen hat, mit der er später private Joyce-Notate eröffnet und dem Joyce-Mythos huldigt.

7.1.1921: Dem Mäzen Quinn übermittelt Joyce exorbitante Honorarforderungen für den Druck von ›Ulysses‹. Falls Huebsch absage, solle Quinn Offerte und Typoskript zurückziehen. Optimistisch über den baldigen Abschluss weiterer Episoden, wird Joyce rückschauend im Ton pessimistisch:»Ich habe die ›Circe‹-Episode [...] neunmal geschrieben.« Sieben Jahre der»Mühe« werden bei Vollendung des Romans hinter ihm liegen bei»acht Krankheiten« und»neunzehn Orts- und Wohnungswechseln«: in vier Ländern: eine Odyssee.

16.1.1921: Wie zuvor Stanislaus und noch aus Triest den Agenten Pinker mahnt Joyce Molyneux Palmer, die Adresse deutlich zu markieren,»da Pariser Postboten unübertreffliche Dummköpfe« seien. Die für McCormack erbetenen Vertonungen soll Palmer an Joyce senden, der zwei neuen Liedern mit der Vorfreude des praktizierenden Tenors entgegensieht.

4.2.1921: Mäzenin Weaver liest Joyces Klage über die fast vergebliche Jagd nach Typistinnen für ›Circe‹, seine Müdigkeit und Details zur ›Ulysses‹-Edition in Amerika.

6.2.1921: Joyce dankt Mme Serruys für die Vermittlung eines Kontaktes zu Clément Charpentier, der ihm freundlicherweise zur Vollendung des Romans Geld vorstreckt. Charakteristisch ist Joyces Beharren darauf, sich schriftlich zur Rückzahlung zu verpflichten – wie sein Vater bleibt er oft Schuldner.

Ohne Datum 1921: Sykes, dem Ex-Manager der English Players, erzählt Joyce außer von der auf April/Mai verschobenen ›Exiles‹-Premiere von der anekdotenhaften Beziehung zu einer jungen Anwältin, die alle zwei Tage 60 Minuten auf das Tippen von ›Circe‹ verwandte, bis ihr Vater einen Herzschlag erlitt und sie ihn umsorgen musste. Nun soll»die Besitzerin eines kleinen Buchladens« die Arbeit tun.

14.2.1921: Daniel Hummel, wie Sykes und Budgen ein Freund aus Zürcher Abenden im Weinlokal Pfauen, erfährt vom»Herzschlag« des »Vater[s] meiner Daktylo«, den Nachtarbeiten am Roman und liest den Stoßseufzer:»Gott sei Dank, wir leben noch.«

18.2.1921: Linati soll Neuigkeiten zu ›Esuli‹ berichten. Joyce jedenfalls schufte wie ein»Lebenslänglicher« an den beiden letzten Episoden, ›Ithaca‹ und ›Penelope‹,»die mir etliche Fäden zu verweben aufgeben«. Vor Mai komme er nicht nach Mailand. Auch dankt Joyce dem Amerikaner Samuel Roth, der ihm»besonders tiefgehende« Wirkung bescheinigt hat (12.2.), und schlägt ein Treffen in Paris vor.

23.2.1921: Molyneux Palmer sieht sich bedankt für die Vertonungen, die wochenlang beim französischen Zoll lagerten. Joyce will nach Ordnung seiner Angelegenheiten – als sei das Buch ein Vermächtnis – »etwa im Juni« für die Veröffentlichung der Lieder eintreten. Wichtiger ist ihm momentan die Ermutigung durch Valéry Larbaud, den Dichter, Kritiker, Romancier und Übersetzer, der Beach tags zuvor seine Begeisterung für ›Ulysses‹ mitgeteilt hat: Bloom sei »so unsterblich wie [Shakespeares] Falstaff«.

Ende Februar 1921: Auch Gratulation zu Budgens Geburtstag, birgt Joyces Brief Nachrichten aus dem Literatenleben: der Anfall des Pariser Medizinprofessors ist für ihn eine Episode aus ›Circe‹, von der Übersetzerin des Porträtromans liege ein »hysterisches« Schreiben vor, und er habe laut Larbaud ein Werk geschaffen »so groß wie [das von] Rabelais«. Fühlt er sich nun als Renaissancefürst der Moderne?

1.3.1921: Die Fanfare der Erhebung in den Klassikerstand tönt auch in der Epistel an Weaver.

3.4.1921: Vergebens warte er seit dem New Yorker Prozess am 21. Februar auf Nachrichten, nur einen Zeitungsauszug habe er gesehen. Weaver erfährt vom Numerologen Joyce auch, die Quersumme des laufenden Jahres »1+9+2+1« bringe ihm Unglück – welchen Aberglauben er laut dem Briefherausgeber mit Ford Madox Ford teilt, der das eigene Missgeschick im Jahr 1+9+0+3 auf den gleichen Umstand zurückführe. Demgegenüber ist Joyce 1921 bemerkenswert erfolgreich, denn zwei Wochen zuvor sei aus Triest »der Sack voller Notizen für ›Ulysses‹« eingetroffen. Auch beginne Auguste Morel mit der Übersetzung von ›Sirens‹ ins Französische und wolle Gaston Gallimard den Roman prüfen – der Proust-Verleger und Sammler von Literaturgrößen, der also den irischen Rivalen des großen Franzosen ebenfalls unter seine Fittiche nehmen will.

9.4.1921: Dramatisch wie die Szenen von ›Circe‹ ist ein Vorfall, den Joyce Weaver schildert, bei dem der Gatte einer Typistin das Typoskript »las und dann zerriß und verbrannte«. Auch habe er Huebsch den Auftrag entzogen wegen unzureichender Bedingungen für die ungekürzte, unzensierte Publikation des ›Ulysses‹ in den USA.

10.4.1921: Die Auflösung des Knotens ist gelungen: ›Circe‹ ist doch nur geringfügig neu zu schreiben, basierend auf den Notizen. Und der Buchladen Shakespeare and Company, in Person Sylvia Beachs, habe ihm die Veröffentlichung des Romans angeboten: als

»vollständige« Ausgabe auf Subskriptionsbasis bei 66 Prozent des Nettoerlöses für den Autor. Bis September hofft er nun, alles beenden zu können. Die Herstellung wird in Dijon sein, da Beachs Freundin Adrienne Monnier, ebenfalls Buchhändlerin, bei Maurice Darantiere drucken lässt.

17.4.1921: Noch soll Weaver in England publizieren, das heißt den in Frankreich gedruckten Text dort vertreiben.

19.4.1921: Quinn wird der Publikationsprospekt annonciert. Als Käufer des Manuskripts besitzt er eine Kopie der verbrannten Passagen, die Joyce zurückerbittet. Beachs Mutter soll sie über den Atlantik transportieren. Ihr Dampfer fahre am 4. Mai. Da Joyce nicht alle Materialien vorliegen, beschreibt er den Zusammenhang, auch dankt er Quinn für seine Anwaltstätigkeit im Namen von ›Ulysses‹.

23.4.1921: Pound sei wegen ›Circe‹ und ›Eumaeus‹ enragiert, teilt Joyce Weaver mit, und schon beginnt er, die kritischen Reaktionen auf den Roman, dessen Erscheinen Wind machen soll, in *Rede*: Richard Aldington: ›The Influence of Mr. James Joyce‹ (April 1921), und *Gegenrede*: T. S. Eliot: »Ulysses‹, Order, and Myth‹, der erst 1923 in ›Dial‹ erscheint, zu organisieren. Daneben legen er und Beach Subskribentenlisten an. In Joyces Handschrift liegt solch ein Dokument vor: 69 Namen samt Adressen, an dritter Stelle Ettore Schmitz, als 23. »Baron Bernard Tauchnitz«, Verleger, Leipzig, als 27. »Henry Blackwood Price«, Fachmann für die Maul- und Klauenseuche aus Belfast, nun wohnhaft in »Mittendorf, Muerzthal (Niederösterreich)«, als 35. A. J. Leventhal, ein Dubliner Jude, Literaturkritiker, in Luzern ansässig, aber auch Yeats, Moore und Lady Gregory (30., 56., *69*.) sowie Freund und Feind aus Dubliner, Triestiner, Zürcher Zeiten: John McCormack, Edith McCormick, Oliver St. John Gogarty, Constantine Curran und andere mehr. Joyce kennt Hinz und Kunz im literarischen Europa: Alle sollen den Ruhm des Romans mehren und dafür bezahlen.

Ohne Datum Frühjahr 1921: Sykes ist Joyces Stütze und liest Dankesworte sowie Erfolgsmeldungen: gesicherte zur Wertschätzung Larbauds für ›Ulysses‹, die auch in der Leihgabe seiner Pariser Wohnung an die Familie Joyce im nahenden Sommer Ausdruck findet; weniger gesicherte der Pariser Aufführung von ›Exiles‹ im Original geltend.

2.5.1921: Der Prozess in New York habe dem Roman zu genügend

Publizität verholfen, also sei es »unerheblich«, ob ›Oxen of the Sun‹ in der ›Little Review‹ erscheine oder nicht, meldet Joyce an Weaver. Er sehe allseits Erleichterung ausbrechen ob der mit dem Publikationsprospekt erkennbaren Absicht, ›Ulysses‹ bald ganz herauszubringen. Parodistisch beschreibt er die Propaganda als Stapellauf eines Floßes, auf dem »dieser ›Held‹«, das Buch ›Ulysses‹, seine Fahrt antreten werde.

31.5.1921: Budgen schreibt Joyce vom Treffen mit dem Maler-Schriftsteller Wyndham Lewis, der Lady Cunard kenne, die 1916 für ihn sich eingesetzt hat und auch auf der Liste möglicher Subskribenten steht: »Hatte mehrere von Gelächter erschallende Nächte, sitzend (und tanzend) mit Lewis, wie er Dir vielleicht erzählen wird. Ich mag ihn.« Sohn Giorgio reise Freitag für einen Monat gen Zürich, begleitet von zwei Schweizer Freunden: Hummel und Maeglin.

5.6.1921: Larbaud mit gebotener Höflichkeit und überschwenglich für die Überlassung seines Pariser Refugiums zum »ruhigen Ende eines so stürmischen Buches« dankend, wozu Nora und Lucia ihm beipflichten, bittet Joyce den Gastgeber, ihm jeglichen Einfall zur Odyssee, sei es auch im inexistenten 25. Buch, noch zu übermitteln.

7.6.1921: Freund Francini Bruni schildert Joyce das Idyll seiner jetzigen kostenlosen Schreibstätte: eine Pastorale in Paris! Er sei nun wer: »Wer hätte das nach meiner letzten Erfahrung in Triest gedacht?« Larbaud habe ›Circe‹ allein so hoch bewertet wie das auf mehreren Romanen im Lebenswerk beruhende Renommee französischer Literaten. Auch die Buchgestaltung beschäftigt ihn, denn er hat weiße Lettern auf griechischem, ursprünglich bayerischem Blau für den Einband gewählt. Besonders bedeutend fühle er sich beim Blick auf die täglich eintreffenden Subskriptionen für seinen Schmöker, Wälzer (»libraccio«): ein Verwandter des ungarischen Kommunisten Bela Kun so wie Winston Churchill, vormals Verteidigungs-, nun Kolonialminister Georgs V. und »ein [ungenannt bleibender] Kopf der irischen revolutionären Bewegung«, der ganz anders lesen dürfte als die vorerwähnten Herren, nämlich nationalistisch. Parodierend untergräbt er den eigenen Status als »Monument«, indem er sich als »Vespasian« bezeichnet, mithin als Urinal nach dem »römischen Kaiser, der solche Bauten besteuerte« (Ellmann).

21.6.1921: Joyce vermeldet per Postkarte erste Druckfahnen gegenüber Larbaud.

24.6.1921: Parodistisch schildert Joyce Weaver, wie andere ihn sehen: Spion, Kokainsüchtiger, Schreibunfähiger, Sterbender, Schweizer Lichtspielunternehmer, Uhrenfetischist, der alle Passanten nur nach der Tageszeit frage, als eine komische Figur aus dem Werk von Charles Dickens, ein Faulpelz, der nach eigener Berechnung »fast 20 000 Stunden auf das Schreiben von ›Ulysses‹ verwandt hat«, ein verrückt Werdender, der bei »Doktor Jung« am Zürichsee, unterschieden von »Doctor Freud« aus Wien, ins Sanatorium gehöre. Nur noch Widersprüche, zu denen Höflichkeit im Habitus zähle, da Joyce in Paris jeden als Herrn anrede, dabei aber als absoluter *Petit bourgeois* gelte. Er selbst halte sich für ganz gewöhnlich. Etwas Wahrheit billigt er denen zu, die in ihm Odysseus erkennen: tricksend, verhehlend, finassierend, »selbstsüchtig und zynisch«. Aus ›Exiles‹ in Paris werde nichts, auch sei er kein Mann von Soireen, und nur Larbaud habe Wertvolles zu ›Ulysses‹ zu sagen. Sich selbst sieht Joyce durch die Arbeit an dem so variationsreichen Buch in Auflösung begriffen wie durch die Kenntnis vieler Fremdsprachen. Er ahnt, warum ihn jeder anders wahrnimmt. Wenn auch ohne Joyces Begabung zur Selbstironisierung ist Schliemann ähnlich veranlagt: polyglott, wandernd, ausufernd.

Ende Juni 1921: Budgen von Korrekturen an ›Proteus‹ berichtend, der Episode am Strand, die er in einer »denkwürdigen Nacht in Zürich (Universitätsstrasse 29)« vorgelesen habe, kündigt Joyce an, tags darauf bei ›Ithaca‹ gleich Julius Cäsar den Rubikon zu überschreiten – mithin wie im Romantitel römische und griechische Antike vermischend.

7.8.1921: Weaver erfährt von fünf Wochen Rekonvaleszenz nach einer heftigen Augenattacke, die Joyce vor Schmerzen auf dem Fußboden sich hin- und herrollen sah. Aber er korrigiere weiter, ein selbsterkannter Wahnsinn, beklagt das geringe Interesse Triestiner Bekannter an ›Ulysses‹ und räumt ein, ›Penelope‹ sei aufwendiger als vom Plan her gedacht – mit dem er bei der Fahnenrevision noch jede Episode abgleichen müsse.

11.8. (?) 1921: Dem abwesenden Wohnungsinhaber Larbaud skizziert Joyce den Stand der Arbeiten, beantwortet die Frage nach dem letzten Wort des Romans: »La voilà: yes.« ›Penelope‹ drehe sich darum und drei weitere weibliche Worte, bestehe aus acht Sätzen, derer erster 2500 Wörter umfasse.

12.8.1921: Glaubt man dem Schreiben an Pound, so hat Joyce tags zuvor einen Vertrag zur Übersetzung von ›A Portrait‹ ins Französische unterzeichnet.

14.8.1921: Per Postkarte fragt Joyce bei Linati nach Neuigkeiten zu ›Esuli‹ und nach des Übersetzers Befinden und fordert ein Lebenszeichen und einen Artikel zur englischen Literatur.

16.8.1921: Budgen erhält Lese-, Zeichnungs- und Buchkaufaufträge: »Sieges of Gibraltar‹ und auch Conan Doyles ›History of the South African War‹«. Über Orte, wo er nicht selbst war, liest Joyce entweder nach oder lässt lesen, in diesem Fall sogar Auszüge anfertigen: »irgendwas *die Wörter des Buches betreffend*«. Sprache interessiert ihn: »›Penelope‹ ist der Clou des Buches. [...] Ihre vier Pole sind Brüste, Arsch, Schoß und Möse, ausgedrückt durch die Worte *because, bottom* [...] *woman, yes.*«

27.8.1921: Einen Blick in die Existenz Joyces jenseits der Autorenfron bietet ein Brief an Robert McAlmon, dem er von einer Augenattacke im Alhambra-Varieté berichtet. Ein Polizist hilft ihm, begleitet von Giorgio, in ein Taxi. In der Nachtapotheke verabreicht man ihm Äther, bevor er sich zu Hause schwach fühlt. Folglich arbeite er statt 16 nur noch »5 oder 6 oder, später, 8 Stunden«.

30.8.1921: Weaver erfährt vom Zusammenbruch, von Joyces Training wie für einen Marathonlauf und von den Zusätzen, die er auf die Fahnen schreibt – bis zu ›Scylla and Charybdis‹.

3.9.1921: Dem Amerikaner McAlmon, selbst Literat, teilt Joyce mit, zuerst wolle er ›Penelope‹ vollenden, dann ›Ithaca‹, die vorletzte Episode, formen. »Inzwischen halte ich beim Spaziergang an der Seine Ausschau nach einem abgeschiedenen Ort, wo ich ›Bloom zu fassen bekomme und ihn ins verdammte Meer werfe‹.« Der Strom an Subskriptionen ist versiegt.

6.9.1921: Budgen soll Stoff liefern, Joyce will die Sendung von ›Love's Old Sweet Song‹, ›In Old Madrid‹ und ›Fanny Hill's Memoirs‹, »unzensiert«, bezahlen. Er sieht das Ende, ist indes noch nicht fertig, warnt den Maler gar, es werde in »3 Korrekturdurchgängen« noch viel geändert und hinzugefügt.

9.9.1921: Geschäftliches soll Weaver regeln, etwa die Lösung der Verträge mit Mathews und Richards für ›Chamber Music‹ und ›Exiles‹. Für ›Verbannte‹ will er 1000 Schweizer Franken gezahlt, doch vom Verleger nie Tantiemen bezogen haben – kein Wunder bei der schlechten Wirtschaftslage. Der Agent Pinker habe praktisch nichts zu verwalten, zumal die private Edition von ›Ulysses‹ Autorensache und sein Risiko sei. Hier wird klar, wie grotesk Joyce die Situation verdreht, denn ohne den Großmut von Weaver und den Wagemut von Beach könnte er kaum schreiben oder auf Veröffentlichung des Romans hoffen.

24.9.1921: Teile von ›Ulysses‹ seien nicht wiederzuerkennen, teilt Joyce Larbaud mit, mit Praktischem endend:»Ein Mann kam, nach dem Stuhl zu fragen, doch nicht nach dem Spiegel.«

3.10.1921: Einen Dubliner Jesuiten, Hochwürden Charles Doyle, hat Joyce eingespannt, um herauszufinden, ob die von ihm am 13. November 1906 im Brief an Stanislaus erwähnte Lady Belvedere tatsächlich in den Mauern seiner alten Schule gelebt hat. Die Antwort des Geistlichen lautet nein, die Gräfin sei 1780 gestorben, das Gebäude erst sechs Jahre darauf vollendet und bezogen worden. Doyle nutzt die förmliche Anrede- und Grußformel, als wolle er vermeiden, Joyce namentlich zu nennen, oder sich selbst als Lieferanten eines Mosaiksteines zu ›Ulysses‹ zu kompromittieren.

7.10.1921: Mit rotem, grünem, blauem Stift bearbeitet Joyce die Druckfahnen des »Gott sei Dank« in etwa drei Wochen vollendeten Romans. Einen Vorbehalt macht er Weaver gegenüber geltend:»falls die französischen Drucker nicht alle vor Verzweiflung über das Mosaik, das ich ihnen zurückschicke, in die Rhône springen«. Der Meisterdrucker Maurice Darantiere in Dijon, dessen Ahnen aus Italien stammen, hat nur einen Mitarbeiter mit Englischkenntnissen. Dennoch ist die Wahl Darantieres gut begründet, denn seit 1915 ist er mit Monniers Verlag verbunden, hat auch Larbauds Werke gedruckt und »frequentiert die literarischen Zirkel von Paris mehr als die von Dijon« (Jean-Michel Rabaté). Dann gibt Joyce einen Überblick: an der ›Telemachie‹ sei nicht viel verändert worden, dafür seien Episoden 5 und 6: ›Lotuseaters‹ und ›Hades‹, »stark vermehrt« im Text, 7: ›Aeolus‹, »neu gefaßt« und die anderen Episoden beträchtlichen Retuschen unterzogen worden – auf den Fahnen, wie im 19. Jahrhundert üblich, was Darantiere ebenso hinnimmt wie »späte Zahlungen« (Rabaté). Mit den Augen gehe es trotz des Wahnsinns, sie so zu strapazieren. Abermals bezeichnet Joyce die Arbeit als Strafe. Dabei ist sie wie das Exil von ihm selbst verhängt.

10.10.1921:»O Herr Gott im Himmel was ist das für ein Hundeleben!«Joyce liest auch McAlmons Fahnen und schickt diesem Shaws Brief vom Juni, dessen Inhalt kursieren solle.

13.10.1921: Weaver gegenüber stellt Joyce fest, die Senior-Literaten Irlands, Moore und Yeats, hätten auf den Versand des Prospektes nicht geantwortet, würden vielleicht aber über einen Buchhändler anonym subskribieren:»gemeinsam mit dem älteren irischen Gentleman«, mithin Shaw, dem Verweigerer.

14.10.1921: Wenn Not am Mann ist, schreibt Joyce Tante Josephine, der er ein Freiexemplar des zuvor bibliographisch beschriebenen Romans verspricht. Er benötigt Details zur Familie Powell, der Sippe Dillon: Matt Dillon und »seinem Schwarm von Töchtern«. Auch soll sie Erkundigungen über Joyce Vater einziehen, der der Enkelin Lucia einen amüsanten Brief in gestochenen Lettern gesandt habe. Bei aller Anspannung als Autor verkennt Joyce die Nöte in Irland nicht, »wo jeder sein Leben in den Händen zu tragen scheint« – trotz des seit dem 11. Juli geltenden Waffenstillstandes und der in London ab dem 11. Oktober stattfindenden Verhandlungen zwischen Briten und Iren. »Wenn das Land nicht in ein Schlachthaus verwandelt worden wäre, hätte ich mich selbst dorthin begeben und mir das Gewünschte verschafft.« Im P.S. empfiehlt er der Tante vorab die Lektüre einer Prosaübersetzung der ›Odyssee‹.

29.10.1921: McAlmon, über seine Frau momentan auch Joyces Mäzen, erfährt vom Ende »des Schreibens an ›Ulysses‹«. Es folgen noch Korrekturen und Revisionen: »*O Deo Gratias!*«

1.11.1921: Weaver bittet er um Tantiemen, den Hauswirt und die Tatsache im Auge, dass von den »400 Subskribenten« erst Bares zu erwarten sei, wenn ›Ulysses‹ als gedruckt gelte: »Wenn ich diese wenigen Wochen in Frieden überstehen kann, bin ich durchaus bereit, jede aktive Tätigkeit, welche die Gesellschaft mir zuweisen mag, zu übernehmen.« Joyce tönt hier nur.

2.11.1921: Tante Josephine das Erscheinen für den 18. oder 20. November ankündigend, fragt Joyce genau nach, ob man in »7 Eccles street« über das Geländer zum Tiefgeschoß klettern und sich ohne Aussicht auf Verletzungen herablassen könne. Das soll Leopold Bloom in ›Ithaca‹ tun, da er den Hausschlüssel in der anderen Hose gelassen hat. Die Tante muss also an Ort und Stelle die Absprungbedingungen prüfen.

6.11.1921: Larbaud, dem Joyce für einen Artikel sowie einen geplanten Vortrag zu ›Ulysses‹ stets die neuesten Auszüge zusendet, hat ihm eine Novelle gewidmet: »Für James Joyce, meinen Freund, und einzigen Schöpfer der Form, die ich in dieser Schrift verwandt habe.« ›Amants Heureux Amants...‹ ist im inneren Monolog verfasst. Am selben Tag zeigt der Ire mehreren Korrespondenten verschiedene Facetten seiner Persönlichkeit. Ist er zu Larbaud literarischer Causeur, der mit seinesgleichen parliert, lässt er gegen McAlmon Stoßseufzer vernehmen: über stattfindende oder zu erwartende Kritik an ›Ulysses‹. Weaver endlich muss sein Klagen über »Druckerfehler« und die Befürchtungen über deren Verbleib im Buch lesen sowie Ausfälle wider Mathews und Richards, von welch ersterem er gar nichts mehr wissen will. Auch bricht aus Joyce alter Groll gegen englische und irische Literaten hervor, die, etwa in Person George Russells (Æ), ›Ulysses‹ feindlich gesonnen seien. »Ich wünsche, der gewichtige Band wäre vom Stapel gelaufen, um zu sehen, wie er und die anderen Schiffe sich benehmen. Jedenfalls werde ich nicht an Bord sein.« Budgen soll ein letztes Mal Handbücher und Buchhändler- oder Kaufhauskataloge besorgen und könne, treffe er nächstens in Paris ein, Larbauds Vortrag sowie einer Lesung ins Französische übersetzter Auszüge beiwohnen.

11.11.1921: Larbaud bekommt die jeweils neueste Fassung zugeschickt. Joyce hat mit dem jungen Historiker und Literaten Jacques Benoît-Méchin dessen Übersetzungen revidiert. Er sucht den eigenen Text – eine Herkulesarbeit im Provisorium wechselnder Pariser Wohnungen – und die mythosbildenden Umformungen desselben aktiv zu fördern.

23.11.1921: Postkärtlich teilt Joyce Budgen mit, es drohe eine Augenattacke. Er will des Malers Ankunftstag wissen und hat vielleicht einen Schüler für ihn.

26.11.1921: Nachdem Larbauds Vortrag zuerst für den 23. terminiert, dann auf den 7. Dezember gelegt worden ist, sucht Joyce um ein Arbeitsdiner nach.

6.12.1921: Auch die Veröffentlichung ist ja längst vom November ins neue Jahr verschoben worden, doch in den letzten drei Tagen habe, so Joyce an Weaver, der Drucker mehr geschafft als in den beiden Wochen zuvor. Inzwischen ist der Vorabend der Séance in der Maison des Amis des Livres, Nr. 7, Rue de l'Odéon, herangerückt, im Buchladen Monniers, wo die Avantgarde französischer Literaten verkehrt: André Gide, Paul Valéry, Larbaud, während bei Shakespeare and Company die Exil-Amerikaner ein- und ausgehen. Der Handzettel für die Séance annonciert den irischen Autor, einen Vortrag Larbauds und die Verlesung von erstmals ins Französische gebrachten »Fragmenten aus ›Ulysses‹«, wobei die Gewagtheit einzelner Passagen warnend vermerkt ist. Doch hinter den Kulissen hat Joyce samt zweier Typisten wie den Autoren Larbaud und Léon-Paul Fargue bis zuletzt am Französischen gefeilt – wie ihn auch die Druckerfehler in ›Ithaca‹ Mühe kosten. Joyce braucht zur Korrektur der Episode einen naturwissenschaftlich-mathematischen Polyhistor – den es nicht gibt.

10.12.1921: Weaver berichtet er vom Gelingen der Séance, doch im Detail sei nicht alles geglückt. Als Theaterdonner fällt in ›Cyclops‹ das Licht aus – passend zum Text über den einäugigen Riesen erblinden alle Zuhörer. Und Larbaud habe ihn biographisch nicht ganz korrekt dargestellt sowie im Vorübergehen mitgeteilt, er wolle einen Auszug weglassen. Joyce, der gern alles selbst steuert, kann nicht mehr widersprechen. Am meisten quält ihn nun Furcht vor Feuersbrünsten. Dabei ist er durch die Arbeitsweise der Drucker gezwungen, zeitgleich verschiedene Episoden zu korrigieren wie der Mann, »der mit verschiedenen Körperteilen mehrere Instrumente zu spielen pflegte«. Ist das Selbstparodie, so scheint der Ruhm des ›Ulysses‹ in den USA schon sicher, denn dort ist wohl eine Parodie des Buches erschienen mit dem Titel ›Ulysses Junior‹. Zudem habe ein Futurist in Paris ein Werk begonnen, das ›Telemachus‹ heißen solle: »I wish him joy.« Der Spaß scheint ihm vergangen.

Um den 14.12.1921: Larbaud erteilt er in Frageform den Auftrag, die vermehrten Passagen in ›Cyclops‹ Korrektur zu lesen. Ganz durch die Blume sprechend, fragt Joyce, ob Fargue sich neulich beim Vortrag gelangweilt habe, denn Jünger vergrätzt und verliert er ungern.

30.12.1921: Freund Bruni, der einen Joyce-Vortrag in Triest plant, gibt er Informationen zu Leben und Werk, erwähnt ›Chamber Music‹ wie den Ibsen-Artikel von 1900. Ein Presseexemplar wird er nicht schicken, da dergleichen nicht vorgesehen sei. Es würden 18 Exemplare günstigeren Zuschnitts an gewisse stark öffentlichkeitswirksame Kritiker versandt, darunter zwei in Italien. Außer Baron Ralli habe kein Triestiner subskribiert. Bruni möge dem hl. Antonius, dem Wunderwirker, eine Kerze anzünden, falls er einen zweiten in Triest finde, der »300 Lire für ein Buch von Zois« zahle.

1922

5.1.1922: Larbaud dankt Joyce neugriechisch für seine Großzügigkeit – der Satz erinnert an einen Brief vom 24.7.1921, als Joyce Miss Weaver selbstironisch die Geschichte der Fremdsprachen in seinem Leben mitteilt. Man halte ihn für gelehrt, Altgriechisch beherrsche er nicht. Sein Vater habe es als dritte Sprache vorgezogen, seine Mutter für Deutsch optiert, und die Freunde hätten Irisch präferiert, aber er Italienisch gewählt. In Triest kannte er Griechen, »vom Adligen herunter bis zum Zwiebelhändler, vornehmlich letzteren«, besuchte orthodoxe Gottesdienste, und nun ehrt er den Freund und »Geburtshelfer« des ›Ulysses‹.

9.1.1922: Joyce bittet den amerikanischen Künstler Myron C. Nutting um Mischung des gewünschten Blau für den Umschlag.

15.1.1922: 300. Geburtstag Molières. Stefan Zweig lehnt es ab, »Österreich als Intellektueller bei den Feiern [...] zu repräsentieren«. Darantiere druckt die Jubiläums-Edition.

23.1.1922: McAlmon soll wohl ›Penelope‹ in »unkorrigierter Form« nochmals lesen. Joyce liegt darnieder, ist dennoch energiegeladen und sendet Giorgio auf die Suche nach dem Amerikaner. Neben mittelalterlich dünkenden Boten nutzt Joyce auch den »pneu«, eine im Luftröhrensystem von Paris reisende Nachricht.

31.1.1922: Budgen empfängt eine Notiz zum noch immer unsicheren Erscheinungstag. Bis zum Morgen hat Joyce korrigiert und ist »erschöpft«. Seiner Frau gehe es besser, »aber die Aufregung habe sie sehr nervös gemacht«.

1.2.1921: Darantiere sendet maschinenschriftlich Nachricht vom Vollzug der Buchherstellung, will am Abend drei Exemplare in die Expresspost geben und teilt die Freude der Belegschaft über Joyces (Dank-?)Schreiben vom 30.1. mit. Joyce genügt das nicht, er braucht ein Exemplar zu seinem 40. Geburtstag. Beach veranlasst telefonisch die Übergabe von zwei Exemplaren an den Schaffner des Nachtzuges Dijon–Paris, dem sie am 2. Februar um sieben Uhr morgens die kostbare Fracht wieder abnehmen wird: eines für Joyce, das andere für ihr Schaufenster in Nr. 12, Rue de l'Odéon. Selbigen Tags soll Joyce beim Spaziergang mit Nora und der amerikanischen Autorin Djuna Barnes im Bois de Boulogne ein Mann auf Latein zugeflüstert haben: »Sie sind ein miserabler Schriftsteller.« Joyce sieht Verräter am Werk.

8.2.1922: Weaver schildert er legendenbildend, wenn auch kaum übertreibend, die Nachfrage nach ›Ulysses‹ in Paris, einem publizierten, aber nicht lieferbaren Buch.

11.2.1922: McAlmon, der Paris verlassen hat, möge sich Joyce als Buchhandelsgehilfen vorstellen, wird aber auch den Stolz gespürt haben darüber, dass die British Library und die ›Times‹ Kaufexemplare geordert haben. Mehr Raum nimmt der Bericht über einen Besuch des »*Dáil-Éireann*-Ministers für Propaganda« ein. Desmond Fitzgerald, der wohl auch subskribiert hat, seit 1909 mit Pound befreundet, ebenfalls Parodist und Poet, hat 1913 seinen Wohnsitz in Kerry genommen und war im Dubliner Hauptpostamt während des Osteraufstandes 1916. In London gebürtig, doch Protestant und aus Belfaster Familie, ist Fitzgerald wie sein katholischer Mitstreiter Michael Collins für den im Dezember 1921 unterzeichneten Anglo-Irischen Vertrag, mit dem Anfang 1922 die Teilung Irlands in zwei Staaten amtlich wird. Joyce, der diese Geschehnisse immer wieder besorgt beobachtet, antwortet ausweichend auf die Frage, ob er nach Irland zurückkehre. Er vermutet, Fitzgerald wolle ihn zwar als Kabinettsmitglied, aber nicht im Namen der Regierung für den Nobelpreis vorschlagen, sobald nach dem Dáil in Dublin, dem in Gegner und Befürworter des Vertrages gespaltenen Parlament, auch das Unterhaus in Westminster das Abkommen ratifiziert habe. Joyce glaubt, Fitzgerald werde bei Kenntnis des kompletten Romantextes zurücktreten, und er selbst sei in Stockholm chancenlos. Selbigen Tags schreibt Joyce Beach vom »neuen irischen Postminister und einem Selbstschutzausschuß in geistlicher Hand«, also euphemistisch von den Folgen der Unabhängigkeit des katholisch dominierten Freistaates für die Verbreitung seines Buches. Noch denkt er humorvoll an die mögliche Zensur.

26.2.1922: Stanislaus meldet aus Triest Desinteresse seitens des Journalisten Silvio Benco, eigene Vorbehalte gegen »diese letzte Inspektion der Stinkstiefel«, aber auch, einrahmend, positive Vorurteile des Bruders Verse betreffend und die »beinahe unbegrenzte Anpassungsfähigkeit Deines Stils«. Der Katechismus in ›Ithaca‹, den heutige Leser aus Joyces ästhetischen Notizen von 1903/1904 kennen, ist ihm nicht eingängig. Auch von Brunis karikaturistischem Vortrag vor halbvollem Saal der dramatisch-philosophischen Gesellschaft schreibt Stanislaus, wobei er kritisiert, der arbeitslose Bruni habe Joyces Leben und Werk zum Anlass genommen, vor dem Weggang nach

James Joyce, Sylvia Beach und Adrienne Monnier bei Shakespeare and Company in Paris, Mai 1938.

Florenz die eigenen Taschen etwas aufzufüllen. Mit Familiensinn verteidigt er den Älteren, fragt nach Noras Befinden infolge eines Un-
falls, aber beim internen Geldverkehr endet abrupt jede Bruderliebe.
Bei Geschenken von £ 2000 brauche James nicht deren 10 auf zwei
Jahre:»Ich schon. Tatsächlich scheint das nur Bestandteil der sorglo-
sen Gleichgültigkeit, mit der Du immer in bezug auf meine Belange
gehandelt hast. Ich bin kein Junge mehr.«

März 1922: Im ›Journal de Genève‹ erscheint ›A Painful Case‹,
übersetzt von Yva Fernandez, auf Französisch.

25.3.1922: Stefan Zweig erhält das Angebot, dem »Cercle littéraire
in Paris« (Knut Beck) als Ehrenmitglied anzugehören. Wie der Jude
Zweig sieht der Ire Joyce den Literaten sozial jenseits von Nationen
und Parteien wirken. Unbehelligt lässt man ihn gleichwohl nicht,
denn in New York und Folkestone werden 1000 Exemplare des
›Ulysses‹ 1922/1923 als sittengefährdendes Gut beschlagnahmt und
ist seither der interessierte Leser genötigt, zu subversiven Mitteln zu
greifen.

Setzte man dies Journal bis 1941 fort, wären zwar die im Lebenslauf
gegebenen Lücken zu erkennen, aber die wachsende Korrespondenz
würde bald jede Lebenslinie unter mitunter juristischen Details verbergen. Die Rezeption von ›Ulysses‹ im deutschsprachigen Raum
sowie ausgehend von Frankreich in der sonstigen Welt verläuft zwischen 1921 und 1929 weitgehend parallel. Beide Prozesse haben eine
eigene Chronologie. Dem trage ich Rechnung wie der Notwendigkeit, Schlüsselmomente hervorzuheben und in Essayform zu ergrün-
den. Darin scheinen Aspekte anderer Chronologien auf, Zugänge in
das labyrinthische Leben des James Joyce und seiner weit über den
engsten Kreis reichenden Familie. Nicht zuletzt erscheint das Jahr
1933 auch im Leben Joyces als die Grenze, jenseits derer er im Schatten des drohenden Krieges zwar ›Finnegans Wake‹ vollendet, aber wie
viele andere Autoren zunehmend isoliert lebt.

Zwei verpasste Gelegenheiten: 1891 und 1922 – Proust
begegnet Oscar Wilde, und James Joyce begegnet Marcel Proust

Proust, 50, der im Frühjahr 1922 nur selten ausgeht, weil ihn nichts
mehr interessiert außer seinem Werk, war mit 20 dem Iren Oscar
Wilde »im literarischen Milieu« von Paris begegnet. Von den Gästen
gefeiert, sei Wilde, so Jean-Yves Tadié, Biograph und Editor Prousts,
dort »in seinem Element gewesen, stets darauf achtend zu verfüh-
ren, zu erstaunen, zu schockieren«. Jacques-Émile Blanche, der viele
Künstler der Moderne porträtieren wird, »soll Proust bei Madame
Arthur Baignères Wilde vorgestellt haben. Marcel soll ihn zum Diner
eingeladen haben. Im Salon am Boulevard Malesherbes eingetroffen,
soll Oscar in Gegenwart der Eltern Marcels auf dem Absatz kehrtge-
macht haben mit den Worten: ›Wie häßlich es bei Ihnen ist.‹« Wilde,
der jeden Anlass nutzt, um der großen und kleinen Bourgeoisie seiner
Epoche zu trotzen, muss den jungen Proust beeindruckt haben, der
ihm im Roman Reverenz erweist. Aber zugleich zieht er eigene
Schlüsse aus der tragischen Existenz Wildes, »den das Leben später
leider lehren würde, daß es weit schlimmeres Leid gebe, als das, welches uns die Bücher bieten«. (Tadié) Proust zumindest gelingt es, den
Skandal zu vermeiden. Und Proust, dessen Porträt Blanche 1893
malt, wird ein Dorian Gray, der überlebt. In der Betrachtung finde
Proust laut Tadié die Jugend wieder, die sowohl Wilde als auch sein
Protagonist so tragisch verloren hätten. Beinahe 31 Jahre nach dem
misslungenen Diner am Boulevard Malesherbes erlebt ein anderer
Salon die misslungene Begegnung zwischen Proust und Joyce, der
auf eigene Weise Wilde kritisiert und imitiert.

Erneut erliegt Tadié nicht den Reizen legendär gewordener mündlicher Berichte. Stattdessen erzählt er, wie Joyce und Proust, am
18. Mai – auf den Tag genau ein halbes Jahr vor Prousts Tod – Gäste
Sydney Schiffs waren, beider Freund, der später Proust ins Englische
übersetzt. Der Empfang findet »im Majestic [statt] nach der Darbietung des ›Renard‹ von Strawinski«. Zu den Eingeladenen zählen Bal-
lettgrößen und auch Pablo Picasso. Schiff schlägt Proust vor, sich von
letzterem zeichnen zu lassen, und »Proust spricht mit Strawinski, der
ihn sogleich für einen Snob hält, über die letzten Beethoven-Quar-
tette«. (Tadié) Wenn die musikalischen Geschmäcker von Komponist
und Romancier schon nicht zueinander passen, können Joyce und

Proust, zwei Größen des modernen Romans, sich nur auf dem Gebiet ihrer Krankheiten verständigen; und nimmt man für bare Münze, was Joyce der Verlegerin Beach am 30. Oktober während eines Nizza-Aufenthaltes schreibt, will er dort die Druckfahnen der ersten Hälfte von ›Ulysses‹ (3. Ausgabe) und die ersten beiden Bände von ›À la Recherche des Ombrelles Perdues par Plussiers Jeunes Filles en Pleurs du Côté de chez Swann et Gomorrhee et Co. par Marcelle Proyce et James Joust‹ gelesen haben. All das trotz der Augenkrankheit! Wer seinen Scherzen folgt, mag immerhin schließen, ihm seien die Proustschen Bemühungen nicht gleichgültig gewesen, obwohl er im Mai notiert hatte:»Proust, analytisches und statisches Leben. Der Leser beendet die Sätze vor ihm.« Mit Proust mehrere Freunde teilend, zu denen Schiff und Benoît-Méchin zählen, ist Joyce zur Zeit von Prousts Tod zurück in Paris, er, der das mobile Leben liebt. Acht Tage darauf schreibt er Weaver:»Sein und mein Name wurden oft in einem Atemzug genannt. Die Leute hier haben anscheinend seinen Tod erwartet, aber als ich ihn im Mai sah, wirkte er auf mich nicht krank. Tatsächlich wirkte er um zehn Jahre jünger.« (25. November) Ebenso wie Blanche, der Proust im Alter von 22 porträtiert hatte, versucht Joyce, der später dem gleichen Maler Modell stehen wird, zum Abschluss seiner kurzen Briefnekrologie ein Porträt des Künstlers als jungen Mannes zu bewahren.

Joyce wäre sich untreu geworden, hätte er neben Proust in diesem Brief keine eigenen Interessen erwähnt. Und fast übergangslos schreibt er von der Begegnung mit Ford Madox Hueffer in Paris. Der anglo-deutsche Autor hatte im Juni 1919 seinen Namen in Ford Madox Ford verändert, was Joyce – wie so viele andere – noch nicht verinnerlicht hat. Noch immer mit der kritischen Aufnahme von ›Ulysses‹ befasst, fühlt sich Joyce geschmeichelt durch die Unterstützung Fords, eines *Homme de lettres*, an die 50, der schon vor dem Krieg einen Namen hatte als Gründungsherausgeber der ›English Review‹ und Verfasser historischer Romane wie der ›Fifth Queen‹, einer Trilogie um Katharine Howard, der fünften Gattin Heinrichs VIII. Ford und Joyce haben sich im November 1922 zum ersten, aber nicht zum letzten Mal getroffen.

Inzwischen sei daran erinnert, dass Proust und Joyce, neben ihrer misslungenen Begegnung, auf literarischem Gebiet sehr wohl zusammengefunden haben. Der Auftakt von ›Du côté de chez Swann‹,

in Wahrheit die Einleitung des Werkes, birgt das für die Leser von
›Ulysses‹ so überraschende wie vertraute Wort »métempsycose« – See-
lenwanderung –, ein Ausdruck, den Prousts Erzähler auf den Moment
des *abend*lichen Einschlafens anwendet, während er bei Joyce *morgens* dem Munde von Molly Bloom entspringt, die sich weder auf die
Aussprache noch auf die Bedeutung von »metempsychosis« einen
Reim machen kann und von »met him pike hoses« spricht. Überdies
entsprechen Auftakt der ›Recherche‹ und Schlussakkord von ›Ulysses‹ einander in dem Sinn, dass erstere in dem Augenblick beginnt, da
der Erzähler einschläft, und letzterer mit dem inneren Monolog
Molly Blooms endet, auch sie vor dem Einschlafen befindlich. Was
auf der ersten Seite von ›Du côté de chez Swann‹ als »analytisches und
statisches Leben« erscheint, ist es mitnichten, da die Analyse des Au-
genblicks vor dem Einschlafen »eine Seele« voraussetzt, »mit der Fähigkeit, empfunden zu haben«, um Blaise Pascal geringfügig zu vari-
ieren. Und die Mobilität, die, unterstellt Joyce, sein Leben und Werk
charakterisiere, ist nur möglich auf der Basis stabiler Verbindungen
zu Irland, Familie und Dublin, dessen Atmosphäre er überall rekon-
stituiert, im Sinne des Satzes: »Das Zentrum ist überall.« (Pascal) Oder
aber man folgt der sinnlichen Vorstellung Pietro Citatis, der Schriftsteller und Künstler vom Ende des 19. Jahrhunderts »ungeheuren
summenden Waben« vergleicht, »monstruösen Rezeptionsapparaten,
darin die Empfindungen des Universums sich konzentrieren«: wie bei
Monet, D'Annunzio, Debussy, Joyce, Proust und Pessoa.

Ford Madox Ford erfindet ›Work in Progress‹: 1923–1924

Nicht nur im Fall Joyce beweist Ford ein seltenes Maß an Unpartei-
lichkeit, bedenkt man, wieviele zeitgenössische Kritiker für Proust
oder für Joyce votierten – mir fällt Aldous Huxley ein, der ›Ulysses‹
1925 als »eine Art technisches Manual« charakterisiert, »mit dessen
Hilfe der junge Romancier alle möglichen und viele der ganz unmög-
lichen Erzählweisen studieren kann«, überdies als »eines der trocken-
sten Bücher und als eines der am wenigsten wichtigen«. Doch kurz
darauf lobt Huxley Proust, bei dem alles an La Rochefoucauld gemahne, da ihn, sobald er die ›Maximes‹ lese, alles an Prousts Werk
gemahne. Auch lässt der Romancier in ›Eyeless in Gaza‹ (1936) im auf

den 8. Dezember 1926 datierten Kapitel Revue passieren »la haute couture. Ravissante personalité [sic] d'intérieur de chez Proust. Maison Nietzsche et Kipling: personalité de sport. Personalité de nuit, création de Lawrence. Personalité de bain, par Joyce«. Bleibt anzumerken, wie Huxley Proust wiederholt auf Kosten Joyces preist und wie er die muskulöse Persönlichkeit, vertreten von Nietzsche und Kipling, als besonderer zeitgenössischer Wertschätzung sich erfreuende Haltung bestimmt – die Vorhersage einer kriegerischen Zukunft.

Ford Madox Ford urteilt über Joyce und Proust weder verspätet noch parteiisch, vielmehr stets im literarischen Kontext. Persönlich kennt er Proust nicht, aber am 21. November 1922 nimmt er an der Totenmesse in St.-Pierre-de-Chaillot teil, was um so trauriger ist, da er für diesen Tag mit dem Verblichenen verabredet war. Erneut eine verpasste Gelegenheit (Max Saunders, II). Im Gefühl, seine Trauerarbeit vollenden zu müssen, beginnt Ford, der mit Lebensgefährtin Stella Bowen, einer australischen Malerin, und der gemeinsamen Tochter Julie nach Paris gekommen ist, sich mit ›Ulysses‹ vertraut zu machen: als Kritiker und als Autor eines parodistischen Poems, illustriert mit Holzstichen von Paul Nash. Im übrigen hat Ford Joyces Laufbahn seit dem Sommer 1914 begleitet, als er ›A Portrait‹ im Vorabdruck liest.

Ihn noch immer Hueffer nennend, schreibt Joyce Ford einen Brief (10. Januar 1923), darin er von seiner Krankheit handelt, aber auch Menton erwähnt, die kleine Stadt an der italienisch-französischen Grenze, bis ins 20. Jahrhundert Refugium berühmter und weniger berühmter Tuberkulosekranker wie der Zeichner Aubrey Beardsley und Lytton Strachey, der Autor ikonoklastischer Biographien hervorragender Viktorianer, und der Königin selbst. Joyce geht es um die Brücke nach Italien, wo alte Frauen »camées de coquilles« verkaufen. Falls Ford dorthin gelangen sollte, bittet Joyce ihn, solch ein Muschelkollier zu 10 Francs zu erwerben, da das seine von der *»femme de ménage«* entwendet worden sei.

Ford ist wie Joyce rastlos aktiv, und selbst wenn er des Iren Auftrag diesmal nicht erfüllt, hat er 1923 ›Mister Bosphorus and the Muses or a short History of poetry in [Great] Britain‹ vollendet, strotzend vor Proustschem Pastiche, Anspielungen auf Baudelaire, Joyce und andere und daneben ein neues Literaturjournal entworfen, unterstützt von Bruder Oliver Madox Hueffer, ebenfalls Schriftsteller.

Die Hauptstadt Frankreichs, im Ersten Weltkrieg bedrohte Metropole, die Frauen wie Hope Mirrlees anzieht, deren mehrsprachiges
Gedicht ›Paris‹ 1919 von Virginia und Leonard Woolf in 175 Exemplaren publiziert wird, ist in den ganzen zwanziger Jahren ein Magnet für
europäische und amerikanische Künstler. Im Juni 1922 etwa war
Joyce für eine künftige Nummer von ›L'Œuf dur‹ annonciert, einem
Dada-Journal, in dem nichts von ihm erscheint. Bei so viel Anfang
wäre Paris *locus idealis* für die Gründung einer Zeitschrift, die Ford als
Fährschiff transatlantischer Bemühungen imaginiert – ähnlich der
Stadt, die in Mirrlees' Gedicht als Katalysator internationaler Tenden-
zen in Kunst, Literatur, Politik, Religion aufscheint. Wohl mit solch
mutigem Entwurf eines ozeanübergreifenden Organs hat Ford sein
Projekt potentiellen Finanziers präsentiert. Pound, Gastgeber einer
einmaligen Begegnung im Herbst 1923 zwischen John Quinn, James
Joyce und Ford Madox Ford soll den amerikanischen Anwalt in der
Absicht eingeladen haben, ihm auf der Durchreise die neue Fordsche
Unternehmung schmackhaft zu machen. Auf der berühmten Aufnahme sitzt Ford zwischen Pound (links) und Joyce (rechts), während
Quinn als einziger steht und in die Kamera schaut. Knapp ein Jahr
später ist Quinn tot, aber Ford hat es geschafft, ›the transatlantic review‹ zu edieren, worin er das neue Werk Joyces ebenso aus der Taufe
hebt, wie er dort dem Freund Joseph Conrad (verstorben am 3. August 1924) literarisch Adieu sagt. Im Vorfeld schickt Joyce Weaver die
Reinschrift von ›Mamalujo‹, dem ersten Fragment aus dem neuen
Prosawerk, der Titel ein Akronym der Namen der vier Evangelisten:
*Ma*tthäus, *Ma*rkus, *Lu*kas, *Jo*hannes, das er jetzt »aufgegeben« habe,
und »einen Prospekt von Mr. Fords (er wünscht nicht den Gebrauch
seines anderen Namens) neuer Zeitschrift« (2. November). Labyrinthisch wirkt Joyces Dasein: hin- und hergerissen zwischen Scylla:
›Ulysses‹, und Charybdis: das neue Werk und mitgenommen von
Zahn- und Augenärzten, die mal ihn, mal Nora traktieren. Gut zwei
Wochen später dankt er Weaver für fünf Gedichte aus ›Chamber Music‹, die deutsch in ›Der Querschnitt‹, Frankfurt, erschienen waren,
was ihm gefällt wie T. S. Eliots in der aktuellen Diskussion »opportun«
wirkender Artikel zu ›Ulysses‹ (19. November). Im Dezember fragt er
Ford per Postkarte nach Zeitschriften, die er borgen möchte, stets ei-
genen Interessen folgend, doch am 30. Januar 1924 sucht er Ettore
Schmitz, den alten Freund aus Triest, zu ermutigen, nicht nur durch

eine Eloge auf dessen neuen Roman, ›La Coscienza di Zeno‹, sondern auch mit Hilfe einer Liste mit Namen und Adressen einflussreicher Kritiker: Larbaud, Benjamin Crémieux, Eliot, Ford, allesamt persönlich mit Joyce bekannt. Dies erinnert an die Subskribentenliste für ›Ulysses‹, doch auch in den Werken gibt es ständig Namenslisten, mittelalterlichen Katalogen gleich, in die Joyce tatsächliche Dubliner Bekannte einstreut.

Die literarische Freundschaft zwischen Ford und Joyce gedeiht in diesen Monaten, was immer die Zeugen behaupten, und dabei kann ihre Beziehung nur auf der Basis der altruistischen Geste Fords beurteilt werden, als er die ersten Seiten des von ihm ›Work in Progress‹ genannten neuen Joyce-Romans in ›the transatlantic review‹ publiziert. Mehr als eine literarische Taufe, ist dieser Akt in Joyces Vita ein essentielles Moment, da er, berühmt geworden und körperlich so krank wie zur Verfolgung des eingeschlagenen literarischen Weges getrieben, ohne Publikationsorgan dasteht. Kaum kann man Fords Rolle überschätzen, da er Joyce bei ›Finnegans Wake‹ ermöglicht, was Weaver und Beach für ›A Portrait‹ und ›Ulysses‹ getan hatten: einen Ausweg aus der Sackgasse. Psychologisch gesprochen, sucht Joyce Mutter- und Vatergestalten, die über ihn wachen. Allzu bald immer will er das Dach abreißen, was zu Konflikten, Krächen, Brüchen, Versöhnungen führt. Ford, der Weitherzige, reagiert anders.

Am 8. Februar 1924 dankt Joyce A. J. Leventhal, dem jungen irischen Kritiker, für die günstige Aufnahme von ›Ulysses‹, während er Ford, dem er so dankbar sein müsste, regelmäßig Ergänzungen und Revisionen zum Text schickt und ihn mächtig unter Druck setzt (25. Februar; 6., 14., ?16. März). Zugleich greift er Drucker und Herausgeber an, entnervt von Fehlern. Doch das ist nicht alles in Joyces literarischem Leben, denn fast nebenbei berichtet er Schmitz am 1. April, Larbaud bereite eine Kritik von ›La Coscienza di Zeno‹ für die ›Nouvelle Revue Française‹ vor – was Joyce selbst angestoßen hatte. Nochmals acht Tage später bittet er Ford, der tatsächlich von der Feder lebt, ihn zu beraten bei einem Verlagsvertrag über die Neuausgabe von ›A Portrait‹ bei Jonathan Cape, London, der längst nicht so lukrativ erscheint wie die Vereinbarungen mit Weaver und Beach. Ohne ein Wort über ›the transatlantic review‹ und Fords Arbeit mit Joyces ›Mamalujo‹ dankt er für den Artikel in der ›Chicago Tribune‹.

Bei aller Beanspruchung durch Joyces Besessenheit ist Ford, der

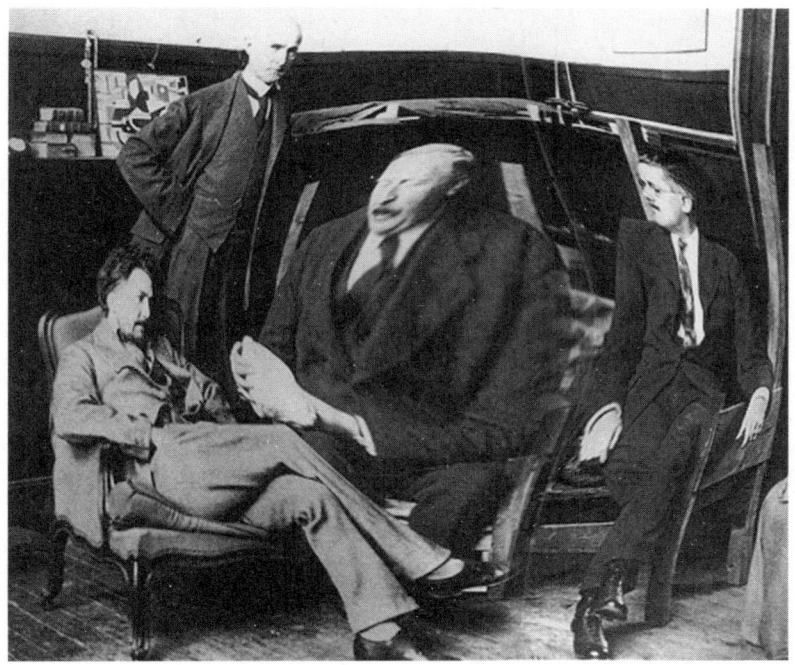

Ezra Pound in seiner Pariser Werkstatt 1923 mit dem Anwalt John Quinn, Ford Madox Ford und James Joyce.

sich der gleichen Liebe zur Parodie erfreut, selbst Nutznießer dieser Freundschaft, und sei es nur, indem er sein scharfes kritisches Urteil einsetzt, um eigene Folgerungen aus der Lektüre von ›Ulysses‹, dem Tod Prousts wie den Ereignissen und Erlebnissen im Ersten Weltkrieg zu ziehen. Denn 1924 publiziert er den ersten Band seiner Tetralogie: ›Some Do Not‹. Ford und Joyce begleiten einander, und ein Augenzeuge könnte recht beobachtet haben, der sie als Zwillingskonstellationen im literarischen Paris bezeichnete.

1924–1928

Am 3. Februar 1924 notiert James Joyce ernüchtert zum Verkauf des ›Ulysses‹-Manuskripts zu einem geringeren Preis, als den, welche zwei Meredith-Gedichte erzielen, gegenüber Beach: »So beginnt ein

43stes Jahr.« Der literarische Marktwert ist höher, da auch ›A Portrait‹ ins Deutsche übersetzt werden soll – von Walther Müller, wie Joyce Beach mitteilt (30. April). Doch nicht jeder schätzt ihn: Der Kritiker Edmund Gosse, 1915 Fürsprecher, schreibt Louis Gillet, Mitglied der Académie Française, Joyce sei ein »literarischer Scharlatan *in extremis*.« (7. Juni) Unterdes halten Joyce Übersetzungen und Steuerfestsetzungen in Atem, das heißt, er möchte »*seedcake*« in ›Ulysses‹ nicht mit der Proustschen »*madeleine*« wiedergeben (13. Juli); auch muss er den Briten nachweisen, dass er auf dem Kontinent lebt (23. Juli) – was Bürokraten genügen soll, fordert stets sein parodistisches Talent heraus. Im Sommerurlaub in der Bretagne erfährt er vom Tod John Quinns (28. Juli), des Komponisten Ferrucio Busonis, den er in Zürich gekannt und »Dempsey[s] (Mr. Tate in ›Portrait of the Artist‹). Basta! Basta!« Er liest zu irischen Heiligen und Helden und besucht Seebäder (5. August). Am 1. September sendet er Beach »Grüße aus dem zyklopischen Carnac«, dem Pendant zu Stonehenge, wo Joyce noch immer die Klappe trägt, die sein angeschlagenes Auge schützt. Er schickt Lucia zu Beach wegen Bargeld (7. November) und will mit der Verlegerin über deutsche Angebote reden und mit Larbaud über ›Ulysses‹ auf Französisch (8. November). Das Jahr beschließt er Beach gegenüber mit Grüßen: »Auf der Rückseite sehen Sie bitte ein ›Porträt des Künstlers‹.« Er steht mit Blumen vor urbaner Kulisse: ein Selbstbildnis als Gentleman (30. Dezember).

Zur erfreulichsten Nachricht 1925, einem *annus horribilis* in Joyces Vita, da die Augenleiden ihn öfters in die Klinik zwingen, wird der von ihm mitinitiierte Erfolg des Ettore Schmitz. Aphoristisch gefasst hat diese literarische Freundschaft 1970 Elias Canetti: »Der späte Ruhm *Svevos*: ein Geschenk von Joyce. Der bezahlte Lehrer, der sich gedemütigt fühlte, überschüttet den ›Bürger‹ mit seinem plötzlichen Reichtum: Ruhm.« Das ist überzogen und trifft doch insofern den Kern, als Joyce Svevo außer in Frankreich im deutschen Sprachraum, wo der gleiche Verleger die Rechte an ihren Werken erwirbt, den Weg ebnet. Und nach einem Wettbewerb des Rhein-Verlages (Basel), der die ebenfalls interessierte DVA (Stuttgart) aussticht, die den renommierten Romanisten Ernst Robert Curtius als Herausgeber nominiert hatte, überträgt nun Georg Goyert den ›Ulysses‹. Promovierter Philologe und Gymnasiallehrer aus Witten an der Ruhr, übersetzt er aus dem Englischen, Französischen und Niederländischen.

Noch in Paris (?14. Juli), bittet Joyce Beach um Ausführung einer Korrektur für ›Work in Progress‹, dessen zweites Fragment im Juni erschienen war, bevor um den 21. Juli T. S. Eliots ›The Criterion‹ das dritte bringen soll. Abermals braucht Joyce Geld. Die Verlegerin ersetzt ihm die Bank und den Briefkasten, weil er »keine lästigen Besucher will«. Nebenbei erwähnt er Stanislaus' Verlobung in Triest (29. Juli). Am »S. Ignaceous' Day«, Geburtstag von Ignatius von Loyola, Gründer des Jesuitenordens, stöhnt Joyce über Regen in Rouen und die vermaledeite fiktive »Familie Earwicker«, mit Vater, Mutter, zwei Söhnen und einer Tochter der realen Familie Wilde im 19. Jahrhundert seltsam ähnlich (Fritz Senn), die ihm in ›Work in Progress‹ lästige Revisionen abverlange (31. Juli).

Ivan Goll, Pariser Repräsentant des Rhein-Verlages, berichtet, Goyert übernehme auch ›A Portrait‹, da Walther Müller den Vertrag weder erfüllen noch den Vorschuss zurückzahlen wolle (20. August). Goyert dürfte ›A Portrait‹ und ›Ulysses‹ entsprechend hastig bearbeitet haben. Unterdes klagt der Autor über das heillose »Durcheinander von wegen Hotels, Fahnenabzügen, Schecks, Augen, Concierges usw.« (22. August). In Amerika erscheinen als Privatdruck in ›Two Worlds‹, ediert von Samuel Roth, Fragmente aus ›Work in Progress‹, für die Joyce je $ 50 erhält (5. November 1925; 5. März 1926), bevor im Juli in ›Two Worlds Monthly‹ ohne Abdruckerlaubnis Episoden von ›Ulysses‹ publiziert werden.

Auch 1926 ist ein *annus horribilis* für den Augenkranken, doch immerhin erblickt mit ›Jugendbildnis‹ Goyerts erste Übersetzung im April das Licht der literarischen Welt. Bernhard Fehr schreibt am 20. Juli: »Zehn Jahre lang – 1904–1914 – hat Joyce nach ganz neuen Gestaltungsprinzipien daran gearbeitet, bevor ein Marcel Proust der Welt eine andere, eine neue Romankunst geschenkt hat. [...] Möge das ›Jugendbildnis‹ Leser finden, die es verstehen.« Tags zuvor hatte Joyce Beach geschrieben, nach dem Diner habe er daheim »Cardinal Dubois auf [dem] Schreibtisch!« gefunden: »Offensichtlich bestand sein Traumspaß darin in [...] perfekte[r] Gentleman-Manier meine Aufmerksamkeit auf die Art Artikel in der ultraklerikalen Lütticher Zeitung [›Gazette de Liège‹] zu lenken.« Gemeint ist Larbaud, der 1910 zum Katholizismus konvertiert war und dazu passende päpstliche Ansichten vertrat – ohne sich deswegen Joyce zu entfremden. Schon aus der neuen Wohnung, Nr. 2, Square Robiac, berichtet Joyce

Weaver von Familienvisiten: Stanislaus »(2 Wochen), meine Schwester (3 Wochen)«, Michael Healy »(2 Wochen)« sowie Freunde aus Irland. (Noras Onkel, ein täglich die Messe besuchender Katholik hat
kaum bei den Joyce logiert, wie Thomas MacGreevy von einem späteren Anlass berichtet. Eines Tages soll er den sehbehinderten Joyce
begleiten, um ein passendes Hotel aufzustöbern, nahe genug an einer
Kirche, damit Mr. Healy im Regen von Paris nicht nass werde. Mit diesem Auftrag an Joyce und den jungen Landsmann geht Nora zu einer
Nachmittagsgesellschaft im Ritz.)

Unterdes halten ihn Übersetzungsanfragen auf Trab, er vermag
allmählich links von sich wieder etwas zu erblicken: »Der Fortschritt
[›progress‹] ist gräßlich langsam, aber, denke ich, gegeben.« Briefe
von ihm werden verkauft, und er plant weitere Teile von ›Work in
Progress‹. Die Tochter sei im »Mädchen-Lager in Deauville«, wo sie
ausgezeichnet Tanzen lernt, der Sohn »bis zur Stabilisierung seiner
Stimme im Büro eines Buchhalters« (15. Juli). Zehn Tage darauf beklagt er die Hitze und den Kurssturz des Franc, seufzt ob des Ab-
schlusses eines weiteren Teilstücks, bejubelt die »achte Auflage« von
›Gens de Dublin‹, das am 15. April 1926 erschienen war, und gibt der
Gönnerin Erläuterungen zu ›Work in Progress‹, bevor er sein Autoren-
Ich beschreibt: »Gewiß habe ich die Fähigkeit zu arbeiten, aber ich
wünsche mir mehr Agilität und Imagination.« Er braucht lange, um
etwa ein Bild von Kain und Abel zu durchschauen und für sein Werk
zu nutzen.

Aus dem Urlaub in Ostende schickt er Beach den Satz: »Durch Zufall machten wir halt in der Auberge Littoral Palace A.L.P. [Anna Livia
Plurabelle].« (6. August) Allmählich schwinden Anklänge an ›Ulysses‹; in den Briefen treten Anspielungen auf ›Work in Progress‹ an ihre
Stelle. Unterhaltsam sind Begegnungen der anheimelnden – mit
einem ihm bekannten Dubliner in einer Apotheke (10. August) – und
der erhellenden Art – mit einem Mädchen »am Felsen unter dem
phare [Leuchtturm]«, das ihn an »[St.] Patrick's Papa in Boulogne« erinnert und an »Caligulas Befehle an seine Soldaten, die Muscheln
einzusammeln« (24. August). Jede Erkenntnis über seine Arbeit, die
unwillkürlich kommt, amüsiert Joyce, der ja im Sommer 1924 bei
Beach ein Buch über des hl. Patrick Geburtsort Boulogne bestellt und
gelesen hatte. Auch teilt er mit, »komplette G[oyert]-Übersetzung erhalten [zu haben] 900 maschinengeschriebene S.« Durch Goll weiß er

vom anstehenden Besuch des Deutschen. Eine Hiobsbotschaft meldet Joyce am 29. August: ›Ulysses‹ »soll im Oktober erscheinen! Sie geben nur 14 Tage für Überarbeitungen, es wird aber mindestens 6 Wochen dauern«. Diese Schätzung ist zu optimistisch, haben sie zu zweit am 2. September doch erst »100 S. Wort für Wort« geschafft: »es war harte Arbeit, besonders da ich Mr. Goyert nicht kannte noch er mich. Er ist in Ordnung, aber der Rheinverlag will die Veröffentlichung bis spätestens November durchhetzen! Und hetzt ihn. Und mich.« Der Mammon hindert sie an maßvoll verteilter Arbeit in Muße, doch Joyce unternimmt alles, um Goyert bessere Voraussetzungen für seine Übersetzerei, etwa die anstehenden ›Dubliners‹, zu schaffen. Der Verlag habe »eine falsche Vorstellung von dem Buch [...]. Aber die läßt sich korrigieren«. Weaver hatte er dies ebenfalls mitgeteilt: »plötzlich mit Arbeit überlastet« (29. August), aber nun beschäftigt ihn mehr, ob er weitere Fragmente von ›Work in Progress‹ in Zeitschriften unterbringen kann. Versuche mit Wyndham Lewis in ›The Enemy‹ sowie ›The Dial‹ scheitern (22., 26. September).

Ein Lichtblick ist Ettore Schmitz' Epistel vom 30. September, in der er außer einem Artikel Eugenio Montales zu ›Dubliners‹ eine bibliographische Trouvaille annonciert: »Erinnerungen an das Salzkammergut, Ischl, Salzburg, Bad Gastein, mit einem Abriß über Triest«, publiziert von einem J. Joyce 1850 in Triest. Schmitz hofft, Familie Joyce im Oktober auf Stanislaus' Hochzeit an der Adria zu sehen: vergebens, denn die Vermählung wird verschoben. Da Weaver sich um ihren todkranken Bruder sorgt, will Joyce sie nicht mit »Nachrichten und Artikeln und Tratsch« schwächen (16. Oktober), daher ist unklar, ob Druck auf den Rhein-Verlag ausgeübt wurde. Erst am 5./8. November, als er Stanislaus und Weaver auch über den Raubdruck des ›Ulysses‹ in Roths ›Two Worlds Monthly‹ informiert, ist ihm sein künftiges Handeln klar. Obwohl bereits verspätet, soll die deutsche ›Ulysses‹-Ausgabe rasch gedruckt werden, nachdem er und Goyert in Ostende »vier Tage« zur Revision von »88 Seiten« gehabt hätten. Der Text sei »voller absurdester Irrtümer und mit riesigen Lücken. So ist freifinanzierte Literatur.« Ohne Verschiebung der Veröffentlichung werde er Beach bitten, in der deutschen Presse eine Erklärung zu verbreiten, darin er von der Autorisierung Abstand nehme. Weaver erfährt noch, der Rhein-Verlag lasse Goyert nicht gen Paris reisen. Am 15. November gibt Joyce ihr den nun entworfenen

Anfang von ›Work in Progress‹ zu lesen, wenige Zeilen nur, begleitet von einer ganzen Seite Sprach- und Inhaltsglossen, in deren Stil bis heute die Zeilenkommentare zu ›Finnegans Wake‹ gehalten sind. Am 24. folgen Korrekturen und Klagen über Erschöpfung und ein Zuviel an Sorgen: »Heute begann ich wieder. Ein großer Teil jeder menschlichen Existenz wird in einem Zustand verbracht, der durch hellwache Sprache, knochentrockene Grammatik und schnurgerade Handlungsmuster nicht erfahrbar gemacht werden kann.« Joyce schreibt also an einem Nacht-Buch – das Gegenstück zum Tag-Buch ›Ulysses‹. Zwei Tage darauf gratuliert er G. B. Shaw als einem »ausgezeichneten Mitbürger« Dublins zum Nobelpreis – nachdem die Kontakte zu Yeats, dem Laureaten für 1923, sich auf höfliche Anfragen und Absagen von Besuchen Joyces in Irland beschränkt hatten (26. Juni 1923 [von Yeats]; 5. Juli 1924 [von Yeats]; 12. Juli 1924). Bevor er Weaver erneut schreibt, begeht in Triest Schwager Frantisek Selbstmord, was Joyce Außenstehenden nur als »sehr tragisches Ereignis« schildert und der Mäzenin vorerst ganz verschweigt, während er hinter den Kulissen mit Stanislaus den Nachlass klärt (15. Dezember) – ohne Wissen der in Irland weilenden Witwe Eileen. Inzwischen gehen Korrekturabzüge zwischen Paris und London hin und her, äußern Weaver und Pound Missfallen ob der Unverständlichkeit des neuen Werkes, das er um den 14. Dezember einem Kreis Auserwählter in Paris vorträgt: »Mir ging es danach gar nicht gut wie dem alten Gentleman [Finnegan in ›Work in Progress‹], aber fühle mich heute besser.« (17. Dezember) Weaver liest, sein Kollaps sei »erstklassig« gewesen, er denke, das Fragment sei ein »guter Auftakt« für das neue Buch (21. Dezember).

Im neuen Jahr tobt der Kampf um eine eindrucksvolle Liste mit Unterschriften von Literaten, die so mit Joyce gegen Roths Raubdruck von ›Ulysses‹ protestieren. Über die im Einzelfall rechtlich begründete Verweigerung durch Shaw und Pound, die Zauderer Yeats und James Stephens empört er sich, Albert Einsteins Einsatz sieht er als »große Ehre« (16. Januar 1927). Wie fünf Jahre zuvor koinzidiert sein Geburtstag mit einer Publikation: Nun ist es der Protest, der abends im vertrauten Zirkel »bei Langer's, Champs Élysées«, zelebriert werden soll: »Miss Beach, Mlle Monnier, die MacLeish, Sisley Huddleston und zwei meiner irischen Freunde gehören zur Gesellschaft«, zu der auch Valéry Larbaud und dessen langjährige Freundin

Signora Maria Nebbia gebeten werden (26. Januar). Die Liste der ihre Solidarität erklärenden Kollegen ist ein Dokument der internationalen ›République des lettres‹: von Aldington über Croce und Curtius zu Pirandello, Svevo und Valéry reichend sowie von Rudolf Binding über Dujardin, E. M. Forster und Hermann Keyserling zu Thomas Mann, André Maurois, Bertrand Russell und Jacob Wassermann zu H. G. Wells und Virginia Woolf. Unterschrieben haben auch T. S. Eliot, Georg Goyert, Hugo von Hofmannsthal, D. H. Lawrence, Sean O'Casey, Liam O'Flaherty sowie die Autorinnen H. D. (Hilda Doolittle), Hope Mirrlees, Dorothy Richardson und Rebecca West (2. Februar). Es fehlen Ford Madox Ford – der Grund ist unklar –, George Moore und Aldous Huxley, die, wie Adelaide Kugel, Roths Tochter, weiß, ihrem Vater wohlgesonnen waren. In den USA wird die Liste »900 Zeitungen gekabelt« (1. Februar). Ist der Aha-Effekt enorm und sein Profil schärfer geworden, juristisch hat der Protest wenig ergeben, da Roth bankrott geht. Aber der Rhein-Verlag scheint dem Druck des Autors erlegen zu sein. Denn am 10. Februar bittet Joyce Sykes um Hilfe bei den Korrekturen der »ziemlich übereilt« verfertigten Übersetzung, zumal man sage, »die [entstehende] französische Übersetzung sei beinahe ein Meisterwerk«. Im nächsten Brief (26. Februar) verteidigt Joyce Goyert gegen den Verlag, der Pünktlichkeit fordere. Als Autor könne er die Übersetzung nicht allein steuern, wolle aber sein Teil beitragen. Die Fahnen würden Sykes in Partien geschickt. Parallel hat er private Sorgen, denn Schwester Eileen ist nach dem ihr kollektiv und sogar von James in Paris persönlich verschwiegenen Freitod ihres Mannes in Triest aus allen Wolken gefallen und braucht nun erst recht Hilfe. Auch überlegt Joyce, ob er Gedichte in einem Band versammeln soll (18. Februar), und wird von Fahnen des deutschen ›Ulysses‹ überwältigt: »Ich versuche Leute dazu zu bringen, sie zu lesen«, ist aber auch vollauf damit befasst, für die von Eugène Jolas und Elliot H. Paul begründete Zeitschrift ›transition‹ Fragmente von ›Work in Progress‹ vorzubereiten, die erstmals von Anfang an »seriatim« erscheinen sollen (2. März). Tatsächlich folgen ab April bis November 1927 alle acht Kapitel des ersten Teils von ›Finnegans Wake‹, so dass dies Jahr mit Fug und Recht als *annus mirabilis* für Joyces neues Prosawerk gilt und als einmaliger Höhepunkt seines Schriftstellerlebens. Auf dem Kontinent ist er durchgesetzt, denn deutsche und französische Blätter drucken die Protestnote, während britische und amerikanische

Redakteure, wohl Verleumdungsklagen fürchtend, verzichten. Mit
Pound, nun wohnhaft in Rapallo und Mussolinis Staat durchaus ge-
wogen, wechselt Joyce ebenfalls Briefe, da Roth behauptet hatte,
durch den Dichter autorisiert worden zu sein (2. März). Vier Tage
darauf datiert ist ein Schreiben an Goyert, der so von drei Korrek-
turlesern erfährt. Noch immer hofft Joyce auf ein die Probleme
minderndes Treffen.

Miss Weaver teilt er Publikationspläne zu »13 Versgedichten
(1904–1927)« mit: ›Pomes Penyeach‹, mögliche Reisevorhaben, auch
nach Irland, worum sein Vater ihn »seit Jahren« bitte: »Ich fahre ja
nicht so gern [dorthin], aber ich mag es ihm auch nicht abschlagen.«
Ungern sagt Joyce nein. ›transition‹ ist auf gutem Wege, während er
mit der »Revision des deutschen Durcheinanders« wie seiner Garderobe für das PEN-Diner in London am 5. April beschäftigt sei
(16. März). Mit einer Bitte um Bares und einem unüberhörbaren *mea
culpa* schreibt er Miss Beach: »Ich bin beinahe geneigt, die Gerichtsvollzieher hereinzulassen und zuzuschauen, wie sie mit den Möbeln
und Tieren in der Arche abziehen.« (17. März) Als er Goyert vom
Londonaufenthalt berichtet, beichtet Joyce, er habe dessen »Blatt«,
wahrscheinlich eine »Liste mit zweifelhaften Stellen« in der Übersetzung, korrigiert und verlegt (31. März).

Im April findet ein denkwürdiger Briefwechsel statt, denn der
Autor in Geldnöten schreibt Verlegerin Beach, wie er vom Sammler
Rosenbach den Preis für »das Probeexemplar der ersten Ausgabe [von
›Dubliners‹]« erhalten könne. Ihm erwidert die verantwortungsbe-
wusste Frau, sie und ihr »kleiner Laden« seien kaum »den Anstrengungen gewachsen«, Familie Joyce finanziell »bis Juni« über Wasser
zu halten. Glaubt der Autor, er könne die beiden Gönnerinnen beiderseits des Ärmelkanals über ihre Rolle in seinem Leben hinwegtäu-
schen, hat er nicht geschickt genug finassiert. Denn Beach erkennt,
wie er ihre »Zuneigung und Bewunderung« ausnutzt, indem er ihr
Leistungsvermögen dann auf eine neue, schwierigere Probe stellt,
wenn sie einer Aufgabe genügt habe: »Ist das menschlich?« (12. April)

Um die Farbe des Umschlags von ›Pomes Penyeach‹ besorgt wie
um die ihn zu hoch dünkende Auflage – »5000 Exemplare« (5., 15.
Mai) –, teilt Joyce Weaver am 20. mit, er plane eventuell den ebenfalls
1882 geborenen Dubliner James Stephens als Ko-Autor für ›Work in
Progress‹ ins Boot zu nehmen. In Den Haag offenbar isoliert von eng-

lischsprachigen Zeitungen, braucht Joyce mit Beach und dem amerikanischen Komponisten George Antheil Handlanger und klagt:»Hier
ist kaum eine Seele wegen der kalten Witterung, so bleiben wir in der
Stadt und fahren sie mit der Tram ab; dazu braucht man nur 10 Minuten.« (24., 27. Mai) Nach der Begegnung mit einem Hund am
Strand von Scheveningen, die außer einer zerbrochenen Brille Joyce
Gelegenheit zu homerisch klingenden Briefen an Beach und Weaver
gibt (27., 31. Mai), ist er im Juni im Czaar Peterhuisje von Zaandam,
zeichnet im Gästebuch mit »James Joyce of Dublin« und wird Zeuge
der traditionell groß begangenen Anlandung des »›Nieuwe Hollandse
haring‹«. Von Joyce als Tourist zeugen Ansichtskarten, deren Bilder
jahrzehntelang unbeachtet blieben. Über solchem Amüsement vergisst er weder die Korrekturen zu ›Pomes Penyeach‹ noch sein Faible
für Johannes Vermeer, dessen ›Ansicht von Delft‹ er kauft, aber nicht
bezahlt – was Miss Beach in Paris erledigen soll (6. Juni). Neben diesem Erinnerungsbild, das seiner Vorstellungskraft aufhelfen könnte,
die ob anhaltender Sehschwäche nicht so agil ist wie gewünscht, will
Joyce »ein Exemplar von Liam O'Flahertys ›Tim Healy's Life‹«, das verboten werden könnte: Also interessiert ihn der Verräter Parnells und
spätere irische Vizekönig noch immer (9. Juni). Tags darauf fragt er
Sykes, ob seine »Arbeit an ›Ulysses‹« geschafft sei, um, datiert auf
Bloomsday, zu erfahren: Aus Goyert sei nicht klug zu werden: ›Oxen
of the Sun‹ sei »hoffnungslos« misslungen, ›Ithaca‹ ebenso hervor-
ragend gelungen. Am »Waterloosdag«, 18. Juni, berichtet Joyce Beach
vom wegen Erkältung im Bett verbrachten Bloomsday sowie von der
Bestellung einer Flasche Wein im Restaurant: Auf die Frage, ob der Kell-
ner sie empfehle, sagt dieser:»Een bloem (ausgesprochen ein blum).
›Es ist eine Blume‹ (von Wein). Wir lachten alle über diesen Zufall.« In
Waterloo war Joyce im letzten September gewesen und hatte, wie die
großen Vorgänger – Hugo für ›Les Misérables‹ (1862) und Thomas
Hardy für das Lesedrama ›The Dynasts‹ (1903 – 1908) – vor Ort Feldstu-
dien betrieben, die er für ›Work in Progress‹ nutzt wie den Besuch im
Wellington-Zimmer des Pariser Armeemuseums am Invalidendom.

Noch im Juni bekundet er Beach Beileid für den Selbstmord ihrer
Mutter und sorgt sich um das Erratablatt für ›Pomes Penyeach‹, das
Herbert Clarke, Nr. 338, Rue St. Honoré, der ›the transatlantic review‹
hergestellt hatte, einrücken soll. Die Druckfehler wurmen ihn, wie
ihn auch journalistische Attacken auf ›Work in Progress‹ von Wynd-

ham Lewis in ›The Enemy‹ (Februar 1927) so aufbringen, dass er sie wiederholt lesen und in neuen Fragmenten darauf reagieren will.

Mit ›Pomes Penyeach‹, die am 7. Juli erscheinen – ohne das erhoffte Echo –, sammelt Joyce Lorbeeren im inneren Zirkel, deren Mitgliedern, elf außer ihm und Giorgio, er signierte Vorzugsexemplare zukommen lässt. Es ist eine kleine Chronik in Versen: vom Kuhhirten nahe Cabra, Nord-Dublin 1904, über die Ruderer von San Sabba, Triest 1912, eine Blume für die Tochter des lyrischen Ich, ebenda 1913, zur tränenreichen Erinnerung an Rahoon, West-Irland, ebenfalls Triest 1913 zugewiesen. ›Tutto è sciolto‹, alles ist dahin, aus Vincenzo Bellinis Oper ›La Sonnambula‹, leitet nächtliche amouröse Reminiszenzen ein (Triest 1914), während das Ich am Strand von Fontana (Triest 1914) einen Jungen nach dem Bad im Meer wärmt. Einem blonden Mädchen (Triest 1915) gewidmet, das das Ich väterlich liebt, ist ›Simples‹, während in ›Flood‹ Liebe und Meer eine nicht genauer ergründete Bindung eingehen. Ebenfalls in Triest 1915 datiert ist ›Nightpiece‹ – vom Wortmaterial auf ›Giacomo Joyce‹ basiert. Drei Gedichte aus ebensovielen Jahren Zürich (1916–1918) folgen: über das Alleinsein, die English Players und das Altern im Angesicht der Menschen auf Zürichs ›Bahnhofstrasse‹. Den Schluss bildet ›A Prayer‹ (Paris 1924) des beinahe blinden Dichters, dessen Ich Rettung sucht. Insgesamt persönliche Verse, die zu verstehen ohne Hilfen schwerfällt, was Joyce ahnt, der Weaver schreibt: »Ich bin froh, daß Sie das Büchlein erhielten und daß es Ihnen nicht mißfiel«, denn weder die Granden der Lyrik noch der Familie hätten auf die Zusendung reagiert (26. Juli). Er sieht Probleme für den französischen ›Ulysses‹ (3. Juli), aber zwei Monate später bis zum »1. April« die deutsche wie die französische Ausgabe auf dem Markt (14. September), dabei ist er trotz der durch Weaver möglichen Zinseinkünfte aus Aktienbesitz ständig blank und verkauft seine Anteile, während die Zeit, die ›Work in Progress‹ verbraucht, unglaublich hoch erscheint – »10.000 Stunden« – wie die Ausgaben für Wohnung, Möbel, Diners im Restaurant, Trinkgelder, Taxen, Kleidung, Bücher, Telegramme.

Am 17. Oktober erscheint ›Ulysses‹ auf deutsch. Joyce gibt Larbaud freie Hand bei der Revision des französischen Textes und macht Goyert Vorschläge für den Titel von ›Dubliners‹ (?18., 19. Oktober). Erst Ende des Monats kommen seine Belegexemplare in Paris an: »eine höchst ›kolossal[e]‹ und fürstliche Ausgabe« (29. Oktober). Er teilt Weaver ebenfalls den Effekt der Lesung von ›Anna Livia Plurabelle‹ in Paris mit, dem Abschluss von Teil I des ›Work in Progress‹ (4. November): die Zuhörer seien beeindruckt gewesen, ihn habe Erschöpfung erfasst, was wohl auch daran liegt, dass Iren ihn neuerdings daheim aufsuchen. Deutsch dankt er am 7. dem Verleger, Daniel Brody, einem in Basel für den deutschsprachigen Raum tätigen Wiener Juden, dem er »als Gegengewicht zum ›homerischen Ungeheuer‹« ›Pomes Penyeach‹ schickt. Das Jahr endet in kleinen Noten, darin er den Erfolg der deutschen Ausgabe – »ausverkauft nach 3 Wochen« – meldet und Molyneux Palmer heißt, »sechs Ihrer Vertonungen von ›Chamber Music‹« transponiert einem Pariser Musikverleger zu senden. Joyce meint, vermitteln zu können: »Haben Sie ein Gedicht von ›Pomes Penyeach‹ vertont?« (19., 29. November)

Im Januar 1928 legt Joyce wieder los, doch nur in drei Nummern von ›transition‹ (Februar, März, Juli) erscheint auch eines der Fragmente; der Zug zur Publikation im Sinne der geplanten Reihenfolge stockt vorerst. Akut magenkrank, was er Stanislaus am 29. Januar schreibt, kondoliert er öffentlich zum Tode Hardys (10. Februar), ohne in dem französisch verfassten Brief an eine Zeitschrift die eigene Meinung zum Werk des Verblichenen zu äußern. Vielmehr bedauert er die Politisierung der Literaten. Erneut an den Bruder am 16. März berichtet Joyce vom Zwischenstop Eileens auf der Rückreise nach Dublin. Die verwitwete Schwester will mit den Töchtern wieder in Irland leben. Mehr als dies interessiert Joyce eine Zeitung vom 9. Januar 1901, die Miss Beach ihm beschaffen soll, da darin sein – somit historisch gewordener – Auftritt in ›The Cupid's Confidant‹ auf der Bühne der Antient Concert Rooms besprochen wurde. Noras Onkel Michael Healy soll agieren: »Es wird schwierig sein, denn das Büro wurde während des Aufstands von 1916 niedergebrannt.« (28. März) Tags zuvor hatte Ettore Schmitz geschrieben, gerade zurückgekehrt nach Triest: aus Paris, wo ihm zu Ehren am 15. März in Anwesenheit der Größen europäischer Literatur ein PEN-Diner gegeben worden war. Schmitz, den Joyce stets so nennt, hat dem »teuren Freund« das Porträt seiner Gattin Livia angeboten – um der Phantasie des Iren aufzuhelfen, der so das Vorbild für Anna Livia vor Augen hätte, während er sich »an das Original« halte. Joyce nimmt die Gabe am 6. April gerne an. Der laut Arzt abgemagerte irische Autor (1. April) bleibt un-

ter Druck: Neben ›Work in Progress‹, ›Ulysses‹ in den USA und anderen Dingen wird er als Pate von Fords Tochter Julie an den Taufstein
treten (8. April) und eine Reise gen Süden machen, wo er in Toulon in
Fords Nähe sein wird. Aus dem Grand Hôtel nennt er den so freigebigen wie fürsorglichen englischen Autor gar »Pater Ford« (16.,
26. April). Von Beach erhofft er Geld, das Giorgio abholen soll, und
Weaver sagt er noch nichts über »Ford und seine Tochter«, da dieser
von Stella Bowen nun getrennt und ohnehin mit einer anderen verheiratet ist. Obwohl Joyce nicht schreiben könne, müsse er »ein halbes Dutzend Notizbücher zur Revision durchforsten« (28. April).

Als Gentleman steigt Joyce nicht in Fords bescheidener Hütte ab,
sondern speist im feudalen Restaurant ›Au Sourd‹, dessen Belegschaft
auf einem Foto posiert, das er Beach schickt. Literarisch ist er an
Fords Roman ›The Good Soldier‹ interessiert: ob Beach diesen habe
(April/Mai ?). Er arbeitet wieder – schafft indes wenig: *1* Notizbuch
von *16* in *3* Tagen (2. Mai). Parallel liest er Korrekturen für ›transition‹.
Die Anweisungen an diverse Adlaten in Paris klingen labyrinthisch,
und Joyce ist zu bewundern, sollte er das Gewirr von Buchstaben
selbst überblickt haben: »Ich bin *orribilmente occupato.*« Larbaud dies
am 4. Juni meldend, ist der schrecklich Beschäftigte von lukrativen
Offerten amerikanischer Verleger für ›Work in Progress‹ höchlich
überrascht. Unterdes sammelt er Artikel von Getreuen zu ›Work in
Progress‹, etwa von Budgen oder dem englischen Altphilologen und
Kolonialbeamten in Ruhe Stuart Gilbert, der seit 1927 am französischen ›Ulysses‹ mitwirkt (26. Juni). Noch sieht es so aus, als reise er im
Sommer gen Dänemark, doch am 17. Juli schreibt er Beach: »Der Inn
ist der schnellste Fluß, den ich je gesehen habe. Er ist silbergrau und
flitzt wie ein losgelassener [Windhund].« In Innsbruck muss er die
Augen prüfen lassen, bevor es nach Salzburg weitergeht, wo er und
Nora Stefan Zweig ihre Aufwartung machen, mit dem Ehepaar Gilbert
zusammentreffen und auf Stanislaus und Nelly Joyce geborene Lichtensteiger, die Frischvermählten aus Triest, warten. Noch im August
erscheint ein freundlicher Artikel Adolf Johannes Fischers im ›Salzburger Volksblatt‹, in dem vom Widerstand gegen ›Work in Progress‹
die Rede ist: »Auch hier formt wieder Joyce in seiner Art die Ausdrucksmittel. Er schiebt zwei Worte ineinander, wie Teile eines Teleskops, und bildet aus ihnen vier neue, um neue Bedeutungen zu
schaffen. [. . .] Joyce ist einer der Unsterblichen.« Solchen Wohllaut im

kakophonen Pressechor vergilt Joyce auf dem Weg von München, wo man einige Tage im Hotel Vier Jahreszeiten logiert, nach Stuttgart mit der diktierten Anweisung an Beach, dem österreichischen Professor ›transition‹ 13 zu senden (3. September). Gut 14 Tage später diktiert der Schreibunfähige in Paris einen überlangen Brief an Weaver zu allen sie berührenden Bereichen: der Prozess gegen Roth in den USA, ›Work in Progress‹ dortselbst und in Europa, Wyndham Lewis' Angriffe in ›Time and Western Man‹ (1927), ein Prozess zwischen Rascher, dem Verlag für ›Verbannte‹ (1919), und dem Rhein-Verlag. Menschlich betroffen ist er vom Tod des »armen Italo Svevo« nach einem Autounfall am 13. September: »Als ich davon hörte, war ich sehr traurig, aber ich denke, er hatte am Ende fünf oder sechs recht schöne Jahre.« (20. September) Vier Tage darauf kondoliert er Livia Schmitz und Tochter, erwähnt das Nachleben angehende Fragen – die er auch gegenüber Larbaud behandelt, um angesichts der Polemik in der italienischen Presse von der zunächst geplanten Svevo-Sondernummer der Florentiner Zeitschrift ›Solaria‹ Abstand zu nehmen (?7. Oktober).

Angeschlagen berichtet er Weaver vom Schriftstellerleben: den irischen Jüngern, dem Auftritt Präsident Masaryks in Gesellschaft mit einem Exemplar des ›Ulysses‹, was einen Prager Verleger in Person seines Agenten zu Beach führt (23. Oktober). Mit »dickem, schwarzen Bleistift« notiert Joyce für Larbaud in der *Maison de Santé*, Neuilly sur Seine, einige Zeilen zu Noras Operation, denn bei ihr war Krebs vermutet worden (16. November). Von H. G. Wells erhält er einen Brief, in dem der Grandseigneur von Utopie und Dystopie Joyces neues Werk als »außerordentliches Experiment« bezeichnet, das publik sein soll, aber er begreife es als »Sackgasse« (23. November). Sie hatten sich am 2. Dezember in Paris zum Lunch getroffen, aber Joyce war voll von Noras Operation. Wieder in der *Maison de Santé*, da Nora mit Radium behandelt werde, bemerkt Joyce am 15. zu Stanislaus und Budgen, er könne schreiben, doch Gedrucktes noch nicht lesen. Und am 27. erlässt Richter Richard H. Mitchell in New York eine einstweilige Verfügung gegen Roths Raubdruck des ›Ulysses‹.

Kritiker zu James Joyce und ›Ulysses‹ im deutschen Sprachraum

Wer nur die Spitzenkräfte in der Debatte um Joyce wahrnehmen mag, der lese Gerhart Pohls Überblick (S. 242) oder Ernst Robert Curtius' Bemerkungen (S. 244) zur Verteilung der Beiträge auf Deutschland und die Schweiz. Es streiten für und um ›Ulysses‹ Katholiken wie Karl Arns, womöglich ein Bekannter Georg Goyerts, Anglisten wie Bernhard Fehr (Zürich), Romanisten wie Curtius (Heidelberg, später Bonn) und Victor Klemperer (Dresden), Kommunisten wie Ernst Bloch, Georg Lukács und Karl Radek, Freunde Joyces wie Felix Béran, Carola Giedion-Welcker (beide Zürich) und Ivan Goll (Paris) sowie Geistesverwandte, unter ihnen viele Juden. Keiner kann die Diskussion beherrschen, es gibt gewaltige »Meinungsverschiedenheiten« (Fehr), doch nur in breiter Auswahl, basierend auf Tages- und Wochenblättern, Periodika und wissenschaftlichem Schrifttum ist sichtbar, welche Wirkung Joyces Roman im deutschen Sprachraum genießt, solange noch alle Sinne für die Kultur offen scheinen. Mit der Verbannung jüdischer Autoren und dem Verbot ihrer Schriften wird die Luft für Joyce dünn: in Deutschland und Österreich. Aus Curtius' »Literaturgeographie« ist die politische Spaltung »des deutschen Geistesleben« geworden. So sind Äußerungen Klemperers, Gerhart Hauptmanns und Robert Musils privater Natur und Jahrzehnte später veröffentlicht worden. Verwurzelt ist Joyce im deutschsprachigen Diskurs mitnichten, eine Debatte gibt es nur in Weimarer Zeit.

PAUL SELVER: »[›Ulysses‹] ist ein Querschnitt durch die moderne Zivilisation, wie sie sich in Dublin [...] entfaltet.«

BERNHARD FEHR: »Souverän wird mit der Außenwelt verfahren.« – »Joyce scheint mir aus der Entwicklungslinie des englischen Schrifttums herauszufallen.« – »Daß es ein Scherzbuch ist, darüber kann kein Zweifel bestehen.«

ERNST ROBERT CURTIUS: »Der entzückende Buchladen von Miss Sylvia Beach in der [R]ue de l'Odéon [...] ist das Hauptquartier der Joyce-Gemeinde.«

KARL ARNS: »Die Darstellung des Materials ist Imaginismus in Prosa [...]. Das Ergebnis kann nicht nach einem bestehenden Kunstkanon beurteilt werden.«

KURT TUCHOLSKY: »[...] voll von dubliner Lokalanspielungen, so verzwickt, daß sie sogar einem Dubliner nicht ganz leicht verständlich sind.[...] Mir scheint, dieser innere Monolog ist ein gefundenes Fressen für Psychologen und Psychoanalytiker.«

IWAN GOLL: »An einem sehr heißen Sommersonntagnachmittag im Juli 1920 überraschte uns in [...] Sèvres eine heiß gelaufene, sonnenglühende, unbekannte Familie. [...] ruhig und scheinbar von Hitze und Ungeduld unberührt, der Herr Joyce [...], den wir einmal in der Züricher Bahnhofsstraße antrafen, es regnete wahnsinnig. [...] Joyce hat in ebendenselben Jahren eine ebenso wichtige Revolution in Dichtung und Literatur hervorgerufen, wie Lenin in der politischen Welt. [...] Viele englische Kritiker sind sich darüber einig, daß für den gewöhnlichen Leser der ›Ulysses‹ ins heutige Englisch übersetzt werden muß, denn es ist Englisch aus dem Jahre 2000. [...] Und noch an jenem Sonntagnachmittag, im Juli 1920, ahnte ich es nicht, ahnte es niemand auf der Welt. Indes, ein gut Teil des ›Ulysses‹ war bereits im Manuskript mit den roten, grünen, blauen Stiften, derer sich der Autor beim Überarbeiten bedient, bunt bewimpelt!«

GEORG GOYERT/JAMES JOYCE: »Non intres in judicium cum servus tuo, Domine./Kommen sich wichtiger vor, wenn über ihnen Lateinisch gebetet wird. Totenmesse. Lange Trauerschleier. Schwarz umrändertes Briefpapier.«

VICTOR KLEMPERER: »Einen Abend waren wir mit Annemarie Köhler auf der Vogelwiese. [...] Carusselle jeder Form, Rutschbahnen etc. sind die Haupt-Attractionen. (Wenn ich in dem Snobistenblatt ›Literarische Welt‹ lese, daß Joyce der moderne Homer sei, daß sein surrealistischer ›Ulysses‹ mit dem ›inneren Dialog‹ das Werk des Jahrhunderts sei, daß man von dem Jahrhundert Lenins und Joyces sprechen werden (Iwan Goll!) – dann ist das auch Vogelwiesen-Budenton.)«

RHEIN-VERLAG: »James Joyce hätte nie eine deutsche Übersetzung geduldet, er verlangte ein deutsches Original. [...] Die einfache Wiedergabe der Entstehung dieser Übersetzungsarbeit wäre für viele die beste Einführung in den ›Ulysses‹; vielleicht wird sie einmal geschrieben.«

KURT TUCHOLSKY: »Ganze Partien des ›Ulysses‹ sind schlicht langweilig. [...] Nebensächlichkeiten. [...] Mit den winzigen Versuchen Arthur Schnitzlers und Carl Spittelers hat diese Orgelsymphonie der Gedanken nichts zu tun.«

FELIX LANGER: »Da ist ein Kapitel eine Art Filmszenarium [›Circe‹]

[...], ein anderes ist ein einziger atemloser Riesenmonumentalsatz ohne irgendein Komma [›Penelope‹][...], eines ist minuziöse Fragestellung und ebenso minuziöse Beantwortung [›Ithaca‹].«

WILLY HAAS: »Wenn man es als den letzten Ausläufer des Renaissance- und Barockhumors nimmt, hat es sofort einen stabilen Boden [...].«

IWAN GOLL: »Der ›Ulysses‹ [...] ist kein Roman, sondern eine Dichtung, in Prosa [...]. [...] Ja, warum denn: ›Ulysses‹? Weil James Joyce 16 Jahre auf einer Jesuitenschule studiert hat und sein Gehirn unerhört formal gedrillt worden ist. [...] In zwanzig Jahren werden in der ganzen Welt mehr gelehrte Arbeiten darüber geschrieben werden als je über Goethe.«

BERNHARD FEHR: »Bergsonisch ist sicherlich der durch das Buch hindurchgehende Dualismus von gemessener und gefühlter Zeit. [...] Intuition! Traum! Intensität!«

MANFRED GEORG[E]: »Der amerikanische Literaturpsychologe Joseph Collins mißt [...] diesem Werk die gleiche Bedeutung bei, wie sie etwa die Relativitätstheorie für die Welt gehabt hat. [...] 1922 erschien [...] die erste Original-Ausgabe. Jetzt, nach weiteren sechs Jahren, die deutsche Uebersetzung von Georg Goyert im Rhein-Verlag. Allerdings nur in einer begrenzten Subskriptionsauflage von tausend Exemplaren und hundert Sonderabzügen für die Presse. [...] In einem [...] Teil des Buches, einer Art Walpurgisnacht [›Circe‹], in der der Held Bloom auf einem wilden Vorstadtschauplatz das Theater seiner Phantasie erlebt, kann ein Maler Anregungen zu Szenen finden, die aus ihm einen Greco, einen Goya, einen Daumier, einen Munch machen könnte[n]. [...] [›Ulysses‹] ist wie eine Idee, wie eine Konstruktion, wie eine Erfindung. Man muß mit ihm Versuche machen.«

EFRAIM FRISCH: »Als erschwerend kommt im Fall Joyce noch hinzu die Fremdheit seiner Umwelt [...] Irland. Dublin liegt abseits unserer Erfahrung und Kenntnis. [...] Einem Mann gegenüber, [...] der in sieben Jahren [...] den ›Ulysses‹ gefügt und weitere zwei Jahre an der deutschen Uebertragung mitgearbeitet hat, ist [eine] ungeduldige Geste nicht angebracht. [...] Joyce, der mit einem heftigen Trauma aus der katholischen Theologie entwichen, bleibt auch als Künstler [...] ein Adept des Aristoteles, der Scholastik und des Thomas von Aquino. [...] sein Geist bleibt auf ein Ganzes, auf eine Summa gerichtet, bleibt in diesem Sinne katholisch und dialektisch.«

CAROLA GIEDION-WELCKER:»Mit den Stichworten: Futurismus, Verismus ist Ulysses nicht kategorisiert.«

WALTER MUSCHG:»Das Literaturungeheuer ›Ulysses‹ ist deutsch erschienen. Von dem als Flaubert-Übersetzer bedeutend ausgewiesenen Georg Goyert [. . .] übertragen, schaukelt der 1600-seitige Koloss auf der Sintflut der diesjährigen Romanpublikationen – die Arche mit dem neuen Leben! rufen die Einen, ein Bluff! Die Andern.«

JOHANNES R. BECHER:»Wer diesseitsgläubig ist, wer wirklichkeitsbesessen ist, muß Sozialist sein.«

BRUNO E. WERNER:»Wälzer [. . .] Bilanz eines Zeitalters [. . .] Riesenroman [. . .] Standardwerk [. . .].«

VICTOR KLEMPERER:»Lectüre Joyce/Fehr, Notizen dazu, Th. Mann, M. Weber ›Geist des Kapitalismus‹. [. . .] Auf alle Fälle lerne ich viel dabei: Aber immer in Angst vor Zersplitterung u. Stocken meiner Schreiberei. [. . .] Joyces innerer Monolog u. gestern Gespräch über Geschwister mit Frau Blumenfeld ließ Erinnerung heute Morgen in mir auftauchen: Derkow. Gestreifte Jacke. Georgs ›Diener‹. Vom Krankenhaus her. [. . .] Unauslöschlich steht das in mir. Als Haus meines Bruders. Diener, fein, Zwang, wenig Essen.«

ADOLF JOHANNES FISCHER:»James Joyce in Salzburg‹: Seit einigen Wochen ist er in der Festspielstadt: schlanke, große Figur, funkelnde Brille, blondes Kinnbärtchen. Gesicht eines Menschen, der hinter jede Maske schaut. Stimme, die voll der Güte ist, die sein Wesen ausfüllt. [. . .] Dieser sanfte, reiche, milde Mensch hat Länder zweier Weltteile in Aufregung gebracht. [. . .] Gegenwärtig übersetzen Auguste Morel und Stuart Gilbert den [›Ulysses‹] ins Französische, revidiert von Valéry Larbaud.«

ALFRED DÖBLIN:»Das Leben der drei Personen dient Joyce nur als Faden. In diese zwei Tage baut er eine Unsumme von Wissen, Bibliotheksweisheit, Stimmungen und Phantasien ein. Von da hat das Buch seinen Namen: ›Ulysses‹ oder Odyssee fast der ganzen heutigen Empirie, Natur und Geisteswissenschaft.«

STEFAN ZWEIG:»Gattung: Ein Roman? Nein, durchaus nicht: ein Hexensabbat des Geistes [. . .]. Ursprung: Etwas Böses ist die Wurzel. [. . .] Antlitz: Manchmal in den Pausen habe ich mich an das Gesicht von James Joyce erinnert: es paßt zu seinem Werke: Ein Fanatikergesicht [...]. Ein zerquälter Mensch [...] ein Verkehrtpuritaner mit quäkerischen Ahnen [...], aber das eigentliche Genie von Joyce sitzt im Haß und erlöst sich einzig in der Ironie. [...] Kunst: Sie offenbart sich nicht architektonisch und bildnerisch, sondern einzig im Wort. Da ist James Joyce absolut Magier, ein Mezzofanti der Sprache [...]. Summa: Ein Mondstein, kopfüber in unsere Literatur gefallen [...].«

BERTOLT BRECHT: *Zu den besten Büchern des Jahres zählt* »1. Der Roman ›Ulysses‹ von James Joyce, weil er nach Ansicht Döblins [...] als Sammlung verschiedener Methoden der Betrachtung (Einführung des inneren Monologs usw.) ein unentbehrliches Nachschlagewerk für Schriftsteller darstellt.«

GERHART POHL: »Besonders empört sind selbstverständlich die Gelegenheitskritiker. [...] Gandhi und Joyce: fast so treffend wie Castor und Pollux oder Schiller und Goethe. [...] Und was sagen eigentlich die Leser dazu? Sollen sie Frisch oder Langer, Tucholsky oder Goll glauben oder den anonymen Hysterikern der Provinzpapiere? [...] Nehmen wir die sichere Analyse von Efraim Frisch und die gründlichen Arbeiten von Manfred Georg[e] und Kurt Tucholsky aus – – – der Rest ist weder Analyse noch Kritik, ja nicht einmal Referat, – [...] leider üblich hierzulande, wo jeder Studien-Referendar sich als ›Bücher-Referent‹ etablieren und in dieser Branche re[ü]ssieren kann.«

ERNST ROBERT CURTIUS: »Im Gegensatz zu dem bekannten Wort der Goncourts ›*On ne fait pas les livres qu'on veut*‹ hat Joyce jedes Mal genau das gemacht, was er wollte, und damit den Paradoxien von Poe's ›*Principle of Composition*‹ eine Stütze geliefert. [...] Ich habe die Goyertsche Übersetzung genau geprüft. Sie ist zuverlässig [...].

KURT TUCHOLSKY: »Um eine erotische Situation bis in die medizinischen Einzelheiten zu gestalten, muß man die Stärke etwa von James Joyce besitzen, was aber [Arnolt] Bronnen gemacht hat, ist blanke Pornographie.«

VICTOR KLEMPERER: »Ich denke oft an den ›Ulysses‹ von Joyce: der gesamte Bewußtseinsinhalt. Mir fiel das gestern ein: das Schiff, wie es gegen die Wellen angeht. In früheren Zeiten hätte man aufgeteilt. Ein Maler hätte die Farben des Meeres, die Bewegung dargestellt. Ein Dichter die Novellen der Mannschaft. [...] Ein Soziologe die Berufssorgen u. Eigenarten der Mannschaft. Ein Physiker... etc. Jetzt, nach Joyce's Recept, könnte dies alles Einheit werden. – Und eben solche

Einheit bilde ich aus meiner Literatur-Epoche. Ich kann nichts anderes – aber das kann ich.«

HANS HENNY JAHNN:»Wie viele sich mit [Döblin] im Lob dieses katholischsten, unerschrockensten, vielleicht besten neueren Romanes vereinigt haben, der ein Wendepunkt des Schreibstils, eine Steigerung der Ausdrucksmöglichkeit jetziger Sprachen bedeutete, weiß ich nicht. Doch in [›Berlin Alexanderplatz‹] ist zu erkennen, [Döblin] selbst hat sich viele Übungen des irischen Dichters zum Vorbild genommen.«

KARL ARNS:»Den obszönen Lawrence, den obszönen und zynischen Joyce lehnen wir ab.«

FRANZ BLEI:»JOYCE, ›Ulysse‹. Französische Uebersetzung, besser und billiger als die deutsche [...]. Der schwierige, zum Teil unverständliche Slang des Originals wird durch Uebertragung in das (den meisten Europäern geläufigere) Pariser Argot handgreiflich.«

JOHANNES KIRSCHWENG:»Man hat gesagt, der ›Ulysses‹ sei die Bibel der modernen Welt. Das hat [...] den Sinn, daß wie in der alten und echten Bibel Himmel und Hölle, Sonne, Mond und Sterne sind [...].«

WALTER ENKENBACH:»Der Entwurf statt der Ausführung. Das Wörterbuch statt der Übersetzung. Die Fußnote statt der Tatsache. [...] muß [Joyce] überhaupt ernst genommen werden? Nein, er muß nicht. [Er] ist ein Bohemien. [...] Was [...] die formale Neuheit [...] betrifft, so darf man die verspäteten Schüler auf [...] *Jean Paul* [...] hinweisen [...] und [...] auch auf dessen Ahnenreihe Swift – Sterne – Hamann – Herder.«

KLAUS MANN:»Der Einfluß eines so enormen, isolierten, unwiederholbaren Phänomens wie James Joyce kann verheerend werden. [...] So wie bei Döblin überstürzen sich bei Jahnn die Anekdoten und die Aufzählungen [...].«

FELIX BÉRAN:»Der irländische Schriftsteller James Joyce ist nach elfjähriger Abwesenheit wieder in Zürich gewesen. Er kam diesmal als weltberühmter und fast gänzlich erblindeter Mann. [...] Die Operation [durch Professor Vogt] erfolgte Mitte Mai. Es besteht Aussicht auf Heilung.«

HANS HENNY JAHNN:»Kauft das Buch, lest es und lest es immer wieder.«

FELIX BÉRAN:»Schon [im Ersten Weltkrieg] war Joyce von seinem

Augenleiden geplagt [...]. Ich traf ihn einmal in der Wohnung [...] ganz hilflos allein im künstlich verdunkelten Zimmer. [...] Während wir plauderten, wurde geläutet. [...] [ich] ging [...] an die Tür [...]. Ein Schreiben von einem englischen Bankhaus. [...] Die Firma teilte mit, daß sie von einem Bewunderer [...] beauftragt worden war, monatlich fünfhundert Franken an ihn auszuzahlen [...]. [...] Joyce liebt den Gesang. [...] Joyce macht keine Konzessionen. Er gehorcht einem inneren Muß. [...] In all seinen Werken ist er nie verzagt, und damals im Juni freute er sich wie ein Kind darauf, daß ihm Genüsse, wie eine Zigarette oder ein Glas Wein, bald wieder gestattet sein würden.«

BERNHARD FEHR: »[Nach] Victor Bérard in seinem Buche ›Les Phéniciens et l'Odyssée‹ [...] wäre das Urbild des Odysseus ein phönizischer Handelsräuber gewesen, der auf seinen Reisen das Mittelmeer nach allen Seiten hin durchquerte und [dabei] mit allen möglichen Völkern in Berührung kam. Die Chronik seiner Fahrten wäre das Werk eines semitischen Reisenden.« – ERNST ROBERT CURTIUS: »Bisher sind [...] die bedeutsamen Auseinandersetzungen mit Joyce in deutscher Sprache nicht in Berlin, sondern in Zürich erfolgt – eine für die Literaturgeographie des deutschen Geisteslebens nicht uninteressante Tatsache. Die deutsche Kritik hat Joyce als Expressionisten rubriziert [...]. Das ist ein Mißverständnis [...]. Joyce ist heute der einzige Individualist großen Stils [...].«

KARL ARNS: »Der ›Ulysses‹ wird als der eigenartigste Experimentalroman der Moderne dauernde Geltung haben, und doch ist er ein im tiefsten Sinne irisches Produkt [...]. Aber seine Hauptlehrmeister sind – neben Freud – Thomas von Aquin und Ignatius von Loyola! Das katholische Erlebnis läßt den Apostaten nicht los.«

CAROLA GIEDION-WELCKER: »Anlässlich des 50. Geburtstages von James Joyce mag das Wort des französischen Sprachpsychologen Henri Delacroix einen bezüglichen Klang erhalten: Die Sprache ist der Ausdruck des Menschen aus seiner Gesamtheit heraus.«

IWAN GOLL: »Die Sprache ist sein Material, nicht der Gedanke. Am Anfang war das Wort. [...]/ Heute aber wird James Joyce erst fünfzig Jahre alt und ist für viele nur ein Pornograph.«

HERMANN BROCH: »[D]er ›Ulysses‹ ist nach dem Generationswechsel um 1930 berühmt geworden, [...] für die neue Generation erst wurde der banale Alltag des ›Ulysses‹-Helden Mr. Bloom zum ›Welt-Alltag der Epoche‹ von 1904 [...].«

CARL GUSTAV JUNG:»Oscar Wilde hält das Kunstwerk für etwas
gänzlich Unnützes. In unserer Zeit hätte sogar der Bildungsphilister
dagegen nichts einzuwenden; aber sein Herz erwartet doch etwas
›Wesentliches‹ vom Kunstwerk. Wo steckt dies aber bei Joyce? Warum
sagt er's nicht? [. . .] Also, wer ist Ulysses? Er ist wohl das Symbol dessen, was die Zusammenfassung, die Einheit aller einzelnen Erschei-
nungen des ganzen Ulysses, Mr. Bloom, Stephen, Mrs. Bloom inklu-
sive Mr. James Joyce ist.«
    MAX TAU:»Ist James Joyce zur echten Dichtung vorgedrungen?
[. . .] Wo Joyce [bei der Wiedergabe einer Shakespeare-Anekdote]
noch nicht einmal zum Formulierungsprozeß vordringt, beginnt bei
Heinrich von Kleist auch in so kleinem Rahmen die Gestaltung.«
    KARL ARNS:»Das Rätsel des Ulysses‹ ist immer noch nicht gelöst.
Den ›Ulysses‹ haben vorbereitet die die irische Hauptstadt in photo-
graphisch exakten Skizzen schildernden ›Dubliners‹ (1914) und ›A
Portrait of the Artist as a Young Man‹ (1916), und fortgesetzt wird er
mit dem bis jetzt in drei Fragmenten [. . .] erschienenen ›Work in Progress‹ [. . .].«
    ERNST BLOCH:»So ist im ›Ulysses‹ bereits ›work in progress‹, Werk-
statt und Dichtung zugleich, doch eine Werkstatt, die ebenso krankt,
verstaubt, zerfällt, sich dem Unterholz gleichmacht. [. . .]. Das ist die
hohlste und die überfüllteste, die haltloseste und die produktivste
Groteske, Grotesk-Montage der Spätbourgeoisie: Hoch-, Breit-, Tief-,
Querstapelei aus verlorener Heimat; ohne Wege, mit lauter Wegen,
ohne Ziele, mit lauter Zielen.«
    ALFRED DÖBLIN:»SEHR GEEHRTER HERR JOYCE!/UNSER GE-
MEINSAMER FREUND BORACH AUS ZÜRICH SCHRIEB MIR GE-
STERN IHRE PARISER ADRESSE. ES WÜRDE MICH FRE[U]EN, WO
ICH JETZT AUCH IN PARIS BIN, MIT IHNEN ZU PLAUDERN, – SIE
KENNEN MICH GEWISS DEM NAMEN NACH, (NICHT BLOSS
STADT DUBLIN) SOLL ICH SIE EINMAL AUFSUCHEN, ZIEHEN SIE
EIN CAFÉ VOR?/ERGEBENST IHR/DR. ALFRED DÖBLIN.« *(nach Sep-
tember 1933, als der am 27. März Geflohene in Paris anlangt, wo er im
November endgültig Quartier nimmt)*
    KARL RADEK:»Es hat mich große Mühe gekostet, James Joyce zu
lesen. [. . .] Der [neben Proust] andere Held der zeitgenössischen bür-
gerlichen Literatur [. . .] ist James Joyce, der mysteriöse Autor von
›Ulysses‹ – einem Buch, das die bürgerliche literarische Welt zwar we-

nig liest, desungeachtet aber zum Gegenstand einer lautstarken Diskussion gemacht hat. [...] Ein von Würmern wimmelnder Misthaufen, mit einer Filmkamera durch ein Mikroskop aufgenommen – das ist Joyces Werk!« – WIELAND HERZFELDE: »James Joyce kann uns kein Vorbild sein. Seine Methode ist geboren aus der Skepsis des untergehenden Bürgertums. Aber er ist ein [...] bedeutender Schriftsteller.« – KARL RADEK: »Joyce's Form entspricht Joyce's Inhalt und Joyce's Inhalt ist ein Spiegelbild vom Reaktionärsten, was das Kleinbürgertum aufzuweisen hat.« – KLAUS MANN: »Dieser Angriff auf Joyce war typisch für Radeks gesamte Haltung. Er warnte vor dem Einfluß des grossen Iren und nannte ihn kleinbürgerlich, weil der ›Ulysses‹ nur individualistische, keine sozialen Inhalte habe. Der revolutionierenden psychologischen und stilistischen Leistung, die James Joyce zu einem Ereignis macht in der europäischen Literatur, gedachte er nicht.« – GEORG LUKÁCS: »Gerade der extreme Subjektivismus der modernen Weltanschauung, gerade die wachsende Ausschließlichkeit in der Betonung des psychologischen Momentes führen zu einer *Auflösung des Charakters*.«

JOSEPH METZGER: »England – das anglikanische England – hat seit langem seinen Index (Home Office), und zum Segen seiner weniger gebildeten und gefestigten Untertanen stehen darauf Namen wie Wilde und Joyce.« – CURT HOHOFF: »Die Neigung [Metzgers], ästhetische Eigenschaften eines Kunstwerks hinter und unter unkünstlerischen Maßstäben verschwinden zu lassen, ist barbarisch und verbreitet, aber die Katholiken sollten sie überwunden haben [...].«

CAROLA GIEDION-WELCKER: »Seit 35 Jahren lebt er in freiwilliger Verbannung meist auf dem Kontinent. In Triest, Rom, Zürich, London und vor allem in Paris, seiner heutigen Residenz. Er spricht viele Sprachen, ist ein durch 13jährige Jesuitenschulung früh trainierter europäischer Geist, und gleichzeitig – trotz räumlicher Distanz zur Heimat – ein verwurzelter besessener Kelte. [...] [Sprache] ist ihm ein ewig bewegter, wachsender, wandelbarer Körper, den man aus seiner eigenen Materie heraus zum Klingen bringt. [...] So hat auch Louis Ferdinand Céline in: ›Voyage au bout de la nuit‹ und im ›Mort à Crédit‹ das Pariser Pflaster, das Leben der ›zone‹ hörbar gemacht in Flüchen, im frechen, plastischen Argot des französischen Volkes. Auch er beschreibt nicht Situationen intellektuell, sondern verlebendigt die Materie aus sich selbst heraus. [...]›Ulysses‹ und ›Work in Progress‹

(Werk im Werden), das neue, noch unvollendete Prosa-Epos von Joyce[,] stehen ungefähr zueinander, was Verständlichkeit anbelangt, wie Goethes Faust I. und II. Teil.« GEORG LUKÁCS:»Man vergleiche einmal die ›soignierte Bürgerlichkeit‹ Thomas Manns mit dem Surrealismus von Joyce. Im *Bewußtsein* der Helden *beider* sind [. . .] Zerrissenheit, Diskontinuität, [. . .] Unterbrechungen und ›Hohlräume‹ gestaltet [. . .].« – BERTOLT BRECHT: »Wahrscheinlich wird man mich einen Kompromißler nennen, wenn ich gestehe, daß ich über den ›Ulysses‹ beinahe ebenso gelacht habe als über den ›Schweijk‹ [. . .].« – PAUL MEIßNER:»Die Literatur über dieses Buch [. . .] ist noch umfangreicher als der Roman selber; sie läßt keinen Zweifel darüber bestehen, daß im ›Ulysses‹ alle absoluten Werte vernichtet werden [. . .].« ROBERT MUSIL:»Joyce. Ein Profil: der spiritualisierte Naturalismus. – Ein Schritt, der schon 1900 fällig war. Seine Interpunktion ist naturalistisch./ Dazu gehört auch die ›Unanständigkeit‹. Anziehung: Wie lebt der Mensch im Durchschnitt? Verglichen damit praktiziere ich eine heroische Kunstauffassung. [. . .] Eine andere Kennzeichnung Joyce's und der ganzen Richtung der Entwicklung ist: Auflösung.« – GERHART HAUPTMANN:»[James Joyce] schrieb den ›Ulysses‹. Meine Lesekraft ist daran gescheitert. [. . .] Nun ja, das Werk hielt jedoch die literarische Welt eine Zeit in Atem.« – THOMAS MANN:»Da der direkte Zugang zu dem Sprachwerk des Iren mir verschlossen ist, bin ich zur Erkundung [. . .] auf kritische Vermittlung angewiesen. [. . .] Mein Vorurteil war, daß neben Joyce's exzentrischem Avantgardismus mein Werk wie flauer Traditionalismus sein müsse. Daran ist wahr, daß traditionelle Gebundenheit [. . .] leichtere Zugänglichkeit bewirkt [. . .]. Doch ist sie mehr eine Sache der Haltung als des Wesens.«

Die Erfindung des französischen ›Ulysses‹ – Chronik einer Pariser Erfolgsgeschichte: 1921–1929

Was im Bundesstaat der Weimarer Republik nur durch Streuung der Rezensionsexemplare – 100 im Verhältnis zur Verkaufsauflage von 1000! – möglich ist, nämlich Joyce als Autor durchzusetzen, obliegt im zentralistischen Frankreich der Dritten Republik wenigen Förderern und Gönnern, die alle einander kennen und in Paris fast täglich zusammentreffen. Schneiden sie sich öffentlich, ist dies Anlass zu Spekulationen über Konflikte. Diesem Umstand ist ein Mangel an schriftlichen Quellen zu verdanken, denn wie bei einem antiken Symposion sind die Beteiligten mündlich um die Unterstützung der Sache Joyce bemüht, so dass Geert Lernout in der materialreichen, klugen Studie ›The French Joyce‹ (1990) zur Frühgeschichte des französischen Joyce wenig beitragen kann. Auch ist sein Interesse wirkungs- und wissenschafts-, nicht buch- und lebensgeschichtlich motiviert. Sosehr Joyce oft allein unter Frauen lebt und arbeitet, was diese autobiographisch protokollieren oder was in Biographien und Studien der letzten 20 Jahre zu Nora und Lucia, Beach, Monnier und Weaver Ausdruck findet, sosehr braucht er männlichen Beistand. Oft gehen diese Verbindungen in die Brüche, zieht Joyce gar vor den Kadi, aber im Kielwasser des Feminismus sind männliche Wegbegleiter und -bereiter übergangen worden, ist das soziale Gefüge aus dem Blick geraten, darin der »Antifeminist« (Jean Paris) mit Männern am Werk und an dessen Übersetzungen ins Deutsche, Französische, Italienische bastelt, während er von Frauen eine Versorgung mit Liebe und Geld erwartet.

Bei aller Mündlichkeit ist Larbaud, Joyces früher französischer Fürsprecher und vielseitiger Autor, oft unterwegs und hat von ferne am Pariser Geschehen teil. Gilbert hat Tagebuch geführt, und Paul Léon ist wie Stanislaus Joyce und Eugène Jolas ein Helfer mit Profil.

2.12.1921: »Freitag, und sechs Uhr abends, und keine Übersetzung! [...] Bestimmt wäre es besser gewesen, wenn ich selbst übersetzt hätte.« (Valéry Larbaud an Adrienne Monnier)

3.12.1921: »Teure Freundin, Danke für die Übersetzungen. [...] Es scheint, als sei mein Wortschatz vertrocknet [...]. [...] Ich hoffe die Kasse [zugunsten Joyces] wird stimmen. [...]« (Larbaud an Monnier)

3.12.1921: Sherwood Anderson, Verfasser von Kurzgeschichten, stellt Joyce den Neuankömmling Ernest Hemingway brieflich als »amerikanischen Schriftsteller« vor, der »instinktiv zu allem Bezug findet, was zu kennen sich lohne«.

6.12.1921: »Teure Freundin, ich habe den Vortrag heute morgen um sechs Uhr beendet. [...] Ich bräuchte den *Text* von ›Penelope‹. [...] Ich bräuchte auch den Text der ›Sirens‹. Auch: den Namen des

Schauspielers, der ›Sirens‹ auf englisch lesen wird. [...].« (Larbaud an Monnier)

Am 7. Dezember 1921 findet in der Maison des Amis des Livres die Veranstaltung zur Vorstellung des ›Ulysses‹ statt, Beginn 21 Uhr. Am 11. erscheint in ›The Observer‹ ein »anonymer Bericht«, von dem Larbaud Beach per Postkarte in Kenntnis setzt. Er sei für Joyce positiv ausgefallen (17. Dezember).

ERNEST HEMINGWAY: »Wer [bei Gertrude Stein] das Gespräch zweimal auf Joyce brachte, wurde nicht wieder eingeladen. Es war, als spreche man positiv von einem General, wenn man gerade mit einem anderen redet.« (›A Moveable Feast‹)

7. Februar 1922: Valéry Larbaud schreibt Miss Beach: enttäuscht, denn obwohl sein Joyce-Vortrag in der Aprilnummer der ›Nouvelle Revue Française‹ erscheint, werden die Übersetzungen aus ›Ulysses‹ fehlen, die den Roman einem französischen Publikum hätten vorstellen sollen.

22.2.1922: »Und mein Exemplar von ›Ulysses‹? Ich habe so viel Lust, es zu sehen, zu berühren und gar an ihm zu riechen! Ich stelle mir so oft den blauen Einband *à la* griechischer Fahne vor!« (Larbaud an Beach)

Am 5. März schreibt lobend in ›The Observer‹ der in Paris lebende Sisley Huddleston von ›James Joyce and Ulysses‹.

15.3.1922: »Ihr Porträt von Joyce im Bad seines Erfolges ist bewundernswert!« (Larbaud an Monnier)

24.3.1922: »Ich erhielt einen Brief von T. S. Eliot, der mich [...] um Erlaubnis fragt, meinen Joyce-Vortrag in Übersetzung zu veröffentlichen –, wahrscheinlich in der ersten Nummer [seiner neuen Zeitschrift]. Das würde ›Ulysses‹ in diesem Sommer noch einmal in die englische Presse bringen, denn die erste Nummer solch einer Zeitschrift wird gewiß Wind machen.« Auch will Larbaud kostenlos einer spanischen Bitte entsprechen, »um Joyce den Menschen des Landes der Maria Santísima bekannt zu machen«. Übersetzen will Larbaud ›Ulysses‹ indes nicht, er denkt an Auguste Morel. (Larbaud an Monnier)

28.3.1922: »Ich habe den ›Daily Herald‹ erhalten, mit dem Artikel von Slocome [vom 17. März] zu ›Ulysses‹. Die Dummheit der Leute ist außerordentlich. Manchmal aber staunt man, daß sie nicht noch größer ist.« (Larbaud an Monnier)

Hemingway sucht ein Lokal in Paris: »Michaud war ein aufregendes und teures Restaurant für uns. Dort aß damals Joyce mit Familie, er und seine Frau mit dem Rücken zur Wand, Joyce durch dicke Brillengläser auf die Karte linsend, diese in einer Hand hochhaltend; Nora neben ihm, mit gesundem Appetit Delikates essend; Giorgio, dünn, geckenhaft, ölig glattes Haar von hinten; Lucia mit schwerem Lockenschopf, ein noch nicht ganz erwachsenes Mädchen; alle Italienisch sprechend.«

8.4.1922: »Ich bin froh, daß Sie Ihr Exemplar von ›Ulysses‹ wohlbehalten bekommen haben [...]. Es war sehr nett von Ihnen, sich [mit der Übersetzung] so viel Mühe zu geben und so geduldig die charakteristischen Lieder Molly Blooms ertragen zu haben [...].« (Joyce an Jacques Benoît-Méchin)

10.4.1922: »Ich zähle nicht ›The Observer‹, der nur Wegbereiter war, noch ›The Sporting Times‹, deren Ruf übrigens schlimmer ist als der meinige.« (Joyce an Weaver)

Juli 1922: »Sehr geehrter Herr: Ihre Artikel in ›New Republic‹ und ›Evening Sun‹ zu ›Ulysses‹ sind mir vorgelesen worden.« Dann dankt der Erblindete dem amerikanischen Kritiker Edmund Wilson für seine genaue Arbeit.

8.8.1922: Nach bald 20 Jahren richtet Joyce einen Brief an Lady Gregory, bittet sie darum, in einem Werk zur irischen literarischen Renaissance jede Erwähnung seiner Person zu unterlassen, da man ihn ja totgeschwiegen habe. Doch dankt er ihr und bittet sie, Yeats, dessen Schriften er bewundere, für warme Worte zu ›Ulysses‹ Dank zu sagen.

16.8.1922: Virginia Woolf: »Ich sollte ›Ulysses‹ lesen und meine Meinung dazu begründen: pro et contra. Ich habe bis jetzt 200 Seiten gelesen – kein Drittel; und war amüsiert, stimuliert, charmiert, interessiert, von den ersten 2 oder 3 Kapiteln – bis zum Ende der Friedhofsszene; und dann verwirrt, gelangweilt, gereizt und enttäuscht von einem nörgelnden Studiosus, der an seinen Pickeln knibbelt. Und Tom, der große Tom [T. S. Eliot], hält es für genauso gut wie ›Krieg und Frieden‹!«

21.10.1922: »Man müßte Marcel Ray [Direktor des Théâtre de l'Odéon] und Joyce *direkt* in Verbindung bringen. [...] Wollen Sie das tun? Das ist die einzige Möglichkeit, de[m] Projekt [einer Aufführung von ›Exiles‹] eine endgültige Wendung zu geben.« (Larbaud an Monnier)

27.10.1922: In der Hogarth Press erscheint Woolfs Roman ›Jacob's Room‹. Wie am 3.11.1909 im Tagebucheintrag ›Jews‹, als die damals unzufriedene Autorin persönlich Verletzendes über eine jüdische Gastgeberin festhält:»Ihr Essen schwamm natürlich im Öl und war ekelhaft«, legt sie fiktiven Figuren teils bissige Sätze in den Mund: »[Florinda] erklärte, die jüngen Männer starrten sie an; und fand sich abends langsam Jacobs Straße entlangschlendern, als ihr einfiel, daß sie diesen Menschen Jacob lieber mochte als dreckige Juden.«

5.2.1923: Joyce dankt Larbaud für ein Widmungsexemplar und entwickelt parallel zur französischen Übersetzung ein Vorhaben zu ›Ulysses‹ auf Italienisch.

ERNEST HEMINGWAY:»Eines Tages [...] traf ich Joyce [...], nachdem er allein eine Matinée besucht hatte. Er hörte den Akteuren gern zu, obwohl er sie nicht sehen konnte.«

11.3.1923:»Gestern habe ich zwei Seiten geschrieben – die ersten seit dem abschließenden ›Ja‹ von ›Ulysses‹.« Weaver teilt Joyce auch mit, wie schwer ihm das Schreiben falle ob anhaltender Augenleiden, während ›Ulysses‹ in der italienischen und englischen Presse weiterhin Wellen schlage.

2.4.1923: Dem italienischen Kritiker Emilio Cecchi (1884–1966), bekannt mit Linati, dankt Joyce für eine kurze Arbeit zu ›Ulysses‹. Der Freundeskreis im alten Europa wächst.

6.6.1923:»Ich bin zu dem Treffen mit Joyce gegangen, und er las mir um die 60 Seiten seines neuen Buches vor. Das ist ausgezeichneter Joyce, aber der Zusammenhang ist mir unklar.« (Larbaud an Monnier)

12.7.1923: Es wird ein Vertrag zur Übersetzung von ›Dubliners‹ ins Französische unterzeichnet.

Larbaud hat gerade einen ausführlichen Aufsatz zu Joyce, Édouard Dujardin, dem Erfinder des inneren Monologs in ›Les Lauriers sont coupés‹ (1887), und dem Amerikaner William Carlos Williams abgeschlossen, der im November in der ›Revue européenne‹ erscheinen wird. (Larbaud an Beach)

19.11.1923: Joyce schreibt Weaver von den eloquenten, zitierfähigen Advokaten des ›Ulysses‹: T. S. Eliot und Valéry Larbaud, ersterer die mythische Qualität des Romans, letzterer den »inneren Monolog« lobend.

24.3.1924: Larbaud will ›James Joyce, His First Forty Years‹, das biographische Buch des Amerikaners Herbert Gorman, bei Beach lesen, da ein Rezensent wohl seinen Artikel zu Joyce nicht im Original wahrgenommen hat. Larbaud nimmt Literaturkritik genau, meint, »die Episode von Anna Livia [...] ähnelt einem schönen Gedicht« und will die jüngste Ausgabe von ›Ulysses‹ erwerben, da er sein »Exemplar der Erstausgabe« ungern beschädigt – etwa bei der Arbeit an der Übersetzung, die Morel »Anfang Mai« aufnehmen könne.

März: ›A Portrait‹ erscheint auf Französisch, übersetzt von Ludmila Savitzki. (Larbaud an Beach)

10.5.1924: Die Übersetzung von ›Ulysses‹ beginnt ihr öffentliches Wirken in Periodika – wie das Original und viele Schriften Schliemanns. Morel soll die erste Episode für ›Commerce‹ beenden. Tatsächlich werden Passagen aus ›Telemachus‹, ›Ithaca‹ und ›Penelope‹ gedruckt. »Es wird übrigens eine ›erste Fassung‹ seiner Übersetzung sein; [Morel] sagte mir, er müßte noch einmal darauf zurückkommen [...].« (Larbaud an Monnier)

6.6.1924: »Joyce ist wahrlich der Whitman der Prosa, ein Whitman, der alle Sprachen Whitmans beherrscht und noch einige mehr.« (Morel an Monnier)

17.6.1924: »Ja, diese Übersetzersitzung am Sonntag, die war amüsant!« Larbaud, Beach und Monnier hatten am 9. Juni Morels Texte bearbeitet. »Ich glaube, der Ton, den Sylvia fand, ist sehr viel passender. Molly hat einen recht schönen, lebendigen und bildhaften Wortschatz, vulgär, aber nicht so weit unten, um literarische Vokabeln auszuschließen, – kurz, den Wortschatz Mallarmés. [...]« (Larbaud an Monnier)

3./4.7.1924: Es geht um Details der Übersetzung, aber auch um den Hinweis, in ›Penelope‹ »darf es vor dem Schlußpunkt kein einziges Satzzeichen geben«. (Larbaud an Monnier)

6.7.1924: Telegraphisch bestätigt Larbaud Joyces Vermutung, in ›Penelope‹ seien neben allen Satzzeichen alle Akzente und Apostrophe zu tilgen. (an Monnier)

16.7.1924: Monnier teilt Larbaud mit, es sei unnötig, auf die Vorläufigkeit der Übersetzung hinzuweisen.

22.7.1924: Larbaud an Monnier zur Präsentation des ›Ulysses‹: »Ulysses, Fragmente, ohne Namen von Autor oder Übersetzer. Bei uns zählt die Substanz, nicht der Name.«

7.8.1924: Stanislaus Joyce lobt Gorman, tadelt den Selbstdarsteller Ernest A. Boyd, erwähnt eine »achtseitige Analyse von ULYSSES«, die er einem Italiener zur Unterstützung eines Vortrags in Florenz gesandt habe – ohne Antwort oder Dank! Auch klagt er über Schwager Frantiseks Geldnöte und die Undurchsichtigkeit von ›Work in Progress‹ und mancher Gedanken in ›Ulysses‹. (an James Joyce)

6.11.1924: Larbaud schildert Joyce das Problem, wegen einer Interessenkollision nicht mehr mit Miss Beach zu sprechen:»Was wird aus Morels Übersetzung?«

9.11.1924: Joyce meldet die Absicht der DVA, Curtius den ›Ulysses‹ auf deutsch edieren zu lassen, will aber auch Larbauds Antwort auf Boyds Polemik gegen den Roman lesen. Selbigen Tags teilt er Weaver in parodierenden Worten die Querelen seiner Pariser Coterie um Larbaud und Monnier mit.

20.11.1924:»Morel hat, scheint es, 100 Seiten von ›Ulysses‹ übersetzt.« Joyce soll»einen Auszug der ›Sirens‹ [tatsächlich von ›Aeolus‹] auf Schallplatte aufnehmen«. Also könnten sie erst nach dem 27./28. November zusammentreffen, doch zuvor sei die Frage der deutschen Rechte zu klären. (an Larbaud)

30.12.1924: Weaver zum Neuen Jahr schreibend, bietet Joyce »gemischte Nachrichten«: zur ihn quälenden Krankengeschichte, zum Scheck für die ›Ulysses‹-Fragmente in ›Commerce‹, den er Morel übereignete,»der [Geld] brauchte«, zur ›querelle‹ zwischen Léon-Paul Fargue und Larbaud, die durch gegenseitige Missachtung in literarischen Zirkeln sichtbar werde.

Im Januar 1925 erscheinen, übersetzt von Jorge Luis Borges, in Buenos Aires zwei Schlußseiten von ›Ulysses‹ auf Spanisch.

2.2.1925: Joyce schickt Larbaud ein Typoskript und lädt ihn sowie Mrs. Nebbia zum Diner ein,»bevor sie uns nächsten Monat hinauswerfen – aber Sie mögen wohl kaum ein Mahl, dem ein Zyklop präsidiert?« Joyce spielt auf die Augenklappe an.

26.2.1925: Joyce bezweifelt gegenüber Weaver, ob die Premiere von ›Exiles‹ in New York ein»großer Erfolg« war. Immerhin finden im Neighborhood Playhouse vom 19. Februar bis 22. März 41 Vorstellungen statt. Er glaubt, das Stück sei unzeitgemäß, da darin »weder ein Automobil noch ein Telephon vorkommen«. In ›Work in Progress‹ sieht er die Chance, zur»indirekten Replik« auf»Kritik«, will also Edwin Muirs annoncierten Artikel zu ›Ulysses‹ noch sich vorlesen lassen, denn sein Augenlicht lässt die eigene Lektüre nicht zu.

7.3.1925: Vor dem»Zahn- und Augenakt« will Joyce, mit Morel

und »etwas roter Tinte und einer Lupe«, das nächste Fragment beenden. Wie so oft befehdet er die Witterung, Trost findend in einem »jungen Kater, biskuitfarben«, den Pariser »Dreck« langweile, der aber »eine Menge Butterbrote und die ›Daily Mail‹« fresse. (Joyce an Weaver)

Am 25. März erscheint Boyds Replik auf Larbauds Artikel – ebenfalls in der ›Nouvelle Revue Française‹, das heißt, ›Ulysses‹ bleibt, angefeindet oder verteidigt, im Gespräch.

4./8.4.1925: Joyce, Robert McAlmon an die Fahnen erinnernd für ein Fragment von ›Work in Progress‹, das in dessen ›Contact Collection of Contemporary Writers‹ erscheinen soll, fragt auch, was der Amerikaner davon halte, Arthur Symons, um den sich die Verfasser der »Yellow Book Row« in den neunziger Jahren geschart hätten, um ein Vorwort zu bitten. Schließlich habe um Pound eine ähnliche Gruppe zusammengefunden. Entgegen eigener Einschätzung ist Joyce kein einfältiger Beobachter der literarischen Szenerie.

11.4.1925: »Das Stück für [Eliots] ›Criterion‹ trieb mich fast zum Wahnsinn. Es kam vom Typisten [...] in einem gräßlichen Durcheinander zurück. Gestern zerschnitten wir es – mein Sohn half mir –, unterstützt von drei Lupen, und heute wird Mr. Morel es mit der Nähmaschine wieder zusammenfügen.« (Joyce an Weaver)

1.5.1925: Miss Weaver, die nach Paris reisen wird, soll eine Schallplatte mit Friedrich von Flotows Oper ›Martha‹ besorgen, wohl damit Morel die musikalische Basis für ›Sirens‹ kennenlernt. Herumsitzen und nur hören können – »außer ab und an eine Notiz zu schreiben« – ödet den Schriftsteller an, dessen Handschrift bald größer wird.

?1.6.1925: Joyce will Larbaud und Symons zum Diner zusammenbringen und hat soeben die Wohnung Nr. 2, Square Robiac bezogen, wo die Familie sechs Jahre bleibt.

13.6.1925: Joyce teilt Fargue seine Telefonnummer mit, um einen Termin für seinen Besuch in dessen Glasfabrik abzumachen. Die Wohnung ist unmöbliert, also sollen stilechte Accessoires ausgesucht werden.

11./18.6.1925: Larbaud kündigt Monnier an, er werde »viel arbeiten«, auch an den ersten fünf Episoden des ›Ulysses‹. Sobald er »›La Nacion‹ beendet« habe, »5 Artikel!«, werde er unentwegt ›Ulysses‹ bearbeiten: »morgens, nachmittags, nach dem Tee und nach dem Diner«.

13.6.1925: Joyce nutzt Morel als Typisten für ›Work in Progress‹

und will ihn überzeugen, alle Akzente wegzulassen. (Joyce an Weaver)

27.7.1925: Joyce schreibt Hugh Campbell Wallace, US-Botschafter in Paris, Morel werde ihm den Plan zu ›Ulysses‹ – wohl das Episoden- und Themenschema – kopieren und zusenden. Wichtige Persönlichkeiten werden unter Hinzuziehung williger Helfer von Joyce mit als privat deklarierten Materialien prompt bedient. Das eint ihn und Schliemann, dem Premierminister Gladstone ein Vorwort verfasste.

8.8.1925: Dem Vorsitzenden der Incorporated Stage Society, London, gewährt Joyce großzügig die Erlaubnis zur Aufführung von ›Exiles‹, dabei München und New York als frühere Premierenorte nicht vergessend.

15.8.1925: Aus Arcachon teilt Joyce Weaver mit, zwar sei der Artikel des Académicien Louis Gillet in Teilen »sehr hart«, aber er sei nützlich, da die Kontroverse geschürt werde. Er schließt ein humoriges Poem zur verregneten Sommerreise an.

September 1925: In ›Two Worlds‹ erscheint ein Fragment, an dessen Ende Joyce Drucker Darantiere Tribut zollt: »und, achtzehntes [›Ulysses‹] oder vierundzwanzigstes [›Odyssee‹], aber wenigstens, dank Maurice, wenn am Ende alles erledigt ist, die penelopeische Geduld seiner letzten Paraphe, ein Kolophon von nicht weniger als siebenhundertzweiunddreißig Strichen«. Gemeint ist der Brauch der Drucker, ein Buch am Schluss zu signieren: »das exakte Pendant zum Autorennamen auf dem Umschlag« (Rabaté).

6.9.1925: In Paris Weigerung der Drucker der Zeitschrift ›Calendar‹, ›Madame Anna Livia‹ zu setzen. Miss Beach meint, Joyce solle Gorman treffen, und ein Mailänder Verleger zeigt Interesse an ›Ulysses‹. (Joyce an Weaver)

27.9.1925: Überall Erfolge: Morels Übersetzung wird in der ›Nouvelle Revue Française‹ erscheinen (ab Dezember); im ›Navire d'Argent‹ Monniers soll Jean Prevosts Artikel »über J.J. und die französische Presse« kommen, und in Deutschland ist für November ›A Portrait‹ annonciert. (Joyce an Weaver)

22.10.1925: Joyce notiert »Vorausmeinungen« zum nächsten Fragment von ›Work in Progress‹, wobei das Symposion der Befragten so familiär wie international anmutet, angeführt von Vater und Brüdern Joyce. »Mein Bruder Stanislaus: Worauf willst Du hinaus? Die englische Sprache ganz unverständlich machen? [...] Claudel (Paul):

Ich meinte, ich könnte Englisch, bis ich es las.« Literarische Freunde wie Pound und Ford schweigen still. (Joyce an Weaver)

31.10.1925: Damit der spanische Übersetzer von ›A Portrait‹, Dámaso Alonso, dessen Text 1926 erscheint, sein Buch besser beenden kann, bittet er um Beantwortung einiger Fragen, was der Autor ausführlich erledigt, dabei zur Orientierung auf die französische Ausgabe weisend:»Ich habe sie nicht überarbeitet, aber der Übersetzerin viel geholfen.«

Ohne Datum: Dámaso Alonso hat die spanische Ausgabe als dem »ursprünglichen Charakter des Romans näherstehend denn die französische« bezeichnet,»denn in manchen Punkten sind spanische und irische Eigenarten einander ähnlich«. (an den Bibliographen Alan Cohn)

5.11.1925: Joyce, überarbeitet wegen ›Work in Progress‹, beklagt den Raubdruck der bisher bekannten Fragmente in Samuel Roths Zeitschrift:»Niemand hier, nicht einmal Mr. Ford, kann das Problem der ›Two Worlds‹ lösen.« George Antheil hat Skizzen zur einer auf ›Cyclops‹ basierenden Oper in ›This Quarter‹, Mailand, publiziert. (Joyce an Weaver)

21.11.1925: Ettore Schmitz dankt er für die an Lucia ergangene Einladung nach Triest. Wegen *seiner* anstehenden Augenoperation könne *sie* nicht annehmen, deren Radius oft familiär eingegrenzt wird. Im ›Navire d'Argent‹ werde bald ein Auszug von ›La Coscienza di Zeno‹ erscheinen, präsentiert von Benjamin Crémieux (1888–1944).

OHNE DATUM:»Ich werde Italien einen neuen Schriftsteller schenken. [...] Svevo ist Triestiner und selbst in Triest unbekannt.« (Benjamin Crémieux 1925)

Im November melden sich René Lalou und Edmund Wilson zu ›Work in Progress‹ und zum Dichter Joyce zu Wort. In Moskau erscheinen Auszüge von ›Ulysses‹ in ›Novinkizipada‹.

17.12.1925: Lucia Joyce schreibt, ihr Vater sei daheim. Ihm gehe es besser als in einem Hotel:»Der Arzt sagt, er braucht absolute Ruhe.« (an Weaver)

15.2.1926: Ettore Schmitz, auf Joyces Geheiß mit Gattin Livia Augenzeuge bei der ›Exiles‹-Premiere in London, analysiert Drama und Akteure, will auch der öffentlichen Debatte am 17. beiwohnen und bemerkt, der Darsteller Richard Rowans habe ihn sehr überrascht: Rupert Harvey (1887–1954),»ob gewollt [oder nicht], weiß ich nicht,

bewegt, setzt, erhebt sich und schaut drein wie Sie«. Auch im beifall-
freudigen Publikum säßen »Kretins. Neben mir sagte ein Herr: They
want to force on us Italian ways. Von Italienern weiß man, wir sind
auch dann eifersüchtig, wenn wir nicht lieben.« (an Joyce)
26.3.1926: Larbaud erzählt M. Buriot die verwickelte Geschichte
der Übersetzung der ersten Fragmente des ›Ulysses‹ und seines Vortrages, der als Vorwort zur französischen Ausgabe von ›Dubliners‹ im
nächsten Monat erscheinen wird.
26.3.1926: Vorfreude Joyces auf das Wiedersehen mit Stanislaus
in Paris.
15.4.1926: ›Dubliners‹ französisch: ›Gens de Dublin‹ übersetzt von
Joyces Bekannter Yva Fernandez bei Plon. Larbaud schreibt:»Ich
glaube, daß die Kühnheit und die Härte, mit denen Joyce die sogenannten niedrigsten Instinkte des Menschen beschreibt und aufzeigt,
nicht, wie ein paar Kritiker von ›Portrait‹ behauptet haben, auf die französischen Naturalisten zurückzuführen sind, sondern viel eher auf das
Beispiel, das ihm die großen Kasuisten der Gesellschaft Jesu geboten
haben. Jeder Leser, der sich an gewisse Stellen in Pascals ›Provinciales‹
erinnert, wird verstehen, was ich meine; und man könnte geradezu behaupten, daß der Verein zur Unterdrückung des Lasters [, der in New
York das Verbot des ›Ulysses‹ betreibt,] nicht James Joyce, sondern Es-
cobar und Pater Sanchez vor Gericht zitiert!« (Ü: Guido G. Meister)
17.4.1926: Das spanische ›Portrait‹ ist da. Der Schweizer Verleger
von ›Verbannte‹ hat »9 Exemplare verkauft und will Tausende [...].«
(Joyce an Weaver)
21.5.1926: Nach einem glimpflich abgegangenen Autounfall
kann Joyce mit Wyndham Lewis nur wenig besprechen:»Die Front-
scheibe auf meiner Seite war zerschlagen, und die Glassplitter schnit-
ten ein hübsches Muster in meinen Schirm.« (Joyce an Weaver)
Ebenfalls 1926 erscheint ›Calypso‹: in der Herbstnummer von
›900: Cahiers d'Italie et d'Europe‹, übersetzt von Morel, sowie, übertragen von Linati, ein ›Ulysses‹-Fragment in ›Convegno‹. Im Herbst
lernt das Ehepaar Joyce Eugène und Maria Jolas kennen, Amerikaner,
die in Paris leben. Eugène ist ursprünglich Elsässer und Joyce wohl
seit 1924 mehrmals begegnet. Mit Elliot Paul plant Jolas eine neue
Zeitschrift. Und am 12. Dezember bei einer Abendgesellschaft mit
Beach und Monnier trägt Joyce den Herausgebern sowie Mme Jolas
Auszüge vor: Jolas erinnert sich: »Seine Stimme klang sehr musika-

lisch, und mitunter huschte ein Lächeln ihm über das Gesicht, wenn
er eine besonders erheiternde Stelle las. [...] Es fiel nicht leicht, mit
üblichen Sätzen darauf zu antworten.«

1927: Janet Flanner notiert zum Protest internationaler Autoren
gegen Roths Raubdruck von ›Ulysses‹: »Eines Tages wird dieser Protest mit anhängenden Unterschriften eine Rarität für Bibliophile sein.
Heute ist er eine großartige Geste gegenüber Joyce und Miss Beach
und für die inspirierte Solidarität der Schriftstellerzunft.«

1.4.1927: ›transition‹, herausgegeben von den Amerikanern Elliot
Paul und Eugène Jolas, birgt Flanner zufolge die »ausgezeichnete Geschichte eines verliebten Polizisten am Potsdamer Platz« aus Carl
Sternheims Feder und ein Fragment aus ›Work in Progress‹, später der
Anfang von ›Finnegans Wake‹, woraus sie mit Seitenhieben auf Wortwitze als Strafe für die Leser auch zitiert, etwa »Armorica« als bretoni-
schen Küstenstreifen mit herausragenden Austernbänken glossie-
rend.

UNDATIERTE ERINNERUNGEN: »[Stuart Gilbert] hatte ›Ulysses‹ oft
gelesen, war davon fasziniert, und sagte plötzlich [beim Blick auf den
französischen Text in Beachs Schaufenster]: ›Oh nein, das stimmt
nicht. Das ist ein Fehler; das Buch darf nicht mit diesem Irrtum erscheinen.‹« (Moune Gilbert)

9.5.1927: In einem meisterhaften Brief weist Gilbert Joyce auf »einige sonderbare Abweichungen« vom Original des ›Ulysses‹ in Morels ›Calypso« hin und hält sich »zur Verfügung« des Autors, sollte der
ihn anhören wollen. Ohne die »kolossale Aufgabe« des Übersetzers
und dessen »Geschick« mindern zu wollen, möchte er helfen, »die
Übersetzung von ›Ulysses‹ für die französische Literatur das bewegen
zu lassen, was das Original im Englischen bewegt hat«. Solch hehres
Ziel strebt nur an, wer kein Geld will oder braucht und zweisprachig
lebt – »da meine Frau Französin ist«.

UNDATIERTE ERINNERUNGEN: »Am nächsten Tag rief Joyce uns an
und fragte, ob wir ihn aufsuchen könnten.« (Moune Gilbert)

6.6.1927: Larbaud versichert Monnier, der Verlegerin der Erstausgabe des französischen ›Ulysses‹, »völlige Hingabe« an die Übersetzung: »Die Beiordnung S. Gilberts wird mir die Arbeit erleichtern, aber
da ich ihr all meine Sorgfalt widmen will, wird es nicht mit 100 km/h
gehen.«

UNDATIERTE ERINNERUNGEN: »Von Anfang an trafen Joyce und

mein Gatte sich häufig. Sie besaßen das gleiche literarische Wissen im Lateinischen und Griechischen, und so fragte Mr. Joyce meinen Gatten, ob er die Übersetzung von ›Ulysses‹ mit Morel revidieren würde.« (Moune Gilbert)

22.6.1927: Das Verfahren ist klar: Gilbert sieht Morels Text durch, und Larbaud ist der dritte Bearbeiter. Er denkt an das Vorwort. (Larbaud an Monnier)

1.10.1927: Der Text birgt laut Larbaud mehr Probleme als gedacht:»[I]ch suche den *Ton* wiederzugeben.« Die Zeit, erklärt er Monnier, reiche nicht. Wie Joyce stellt Larbaud mehr als einen Arbeitsplan auf, der nicht einzuhalten ist.

4.10.1927: Die textlichen Konflikte bedürfen eines Oberaufsehers. (Larbaud an Monnier)

6.10.1927: Je tiefer er in Morels Übersetzung und Gilberts Überarbeitung eindringt, um so größer werden die Befürchtungen:»Kurz, ich finde die allgemeine *Note*, die Morel dem so unendlich nuancierten und raffinierten Text gibt, rauh und grob. Und das beunruhigt mich.« Und Larbaud vergleicht mit Flaubert:»Bloom ist ein ›Herr‹ wie, und mehr als, Bouvard oder Pécuchet, und Molly ist eine ›Dame‹ wie, und mehr als, Madame Bovary.« Er will die Differenzen mit Morel geheimhalten und Joyces Meinung einholen:»Gingen wir in Morels Richtung, bekämen wir eine Travestie des ›Ulysses‹.« Beim Honorar für eventuelle Vorabdrucke will der gut Betuchte zugunsten Morels zurückstehen. (Larbaud an Monnier)

10./14.10.1927: Larbaud lobt die Kooperation Morel/Gilbert, ihm fehlen»noch drei Episoden, darunter ›Penelope‹«. Braucht einen Stadtplan Dublins:»Ich hatte [dort] einen gekauft und ihn dummerweise in meinem Zimmer in Jury's Hotel vergessen [...].« Monnier schickt ihm einen, so dass»ich mich also auf dem Weg M. Blooms orientieren kann«. (Larbaud an Monnier)

24.10.1927: Larbaud hat von Joyce erfahren, dieser sei bereit auszuhelfen:»Es wird also die 2 Listen geben, von denen ich gesprochen habe: Dinge, die zu dritt besprochen werden, und Dinge, nach denen Joyce zu fragen ist.« (Larbaud an Monnier)

2.11.1927: Englisch schreibt Larbaud, der Übersetzer Samuel Butlers und der Sonette Shakespeares, dessen ›Barnabooth‹ 1921, übertragen von Georg Goyert,»versteckt« publiziert worden war, an Sylvia Beach. Offenbar beginnen amerikanische Wissenschaftler Wegweiser

zu ›Ulysses‹ zu produzieren und Dissertationen. All das dient potentiell der Übersetzung.

22.11.1927: Kurt Tucholsky schreibt: »Ich habe noch keinen
Mann gesehen, der den englischen Text von ›Ulysses‹ gelesen und
verstanden hat; ich kenne zwar merkwürdige Ruhmesfanfaren von
Literaten, die ihn nachweislich nicht gelesen haben – und ich erinnere mich, daß der englische Lektor der École Normale in Paris, ein
Ire aus Dublin, mir einmal sagte, er vermöge das Buch nicht zu be-
wältigen. Das kann an ihm gelegen haben.« Gemeint ist Thomas Mac-
Greevy, seit Jahresbeginn an der École, der meint, den Roman »durch-
gelesen« zu haben, »ohne viel zu verstehen«, bevor er Joyce, Nora
und Giorgio mutmaßlich 1924 erstmals begegnet war, begleitet von
dem Maler Patrick Tuohy.

29.11.1927: Das Triumvirat trifft auf Gilberts Vorschlag eine Woche täglich bei Larbaud zusammen. (Larbaud an Monnier)

1.12.1927: Larbaud lobt Gilbert gegenüber Monnier: »Diesen
Mann hat uns die Vorsehung geschickt [...]. Unermüdlich arbeitet er
an dieser Übersetzung. Man muß ihn ermutigen, einen ›Key to Ulysses‹ zu schreiben. Er kennt ihn fast auswendig!«

UNDATIERTE ERINNERUNGEN: »Ich schloß enge Freundschaft mit
Nora, seiner Gattin, dem einen Wesen, ohne das Joyce nicht leben
konnte. [...] Sie war im Umgang eine sehr angenehme Frau und sehr
stolz auf ihren Gatten.« (Moune Gilbert)

10./15.1.1928: Erschöpft und erkrankt, erklärt Larbaud Monnier
seinen Rückzug – nicht ohne Hintergedanken, denn er übernimmt mit
Mercedes Leyrand die Übersetzung einer Goya-Biographie. Zugleich
zieht er die Zusage einer Einleitung für ›Ulysses‹ zurück: »Aber ich
glaube nicht, daß sie zum Erfolg des Buches beigetragen hätte, das
ganz Frankreich seit zwei Jahren ungeduldig erwartet und dessen Verkauf allein der Name Joyces und der Ruf des ›Ulysses‹ sichern.«

16.1.1928: Bis April pausiert Larbaud, Monnier mitteilend: »ohne
die Gewißheit, dann die Arbeit wieder aufzunehmen«.

19.1.1928: Joyce will Larbaud helfen, die Gesamtverantwortung
für die Übersetzung abzugeben, ohne Monnier zu brüskieren.

28.3.1928: Inzwischen ist die Lage ungleich angespannter, ob-
wohl es im Restaurant Les Trianons zur Einigung auf Larbaud als
Oberaufseher bei Streitfragen unter den Übersetzern gekommen war.
(Joyce an Larbaud)

5.4.1928: Joyce vermittelt zwischen Monnier und Larbaud, nicht nur im Übersetzer-Triumvirat. (Joyce an Larbaud)

16.4.1928: Weaver liest: »Hier ist Brief 4 von Valéry Larbaud. Ich kann drei nicht finden. Er schlug André Maurois als Revisor vor. Ich bin ganz gegen solche Änderung.« Offenbar sucht Larbaud nach Ausflüchten. (Joyce an Weaver)

21./24.4., 9.5.1928: Larbaud teilt Monnier mit, im Mai »die Revision der Übersetzung von ›Ulysses‹« wieder aufzunehmen. Auch will er wissen, wie, im Gegensatz zur am 1. Oktober 1927 vorgeschlagenen alphabetischen Anordnung der Übersetzernamen, nun das Titelblatt aussehen werde. In Genua korrigierend, stimmt er der Verlegerin zu, die im Einvernehmen mit Joyce vorschlägt, die drei Beteiligten in der Reihenfolge ihres Eintritts in den Arbeitsprozess zu nennen. Dabei, so Jacques Aubert im Briefkommentar, hat Gilbert drei Helferrollen inne: als Übersetzer, der Morel unterstützt, als Mitrevisor Joyces, als Korrektor Monniers, der drei Fahnensätze durchackert.

4.6.1928: Hoffend, die Arbeit gehe gut voran, spielt Joyce auf seine Vermittlerrolle an und klärt Larbaud über den Gebrauch der Zitatmarkierungen auf. Der Leser von ›Ulysses‹ »wird früh im Buch wissen, daß S[tephen] D[edalus'] Kopf wie der aller anderen voller geborgter Worte steckt«.

14.6.1928: Larbaud schildert Joyce zwei »extreme Fälle« des Konflikts mit Morel. »Nicht herumzeigen, würde nur nutzlose Querelen bewirken.« Er tadelt zwar Abweichungen im Ton – nach unten und oben –, lobt aber auch rhythmisch gelungenes Französisch und ersetzt neutrale Ausdrücke durch den Humor des Originals wiedergebende Wendungen.

26.6.1928: Joyce antwortet Larbaud zustimmend, erwähnt, ›Ulysses‹ werde nahe Chartres gedruckt werden, damit Monnier, deren Verwandte dort lebten, den Prozess besser steuern könne. Die Beziehungen im Triumvirat bleiben gespannt. Joyce hat als Vermittler zwar Gilbert ab und an, Morel aber seit mindestens fünf Monaten nicht mehr gesehen – und wird darob wohl von Beach und Monnier bei einer Autofahrt nach Chartres ins Kreuzverhör genommen: »Ich kam mit fliegenden Fahnen [...] heraus, indem ich idiotischer aussah als sonst.«

Juli/August 1928: Fieberhaft, unter Verlust einiger Seiten, die ihm nach Ligurien nachgeschickt werden müssen, beendet Larbaud die Revision. Tatsächlich fehlen vier Seiten des Typoskripts: »Sie werden anstelle [dieser] meine (handschriftliche) Fassung der Passage in der Kopie finden: S. Gilbert und A. Morel werden unsere beiden Fassungen vereinigen, und die so entstandene Übersetzung wird James Joyce vorgelegt.« Endlich, mit 14 Tagen Verspätung gegenüber der Ankündigung, schreibt Larbaud Monnier:»Meine Revision von ›Ulysses‹ ist zur Gänze abgeschlossen.« (5., 16., 25.7;?18.,?28.8.1928)

20.9.1928: Weaver gegenüber beschreibt Joyce die drei Beteiligten an der Übersetzung: Morel, mitunter zu frei, habe »ganze Sätze eigener Herstellung eingefügt«, die gestrichen wurden. Mit »Sorgfalt und Hingabe« habe er den Text manchmal zu sehr vergröbert. »Ich hoffe, die drei legen ihre Differenzen bei, wenn das Werk erschienen ist.« Gilbert habe »absolut nützliche« Arbeit getan, doch ohne Larbauds Revision wäre alles nichts,»da er sehr genau ist; langsam, wählerisch und ziemlich zaghaft« – das ideale Pendant zu Morels seiner kolonialfranzösischen Herkunft gemäßem »Ungestüm«.

2.10.1928: Auf Joyces Vermittlung zwischen den Übersetzern Bezug nehmend, akzeptiert Larbaud Monnier gegenüber die Verantwortung für die verzwickte Lage und unterbreitet als unermüdlicher Ideengeber einen Vorschlag, den von Gilbert vorbereiteten Schlüssel zu ›Ulysses‹ als ABC anzulegen, etwa zu den Figuren des Romans mit Verweisen:»Na ja, das ist nichts Neues; man hat es für Dickens, Balzac und kürzlich für Proust gemacht.« Auch ein wissenschaftliches Sammelwerk zur Wirkung von Joyces Schriften sieht er als möglich an – ohne selbst aktiv werden zu wollen. Am gleichen Tag schickt er Monnier eine Liste mit Namen möglicher Multiplikatoren für den französischen ›Ulysses‹:»Dr. Goyert, [. . .] Jose Ortega y Gasset, [. . .] Eugenio Montale, 1 oder 2 italienische Kritiker (Borgese . . .), 1 oder 2 belgische und Schweizer Zeitschriften (De Traz . . .).« Er kennt Gott und die Welt und differenziert sauber zwischen Autoren/Übersetzern und Kritikern.

?7.10.1928: Larbaud den eigenen schlechten Gesundheitszustand mitteilend, will Joyce Morel schreiben, sobald er sich »ein wenig kräftiger« fühle: Morel »hat hier und da etwas mißverstanden, aber es wäre unfair, dies bei einem Werk solcher Länge und Schwierigkeit zu sehr zu betonen«.

1.1.1929: Silvesterparty bei Familie Joyce. Gilbert schimpft auf Helen Fleishmans (»Mrs. Butcher's«) Geld. Joyce singe, Monnier sei gelangweilt ohne literarische Debatten.

5.1.1929: Gilbert trifft Ford Madox Ford im Theater bei der Aufführung einer avantgardistischen Komödie, bei der wie in konventionellen Stücken der gehörnte Gatte/Liebhaber im Zentrum stehe. Ebenso hätte er Joyces ›Exiles‹ und ›Ulysses‹ oder Svevos ›Senilità‹ sowie Fords ›The Good Soldier‹ nennen können.

13.1.1929: Gilbert ist zu Gast bei Ford, der ihm seine Fassung des Schweigens zwischen Joyce und Proust erzählt.

24.1.1929: Nora muss erneut operiert werden. Es werden Korrekturen für ›transition‹ 15 gelesen.

26.1.1929: Joyce bittet Stanislaus, aus Triestiner Beständen an Gilbert das Buch ›Untersuchungen über die Sagen zum Tod des Ulysses‹ von Albert Hartmann (München 1917) zu senden.

16.2.1929: Gilbert notiert, Joyce sei »ein verdorbener Gott«, der indes ohne seinen »Stolz« ›Ulysses‹ nie vollendet hätte.

3.3.1929: Larbaud erwartet Monniers Vorschläge zur Honorarfrage, sollte sie ›Ulysses‹ einem Verlag veräußern.

März: Der französische ›Ulysses‹ erscheint privat in 1200 Exemplaren, darunter 200 unverkäuflichen.

5.3.1929: Gilbert: »ein Monstrum. Die Ein-Band-Besessenheit von James Joyce, Adrienne Monnier und Kumpanei war idiotisch.«

15.3.1929: Joyce verabscheue, so Gilbert, »irischen oder englischen Pöbel«; bei einem Pferderennen flieht er vor aufziehendem Gewitter – in der Epiphanie Nr. 32 hat er das Ich den Pöbel beim Turf beobachten lassen wie Stephen Dedalus in ›Ulysses‹ die Bilder von Siegerrossen früherer Tage und 1920 Erzählungen eines Malers vom Verhalten des Mobs begierig aufgenommen, um sie im Roman zu nutzen. Mag die Furcht vor Donner und Blitz Joyces Marotte im Leben und die Angst vor Hunden ein auch homerisches Motiv gewesen sein, vor den Volksmassen haben viele andere Autoren der Moderne im Werk Manschetten. Nicht alle analysieren ihre Situation nüchtern wie Shaw, der im Rückblick auf einen Roman, für den er 1879 keinen Verleger fand, feststellt: »Die Erziehungsakte von 1871 brachte Leser hervor, die nie zuvor Bücher gekauft hatten, noch sie hätten lesen können, wenn sie es denn getan hätten. Ich, als verspäteter Intellektueller, ging vollkommen unter.« Andere wie Yeats treten in den zwanziger Jahren der Gesellschaft für Eugenik bei, und T. S. Eliot dichtet den Vers vom Juden »Gezeugt in einer Schenke Antwerpens«, der laut John Carey »einen Glauben an die Bedeutung guter Züchtung nahelegt, der in Eugenikerkreisen wohl offene Ohren vorgefunden hätte«. Im Werk macht Joyce hier nicht mit, obwohl er mit 19 in ›The Day of the Rabblement‹ Furcht vor den Massen noch artikuliert hatte. Vielmehr zieht er mit Leopold Bloom in ›Ulysses‹ den privaten Protest Virginia Woolfs auf sich: Sie hält es, wohl auch weil sie Joyce nicht kennt, für ein »ungebildetes, unfeines Buch«, Erzeugnis »eines autodidaktisch gebildeten Arbeiters, und wir wissen alle, wie quälend die sind, wie egotistisch, beharrlich, roh, überraschend und letztlich widerlich«. Als Frau mit Recht erbost, weil sie nie Schule oder Universität besuchen konnte, fühlt Woolf sich beim Lesen stets erinnert an einen »unreifen Internatsschuljungen«. Als Leserin fehlt es Woolf an der Empathie, die Joyce in der Literatur aufbringt.

10.4.1929: Abwertend Gilbert: »der junge [Emile] Fernandez – ein dunkler kleiner Jude mit großem Wagen«, Bruder der Übersetzerin von ›Dubliners‹; Musikdebatte: Gilbert votiert für die Moderne, Joyce für Mozart: Avantgarde vs. Tradition.

April 1929: Max Eastman: »In der Moderne genannten literarischen Bewegung werden zwei Tendenzen vermengt, die ich gerne unterscheiden möchte. [. . .] Die mir zusagende Tendenz könnte man als Kultivierung reiner Poesie bezeichnen. Die mir nicht zusagende Tendenz bezeichne ich als Kult der Unverständlichkeit./ Wenn man ein Buch Hart Cranes, E. E. Cummings', James Joyces, Gertrude Steins, Edith Sitwells oder eines anderen ›Modernisten‹ zur Hand nimmt und unvoreingenommen eine Seite liest, wird man m. E. als erstes finden, der Autor sagt uns gar nichts. [. . .] Jedenfalls ist er unkommunikativ. [. . .]/ James Joyce poliert nicht nur die Wörter, die er aneinanderreiht, sondern formt sie auch und brennt sie im eigenen Ofen.« (›Harper's Magazine‹)

April 1929: Nach Erscheinen der Übersetzung von ›Ulysses‹ ins Französische kommentiert Flanner: Nur die »spießige ›Revue de Paris‹ hüstelte warnend [. . .]«, den Roman mit den »Fenstern in der Kathedrale zu Bourges, dann mit Huysmans, dann mit Voltaire« verbindend. M. Joyce möge sich hüten, mit ›Work in Progress‹ zur Beute isolierter Kommentatoren zu werden, die sich mit raffinierten Speisen mästen, die sie selbst nicht richtig verdaut haben.

4.5.1929: Paul Claudel, Botschafter Frankreichs in den USA und katholischer Literat, schickt der »teuren Adrienne« den Band mit »einem gewissen kommerziellen Gegenwert« zurück, der für ihn »nicht von geringstem Interesse« sei. »Früher habe ich einige Stunden beim Lesen von ›A Portrait‹ desselben Autors verloren, und das reicht mir.«

9.5.1929: Gilbert erhält keine Hilfe von Joyce für seine ›Ulysses‹-Studie, da der Autor mit eigenem befasst ist.

15.5.1929: Monnier schreibt Larbaud, er, Joyce und Morel sollten zu je fünf Prozent am Erlös einer Verlagsausgabe der Übersetzung beteiligt werden.

Im Mai erscheint, verlegt von Sylvia Beach, die kritische Kompilation ›Our Exagmination Round His Factification for Incamination of Work in Progress‹, zwölf Aufsätze zur Verteidigung, verfasst von Joyces Jüngern und ergänzt um Protestnoten G. V. L. Slingbys und Vladimir Dixons – letzterer trotz eifriger Legendenbildung ein realexistierender, bald danach verstorbener Autor. Thomas MacGreevy ist ein Jünger, der glaubt, aber nicht alles gelesen oder gar verstanden hat. HARRY CROSBY: »Mr. Eastman = Öffentliche Meinung. Und da die Öffentliche Meinung verzweifelt, verzweifelt auch Mr. Eastman, weil er Crane und Cummings und Joyce unfreundlich findet. [...]/ [...] wenn Mr. Eastman behauptet, Joyce spreche ein Privatidiom, dessen Bedeutung dem Leser nicht vermittelt werden könne, wenn er behauptet, die literarische Form von Joyces ›Work in Progress‹ finde ihre Parallele im Irrenhaus, und wenn er behauptet, der Leser könne bei Joyce nur eine Art Zungentanz erfahren, dann rufe ich NEIN. [...]/ Joyce ist der Große Alchemist des Wortes, der Paracelsus der Prosa, der Verwandler von metallenen Worten in Worte aus Gold.« (›transition‹, Juni 1929)

Feiern und Verhandeln: 1929

Das »Déjeuner ›Ulysse‹«, das Monnier zum 25. Jahrestag des historischen Bloomsday sowie zur Veröffentlichung der Übersetzung ausrichtet, findet im Hôtel Léopold, Les-Vaux-de-Cernay, unweit Versailles statt. Betrachten die Biographen gern das Foto der Gäste mit dem Nestor Édouard Dujardin sowie Paul Valéry und Jules Romains als Berühmtheiten, ist es auch wichtig, jene zu erwähnen, die weder zu sehen noch gekommen sind: etwa Samuel Beckett, 23, Dubliner, Autor eines Beitrags in ›Our Exagmination‹ und Fremdsprachendozent an der École Normale Supérieure, Rue d'Ulm, seit Ende 1928 in Paris, der Joyce auf der Rückfahrt mehrmals gebeten haben soll, doch noch einzukehren. Für die Gesellschaft war ein Bus gemietet worden. So fühlten Monnier und Beach Verantwortung für die Eskapaden Joyces und seines Freundes, ohne ihnen widerstehen zu können. Und dann erzählt Joyce Larbaud am 30. Juli lakonisch von der Abwesenheit Morels und Gilberts. Durch Larbauds Fehlen ist kein Übersetzer des ›Ulysses‹ zugegen und auf dem Foto. Joyce schweigt, denn sein Wunsch vom Vorjahr, die drei möchten über dem fertigen Werk Frieden schließen, bleibt unerfüllt. Nicht kommen konnten auch André Gide und Edmond Jaloux, und Joyce betont die Abwesenheit amerikanischer oder englischer Gäste – »außer einer jungen netten Dame, die [diesen Brief] mit der Maschine schreibt«. Er meint Helen Kastor Fleischman, schon länger Freundin, bald Verlobte Giorgios, der ebenfalls nicht abgelichtet erscheint.

Für die Korrespondenz mit Beach gilt wie für die brieflichen Beziehungen, die Joyce zu Nora, Giorgio und Lucia unterhält: Wann immer er Paris verlässt wie im Sommer 1929, nehmen die Mitteilungen rasant zu, und Joyce scheint so eng mit Paris vernabelt, wie er es mit dem Dublin der Familie und Jugend bleibt. Zugleich Verlegerin, Buchhändlerin und Ersatzmutter, empfängt Beach am 10. und 13. Juli außer der Ankunftsbestätigung Joyces in London seine Anweisung, den »tschechoslowakischen Kontrakt« für ›A Portrait‹ zu unterzeichnen. Joyce, stets von Satelliten umgeben, auch in Torquay, wo er den Folgemonat verbringt, nutzt Gilberts Hilfe bei einem Geschäftsbrief (?16. Juli). Er ist zum König der Literatur geworden, und wie ein Souverän die Minister auffordert, Steuern einzutreiben, beauftragt Joyce Beach, ihm die Einkünfte aus dem tschechoslowakischen Vertrag zu senden, sofern sie eingetroffen seien, und seine Schriften postalisch unter den Freunden zu verteilen.

In London hat Joyce T. S. Eliot getroffen. Dabei sagt dieser zu, Gilberts ›Ulysses‹-Studie zu publizieren sowie ›Anna Livia Plurabelle‹ als wohlfeile Ausgabe. Persönlich oft außerstande, sein Finanzkapital zusammenzuhalten, gelingt es Joyce stets, sein ideelles Kapital zu mehren, sei es in Begegnungen mit Eliot oder George Moore, dem Doyen irischer Literaten, der in London lebt. Gern mimt er den Gentleman, der beim »Déjeuner ›Ulysse‹« präsidiert und nach geistigen Vätern in der Literatur sucht, die er als junger Mann desavouiert hatte, nun aber zur Förderung seines künftigen Ruhmes braucht. Einem 47-jährigen angemessen, vermittelt diese Suche eine Vorstellung von der Sehnsucht nach Verständigung zwischen den Generationen, die Joyce literarisch mit der Begegnung zwischen Stephen Dedalus und Leopold Bloom in ›Ulysses‹ schildert, während er als Sohn keinen neuen Zugang zum leiblichen Vater findet. Gilbert, der zur verpassten Gelegenheit in Frankreich schweigt, erinnert sich am 20. August des Aufenthaltes in Torquay, wo es dem »großen Mann« und Nora gefällt, ihr besonders, weil sie von ihrem Minderwertigkeitskomplex befreit sei. Zugleich Bewunderer des Werkes und Kritiker des Menschen, fährt Gilbert fort: »Der Große Mann ist nur an sich interessiert, wie immer. Gefällt sich darin, über zwei Sekretäre zu verfügen, Mrs. Fleischman und mich.« Ohne Gilbert zu folgen – denn zweifellos verrät er hier den Snobismus eines Engländers, der einer höheren Klasse entstammt als der Ire Joyce –, wird klar, dass des Autors Abneigungen ebenso wirklich sind wie seine Vorlieben. Ihm gefällt die Selbstvergrößerung in dem Maße wie die Parodie. In gleicher Weise missfällt ihm der Gedanke an eine Irlandreise, dabei macht ihm eine Entourage junger Iren in Paris durchaus Vergnügen. So wie Joyce im Sommer 1929 sich als klassischer Autor in Korrespondenz mit Dujardin und Moore zu etablieren sucht, sammelt er laut Gilbert Mädchenmagazine, zum Gebrauch einzelner Wörter oder Wendungen in ›Work in Progress‹ und weil er die »wahnwitzige Idee« hegt, »Anna Livia Plurabelle‹ in einer einzigen Nummer eines dieser Blätter zu publizieren«. Im Schatten eines großen Mannes, den er nicht rundum mag, zweifelt Gilbert, ob das eigene »magnum opus« zu ›Ulysses‹ herauskommen wird. Ihn eint mit den Joyce, was Nora und James auf vom Ehepaar Gilbert aufgenommenen Fotografien zeigen: eine glanzvolle Isolation, die der Schriftsteller im Spiel mit dem Spazierstock demonstriert und Nora nonchalant, im über die Nase nach unten weisenden Blick, dabei stolz ihre Handtasche präsentierend.

1929-1933: Ein Polylog

Viele Menschen klingeln bei Joyce in Paris, schreiben ihm Briefe oder auch Texte über ihn. Kurz, er ist mit und bei den literarischen Freunden und Feinden im Gespräch. Nicht alles hat er selbst mitbekommen, wie er auch vieles der Umwelt verheimlicht oder mythisiert, darin Schliemann auf der Höhe seines Ruhmes ähnelnd. In solcher Lage, wenn die Lebenslinien labyrinthisch sich verzweigen, wie es in ›Work in Progress‹ mit den Wortbedeutungen geschieht, gilt es, die Sicht des Wissenden aufzugeben und den Akteuren das Wort zu überlassen.

JAMES JOYCE: »Können Sie mir ein Paar [sic] Seiten Ihrer Ubersetzung ALP schicken? Hier habe ich [...] Zeit genug und möchte sehen ob [ü]berhaupt eine Übersetzung davon möglich ist.« (an Georg Goyert, 20.7.1929) – GEORG GOYERT/JAMES JOYCE: »Oh! Erzähle mir alles über Anna Livia! Alles will ich von Anna Livia wissen!« (München 1946)

ÉDOUARD DUJARDIN: »Meine Frau und ich sind dabei, die Lektüre von ›Ulysses‹ zu beenden ... Was soll ich sagen? wenn nicht wiederholen, was ich am Tag des ›Déjeuner‹ sagte? [es erfaßt uns] ein Gefühl, in einem Ozean der Spiritualität zu schwimmen, [...].« (an Joyce, 22.7.1929)

In den Studios von His Master's Voice, Hayes, Middlesex, nimmt Joyce auf Einladung von C. K. Ogden ›Anna Livia Plurabelle‹ auf (5.9.1929). Im September erscheint in ›Bifur‹ Morels Übersetzung von sieben Gedichten aus ›Pomes Penyeach‹.

GEORGE MOORE: »In der Rückschau erscheint unser Leben schicksalhaft. Ich verstand nie, warum ich die Lektüre von ›Ulysses‹ mied, denn ich war neugierig, und als mir jemand [...] ein Lesepult schenkte [...], fragte ich mich, was ihm den Gedanken eingab, mir solch nutzloses Möbel zu schicken. Jetzt weiß ich es! Ich lese gerade ›Ulysses‹, und wenn Sie länger hier wären und mit mir dinieren könnten, würden wir über das Französische sprechen, das ich mitunter für absichtlich übertrieben halte.« (an Joyce, 11.9.1929)

HERMANN JANTZEN: »[W]er sich eingehend mit der neuesten englischen Literatur beschäftigt, wird doch zum Urtext [von ›Dubliners‹] greifen müssen. Denn die Uebertragung, die Georg Goyert verfaßt hat, läßt gar manches zu wünschen übrig. [...].« – GEORG GOYERT/ JAMES JOYCE: »Sie hieß Frau Sinico. Ihres Mannes Ururgroßvater stammte aus Leghorn.« (›A Painful Case‹) – HERMANN JANTZEN: »Daß Leghorn Livorno ist, scheint dem Uebersetzer unbekannt zu sein. [...] ›Transept‹ [...] konnte auch verdeutscht sein. Diese kleine Auslese zeigt, daß das Lesen des Buches nicht gerade erfreulich ist.«

GEORGE MOORE: »Joyce kommt zum Diner.« (an W. K. Magee, 14.9.1929)

SYLVIA BEACH: Joyces Post vom 13.9. lesend: Neue Aufgaben warten, und erholt wirkt er auch nicht.

GEORGE MOORE: »Sie [Magee] können einen umfassenden Bericht über [Joyces] Wirkung auf Sie erstatten. Wordsworth ließe sich solche Chance nicht entgehen; und Sie können die Chancen auf einen Erfolg in der neuen Sprache [von ›Work in Progress‹] diskutieren«. (an Magee, 17.9.1929)

JAMES JOYCE: »Ist das ein guter spanischer Verlag?« (Ende September) – VALÉRY LARBAUD: Nein.

GEORGE MOORE: Seit dem 25. September lese ich ›Ulysses‹; bis heute, 4. Oktober, hatte ich »sechzig oder siebzig Seiten« geschafft, »bevor mich das Gefühl ankam, nichts anderes zu tun, als Joyce ins Dunkle zu folgen«. Mit Ihrem englischen Exemplar ist es, »als träte ich aus dem Keller nun ins Freie«. (an Magee, 4.10.1929; der Magee, der 1904 Joyces Porträtessay als unverständlich abgelehnt hatte)

PAUL COHEN-PORTHEIM: »James Joyce und sein Riesenwerk ›Ulysses‹ sind zu bekannt, um einer Schilderung zu bedürfen. [...] Sein Einfluß jedoch scheint mir in Amerika, selbst in Frankreich, weit größer zu sein als in Irland oder England.«

GEORGE MOORE: »[I]ch wollte Ihnen einen langen Brief zu ›Ulysses‹ schreiben. Aber es gibt zu diesem Buch soviel zu sagen, daß ich bis zu einem Treffen in Paris im Frühjahr werde warten müssen. Wenn ich begänne, Ihnen meine Zweifel über den inneren Monolog mitzuteilen, müßte ich drei oder vier Seiten füllen.« (an Joyce, 11.10.1929)

JAMES JOYCE: »Ich habe [...] die Arbeit für ›Transition‹ beendet und auch meine Verbindung zu der Zeitschrift, wie Sie einer Notiz darin entnehmen werden. Zu alldem traf der deutsche Verleger ein und wollte mich in einen neuen Vertrag hetzen, aber ich bestand darauf, daß man Goyert herbeihole, sehr zu dessen anfänglichem Mißvergnügen. Er, Gilbert, ich und Brody, der Verleger, haben, unter brieflicher Mithilfe von Sykes, am deutschen Text von ›Ulysses‹ gearbeitet. ... Er ist nun zurückgefahren, und die erste Hälfte des Buches ist in Druck gegangen, und die zweite Auflage erscheint im Dezember. Was auch immer die Deutschen sind, schnell sind sie gewiß ...« (an Weaver, 19.10.1929) – GEORG GOYERT: Übersetzen ist eine einzige Müh-

sal, muß man gegen geballte Gegnerschaft des Autors, der deutsch
beherrschenden literarischen Freunde wie des Verlegers sprechen. –
JAMES JOYCE: »Ich habe die letzten drei Wochen täglich 16 Stunden
geschlafen, unfähig zu denken, zu schreiben, zu lesen oder zu sprechen.« (an Weaver, 22.11.1929)

GERÖ: »Am stärksten packt eine[n] [in ›A Portrait‹] der Ton dieser
Bekenntnisse, diese letzte, vor nichts zurückscheuende Aufrichtig-
keit. Hier weht eine frische Luft!«

HARRIET SHAW WEAVER: Erschöpft ist Joyce, doch ruheloser Beobachter eigener Erfolge in Frankreich, Italien, Deutschland mit ›Ulysses‹, den beabsichtigten Vertonungen von ›Pomes Penyeach‹ und nun
auch noch der Oper: der irische Tenor John Sullivan. So schreibt er:
»Die Annäherung zwischen mir und sehr alten Männern ist sonder-
bar. É[douard] D[ujardin], Italo Svevo, G[eorge] [M]oore und sogar
T[homas] H[ardy]. Und nun hat mir der *Poeta laureatus* Robert
Bridges aus freien Stücken ein signiertes Exemplar seines letzten
Buches [...] geschickt [...]. Stellen Sie sich mein Erstaunen vor. Auch
die Bergarbeiter haben geschrieben, erneut mit dem Angebot, uns
14 Tage unterzubringen etc.« (22.11.1929)

GEORG GOYERT/JAMES JOYCE: »Welches häusliche Problem beschäftigte [Blooms] Geist ebenso sehr wenn nicht sogar mehr als jedes andere? – Wie sollen wir unsere Frauen beschäftigen.« (›Ulysses‹,
›Ithaca‹)

James Joyce und Paul Morand, in Russland gebürtiger Romancier
und Diplomat sowie Freund Prousts, präsidieren einem PEN-Diner mit
Ford Madox Ford und Aldous Huxley als Ehrengästen. Auch André
Gide ist da, der »etwas wenig Schmeichelhaftes« über Joseph Conrad
sagt, so dass Ford ihn zum Duell fordert. Joyce und Huxley besprechen
ihre Augenleiden, kommen danach indes nur selten zusammen –
wohl, weil Joyce ungern literarisch parliert, und weil er einmal mit dem
politisch verdächtigen Autor Drieu la Rochelle am Tisch sitzen musste.

STUART GILBERT: »J.J. ist nun ganz Sullivan.« Jeder, der es hören
will oder auch nicht, vernimmt die Mär, englisch oder französisch,
vom armen, unterschätzten, den intriganten Rivalen geopferten Tenor aus Irland. (29.12.1929)

L.R.: »James Joyce kündigt [...] ein sehr umfangreiches Fragment
[an, das] unter dem Titel ›Anna Livia Plurabus‹ [sic] in Amerika in
einer kleinen Auflage erscheinen [soll].«

STUART GILBERT: Silvesterparty bei James Joyce:»Wenn [er] nicht Schriftsteller gewesen wäre, so wäre er Meistersinger gewesen; wenn nicht Sänger, so Tänzer.« (2.1.1930) Tochter Lucia, ein Tanztalent, muss die kaum begonnene Karriere beenden: Familienräson. Für ›Work in Progress‹ bringe Joyce kein Interesse mehr auf, alles sei Sullivan.»Joyce auf der Suche nach Normalität in seiner Familie ist komisch. . . . Jolas sagt, er sei wie die strippenziehenden, intriganten Politiker in Amerika.« Ganz ähnlich, nur klassisch griechisch hatte Joyce sich selbst vor Jahren beschrieben, Weaver gegenüber, die, findet Gilbert,»ihm mit den ganzen Geldgeschenken keinen Gefallen getan« hat: er könne seiner Laune folgen, statt weiterzuarbeiten. (29.1.1930) Monnier meint jedoch,»die Sullivan-Kampagne [. . .] sei teils *pour se distraire,* teils eine uneigennützige Form, selbst im Rampenlicht zu bleiben, und [Joyce] erkennt, daß die Schwierigkeiten bei der Verbreitung von ›Work in Progress‹ nie überwunden werden, es sei denn, er kultiviere sein Image.« Ungnädig beurteilt Gilbert Joyces Methode bei der Verschlüsselung von Ortsnamen für ›Work in Progress‹. Da der Autor nicht selbst lesen kann, braucht er stets Helfer bei der Materialsammlung. Gilbert findet, die»gute Methode bestünde darin, eine Seite planes Englisch zu schreiben und dann dröge Wörter durch Injektion neuer (und passender) Bedeutung zu verjüngen. Sein Verfahren gelingt zu leicht und ist (für den Leser) zu schwer verständlich.« Grotesk wirkt das Szenario:»Er liegt zusammengerollt auf dem Sofa, während ich mit dänischen oder rumänischen Namen kämpfe, Wortwitze bedenkend. Mit fremden Wörtern ist es zu leicht. Der provinzielle Dubliner. Seltsam ist spaßig.« (31.1.1930)

JAMES JOYCE:»Oh, Pater O'Ford, Sie haben des Herren Art.« (›Father O'Ford‹ über Ford Madox Ford, 16.2.1930)

FRITZ ENGEL:»Nach Ibsen [. . .]/ Im Schillertheater: Gerhart Hauptmanns ›Friedensfest‹. Im Deutschen Volkstheater: mittaglich das Drama ›Die Verbannten‹ von James Joyce. Dort kräftiges Theater, hier sanft einlullend mikroskopische Seelenzergliederung. [. . .] Was hat Herrn Lherman vermocht, das Stück zu spielen. Nur seine Spielwut? Joyce wird doch keinen Scheck gesandt haben. [. . .] sonst so schludrig, hier ausgezeichnete Regie [Lhermans].« – KURT PINTHUS:»Als Zwiebeldramatik ließe sich Joyces Technik bezeichnen, [. . .] langsam wird Schale um Schale abgepellt, [. . .], damit nach stundenlanger Entschälung erkannt wird, daß [. . .] nichts blieb als die [. . .] Hüllen.«

JAMES JOYCE: »Die zweite deutsche Ausgabe von ›Ulysses‹ kam heraus, und die dritte kommt im Juni. Die zweite französische Ausgabe kam heraus [bei Fourcade], und der Verleger scheint darüber recht glücklich. [. . .] ›Exiles‹ wurde am 9. im Deutschen Volkstheater Berlin gegeben. Man lud mich ein, ich fuhr jedoch nicht hin. Am 15. soll es in Mailand gegeben werden.« (an Weaver, 18.3.1930)

DANIEL BRODY: Dr. Goyert wird ›Anna Livia Plurabelle‹ übersetzen, und Joyce soll das Angebot von Tauchnitz, Leipzig, für eine kontinentaleuropäische englische Ausgabe von ›A Portrait‹ annehmen. (an Beach, 21.3.1930)

LUCIA JOYCE: »Mr. Léon wird Miss Beach über Prof. Vogt in Zürich ausführlich informieren. Heute morgen hat Prof. Pagenstecher hier jene Vermutung [über Joyces Augenleiden] bestätigt.« (an Weaver, Hotel Rose, Wiesbaden, 16.4.1930) – STUART GILBERT: Joyce weilt in Zürich und Wiesbaden, um Diagnosen für seine Augen zu erhalten. »Seine Sullivan-Kampagne brachte ihn in die Nachrichten, und die Gazetten schrieben vom ›berühmten, erblindenden Autor‹. Für das jüngste Fragment, ›Haveth Children Everywhere‹, hatte J.J. als freiwillige Mitarbeiter Colum, [Paul] Léon (ein russischer Anwalt, der in Paris, scheint es, wenig zu tun hat; warum, frage ich mich, sucht er J.J.s Nähe? Wegen Lucia? Nein, er ist verheiratet) & in geringerem Maße ich selbst.« Joyce hatte Léon 1928 über Helen Kastor Fleishman getroffen: Das Ehepaar Léon war 1918 vor der Russischen Revolution geflohen. Paul Léon ist Jurist, der zur irischen Autonomie gearbeitet hat, aber alte Sprachen beherrscht und Französisch, sich mit Jean-Jacques Rousseau und Benjamin Constant auskennt (Morris Beja). Das »mechanische« Schreibverfahren tadelnd, bemerkt Gilbert, Joyce sei »bedrückt«– etwa wegen der Sullivan-Kampagne? (28.4.1930) – GEORGE MOORE: »Ich werde in großer Sorge sein, bis ich höre, daß der Schweizer Arzt Ihnen die Sehfähigkeit eines Auges verspricht. Ein Auge ist ganz ausreichend; mit einem sieht man so gut wie mit zweien. Nun zu Dujardin. [. . .] Wir denken [in England], daß der innere Monolog seit unvordenklichen Zeiten existiert hat.« (an Joyce, 10.5.1930) – ALFRED VOGT: »Es wurde entschieden, die 10. Operation bis Mitte September 1930 aufzuschieben. [. . .] Der günstigste Umstand in dem Fall ist, daß, gemäß aller ärztlichen Ansichten, Sehnerv und Umfeld der Retina in beiden Augen vollkommen normal funktionieren.« (an Joyce, Juni 1930) – NORA BARNACLE JOYCE: »Mein Gatte bittet Sie, zu niemandem von seinen Augen zu sprechen, bis ich erneut schreibe.« (an Weaver, 15.6.1930)

STUART GILBERT: Mit Joyce bei Dujardin zu Besuch. Dessen Roman ›Les Lauriers sont coupés‹ ist stets strittig gewesen in Frankreich trotz Larbauds später Fürsprache. Wie Lebenswege sich gleichen! Dujardins Drama ›Marthe et Marie‹ wurde in Genf uraufgeführt, als Joyce in Zürich lebte, und Dujardins Sohn arbeitete damals im französischen Konsulat. Begegnet sind sie einander wohl nicht. (23.6.1930)

JAMES JOYCE: Telegrafiert Gratulation zur Publikation von Gilberts »erstem Buch«, der ›Ulysses‹-Studie. (30.6.1930)

JAMES JOYCE: Stolz, »SELBST« geschrieben zu haben, »schreiben, aber kaum sehen« zu können, sendet er Lebenszeichen an Beach (18.7.) und Bruder Stanislaus – aus Oxford mit einer Photographie des Ästheten und Lehrer Wildes, Walter Pater. (3.8.1930)

STUART GILBERT: Luzern. Joyce will mich unbedingt bewegen, im Vorwort zur Übersetzung von ›Les Lauriers sont coupés‹ über das Treffen mit Dujardin zu schreiben und Moores Weigerung, das Vorwort zu verfassen. Noch dazu soll ich Joyces Gleichgültigkeit gegen den öffentlich gepriesenen »monologue intérieur« erwähnen: »Es ist ein trauriges Los, Parasit zu sein [...] – Ideen zu haben, aber keine konstruktiven; sich selbst ausdrücken zu können, ohne passenden Stoff dazu. Ausgetrocknet zu sein.« Was für Joyce gilt, sehe ich bei mir auch: »Es gibt wichtige Dinge im Leben, gebe ich zu – aber das sind keine Ideen, Abstraktionen. Handfeste Dinge – die sind wertvoll. Alle Ideen sind fiktiv. Also kann ich nichts Fiktives schreiben.« (8.9.1930)

ADRIENNE MONNIER: Sie kündigt den Kontrakt mit Fourcade: wegen Vertragsbruch, da die Autorenhonorare ausbleiben. Sie kauft 2300 Exemplare und die Druckplatten zurück. (13.9.1930)

JAMES JOYCE: Fragt George Antheil, wie er mit der Symphonie zu ›Anna Livia Plurabelle‹ vorankomme. Musiker spielen seit langem eine Rolle in seiner Vita, unvergesslich bleiben ihm die Vertonungen Molyneux Palmers, und er sieht Nachteile: »Womöglich mische ich mich in anderer Leute Angelegenheiten ein, die eines Sängers [Sullivan], und die eines Musikers [Antheil], aber manchmal können die Worte eines Narren in Weisheit verwandelt werden.« (23.9.1930) Antheil, dessen turbulente Konzerte Joyce teils allein, teils mit Giorgio oder der ganzen Familie besucht hatte, bewohnte in Paris ein Miniappartement über Sylvia Beachs Buchladen Nr. 12, Rue de l'Odéon, das er auch mal die Hauswand erkletternd erreichte. Er verteidigt seine Unfähigkeit, Joyces Texte zu vertonen: »[Die] Gleichzeitigkeit [in ›Cyclops‹], die Zeitlupenkameratechnik [und] der schnelle Szenenwechsel ... hätten für immer eine Aufführung verhindert.« (Antheil an Sylvia Beach)

Harriet Shaw Weaver: Joyce will Zeitungsnotizen über seinen Unfall. Immerhin außer Schmerzen nichts gewesen. Sonst ist er froh, keiner Augenoperation entgegenzusehen, wettert gegen die französische Ausgabe von ›Lady Chatterly's Lover‹, als gönne er dem toten D. H. Lawrence nicht den Nachruhm. Man lanciere sie mit »einer Kampagne von Zeitungs- und Zeitschriftenartikeln«. Auch die Vertonungen von ›Pomes Penyeach‹ schreiten voran. (zu Joyces Brief vom 27.9.1930)

James Joyce: »Der dritte französische ›Ulysses‹ erscheint am 15. XI. [...] ich begann letzten Sonntag mit dem Schreiben des 2ten Teils – aber mit welcher Mühe! Das ist immer so, wenn ich einen Neuanfang starte. Ich habe meine alte Maschine gegen eine Remington ausgetauscht und hoffe, sie selbst nutzen zu lernen.« (an Weaver, 22.10.1930)

Stuart Gilbert: Daheim habe ich mir fünf Zähne ziehen lassen. »Habe den Kontakt zu Joyce jetzt verloren. [...] Ich bin nicht mehr nützlich, da er in Léon einen dauernd ihm attachierten Sklaven hat. [...] Bin insgesamt erleichtert.« (25.10.1930)

Sylvia Beach: Ob Joyce den Mut verliert? Er weiß nicht, wie seine Worte klingen, und hat die nächste Augenoperation vor sich, begleitet von T. S. Eliots Gebeten. Davon soll niemand erfahren. Meint Joyce wirklich, die Leute würden ihn auslachen? (zu Joyces Brief, ?Oktober/November 1930)

Herbert Gorman: Ich kann nach Mittwoch in der französischen Botschaft anrufen, mir dort ein Exemplar des ›Ulysses‹ abholen: per Diplomatenpost über den Ärmelkanal gelangt. (zu Joyces Brief vom 28.10.1930) Noch ist das Buch verboten.

Stuart Gilbert: »Selten« sehe ich Joyce, der endlich wieder arbeitet. Einen Vortänzer im Wortsinn braucht er für ›Looby Light‹, ein Buch mit Tanzliedern von 1912: alles Stoff für ›Work in Progress‹. Er ist »antifeministisch«: »La femme[,] c'est rien«, sagt er, trinkt und wird von Nora nach Haus gezerrt. (14.11.1930)

Stanislaus Joyce: Wieder mal bei Prof. Vogt, Operation aufs Frühjahr verschoben. (zu Joyces Mitteilung vom 26.11.1930) – Dr. AlFRED Vogt:»Die Hauptsache ist jetzt, daß Sie sich keiner Erkältung aussetzen, damit nicht ein Rückfall der Iritis eintritt.« (an Joyce, 1.12.1930) Stuart Gilbert: Paris ödet mich an:»Alkohol ist die einzige Rettung.« Gestern beim Konzert mit Giorgio als Sänger hat Lucia über die Juden im Saal gelästert und über Mrs. Fleishman, die Verlobte ihres Bruders. Für mich ist das»die ersische [irische] Art, über empfangene Wohltaten zu sprechen«. Erst nehmen sie Geld, dann nörgeln sie. (5.12.1930) Joyce trinkt Schweizer Wein, fällt»vom Stuhl, redet[.] wirr«. Nora und Lucia sind feindselig und ablehnend und antijüdisch gegen Helen Fleishman, aber»rasche Versöhnung« ist absehbar. (8.12.1930) – James Joyce:»Meine Frau und meine Schwiegertochter verstehen sich derzeit glänzend. Wir waren bei der privaten Hochzeit [10.12.], aber ihr stupyder [sic] Anwalt vergaß auf der Mairie die Einfügung der Klauseln des Vertrages über die Gütertrennung, der auf Wunsch meines Sohnes einige Tage zuvor aufgesetzt worden war, so daß mein Sohn nach französischem Recht zum Monarchen all dessen wird, was er überschaut.« (an Weaver, 22.12.1930, getippt von Joyce) – Stuart Gilbert: Joyce liebt Weihnachtsmahle zu Hause. Nora zieht es zur Schwiegertochter. Wir sind nicht geladen. (25.12.1930) Léon, betrunken, ist»eine dieser rührseligen russischen Seelen, die mit Alkohol noch rührseliger werden; aber zweifellos sind sie gute Leibeigene & der Ire ist Rührseligkeit gewohnt.« Mir macht die»Verfertigung fast unverkäuflicher Güter« keine Freude mehr:»Man muß ein Joyce sein, um die Verbreitung zuwegezubringen.« (6.1.1931) Louis Gillet: Ich muß Ihr Werk ›Ulysses‹ ein»Phänomen« nennen. (an Joyce, 7.1.1931) Lucia Joyce:»Mein Vater hat Miss de Zoëtes Brief vor einigen Wochen beantwortet. Vor langer Zeit hat er es sich zur Regel gemacht, weder zu eigenen Büchern noch zu denen anderer ein Vorwort oder erklärende Bemerkungen zu verfassen oder ein Interview zu geben oder einen Vortrag zu halten. [. . .] Er hat mit seinem Freund Mr. Ford Ma[d]ox Ford [. . .] gesprochen, der das Vorwort [zur Übersetzung von Svevos ›Senilità‹] zu schreiben bereit ist [. . .]. Mr. Ford ist wohl der bekannteste und erfolgreichste Vortragsreisende der englischen Autoren in den Vereinigten Staaten.« (an Livia Svevo, 25.1.1931) John Stanislaus Joyce:»Mein lieber Jim/ ich wünsche Dir einen

sehr glücklichen Geburtstag und auch ein günstiges und glückliches
Neues Jahr.« (31.1.1931)

STUART GILBERT: Zweimal die Woche Vorleser für Joyce: wie
immer aus disparaten Quellen: Musik, Philosophie, Mittelalter, Moderne, Populäres und Entlegenes:»Offenbar langweilt ihn das alles,
aber sie machen anscheinend eine Finanzkrise durch, und er braucht
das Geld oder glaubt es zumindest.« (1.3.1931)

JAMES JOYCE:»Liebe Mrs. Schmitz: Ich lege einen Brief Mr. Fords
bei [. . .]. Er ist in Amerika sehr bekannt, und seine Einleitung sollte
eine große Hilfe sein.« (11.3.1931) Das Vorwort verfasst schließlich
Stanislaus Joyce.

Am 26. März findet in der Maison des Amis des Livres eine Lesung
der französischen Fassung von ›Anna Livia Plurabelle‹ statt, an der ein
Kollektiv englischer und französischer Autoren unter Beteiligung
Joyces gearbeitet hatte. Am 10. April zieht Familie Joyce aus der Woh-
nung Nr. 2, Square Robiac, aus und reist nach London. – JAMES JOYCE:
»Ich fühle mich viel besser.« (an Weaver, 17.4.1931)

ANDRÉ GIDE:»Welch ein Gefühl, einen Brief des großen Joyce zu
empfangen!« (an Joyce, 30.4.1931) – Um einen Gefallen gebeten – für
einen Triestiner –, den er nicht erfüllen kann, hat Gide stets allen
möglichen Leuten Honig ums Maul geschmiert: Wilde, Proust, Joyce,
Simenon – um es einigen in autobiographischen Schriften heimzu-
zahlen. Am 1. Mai erscheint ›Anna Livia Plurabelle‹ in der ›Nouvelle
Revue Française‹ – für die Gide mitverantwortlich zeichnet.

SYLVIA BEACH: Ich mußte mein Auto verkaufen – Joyce trauert
nicht, er hofft gar, Giorgio verhökere seins im nächsten halben Jahr:
»Sie sind die Plage der Städte. Niemand außer Guinness und Ärzten
sollte welche haben, solange es Busse, Straßenbahnen und Taxis
gibt.« Auch nach hellsichtigem Aperçu ist er rasch bei sich. Wer ihn
malt, soll ihn ausstellen. Augustus John bietet Porträts von Yeats und
Gogarty an, seines»nicht. Oder vielleicht ist es mit dem Gesicht zur
Wand wie sein Original.« (Joyce an Beach, 5.5.1931)

JAMES JOYCE:»Hat J[ean] Paulhan [von der ›Nouvelle Revue Française‹] meinen Brief bekommen, in dem ich ihn bat, das französische
A.L.P. an George Moore zu schicken? Wenn es noch nicht weg ist,
sollte es zur Zeit nicht geschickt werden. Ich erhielt einen fuchsteu-
felswilden Brief von G. M., den Gilbert zeigen wird. Und A.L.P. auf
Französisch wird ihn nur noch wilder machen. Ich habe lieb und auf-

richtig geantwortet. Alte Männer haben ein Recht auf ihren Zorn.« (an Beach, 10.5.1931)

STUART GILBERT: Kein Detail entgeht ihm, Trinity College hat er nur einmal zu einem Kricketspiel von innen gesehen. Und in Artikeln möge ich von ihm als »der Dubliner« schreiben oder als »der Vorstadttenor«. (Joyce an Gilbert, 13.5.1931)

JAMES JOYCE: »Gorman [der autorisierte Biograph] erzählte mir, er habe an meinen Vater, Bruder Charles, meine Schwester May und Schwiegeronkel usw. geschrieben, um Informationen zu erhalten. Sie schreiben mir alle, daß sie nie einen Brief von ihm erhalten haben.« (an Beach, 18.5.1931) Geheimnisse hütet die Familie Joyce gern.

SYLVIA BEACH: Ob es ihm gelingen wird, weitere Raubdrucke von ›Ulysses‹ zu verhindern? (Joyce an Beach, 8.6.1931)

Am 4. Juli 1931, dem 82. Geburtstag von Vater Joyce, schließen Nora Barnacle und James Joyce vor dem Registrar in Kensington, ihrem derzeitigen Wohnort, den Bund der Ehe. Die Presse hat Wind davon bekommen, und auf einem weithin bekannten Foto scheinen die Frischvermählten fluchtartig auf dem Trottoir dahinzustürmen, Nora gefasster als James.

JAMES JOYCE: »Was Ihr freundliches Angebot zu Dublin betrifft, kann ich mich nicht entschließen, den zweiten Kanal zu überqueren. [...] Und zu viel Publizität wurde jener Zeremonie [in Kensington] zuteil.« (an Mr. und Mrs. Colm, 18.7.1931) – »Die anderen Zweige der Familie [...] brachten Bestürzung zum Ausdruck.« (an Stanislaus, 18.7.1931) Ob Parodie oder nicht, Joyces Bericht von der ersten Eheschließung in Triest klingt wie der eines eingefleischten Erzählers, während der zweite Akt in London aus erbrechtlichen Erwägungen erforderlich gewesen sei.

SYLVIA BEACH: Keiner könne genug Französisch für Louis Gillets Artikel, die für ihn lesbaren Teile klängen gut. Ob Monnier seine Korrektur bekommen habe? (Joyce an Beach, 19.7.1931)

ANNETTE KOLB: »Nur in dem herrlichen, aber feuchten, von der Sonne gemiedenen Irland konnte, infolge der Schwierigkeiten, ihn zu bekämpfen, aus einer Art Rage [...], eine Art perverses Bekenntnis zum Schmutz entstehen. Joyce ist Ire. [...]/ Am Schlusse [von ›A Portrait‹] wendet der Held, der Studiosus [...], sich von ausgetretenen Pfaden ab und zieht aus, ein Königreich zu suchen. Was er dann findet, was er uns darreicht, ist sein ›Ulysses‹.«

SYLVIA BEACH: Was er alles zählt, selbst leidigen Papierkrieg drückt er in Zahlen aus:»36 Briefe und 11 Telegramme« zum Abdruck eines vermeintlichen Manuskripts von James Joyce in der ›Frankfurter Zeitung‹. (Joyce an Beach, 13.8.1931) – HERAUSGEBER:»Inzwischen haben wir einen kleinen Artikel ›Michael und James‹ veröffentlicht, der das Versehen richtigstellt.« (an Ernst Hitschmann, Joyces Anwalt, 13.8.1931) – IRENE KAFKA:»Der besagte Text war von Joyce. Aber nicht von James Joyce, dem Autor des ›Ulysses‹. Er wurde von mir aus dem englischen Typoskript des Michael Joyce übersetzt [...]. Nun hat meine neue Sekretärin sich geirrt, und sie dachte, es könne nur einen Joyce geben, den Autor des ›Ulysses‹. [...] Meine Sekretärin war ganz untröstlich, als sie von den Schwierigkeiten hörte, die sie ganz unbewußt verursacht hatte.« (an die Anwälte Monro, Saw & Company, 17.8.1931) – JAMES JOYCE:»Ist das nicht ein netter Brief.« (an T. S. Eliot, 27.8.1931)

GEORGE MOORE: Joyce hat mich erneut aufgesucht. (an Magee, 20.9.1931)

MONRO, SAW & COMPANY:»Obwohl ich die Schwierigkeiten und Unannehmlichkeiten sehr bedaure, die Ihnen in dieser Sache verursacht wurden, sehe ich, mit Bezug auf den Rat [unseres deutschen Kollegen] Dr. Rothschild, keinen Nutzen darin, die Sache weiterzuverfolgen.« (an Joyce, 6.10.1931)

GEORG GOYERT: Joyce schreibt, mit Geld helfen könne er mir nicht, die Welt insgesamt sei in einer Krise. Sie lebten im Hotel, seien auf Wohnungssuche – nach 12 Jahren Paris. Er schließt:»Ich hoffe, die Dinge bessern sich bald.« (9.10.1931)

GÜNTER GRASS:»Gen Harzburg, gen Braunschweig hieß die Parole . . .«« (›Mein Jahrhundert‹)

JAMES JOYCE:»Zu meiner großen Erleichterung stelle ich fest, von dem Buch ist viel mehr geschafft als gedacht. [Philippe] Soupault, der auf Vortragsreise in den U.S.A. war, erzählte mir gestern, die Regierung hätte keine Chance in einem Verfahren gegen ›Ulysses‹.« (an Weaver, 27.10.1931)

SYLVIA BEACH: Ich soll ihn anrufen, Donnerstagmorgen, wegen der Ausgabe für Kontinentaleuropa, die die Albatross Modern Library von ›Dubliners‹ bringen will. (Joyce an Beach, 11.11.1931)

JAMES JOYCE:»Um 8.30 am Dienstagabend hält Harold Nicolson in Radio London einen Vortrag über mich.« (an Weaver, 21.11.1931) –

HARRIET SHAW WEAVER: Ihm zu Ehren hat Monnier ein großes Diner gegeben, zum Abhören der Radioübertragung. Nicolson war pünktlich auf Sendung, um zu sagen, er werde nicht vortragen. (Joyce an Weaver, 27.11.1931) – JAMES JOYCE:»Nach drei Wochen Gerangel wurde H.N.s Vortrag gesendet. [...] Er sprach 40 Minuten, zitierte aus ›Ulysses‹ und legte die ›A.L.P.‹-Schallplatte auf. Er trat für die Abschaffung amtlicher Zensoren ein [...].« (an Weaver, 7.12.1931) Noch heute gibt es diese Aufnahme mit dem singend-lesenden Joyce, dessen bewegliche Tenorstimme sich vor leichtem Rauschen als gute Anleitung zur eigenen Lektüre von ›Finnegans Wake‹ anbietet. Manchmal hört man ihn fast lächeln.

ADRIENNE MONNIER:»Ich erlaube mir, Ihnen über eine Sache zu schreiben, der Sie, ich weiß, ohne jede Sympathie gegenüberstehen [...]/ Es handelt sich um den Raubdruck des ›Ulysses‹ von James Joyce.« (an Paul Claudel, 16.12.1931) – JAMES JOYCE:»Claudel muß sich von etwas weg bekehrt haben. Er hat jedenfalls die Neutralität, so scheint es, eines Bekehrten, nicht eines Menschen, der in dem Geschäft geboren und aufgewachsen ist.« Er fügt im P.S. an:»In ›Living Authors‹ sagt Nicolson, daß er der Enkel von Archibald Hamilton Rowan ist, dem irischen Führer (von dem Richard Rowan und Archie in ›Exiles‹ ihre Namen haben)«. (an Beach, 19.12.1931)

Thomas MacGreevy kennt Victor Bérard persönlich, den Autor des Buches über die ›Odyssee‹, nach dem Joyce die Ereignisse in ›Ulysses‹ angeordnet hatte. Ein Treffen, das zu vereinbaren Bérard und Joyce MacGreevy gebeten hatten, kommt nie zustande. So erweist Joyce dem toten Wissenschaftler beim Requiem in St. Dominique seine Reverenz.

THOMAS MACGREEVY:»Hatte nicht die Gattin eines Concierge in der Wohnung eines Freundes vermutet, ob Monsieur Zhoy-isse für seine Landsleute das sei, was Victor Hugo für die Franzosen sei? Joyce gab diese Bemerkung mit sichtlichem Vergnügen wieder.«

EZRA POUND:»Lieber Jhayzus Aloysius Chysostum/ Jahreszeitliche Grüße an Dich und Deiner Frau'n und Abkömmlinge, ob legitim oder illegitim«. (an Joyce, 21.12.1931)

JAMES JOYCE:»Mein Vater lebensgefährlich erkrankt Drumcondra Hospital. [...] Alle Kosten auf mich.« (an Dr. Kenneth Reddin, 27.12.1931)

PAUL CLAUDEL:»Der ›Ulysses‹ wird in Amerika als pornographisches Werk betrachtet [...]./ Der ›Ulysses‹ wie ›A Portrait‹ sind voller schändlicher Gotteslästereien, bei denen man den ganzen Haß eines Abtrünnigen spürt – im übrigen geschlagen vom Fehlen einer wahrhaft teuflischen Begabung.« (an Monnier, 28.12.1931)

GEORGE MOORE: »Hätte ich auch das Motiv [der Wäscherinnen in ›Anna Livia Plurabelle‹ als Verkörperungen des Flusses] selbst entdekken können, ich wäre gleichwohl unfähig gewesen, die Seiten so gut zu schreiben wie Colum [Colm].« (an Magee, 29.12.1931)

THOMAS MACGREEVY: »Am Tag, als sein Vater starb, ging ich zum Hotel Bassano in Passy, wo sie seit dem Auszug am Square Robiac gewohnt hatten. [...] Joyce hielt sich ganz gut. Nora war still. Dann war es Zeit zu gehen. Es war auch Zeit für ihn, um seinen Termin [mit einem italienischen Komponisten] einzuhalten. [...] Wir sprachen kaum während der Fahrt. Am Eingang zur Metrostation Trocadéro indes sagte Joyce: ›Gehen Sie noch nicht.‹ Ich wartete. Er begann zu reden, brach aber dann plötzlich zusammen. Er weinte, weinte, weinte: mehrere Minuten lang. [...] Bald darauf bat er um Vergebung, redete sich eine Minute oder zwei zurück zur Normalität und ließ mich meiner Wege gehen [...], und er fuhr weiter zu seinem Termin am Rond Point des Champs Élysées.« – JAMES JOYCE: »Lieber Curran : [...] Ich will Ihnen einen langen Brief schreiben, bin aber noch zu geschwächt.« (2.1.1932) – HARRIET SHAW WEAVER: Vom Vater hat er dessen Ahnenporträts, gut, eine Weste, na ja, seine Tenorstimme und eine »extravagante Neigung zur Freizügigkeit (der jedoch der Großteil jeglicher Begabungen, die mir eigen sein mögen, entspringt)«. Mehr als durch den Tod getroffen glaubt er sich durch »Selbstanklage«. (Joyce an Weaver, 17.1.1932) *Wie anno 1904 gegenüber Nora.*

JAMES JOYCE: »P.S. Ich vergaß zu sagen, Jolas bringt eine Nummer von ›Transition‹ mit einem Angriff auf Goethe (dessen 100. Todestag in dies Jahr fällt) und einer Hommage an mich. Außerstande, das zu stoppen, stellte ich die Bedingung, es sollten ein Porträt von G. und eine französische Karikatur von mir eingefügt werden.« (an Weaver, 28.1.1932) Die Joyce als großes Fragezeichen über dem Erdball stilisierende Karikatur César Abins ist tatsächlich abgedruckt worden.

STANISLAUS JOYCE: Gratulation dem Großvater. (15.2.1932)

T. S. ELIOT: Joyce will keine Episoden von ›Ulysses‹ im ›Criterion Miscellany‹. Der Roman habe Anfang, Mitte und Ende und solle so geboten werden. ›Work in Progress‹ habe weder Anfang noch Ende. (Joyce an Eliot, 22.2.1932)

THE NEW STATESMAN AND NATION: »In diesem bemerkenswerten Dokument gibt Mr. James Joyce Impressionen seines Freundes Mr. Sullivan von der Pariser Oper in mehreren führenden Rollen wieder. Viele kompetente Kritiker betrachten Mr. Sullivan als den außerordentlichsten dramatischen Tenor, dem Europa im letzten halben Jahrhundert sein Ohr geschenkt hat. Mr. Joyce beklagt, daß Mr. Sullivan in England ›dem Bann unterliege‹ oder zumindest unbekannt sei. Die hier abgedruckten Betrachtungen wurden Mr. Sullivan in einem Brief von Mr. Joyce zugesandt, nachdem der Sänger in Marseille infolge einer erstaunlichen Vorstellung im ›Wilhelm Tell‹ von Bewunderern auf den Schultern getragen worden war. Andere ähnliche Dokumente sind nicht bekannt, keine Briefe, verfaßt im Tone intensiver Bewunderung und sardonischem Geplänkel, sagen wir, von Manzoni an Rubini oder von Flaubert an Gilbert Duprez oder von Ibsen an die schwedische Nachtigall. Liebhaber der großen Oper werden die opernhaften Situationen und Phrasierungen erkennen, mit denen der Text gespickt ist und hinter den Masken ihrer Vornamen die im Schlußquartett auftretenden Diven erkennen. Das Dokument, das der Sänger uns freundlicherweise zur Verfügung gestellt hat, wird mit Mr. Joyces Erlaubnis publiziert.« (27.2.1932)

STUART GILBERT: Seit November 1931 sind Joyce und Beach getrennt. Der Keil ist Geld: die Rechte an ›Ulysses‹ in den USA, die Verteilung des Honorars für die am 1. Mai 1931 erschienene Übersetzung von ›Anna Livia Plurabelle‹ ins Französische. Beach hat ihn am Telephon wohl »einen Lügner« geheißen, was die Entourage, angeheizt von Madame Jolas, in Wut versetzte. (26.3.1932) In New York und Paris überbieten neue Parteigänger einander in der Unterstützung Joyces – »der jedes Gespräch mit Sylvia Beach ablehnt[.]. Sein eherner Grundsatz ist – niemals selbst handeln, nach außen ›Zurückhaltung‹ pflegen und Strippen ziehen«. Zum 50. Geburtstag folgte man Madame Jolas' Einladung, und Joyce schickte Beach ein Geschenk. (26.4.1932) Beach annulliert, so Gilbert am 3. Mai, den Kontrakt mit Joyce, der bald in New York den Wunschverlag findet – der Verleger ist wie Huebsch Jude, was dem Ehepaar Colm und Gilbert missfällt. Sie befürchten Nachteile. Nach einer Szene Lucias Mitte April am Bahnhof wird die geplante England-Reise storniert. In scho-

nungsloser Zergliederung der Familie als »leere« Leben führend, nur
an Oberflächlichem interessiert, selten »Freunde findend«, wird Gilbert zum psychologischen Kritiker der Joyce. »Auch [Joyce] schafft es
nicht, sich zu ausdauerndem Arbeiten oder zum Anknüpfen von
Freundschaften um der Freundschaft willen anzuhalten. Daher die
Sullivan-Kampagne, die Anti-Beach-Kampagne.« Harte Worte, die von
Gilberts Distanz zur permanenten Selbststilisierung zeugen, aber
auch von eigener Ent-Täuschung. Gleichwohl bleibt er dem Ehepaar
Joyce zu Diensten, wenn, wie am Himmelfahrtstag, Nora genug hat
von James' Trunk- und Verschwendungssucht und beider Nomaden-
leben und mit Trennung und Auszug droht.

Stuart Gilbert: »Joyce kehrt [ins Hotelzimmer] zurück, sitzt zu-
sammengekauert, niedergeschlagen auf einem Sessel. Sagt, er kann
nicht allein klarkommen, braucht sie dringend.« Nora macht ihn für
alles haftbar. Abends ruft Gilbert an: »Mrs. Joyce hebt ab, sagt, sie
habe ›wieder nachgegeben‹.« (6.5.1932)

James Stephens: Joyce hat mein Gedicht ins Deutsche, Lateinische, Norwegische, Italienische und Französische übersetzt, ich soll
das Irische anfügen, mit dem Englischen »einen Regenbogen zu bilden, den wir in unserem 50. Jahr in einer Broschüre uns gegenseitig
schenken werden.« (Joyce an Stephens, 7.5.1932) – James Joyce: »Der
Wind stand auf, ließ los einen Schrei,/Pfiff mit den Fingern schrill dabei«. (an Stephens, 7.5.1932) Erneut sieht er Sinn in der Zahl Sieben.

Gehässig und missgünstig eingestellt, beschreibt Gilbert ausführlich
Lucias Leiden. Er hält sie für eingebildet krank:

Stuart Gilbert: »Das typische Mädchen: auf sich gestellt und
sich mit aller Selbstsüchtigkeit entwickelnd. Es ist absurd zu sagen,
sie habe nie eine Chance gehabt; sie hatte alle Chancen.« Auch die Eltern bekommen ihr Fett ab: »Schweigen, Verbannung und List‹ sind
[Joyces] Spezialität, denn (wie er weiß), ist Schweigen die schlagend-
ste Form des Exhibitionismus, und ›Verbannung‹ in Frankreich der
höchste Luxus für einen Schriftsteller; dem Land, wo man jeden noch
so geringen *littérateur* als ›cher maître‹ tituliert.« (24.5.1932) Wie
recht Gilbert hat, denn am 19. Januar 1905 schon hatte Joyce gegenüber Stanislaus von Paris als seinem, vor allem aber Noras Traumziel
geschrieben. – James Joyce: »Teurer Monsieur Dujardin: Die Dinge
stehen nicht gut. Man hat sogar die totale Isolation meiner Tochter
vorgeschlagen. [...]/ Ich will nicht, daß man über die Sache allzu viel

spricht, aber unter den Umständen kann ich morgen Abend zum Diner absolut nicht Leuten begegnen und mit ihnen plaudern. [...]/ [...] Ich werde im Geiste da sein [...]. (26.6.1932)«

Gilbert erzählt von mehr oder minder farcenhaften Episoden aus Lucias Liebesleben – sie soll Beckett mit einem Nachtmahl aus eigener Küche verschreckt und einen Verlobten bei einem Anlass aus den Augen verloren haben – und von ihrem Leidensweg, etwa die Idee, einen Nervenarzt zu bestellen, der angeblich Mrs. Colum untersuchen soll, tatsächlich während deren kurzfristiger Entfernung aus dem Zimmer Lucia selbst betrachtet und feststellt, sie müsse beobachtet werden: »in einer der von ihm erwähnten Einrichtungen. Kostspielige Orte, natürlich; J.J.s Bereitschaft, zu viel zu zahlen, ist rührend, und wer ihm etwas verkauft, begegnet wohlwollend diesem Begehr.« (9.7.1932)

JAMES JOYCE: »Retina und Sehnerv waren normal, als [Prof. Vogt] sie im November 1930 sah, sind es jetzt aber nicht.« (an Léon, 12.7.1932)

Sarkastisch das Aufhebens um Lucia als viel Lärm um Selbstdarstellungssucht und Lebenswahnsinn schildernd, betrachtet Gilbert Joyces Entscheid gegen einen Ruheaufenthalt: »Statt dessen arrangiert er eine Reise für sie, begleitet von ihrer Krankenschwester, nach Feldkirch, Tirol, wo Familie Jolas zur Sommerfrische weilt.« (20.7.1932) Die Reise nach dem Grenzort, wo Joyce 1915 beinahe festgehalten worden wäre, bringt Erholung und Erinnerungen, aber keine Entwarnung für Lucia.

ALF BERGAN: Wie der Vater, so der Sohn, bei Joyce gibt es nur unendliche Geschichten. Freundlich schreibt er ja, der James, aber nun soll ich ihm einen Kostenvoranschlag für den Grabstein schicken. (Joyce an Bergan, 5.8.1932) Nach Ausfällen gegen Amerikanerinnen in Europa formuliert Gilbert passend zu Joyces momentanem Anliegen »eine Grabinschrift für einen großen Iren: Ich kam, sah und winselte.« (19.8.1932)

»EZRA POUND: Was sind die wichtigsten Qualitäten eines Prosaautors? – FORD MADOX FORD: Was heißt das, ›Prosaautor‹? Ist der Verfasser des Code Napoléon gemeint oder des Hohen Lieds der Liebe? – POUND: Sagen wir, ein Romancier. – FORD: *(Gequält)* Oh, Sakrament! Sagen wir, mit philosophischer Grundierung, einem Wissen über die Wortwurzeln, die Bedeutung der Worte. – POUND: Was sollte ein junger Prosaautor als erstes tun? – FORD: *(Ob der Befragung immer verärgerter)* Seine Zähne putzen. – POUND: *(Ironisch gelassen, heiter großsprecherisch)* Im ungeheuren Fundus kritischer Schriften des berühmten, eben interviewten Kritikers *(Wechsel im Tonfall)*... Sie haben Autor auf Autor gepriesen ohne offenkundige Unterscheidung *(das Wort ›offenkundig‹ fast zornig betonend)*. Gibt es überhaupt welche? – FORD: Es gibt authentische Autoren und imitierende Autoren; es gibt keine Unterschiede zwischen den authentischen.« (›Il Mare‹, 20.8.1932) Pound hat Joyce nicht ins Spiel gebracht, schade, denn der Ire war im Sommer 1932 wie etliche andere Modernisten bereitwillig Fords Aufruf gefolgt, Pounds neue Verse, ›A Draft of XXX Cantos‹ – ähnlich ›Work in Progress‹ ein experimentelles, vielsprachiges Werk – mit einer Stellungnahme zu stützen.

ALF BERGAN: Da haben wir den Salat, mich hat er in den ›Ulysses‹ gebracht. Immer höflich bleiben, sein Vater ist tot, nur für ihn tu ich's. Also, er will's in weißem Marmor haben, wenn nichts dagegen spricht – wie gewählt er sich ausdrückt! (Joyce an Bergan, Ende August 1932)

W. B. YEATS: »Mein lieber Joyce, Bernard Shaw und ich sind gerade mit der Gründung einer Akademie irischer Literaten befaßt [...]. Natürlich war Ihr Name der erste, der Shaw und mir gleichermaßen wesentlich erschien [...].« (2.9.1932)

HARRIET SHAW WEAVER: Nun also doch! Die Albatross Press hat Joyce bombardiert, wie er sagt: brieflich, mit Telegrammen und Telephonaten quer durch Europa, gleichgültig, was in den USA geschieht. Miss Beach bleibt auch nichts erspart. (Joyce an Weaver, 22.9.1932)

JAMES JOYCE: »Lieber Yeats: Vielen Dank für Ihren Brief [...]. Bitte übermitteln Sie meinen Dank auch Mr. Shaw, dem ich nie begegnet bin. [...] ich spüre ganz deutlich, daß ich keinerlei Recht habe, mich als Mitglied [der Akademie] zu nominieren.« (5.10.1932)

Bei Bernhard Tauchnitz, Leipzig, erscheint in der Herstellung von Obraldruck Brandstetter, ebendort: ›Anthology of Modern English Poetry‹, ausgewählt von Levin L. Schücking, einem Vorkriegsfreund Ford Madox Fords. Alphabetisch geordnet, birgt der Band Gedichte von u. a. Padraic Col(u)m, Lord Alfred Douglas, Ford Madox Hueffer, James Joyce, D. H. Lawrence, Ezra Pound, Æ (George Russell), James Stephens mit dem just von Joyce vielfach übersetzten ›Stephen's Green‹, W. B. Yeats, mithin etlichen Wegbegleitern Joyces.

GEORG GOYERT: Herr Borach bat mich, meine Briefe an Sie auf der Maschine zu schreiben, was mir zuwider ist, aber ich verstehe Ihr Problem. Sobald ich ›ALP‹ beendet habe, möchte ich mich an ›Tales Told of Shem and Shau‹ versuchen. Schade, daß ich an den Treffen des Pariser Kollektivs nicht teilnehmen konnte. (an Joyce, 16.10.1932) – JAMES JOYCE: »Aber gewiß haben Sie ›A.L.P.‹ noch nicht beendet, oder? [...] Gibt es eine Chance auf Ihren Besuch in Paris.« (an Goyert, 22.10.1932) – GEORG GOYERT: Ich bin nicht fertig und werde Herrn Brody nach einem Exemplar von ›Tales Told of Shem and Shaun‹ fragen, da ja »all [Ihre] Bücher verpackt« sind. (an Joyce, 26.10.1932)

HARRIET SHAW WEAVER: Das Pfund fällt und fällt. (Joyce an Weaver, 29.10.1932)

JAMES JOYCE: »Ich traf einen uralten Schreiberling,/Als ich der Piraten See durchpflügte,/Seine Segel hingen schlaff bei Null Komma Null,/Keinen Wind konnt' er machen nicht.//Der Bann von [John Bull], das Zeichen von [Uncle] Sam/Brannten hellrot auf seiner Stirn.« (›A Portrait of the Artist as an Ancient Mariner‹; über die Missgeschicke des Buches ›Ulysses‹ in internationalen Gewässern)

STUART GILBERT: »J.J. scheint unberührt ob des Pfundverfalls [...] Er hat die ›Ulysses‹-Rechte an Albatross verkauft, und sie haben ihm einen fetten Vorschuß gezahlt.« Ich finde Lucia »neurotisch« und »vor allem an ihrem eigenen Image interessiert«, während fast alle anderen daran arbeiten, sie erneut unter Beobachtung zu stellen. (5.11.1932)

JAMES JOYCE: »Liebe Miss Weaver: [...] Keine Spur von dem MS. [...] Ich habe die vier letzten Seiten aus dem Gedächtnis getippt und werde morgen mit den Notizen wieder von vorne beginnen – mit welcher Gelassenheit können Sie sich vorstellen. Leider kann S[tuart] G[ilbert] mir nicht helfen. Die Albatross Press lieferte ihm den kompletten gedruckten Text des ›Ulysses‹ (etwa 900 S.) gestern ins Haus, und er muß ihn prüfen. [Das Buch] erscheint am 1. Dezember. Faber and Faber bringen zu Weihnachten ›The Mookse‹ und ›The Ondt‹ – ›2 Tales of Shem and Shaun‹.« (11.11.1932)

STEFAN ZWEIG: »Man muß sich [politisch] zu verweigern wissen, und ich erlerne diese schwierige, aber notwendige Kunst.« (an Romain Rolland, 11.11.1932)

JAMES JOYCE: »Aus dunkler Vergangenheit/Ein Kind ist gebor'n.« (›Ecce Puer‹, ›New Republic‹, 30.11.1932)

PAUL LÉON: »Liebe Miss Weaver, erneut schreibe ich Ihnen zu einem Thema, das Mr. Joyce sich außerstande fühlt, selbst zu behandeln [...]. Es geht darum, daß er den monatlichen Ausgaben mit den monatlichen Einnahmen nicht begegnen kann. [...] Die Odyssey-Ausgabe von ›Ulysses‹ scheint einen großen Personenkreis erreicht zu haben. Mr. Pinker hat [Mr. Joyce] eben von einem Angebot für die italienische Übersetzung des ›Ulysses‹ geschrieben, auch hat er ein weiteres für eine spanische Übersetzung erhalten – die dann den südamerikanischen Markt erreichen soll. Mr. Joyces Beziehungen zum Odéon-Quartier sind sehr gut.« (4.1.1933)

JAMES JOYCE: »Oh, einsamer Vater/Vergib deinem Sohn.« (›Ecce Puer‹, ›The Criterion‹, Januar 1933)

MYRSINE MOSCHOS: »Liebe Miss Weaver: Mr. Joyce dankt Ihnen vielmals für den Kranz, den Sie zu Mr. Moores Begräbnis schickten – aber er wurde in keiner Londoner Zeitung, die er sah, erwähnt. Mr. Joyce war sehr verärgert, denn dieses eine Mal wollte er seinen Namen erscheinen sehen. [...] Er sagt, die ganze Sache sei ihm ein Rätsel: nicht ein einziger von des verblichenen Mr. Moores literarischen Kollegen in England oder Freunden in Irland sei vertreten oder anwesend gewesen.« (29.1.1933)

Louis Gillet nennt etliche Namen und Orte und Affären aus dem politischen Leben der dreißiger Jahre, die er in Joyces Gegenwart niemals gehört habe: eben auch nicht den des jungen Reporter-Romanciers Georges Simenon, 1922 aus Lüttich in Paris angelangt, der 1933 für die Leser notiert: »Ich bin Hitler zweimal im Kaiserhof begegnet.« Genauer gesagt, am 30. Januar, dem Tag der Machtübernahme, als der junge ungarische Koch George Tabori Hitler die Menge grüßen sieht: einsam. Gegen Fehleinschätzungen nicht gefeit, sagt Simenon weder die Nazi-Diktatur voraus, noch findet er aus der Stavisky-Affäre Anfang 1934 schadlos heraus, als er meint, in einem Mordfall selbst Kommissar Maigret spielen zu können: eines jener von Gillet erwähnten, die Dritte Republik erschütternden Ereignisse, die Joyce wohl unberührt lassen.

JAMES JOYCE: »Ich wollte nur [Moores] Andenken Tribut zollen; vielleicht können Sie mich aufklären.« (an Magee, 6.2.1933)

EUGÈNE JOLAS: »Das prinzipielle Kriterium für ein Genie ist die Fähigkeit zur Konstruktion einer mythologischen Welt. [...] Im Fragment, das in dieser Nummer von ›transition‹ veröffentlicht wird, legt

[Joyce] die moderne Saga von der frühen Kindheit der Menschheit vor. [...] In die mythologische Textur verwebt der Autor manchmal Fetzen autobiographischen Materials, besonders auf die Tragödie des Exils anspielend. [...] In dieser Passage von ›Work in Progress‹ kehrt der Autor erneut zu Vicos zyklischer Geschichtsauffassung zurück. ›The same renew‹.« Schliemann und Freud lassen grüßen.

RUDOLF HENTZE:»Auch die Menschen des ›Ulysses‹, besonders Bloom, haben etwas Kindhaft-Passives behalten; sie haben ihre Urinstinkte nicht verdecken lassen.«

GÜNTER GRASS:»[S]chon vor Monaten hatte ich einen Teil jener Bilder nach Amsterdam ausgelagert, die angesichts der zu erahnenden Machtergreifung als besonders anrüchig zu gelten hatten, mehrere Kirchner, Pechstein, Nolde usw.« – FORD MADOX FORD:»Zufällig wechselte ich ein paar Worte mit einem Engländer in einem kleinen Hotel am Rhein. [...] Er war Gast der Berliner Kommunisten gewesen und hatte in jener Stadt fast nur in den Heimen von Arbeitslosen gewohnt. Er sagte, die Bedingungen für die Berliner Beschäftigungslosen seien unvergleichlich besser als für einen arbeitenden Mann in Manchester [...]. [...] aus ihrem Arbeitslosengeld hätten sie ihm ausgezeichnete Gastfreundschaft geboten. Ihre Hauptsorge sei die Angst vor den Nazis. Mehrere Male hätten sie die ganze Nacht bewaffnet dagesessen, einen Überfall von Mr. Hitlers Parteigängern erwartend.«

Am 10.5.1933 finden in Deutschland und Salzburg, Zweigs Wohnort, Bücherverbrennungen statt. Ob Joyce dies Faktum aus der Festspielstadt erfuhr, ist unbekannt.

JAMES JOYCE:»Lieber Larbaud: [...] Ich nehme an, Sie wissen, Miss B. ist nicht mehr meine Verlegerin. Die Albatross Press hat ›Ulysses‹ übernommen und geht mit einem großen internationalen Verkauf in die 13. Auflage.« (4.5.1933)

DANIEL BRODY: Sende Ihnen Grüße anläßlich des Bloomsday. Obwohl ausgezeichnet, was auch Freunde bestätigen, wird die Übersetzung von ›Anna Livia Plurabelle‹ unter den gegebenen Umständen nicht zu veröffentlichen sein, hoffe aber, das möge in absehbarer Zukunft der Fall sein. (an Joyce, 14.6.1933)

GEORG GOYERT: Ich danke für die Arbeit und Mühe, die Sie und das Kollektiv bei der Bearbeitung meiner Übersetzung von ›Anna Livia Plurabelle‹ auf sich genommen haben. Ich habe gehört, Sie seien

in Zürich gewesen, und der Prof. habe sich wohl zufrieden mit Ihren
Augen gezeigt. (an Joyce, 3.7.1933)

PAUL LÉON: »Liebe Miss Weaver, ich fühle mich sehr schuldig,
Ihnen nicht früher geschrieben zu haben, aber auch wegen Mr. Joyces mißtrauischer Haltung Ihnen gegenüber finde ich es sehr schwer,
Ihnen ein korrektes Bild der Situation zu geben, die fast von Stunde
zu Stunde variiert und tatsächlich von Tag zu Tag [. . .]. Trotz der allgemeinen Panik im Finanzsektor und dem Alarmzustand hierzulande, verursacht durch die Ereignisse jenseits des Rheins, scheint
Mr. Joyce entschlossen, eine unmöblierte Wohnung zu nehmen als
einziges Mittel, sein lange vernachlässigtes Buch zu vollenden, was
ihm, wie ich glaube, nur unter behaglichen und wohnlichen Bedingungen gelingen kann, umgeben von seinen Büchern, die derzeit auf
drei oder vier Orte in zwei Ländern verstreut sind.« (23.9.1933)

JAMES JOYCE: »Lieber Stannie: Danke für die beiden Bücher. Ich
habe hier und da mal in ›G[ente] di D[ublino]‹ hineingeschaut. Ich
wollte sie primär für die Akten. Sie haben mir den gleichen Streich gespielt wie Roth und die Japaner (20.000 Exemplare von ›Ulysses‹ auf
Japanisch verkauft in Japan in 6 Monaten): Aber man kann nichts
unternehmen. Sagt der Anwalt in Tokio.« (18.10.1933)

JOSEPH ROTH: »[Romain] Rolland hat Recht. Unter gar keinen Umständen darf ein aufrechter Mensch die ›Politik‹ fürchten. Wir haben
ganz große Beispiele in der Literatur. Es ist ein Hochmut, olympischer
sein zu wollen, als Hugo und Zola. [. . .] überlassen Sie den törichten
Respekt vor der ›Macht‹, der Zahl, den 60 Millionen, den dummen
Hendersons und Macdonalds, den Sozialisten, den Politikern der
Pleite.« (an Stefan Zweig, 7.11.1933)

PAUL LÉON: »Offenkundig wird ein Sieg im amerikanischen Gerichtsverfahren ein starker Trumpf in unserer Hand sein, aber ich
denke, auch unabhängig davon sollte etwas in England getan werden. Aus den Pressenotizen zu L[ouis] Goldings Buch [›James Joyce‹]
werden Sie ersehen, wie, unabhängig von uns, die öffentliche Meinung vorbereitet wird.« (an Frank Vigor Morely, Direktor von Faber
and Faber, 19.11.1933)

PAUL LÉON: »Lieber Mr. Gorman, Mr. Joyce [. . .] wird vom amerikanischen Verleger bestürmt, eine Tafel in die amerikanische Ausgabe
des ›Ulysses‹ aufzunehmen, die er vor elf Jahren erarbeitet hatte, um
die Parallelepisoden von ›Ulysses‹ und der ›Odyssee‹ zu zeigen. Diese

Tafel [...] hatte absolut privaten Charakter und war nicht zur Publikation gedacht, am allerwenigsten als Zusatz oder Deutung des Textes. Sie war Ihnen vertraulich mitgeteilt worden, und niemand in Amerika wußte von ihrer Existenz, zumindest nicht in Verlagskreisen.« (22.11.1933) Gorman hatte nicht geplaudert, aber der Schaden war geschehen, schließlich hatte Joyce sie privat immer mal wieder herausgerückt.

›Ulysses‹ endlich veröffentlicht in den Vereinigten Staaten

Die erste amerikanische Ausgabe des Romans markiert das Ende einer Odyssee. Als Vorspann des Dokumentes, worin die kritische Debatte gipfelt, die von Joyces Anhängern wie von den Verteidigern konventioneller Moral geführt worden war, dienen drei Texte. Bei chronologischer Lektüre helfen sie zum Verständnis dieser wichtigen Etappe auf der Reise des Romans.

Am 2. April 1932 richtet Joyce einen Brief an Mr. Bennett A. Cerf, einen jungen jüdischen Verleger in New York, den er über Robert Kastor, den Bruder seiner Schwiegertochter Helen, kennengelernt hatte. So hebt abermals an das Rollenspiel, bei dem Joyce den Text vom vernachlässigten Autor wiederholt, dessen Werk, kaum gedruckt, sogleich vom Zensor verboten werde. Er hält sich für einen Heros der Literatur, der von eigenen Leiden und Krankheiten andeutungsweise schreibt und die Bemühungen anderer hoch einschätzt, seien es Amerikaner wie Mr. Pound und die Verlegerin Miss Beach, seien es Franzosen wie der Drucker Darantiere in Dijon.

Auch glaubt Joyce Cerf zeigen zu müssen, dass Shakespeare and Company nicht nur ›Ulysses‹ herausgebracht hat. Trotz heutigen Wissens um Cerfs Erfolg bei der Publikation des Romans ist die mittelalterlich wirkende Höflichkeit Joyces bewundernswert, damit er in vielen Briefen um Hilfe wirbt bei dem Unterfangen, sein Werk, wie er es geschrieben, im Druck zu sehen: nun endlich auch in der Neuen Welt, die er zu Lebzeiten niemals sehen wollte.

Das zweite Dokument, länger und als Urteilsbegründung bei aller juristischer Präzision und Finesse so persönlich wie Joyces Brief, wird auf Anhieb zum *locus classicus* in dem Gebiet, wo Recht, Sprache und Literatur sich treffen. Am 6. Dezember 1933, gut ein Jahr nach der

Wahl von Präsident Franklin Delano Roosevelt und im gleichen historischen Moment, da ein anderer Richter zwölf Jahre Prohibition und eine Hausse der Kriminalität beendet, erklärt Richter James M. Woolsey Joyces Roman für zulässig. Man kann ›Ulysses‹ also einführen und drucken, um endlich die Authentizität dieses Werkes in Nordamerika abzusichern – neben dem künstlerischen, kulturellen und pädagogischen Prestige. Immerhin wird ›Ulysses‹ laut Morris Beja schon damals an amerikanischen Universitäten gelehrt, in Bibliotheken verwahrt: »Bann hin, Bann her«.

Woolsey war ein zu seinem Glück gezwungener Leser und hatte zugleich zum scharfsinnigen Kritiker des Romans zu werden: eine seines Erachtens waghalsige Aufgabe, da ihn die Lektüre viele Wochen kostete und er viele Bücher lesen musste, die er »Satelliten« des ›Ulysses‹ nennt (Abschnitt II).

Somit zum Planeten erklärt, erscheint der Roman im Spiegel der Geschichte seiner Veröffentlichung als in der Moderne wiedererstandene »chanson de geste« (Heldenlied), bei der Joyce nur zuschaut, während sein amerikanischer Anwalt Morris L. Ernst, Richter Woolsey und Verleger Cerf die Heroen sind. Ohne Vergleich mit dem Mittelalter hätte Woolsey die Schwierigkeiten kaum besser ausdrücken können als mit dem Hinweis, ein Schwurgericht wäre unfähig gewesen, eine befriedigende Lösung zu erarbeiten (Abschnitt I).

Woolsey verzweifelt mitnichten an der Aufgabe, denn aufgrund der literarischen Reputation des Romans hat ihm die Verteidigung ein Dossier Texte lobender wie tadelnder Natur geliefert. Um die Frage der Obszönität zu beurteilen, muss er im Text selbst Beweise für Joyces pornographische Intention finden. Bar jeden Wissens um die ästhetischen Notizen des jungen Joyce, gelingt es Woolsey, aufgrund des Romantextes jene 1903/1904 dort ausgedrückte klassische Theorie von der »Stasis« zu ermitteln, welche der modernen »Kinesis« vorzuziehen sei, was in ›Ulysses‹ noch immer gilt. Somit erklärt Woolsey den Roman für annehmbar. Also hat Joyce, der den frühen Auffassungen Treugebliebene, 1932 keinen Grund, seine Ästhetik explizit zu formulieren (Abschnitt III).

Woolsey, manchmal seine Vorlieben nennend, bezeugt seltenen kritischen Scharfsinn, indem er schon 1933 die jüngsten Erkenntnisse seinem Urteil einschreibt. Er hält ›Ulysses‹ für ein »seriöses Experiment«, dessen Originalität in dem Sinn bestehe, da es Joyce

gelinge, die Arbeitsweise des menschlichen Gewissens zu zeigen: mit
Blick auf die Eindrücke von außen und bezüglich jener, die aus der
Vergangenheit oder über die Einbildungskraft von innen einwirken.
Joyce, der den Leser sehen macht, steht im Mittelpunkt des Urteils,
und Woolsey sieht zu, die »Ehrlichkeit« zu unterstreichen, die hinter
dieser Technik stehe, welche den irischen Autor veranlasst habe, pla-
stische Ausdrücke zu wählen. In ihrer großen Mehrzahl seien dies
»alte angelsächsische Wörter, die jeder Mann kenne, und, sage ich,
auch viele Frauen«. Woolsey überrascht es mitnichten, wenn die
Kleinbürger Dublins Worte verwenden, die ein Vertreter sogenannt
tugendhafter Kreise amoralischem Vokabular zuordnete. Auch betont der Richter keltisches Lokalkolorit und die Jahreszeit – am 16. Juni
ist noch Frühling in Dublin – als natürliche Hinweise auf die regel-
mäßige und wiederholte Behandlung der Sexualität: ein Zeichen für
›Ulysses‹ als Klassiker, der den drei Einheiten des Ortes, der Zeit und
der Handlung gemäß aufgebaut sei: ein Zeichen zudem für die seit
dem Fall Oscar Wildes veränderte Stimmung. Insgesamt sei es eine
Geschmacksfrage, ob man dies Werk über Dublin 1904 akzeptiere,
und jedes literarische Urteil sei nur unter den von Joyce selbst ge-
stellten Bedingungen möglich (Abschnitt IV).

Die Absurdität, nicht den von Joyce in ›Ulysses‹ gesetzten Standard zugrunde zu legen, gilt auch für die Sprache, schreibt Woolsey,
der viele vorgeblich schmutzige Wörter gefunden hat, aber kein
einziges, das schmutzig sei um der Schmutzigkeit willen. Auch hier
erkennt der Richter den Roman als dem Wesen nach ein »Mosaik«,
ähnlich einem römischen Fußboden, den Tausende von vielfarbigen
Fliesen bilden, oder eben gleich einem mittelalterlichen Epos, »komponiert aus einem Ensemble von Manuskripten« (Éloïse Lièvre). Erstaunlich ist Woolseys Fähigkeit, den ›Ulysses‹ grundierenden Klassi-
zismus zu erkennen, das vom Titel her schon hybride Werk. Zuletzt
meint der amerikanische Richter, er benötige »objektivere« Kriterien,
um den Roman in den Vereinigten Staaten endgültig zuzulassen (Abschnitt V). Bis in geringfügige Einzelheiten Struktur und Ton der
Textsorte achtend, sucht Woolsey nun den Rat zweier Männer. Er hält
sie für Vertreter des »*homme moyen sensuel*« in Amerika und bittet sie
um Lektüre einer juristischen Definition des Obszönen mit Blick auf
ihr jeweiliges Verständnis des Romans, ohne ihnen seine eigene Ansicht mitzuteilen. Unabhängig voneinander eint sie der Schluss, eine

vollständige Lektüre von ›Ulysses‹ – und in solchem Fall sei nur das
angemessen – würde weder sexuelle Regungen noch wollüstige Gedanken auslösen. Das heißt so viel wie, dass Joyce, statt einer obszönen Intention zu folgen, vielmehr beabsichtigte, in machtvollen Worten das Innenleben seiner Protagonisten zu kommentieren. Abermals
sieht man hier den Einfluss der dem mittelalterlichen Epos abge-
schauten »tragischen Tonalität« auf ›Ulysses‹ (Lièvre). Bei der von Joyces literarischem Experiment ausgehenden Kraft, resümiert Woolsey,
kann man nicht umhin, die Einwände einer »sensiblen, wenn auch
normalen« Person zu akzeptieren. Schließlich lässt der Richter, dem
literarischen Rang des Romans Rechnung tragend, ›Ulysses‹ in den
Vereinigten Staaten zu (Abschnitt VI).

Das dritte Dokument, als erstes abgedruckt in der amerikanischen
Ausgabe des ›Ulysses‹ von 1934, stammt von Anwalt Morris L. Ernst,
der Richter Woolsey von der literarischen Qualität des Romans hatte
überzeugen können. Ernst betont das politische wie juristische Echo
dieses »*New Deal*« im Urheberrecht. Und in einer Skizze der Zensur in
den Vereinigten Staaten bis zum Urteil Woolseys zeigt er den Prozess
im Dienste von Freiheit und Literatur auf. Gleichzeitig mit ›Ulysses‹
befreit, bleibt der Alkohol dennoch eine gefährliche Droge. Und
Joyce, der nur mit Literatur und Wein leben mag, ahnte wohl, die Iren
in Amerika würden seinem Beispiel um so gewissenhafter folgen, als
sie beider so lange hatten entbehren müssen.

1934–1935

Das neue Jahr beginnt mit erneuten brieflichen Erkundungen, ob
nach dem New Yorker Urteil in England eine Veröffentlichung von
›Ulysses‹ möglich sei. Zum Ergebnis schreibt T. S. Eliot als Direktor
von Faber and Faber am 9. Januar an Joyce: Léon hatte Faber binnen
fünf Tagen um ein Vergleichsgebot zur Offerte von John Lane The
Bodley Head ersucht. Als vorsichtiger Rechner will Eliot zuwarten, bis
die öffentliche Meinung noch günstiger sei, und eine Option wahrnehmen, sollte der Rivale scheitern. Am 15. Januar erscheint in New
York die amerikanische Ausgabe und am 23. Februar in ›Les amis de
1914‹, 40, ein Fragment aus ›Work in Progress‹, darin die Erzähl-
stimme um Schlaf bettelt, in einer Stunde, bitte: »O Loud!« Vermischt

sind »loud« und »Lord«, laut und Gott. »Joyce à la Coupole«: Das lakonische Motto trägt am Boulevard Montparnasse eine Lesung aus
›Work in Progress‹ in Anwesenheit der internationalen Joyce-Entou-
rage. Rachel Behrendt, Aktrice, »perfekt bilingual«, von Joyce trainiert,
trägt vor, und »tatsächlich spürte man, über ihre perfekte Aussprache
der englischen Wörter hinaus, ihr Verständnis für die subtilere Fär-
bung der Sprache des ›Wake‹, die, wie wir wissen, einen eigenen Zau-
ber entfaltet.« (Maria Jolas 1975)

Inzwischen hatte in Salzburg eine Razzia stattgefunden, von der
Zweig an Rolland schreibt: »Vier Polizisten haben mein Schlafzimmer
durchwühlt, meine Schübe, um Handgranaten, Maschinengewehre
zu finden.« (nach dem 18. Februar) Im März kommentiert Huxley:
»Die jüngsten Ereignisse in Österreich geben zu unangenehmen Spekulationen über die Aussichten des Faschismus in England Anlaß.
Diese Aussichten sind offenkundig weniger gut, als sie zu Zeiten des
Aufstiegs von Hitler und [Ernst Rüdiger, Fürst von] Starhemberg in
Mitteleuropa waren. Das Kleinbürgertum Englands hat gelitten, aber
weit weniger gelitten als in Österreich und Deutschland.« Erst am 1.
April, während einer langen Autoreise mit Nora sowie René Bailly,
auch er einer Frau aus Galway angetraut, taucht Joyce nach der neuerlichen Einweisung Lucias in ein Sanatorium wieder auf. An Budgen
schreibt er aus Ventimiglia, der Grenzstadt an der italienischen Riviera, vor der Fahrt nach Monte Carlo. Drei Wochen später, zurück in
Paris, dankt er Madame Raphael für ihre »schnellen und ausgezeichneten Transkriptionen« seiner für ihn unleserlich gewordenen Notizbücher und berichtet Miss Weaver von Georges Borachs Tod. Der
Zürcher Freund war an der französischen Riviera im Wagen verun-
glückt. Man hat eben diese Stelle selbst passiert, und Joyce hat Nora
den Todesfall verschwiegen. Doch in Zürich erinnert sie an jeder Ecke
etwas an den Verstorbenen. Joyce resümiert schriftlich ein Leben, soweit er es kannte, betont, Borach habe ihn um 1930 gedrängt, Professor Vogt aufzusuchen (24. April). Gleichwohl verliert er eigene Belange nicht aus den Augen, fügt an, am 15. hätte Random House
bereits 33 000 Exemplare von ›Ulysses‹ verkauft, was die »irisch-
katholischen und puritanischen [Buch-]Prohibitionisten« enragiert
habe. Tags darauf berichtet er Budgen: Für Jacques-Émile Blanche
habe er posiert und den Schweizer Lyriker Blaise Cendrars getroffen,
und nach 2500 Straßenkilometern ziehe er doch die Eisenbahn vor.

Am 2. Mai klagt er über den hohen Preis für Budgens Buch zur Entstehung von ›Ulysses‹, das alle Leute nur interessant fänden, aber
nicht erwürben. Lucia teilt er am Monatsende mit, das Buch mit den
von ihr gezeichneten Initialen, ›The Mime of Mick, Nick and the Mag-
gies‹, dessen Schluss im Februar vorabgedruckt worden war, erscheine im Juni in den Niederlanden. Auch habe Giorgio seinen
»Rolls-Royce oder Jolls-Joyce« veräußert und er einen 1000-Franc-
Schein verloren, den die Dame aus dem vierten Stock wieder gefunden habe. Nun seien sie gar bei ihr zum Tee gewesen.

Familienbriefe, plaudernd an Lucia, sorgenvoll an Sohn und
Schwiegertochter oder von Musik handelnd, etwa Giorgios Sängerlaufbahn betreffend, wechseln ab mit geschäftlich motivierten Episteln an Weaver und Gillet, die lesen, welche Probleme es mit dem
niederländischen Verleger gibt oder einem Pariser Vermieter. Interessant für den Autor Joyce, der sich von Léon eine Abhandlung über
Bäume Irlands vorlesen lässt, ist der Satz, der älteste Baum auf der
Insel sei die Ulme in der Domäne von Howth Castle and Environs
(10. Juli), die in den ersten Zeilen von ›Finnegans Wake‹ auftaucht.
Ellmann merkt an, über die Ulme werde Anna Livia Plurabelle
mit dem Schloss Humphrey Chimpden Earwickers verbunden, würden mithin die Protagonisten des Romans eingangs sogleich benannt.

Aus Spa, Belgien, teilt Joyce Stanislaus die neue Pariser Adresse
Nr. 7, Rue Edmond Valentin, VIIè, mit, fragt nach dem Befinden von
Bruder und Schwägerin und wertet die Verzögerung des Berufungs-
verfahrens gegen ›Ulysses‹ in den USA als gutes Omen. Auch in England stehe die Veröffentlichung bevor. Dem Dubliner Glaser Thomas
W. Pugh, der seine Fotos von Schauplätzen des ›Ulysses‹ zur Repro-
duktion nach Amerika senden soll – »ich nehme an, das wird bezahlt
werden« –, bittet er, Henri Matisse bei dessen Illustrationen für die
Ausgabe des Limited Editions Club behilflich zu sein, etwa auch
durch eine aufzutreibende Dubliner Illustrierte von oder vor 1904
(6. August). Zwei Tage später ergeht mit 2:1 Stimmen in New York das
Urteil, der Roman sei weder ein »lüsternes noch ein unmoralisches
Buch«. Der Schwiegertochter gegenüber ist die Nachricht am 9. August nur zwei Zeilen wert; mehr schreibt Joyce über Becketts Ge-
schichtensammlung ›More Pricks than Kicks‹, darin eine Figur Lucia
heiße, aber der Tochter nicht ähnele: »Er hat Talent, denke ich.« Selbi-

gen Tags hat Joyce mit Henri Matisse telefoniert, mit dem er im September über die Radierungen reden will.

Aus Verviers, »eine Stunde im Zug oder so von Aachen, wo Karl der Große begraben liegt, und Köln«, meint James zu Stanislaus, er möge nicht die deutsche Grenze überqueren, und rät dem Bruder ab, seine Ferien in Österreich zu verbringen. Hitler-Deutschland nach Hindenburgs Tod und der Übernahme der totalen Macht durch den Reichskanzler sowie Schuschniggs Austrofaschismus schrecken ihn gleichermaßen. Geschäft und Gesundheit, ›Ulysses‹, ›Work in Progress‹ und Lucia, der es mitnichten besser geht, geben Joyce am 21. August die Themen vor im Grand Hôtel Brasseur, Luxembourg, »einem lieblichen, ruhigen, rosenzüchtenden Teil des alten dreckigen Europa«, den sie – wie Dublin – bald verlassen würden. In den USA ist ›Ulysses‹ um so erfolgreicher, als jede Überlegung, das Gerichtsverfahren noch bis zum Supreme Court zu führen, Schlagzeilen bringt. Aufregung um Lucias Zustand ist in der Familie Joyce gängig, doch ganz nutzlos (28. August), da jedes Wiedersehen in Tränen versinkt und Flüchen gegen die Ärzte. Dennoch hofft Joyce stoisch auf Heilung. Sein englischer Verleger, Allen Lane, sucht um Honorarminderung nach, da eine limitierte Edition zuerst kommen müsse, aber zu teuer sei, um die Vereinbarung einzuhalten, während eine unlimitierte Edition »verhängnisvoll wäre« (29. August).

Bevor Léon nach einem weiteren Briefwechsel antwortet, ist Joyce mit wechselnden Korrespondenten um Lucias Wohl besorgt, die nun am Übermaß weißer Blutkörperchen kranke (2. September). Die Ärzte testen, Joyce schreibt – auch um die Veröffentlichung der ›Lettrines‹ der Tochter bemüht (8. September) –, bevor er Weaver mit Vater- und Publikationsproblemen behelligt, ohne wirklich Hilfe zu erhoffen, dabei unwillkürlich den seelischen Kern von Lucias Leiden trifft: »Das arme Kind ist nur ein armes Mädchen, das zu viel versucht hat, zu viel verstehen wollte. Ihre Abhängigkeit von mir ist nun unbedingt, und alle Zuneigung, die sie jahrelang unterdrückte, ergießt sie über uns beide. Minerva möge mich leiten« (22. September). Ein Psychologe ohne die Kraft, Konsequenzen zu ziehen, ist Joyce als Autor indes imstande, mit Hilfe Léons zu verhandeln. Ralph Pinker, Sohn des Agenten, vermittelt die Verlagskontakte nach England und Amerika, so dass der Brief Léons vom 25. September wohlabgewogen klingt, in dem er von Allen Lane eine gesonderte Vergütung für signierte Exem-

plare fordert, in vorsichtigen Worten Honorar aus New York anmahnt
und eine Anfrage zur Übersetzung von ›Araby‹ ins Ungarische erwähnt.

Den Parodisten gibt Joyce am 16. Oktober gegenüber Giorgio und
Helen, denen er vom 30. Jahrestag seiner und Noras Hochzeit, das
heißt, der Ankunft in Zürich, schreibt, zu welchem Jubiläum er ein
Diner in der Kronenhalle gab. Sich selbst übertreffend, schildert er
den Kochvorgang mit »Maggi's Allerleigemüslisuppe«, einem neuen
Fertiggericht, das armen Leuten im akribisch imaginierten irisch-katholischen Milieu New Yorks gebühre, deren Obere, Priester wie Polizisten, Joyce trefflich auf Papier visualisiert: ohne ein Wort von Sorgen. Solche literarisch-irischer Natur kehren nur zu bald wieder, denn
Huebsch teilt er am 20. Oktober die Geschichte um Michael Lennon,
einen irischstämmigen Amerikaner, mit, der von Joyces Dubliner Verwandten vor der »britischen Militärpolizei« versteckt worden war, bevor er um ein »signiertes Exemplar von ›Ulysses‹« bat und später Frau
und Schwiegermutter durch Paris geleiten ließ, nun aber – als echter
Ire für Joyce ein Verräter – den Roman in einem amerikanischen Journal katholischer Couleur verrissen habe. Der Mythos des Odysseus
lebt in Joyces Briefen weiter!

Nur ein Vorgeschmack weiterer Unbill mit Pinker und Lane – die
er als keiner Antwort würdig verstößt –, ist diese Episode mit einem
undankbaren Kritiker gar nichts, gemessen am Auf und Ab mit Lucia.
Ihr Aufenthalt im Küsnachter Sanatorium, wo auch C. G. Jung wirkt,
bringt die Erkenntnis, Joyce selbst sei der »Übeltäter« – es sei denn,
man deutet zum Lachen anregende Dialoge der Eltern Joyce und der
mit Zweitem Gesicht versehenen Tochter als Galgenhumor (21. Oktober).

Die Sängerlaufbahn Giorgios im Auge behaltend, ermuntert Joyce
den Sohn, meidet Negatives aus Zürcher Psychiaterkreisen und
scherzt über die in den USA übliche Billard-Variante (29./30. Oktober). Im gleichen Ton wird Lucias Zweites Gesicht erwähnt als Hinweis auf den »ersten Artikel über mich in der irischen Presse seit
20 Jahren«, noch dazu einen wohlwollenden (20./21. November). Der
Oper bleibt Joyce treu, denn er will Ottorino Resphighis ›La Campana
Sommersa‹ (1927) hören – nach dem Märchen- und Traum-Drama
›Die versunkene Glocke‹ (1896) Gerhart Hauptmanns.

Ende November soll es nach Paris gehen, was Joyce beglückt, da er und Mme Jolas jede Menge zu tun haben werden mit Giorgios Umzug, wobei der parodistische Stil verklärt, ob Madame Jolas in »weißer Schürze« und Joyce »im Kricketdreß aus Flanell« nur anordnen oder auch anpacken werden, bevor er mit Adieuversen an Zürich schließt, auch das eine Parodie auf ein patriotisches Lied wie auf ›I hear an army‹: »Plumps! Ich hör die Koffer rumpeln/Und ich bin wild auf den Kampf.« (28. November)

Im Advent ermutigt Joyce hiobgleich den Sohn, der Händels Aria »Wie beb' ich vor Zorn«« aus dem Oratorium ›Saul‹ singen soll, dessen Protagonist stets Gift und Galle speie. Das tut Joyce selbst nicht, sondern nennt lakonisch den aus der Ferne veranlassten Umzug »quite a work in progress too«, eine endlose Geschichte (6. Dezember). Miss Weaver mit einem »Alles ruht im Westen« begrüßend, da ›Ulysses‹ nun keine juristischen Prozesse in den USA mehr drohen, schreibt Joyce von Jungs Behandlung Lucias. Er als Vater solle sich auslöschen: ergebnislos. Die Tochter traue nur ihm (17. Dezember). Man bleibt über die Feiertage am Zürichsee. Um so länger sind Briefe an Giorgio und Helen, auf Italienisch und um Sänger kreisend, Molyneux Palmer als besten Tonsetzer von ›Chamber Music‹ preisend (27. Dezember). Auch die Sehnsucht nach Irland, den toten Tenören dort, darunter Vater John Stanislaus, ist unstillbar (20., 24., 28. Dezember).

Ein briefträchtiges Jahr folgt, denn Joyce bezieht nach der Rückkehr aus Zürich und zehn Tagen in der Résidence Nr. 41, Avenue Pierre 1er de Serbie, am 11. Februar 1935 die Wohnung in Nr. 7, Rue Edmond Valentin, die er und Nora nur im September zu Hotelurlauben in Versailles und Fontainebleau verlassen. Dafür sind die Kinder durchweg außerhalb: Giorgio und Helen kommen erst am Jahresende aus Amerika zurück; Lucia ist im Sanatorium. Je sesshafter der sonst Ruhelose ist, um so dringender sucht er den Kontakt zu den Lieben und der Insel Irland. Giorgio und Helen sendet er am 8. Januar eine Karte mit dem Ansinnen, sie möchten »Joyce Country in County Galway« finden. Den Sohn deckt er mit Repertoirevorschlägen ein, etwa ›Lebendig Begraben‹, ein Solo für Bass und Orchester nach Gottfried Keller, gesetzt von Othmar Schoeck, »ein jungenhafter Zürcher Komponist um die 42«, den Strawinski und Antheil turmhoch überlegen, im Typ Beckett ähnelnd (15. Januar). Stets rührig, hat Joyce Freund Bernhard Fehr, den Anglisten, telefonisch angehalten, Schoecks Namenszug für Giorgios Exemplar der Partitur zu besor-

gen. Als Autor soll Joyce Kolumnentitel für 735 Seiten des Londoner
›Ulysses‹ verfassen: blanker Unsinn (18. Januar).

Die schon vor drei Dezennien in Pula begonnene geburtstägliche
Gratulationscour genießt Joyce zwar, aber Gilberts Vortrag am British
Institute und das Diner bei Fouquet trösten nicht über Lucias Los hinweg, der wieder eine Verlegung bevorsteht. Bei solcher Trauer über
die Jüngere geizt der Vater nicht mit Ratschlägen an Giorgio und
nennt auch Franz Werfel, der Verdis ›La Forza del Destino‹ als seriöse
Oper entdeckt habe. Offenbar kennt Joyce dessen biographischen
Roman (5. Februar). Haben manche Tonsetzer Joyces Sympathien,
der Amerikaner Antheil, »der berühmte Komponist, der jene großarti-
gen Opern ›Ulysses‹ und ›Cain‹ [nach Lord Byron und auf ›Work in
Progress‹ zu beziehen] schrieb« und nicht vollendete, hat sie sich
verscherzt, nachdem er mit einem Exemplar der irischen Melodien
P. W. Joyces stiften gegangen ist (18. Februar). Tags darauf berichtet er
Sohn und Schwiegertochter von Lucias Reise nach London: in Paris
hätten Erinnerungen und das Angesicht Becketts sie bedrängt. Unweit Weavers logiere sie, begleitet von Schwester Eileen, deren irisches Gehalt *er* zahle: auf unbestimmte Zeit. Irische Innenpolitik beschäftigt ihn mehr als Sylvia Beach, deren Aufgabe der Rechte an
›Ulysses‹ er sarkastisch als »großzügiges Opfer« beschreibt, als habe
er ihre prekäre Lage nie erkannt. Vielleicht weiß er von Janet Flanners
Ankündigung der Auktion von Joyceana bei Shakespeare and Company: »Für Autogrammjäger sind die 150 Unterschriften, manche mit
dazugehörigem Brief, zu dem ›Protest gegen den Raubdruck von
Ulysses‹ eine ungewöhnlich vollständige Auswahl moderner literarischer Größen von A bis Y, da Z fehlt [. . .].«

Lucia will nach Irland, aber sie braucht männliche Begleitung
(13., 16., ?17. März). Ihr Glück findet sie dort nicht, und am 28. bietet
Joyce ihr an, im Notfalle alles zu regeln. Loslassen fällt ihm schwer!
Auch erträgt er nicht, wenn Giorgio Repertoirevorschläge ablehnt, da
er Palmer unmelodiös und Schoeck zweitrangig finde. Mithin hat der
Sohn, so der Vater, »seinen musikalischen Verstand ob übereilten Auf-
bruchs in der Rue Huysmans zurückgelassen« (1. April). Nach so viel
Familie, die er gegenüber Weaver beklagt und entschuldigt, schimpft
Joyce über den britischen Verleger, dem er nur »sardonisch mißtrau-
isch« begegne, »in meiner elenden keltischen Seele«, mit dem er nur
über Léon verkehrt, der ihm telephonisch berichtet. Verachtung für

Britanniens Niederlage gegen »ein halbes Dutzend mit Kruzifixen bewaffneter Wilder« erfüllt ihn so mit Traurigkeit: auch über Irland, wohin Nora eventuell reisen will, was ihm ihre Rückkehr im Frühjahr 1922 während des irischen Bürgerkrieges ins Gedächtnis ruft: aus Angst vor Schüssen auf dem Boden des Eisenbahnwaggons liegend (7. April). Nichts davon ist *passé*, als er Weaver am 1. Mai abermals schreibt, sich allerorten zur »Minderheit von einer Person« stilisierend. Das gilt für ›Work in Progress‹, die Kampagne im Dienste des Tenors Sullivan, den Bass Giorgio Joyce, der in Amerika $ 35 verdient habe, aber auch mit Blick auf Lucia: »Ich kann die Dinge nicht mehr steuern.« Als böser Einfluss auf die Kinder verunglimpft, sei er nun ohne sie: was bringt es? Er antwortet nicht, schildert vielmehr düstere Vorahnungen wegen britischer und deutscher Politiker, mag gar mutmaßen, in Irland und den USA könnte »der Gashahn richtig aufgedreht werden«. Welche Ahnung, die der nach Korrekturen sehgeschwächte, unter Tränenfluss Leidende hier skizziert!

Freund Curran am 15. Beileid bekundend, dankt Joyce auch für Zuvorkommenheit gegen Lucia, der er am selben Tag zur »Kunst des Schwimmens« schreibt, diese schulde sie einem wassertüchtigen Ahn, nicht ihm, dem Naßscheuen. Einen literarischen Lichtblick, den lobpreisenden Artikel Robert Lynds, ›James Joyce and a New Kind of Fiction‹, sendet er ihr am 1. Juni. Persönlich erinnert er Lucia an eine sommerliche Gartenparty mit Lampions in Hampstead, bevor er Lynd als in Belfast gebürtig einführt, einer Stadt, »die jeder anständige Dubliner außer mir verachtet«. Lynd bespricht Joyces Schallplatte mit ›Anna Livia Plurabelle‹ als Zeugnis »des Werkes eines geborenen genialen Experimentators«, der, um vom Schluss an den Anfang zu springen, »als einziger Schriftsteller in englischer Sprache weltberühmt wurde nach Abfassung eines Buches, dessen Verkauf in England zwischenzeitlich verboten war«. Auch vergleicht Lynd Joyce mit Ibsen und erkennt in ›Anna Livia Plurabelle‹ »Andeutungen« statt »Bedeutungen«. Alles changiert, auch Giorgios Stimme, die Joyce auf Odysseus bringt, der so viele Inseln und Meere gesehen habe wie das Organ des Sohnes Register durchlaufe – bei anhaltender Erfolglosigkeit ein von schwarzem Humor zeugender Scherz (17. Juni).

Unterdes spannt er Noras Onkel Michael Healy ebenfalls für Lucia ein (?15., 28. Juni; 1. Juli), der es wieder schlechter geht, sendet Joyce Gilbert französische Verse zur Pariser Atmosphäre im Sommer (1. Juli) und erlebt fünf Tage später das Erscheinen von ›transition‹ 23, worin Kardinal Mezzofanti, laut Hugo »ein vielsprachiges Wörterbuch in rotem Einband«, über den Fontane dichtet: »Sprachen sprechen, tutti quanti,/Wollt ich à la Mezzofanti«, ebenso auftaucht wie Irland als geteilte Nation von »sechsundzwanzig und sechs« Grafschaften. Bei irischer Politik ist Joyce stets Partei, obwohl zu seinem Credo »Antinationalismus, Antiklerikalismus, Antifeminismus« (Jean Paris) zählen. Doch auf der Tribüne der internationalen Autorenkonferenz tritt am 21. Juni Huxley auf: »›Gebt uns ein Kind‹, pflegten die jesuitischen Erzieher zu sagen, ›vom Zeitpunkt, da es sprechen kann, bis es sieben Jahre alt ist: Wir können dann bis zum Rest seines Lebens für es garantieren.‹« Das auf die Propaganda beziehend, die in Diktaturen auf Kinder einwirkt, schließt Huxley: »Moral: tun Sie Ihr Bestes, solange Sie noch über politische Rechte verfügen und überhaupt etwas tun können, um Ihre Regierung an der Organisation solcher Propagandakampagnen zu hindern, besonders bei den Kindern.« Joyce ist Jesuitenzögling!

Im August ist Lucia zurück in London, das irische Experiment ist gescheitert. Die Tochter bleibt in England, zuerst bei Miss Weaver, dann bis Dezember auf dem Land, behütet von zwei Pflegerinnen, die indes nach Monaten aufgeben. Der Arzt Dr. MacDonald spricht in Paris mit Joyce und schlägt die Verlegung Lucias in eine Anstalt vor, was ihr der Vater am 9. Dezember brieflich ankündigt. Der Monat endet mit einem Schwung postalischer Weihnachts- und Neujahrswünsche, nachdem Joyce schon am 20. November W. B. Yeats staatsmännisch-höflich Grüße und verspätete Glückwünsche zum 70. Wiegenfest am 13. Juni entboten hatte, die am Tag selbst wohl nicht angelangt seien. Verbunden ist diese diplomatische Epistel mit großzügigem Austausch von Widmungsexemplaren. Persönlicher geht es zu im Kontakt mit Alfred Bergan, fast dem einzigen Überlebenden von Vater Joyces Freunden: »Wie Sie sehen, habe ich die Adresse gewechselt und war eifrig damit befaßt, die Porträts meiner Herren Ahnen neu zu rahmen. Diese werten Herrschaften sind in Europa mächtig herumgekommen und schauen einander an, als fragten sie: Wohin nun?« (21. Dezember) Sichtbar ist der Frauen wenig beachtende, aber ohne sie lebensunfähige irische Gentleman, darin ganz der Sohn John Stanislaus Joyces.

1936–1937

Auf den 12. April datiert ist Stanislaus' Brief aus Triest, wo er ins Zielfernrohr der politischen Polizei geraten ist: Nun hat er sich als Antifaschist missliebig gemacht, vermutlich verraten von »Privatschülern«, denn sonst sei er äußerst zurückhaltend. Ihm droht die Ausweisung, falls ein gerade noch mobilisiertes Netzwerk von Freunden, Bekannten und ehemaligen Sprachschülern ihm nicht doch zum Bleiben verhilft; ihm, der hart für seine »nett eingerichtete Wohnung« gearbeitet hat, Schulden des Schwagers Schaurek am Hals hat und es nicht schafft, Gattin Nelly die Botschaft *vor* Ostern zu überbringen. Vierzehn Tage darauf folgt per Postkarte aus Rom ein Lichtstrahl, aber Paris droht ihm noch immer. Am 11. Mai, wieder in Triest, gibt Stanislaus Entwarnung und eine Beschreibung seines stetigen Lebens, darin er zum zweiten Mal seine Treue zu bestimmten Überzeugungen mit Internierung (1915–1919) oder weitgehendem Berufsverbot bezahlen muss. Vorsorglich sammelt er für Paris Empfehlungsbriefe. Ungewissheit, wie sie Bruder James künstlerisch freiwillig in Kauf nimmt, wohl auch wieder bis zum Erscheinen von ›transition‹ 26 um den 1. Mai, ist dem Jüngeren ein Greuel.

Unterdes setzt James Joyce, von Krankheit in der Familie gebremst, die Arbeit an ›Work in Progress‹ fort, überlässt Léon das Korrekturlesen (3. Juni), beugt gegenüber Weaver der möglichen Ankunft von Stanislaus in Paris vor (9. Juni) und hofft, Lucia mit der Veröffentlichung von ›A Chaucer A.B.C.‹, für das sie kalligraphierte Initialen gestaltet hat, neuen Mut einzuhauchen. Er gibt alles für das Leben seiner Kinder, ganz wie er eigene Bücher überallhin begleitet. Ein Fürsprecher anderer Autoren ist er selten, denn er antwortet zwar dem Iren Sean O'Faolain freundlich auf dessen Büchersendung, indem er den Titel ›Bird Alone‹ als Aufhänger nutzt, aber einsetzen will er sich mitnichten: »Ich kaufe [Romane] manchmal, wenn [ich] den Verfasser persönlich kenne.« (16. Juli) Das fasst sein Literatenleben im kleinen Kreis, dem er angehört, zusammen. Er hat Pounds Großzügigkeit, ihn, den Unbekannten und Unsichtbaren aus Triest, einzubeziehen, ganz vergessen, bleibt aber stets höflich. Anders behandelt er George Lionel Seymour, Viscount Carlow, der in der Corvinus Press ein Fragment aus ›Work in Progress‹ veröffentlichen will (22. Juli). Carlow, Ire wie O'Faolain, vermutlich protestantischer Konfession wie Lady Gregory, Yeats und Robert Lynd, kann vielleicht etwas für Lucia tun. Wenn Joyce für andere eintritt, müssen sie zur Familie zählen. Dann wird er deutlich, erzählt Geschichten auf eingängige Weise. Am 10. August etwa schreibt er dem Enkel aus der Villa Connemara, Villers sur Mer, von der Katze in Beaugency/Loire, wo er die Woche zuvor im Hôtel de l'Abbaye Station gemacht hatte: Der Teufel habe erfahren, es gebe dort keine Brücke, und suche gut gekleidet den Bürgermeister einen Mann namens »Monsieur Alfred Byrne«, auf, mit dem Angebot, binnen einer Nacht das Bauwerk zu errichten, wenn er dafür die Person die Seine nennen dürfe, die als erste hinübergehe. Damit ist der eitle Byrne, dessen Namensvetter im realen Dublin etliche Jahre hintereinander Lord Mayor war, hinreichend geködert. Putzsüchtig und bauernschlau ist der Bürgermeister, der zur Eröffnung mit Hilfe eines Eimers Wasser eine Katze dem Teufel in die Arme jagt. Für den vierjährigen Enkel erfindet Joyce ein irisches Märchen vom Teufel, der Französisch spreche wie ein Dubliner.

Nach Zwischenhalt in Paris reist Joyce nach Kopenhagen: über Lüttich und Hamburg, wo er am ?19. August, dem Tag nach Ende der Olympischen Spiele in Berlin, in Streit's Hotel absteigt. Ob er die historische Bedeutung dieser Adresse erkannt hat? »Auf dem Jungfernstieg vor [...] Streit's Hotel wurde das ›Lied der Deutschen‹ am 5. Oktober 1841 uraufgeführt. [...] Als Melodie wählten sie die Kaiserhymne aus einem Streichquartett von Joseph Haydn [...]. Den Text hatte Heinrich August Hoffmann von Fallersleben (1798–1874), der anwesend war, [...] auf [dem noch britischen] Helgoland in tiefer Sehnsucht nach der deutschen Einheit geschrieben [...]. Reichspräsident Ebert erklärte das Deutschlandlied 1922 zur Nationalhymne.« (›Hamburger Abendblatt‹, 4. Juli 2003) Es ist nicht klar, was Joyce in der Hansestadt wollte. In ›Finnegans Wake‹ hat er Hotels aus Dublin und rundum eingestreut, auch Finn's Hotel, Noras alte Arbeitsstätte. Und zu Deutschland schweigt er. Mehr sagt in erst nach seinem Tod entdeckten Tagebüchern Samuel Beckett, der wenige Wochen später in Hamburg weilte: »[Die Deutschen] *müssen* bald kämpfen (oder zerbrechen)« (6. Oktober). »Die Reise ist ein Fehlschlag. Deutschland ist furchtbar. Geld ist knapp. Ich bin die ganze Zeit müde. Alle modernen Bilder sind in den Kellern [der Museen].« (an Mary Manning, 13. Dezember)

Am 26. August 1936 sendet Joyce aus Elsinore, dem Schloss Hamlets in Helsingör, das auch in ›Ulysses‹ erscheint, Grüße an Gilbert, den Sänger Sullivan und das Ehepaar Sykes. Während er die Korrekturfahnen für den Londoner ›Ulysses‹ liest und zum letzten Mal in den Romantext eingreift, liegt ihm auch Bruder Stanislaus am Herzen, der zur Zeit in die Schweiz will und Schützenhilfe, etwa durch Carola Giedion-Welcker, Joyces Zürcher Freundin, benötigt (31. August). Auf dem Rückweg von Dänemark, wo er die Meerjungfrau im Hafen von Kopenhagen betrachtet, Gespräche mit einem dänischen Schriftsteller und Verlagsverhandlungen führt, steigt er nochmals in Streit's Hotel ab. Per Bahn geht es nach Köln/Bonn, wo er Ernst Robert Curtius begegnet, dem Romanisten, der nur noch am europäischen Mittelalter arbeitet und die unter den Nationalsozialisten verpönte Moderne *ad acta* gelegt zu haben scheint.

Zurück in Paris, korrespondiert Joyce mit James Stephens über Ibsen. Mit der Leihgabe von ›Klein Eyolf‹ glaubt er den irischen Altersgenossen endlich überzeugen zu können. Er solle das Drama in einem Zug lesen und dann mit ihm, Joyce, telefonieren. Doch Stephens, wenngleich beeindruckt, nennt Ibsen einen literarischen Lügner *sui generis*: Ihm sei rätselhaft, wie jemand von einem ausgemachten Sadisten wie Ibsen habe eingenommen sein können (18./20. September).

Stanislaus hat die Bewerbung als Dozent in Neuchâtel, Schweiz, zu spät eingereicht (22. September). Joyce schreibt, Stephens habe Recht, aber bei Ibsen nicht alles durchschaut: Freunde könnten eben auch streiten (25. September). Als ›Mann im Haus‹ sachwaltet Joyce auch für Noras Mutter, deren Bruder, Michael Healy, am 7. November 1935 ohne Testament verstorben war. Freund Curran soll ihn beraten, nicht bezüglich des Verbleibs der Erstausgaben und Briefschaften, sondern im Hinblick auf das Geld des vormaligen Zollinspektors und Schiffswrackinspizienten von Galway. Denn er könne mit Geld nicht umgehen; die Schwiegermutter, eine ihm Wunderdinge zutrauende Frau, sei desaströs. Er gestaltet alles zur Parodie um (4. Oktober), hat jedoch 11 Tage später, als er Mrs. Barnacle für die Glückwünsche zur Publikation von ›Ulysses‹ in London dankt, von Curran nichts gehört. Kein Humor, nur Sarkasmus prägt Stanislaus' Epistel vom 15. November. Wie immer hat er brav nach den von James gewünschten Büchern gesucht, vor allem Hauptmanns ›Michael Kramer‹, allerdings nichts gefunden. Der Ältere will sein Exemplar vom deutschen

Autor signieren lassen. Doch Stanislaus geht in Triest am Krückstock: ohne Schüler und ohne Gelegenheit, Artikel über den Bruder zu verfassen, denn alles Englische sei »tabu«, erst recht alles auf Joyce bezogene. Am Ende macht sich Hilf- und Sprachlosigkeit breit, und Stanislaus verdächtigt James zu Recht, keine Ahnung von den Ereignissen in Triest zu haben. Anstelle Giedion-Welcker die Lage zu schildern, schickt James den Bruderbrief am 18. November gleich mit und betont, wie gleichgültig ihm politische Positionen des Jüngeren stets gewesen seien. Sollen doch die Schweizer Stanislaus verstehen.

Durchaus im Einklang mit der Poetik Joyces steht Beckett, der am 15. Januar 1937 noch in Deutschland notiert: »Ich bin so wenig an einer ›Vereinigung‹ des historischen Chaos interessiert wie an der ›Klarstellung‹ des individuellen Chaos, und noch weniger an der Anthropomorphisierung der unmenschlichen Notwendigkeiten, die das Chaos hervorrufen. Ich will die Strohhalme, das Strandgut etc., Namen, Daten, Geburten und Todesfälle, weil ich nur das erfahren kann. [...].« Alles Abstrakte, in Deutschland germanisch verbrämte Reden löst bei ihm Brechreiz aus, dabei kommt Beckett auch in der Bestimmung seiner Position gegenüber Joyce weiter: »Während ich rede und zuhöre, geht mir plötzlich auf, ›Work in Progress‹ ist die einzig [mögliche] Fortentwicklung von ›Ulysses‹, der heroische Versuch, in der Literatur das auszuführen, was der Musik gehört – das *Miteinander* und das Simultane. ›Ulysses‹ verfälscht das Unbewußte oder ›le monologue intérieur‹, insoweit als es darin notwendig in teleologischer Form Ausdruck findet.« (26. März)

Ergebnisbezogen meldet Joyce im Februar/März alten Bekannten das baldige Erscheinen von ›transition‹ 26, das in Cincinnati, Ohio, gesetzt und dann bei einer Überschwemmung weggespült wurde, bevor es zum zweiten Mal das Imprimatur erhielt. Dem Dubliner Thomas C. Keohler für dessen Verse dankend, erhofft Joyce eine Widmung in einem alten Buch, das er seit 1906 durch Europa trage, und entbietet freundliche Grüße: in der Hoffnung, Keohler überstehe mit »alter liebenswürdiger Heiterkeit diese etwas garstigen Zeiten« (9. März). Aus Zürich schickt er dem Enkel eine Postkarte mit Schimpansen des Zoos, veranlasst Wilhelm Herz, nach einer Stelle für Stanislaus zu suchen, und berichtet Giorgio vom Termin bei Professor Vogt, der Besserung beim Sehen feststellt. Von einer Augenklappe und sporadischem Unwohlsein abgesehen, kann er nun ausgehen:

ins Theater, zur Kronenhalle, wo der Fendant de Sion seiner harrt. Die Stimmung schlägt um, als ein Brief aus der Nähe von Verona eintrifft und für den Abend die Ankunft des Ehepaares Joyce aus Triest ankündigt. Nach Klärung der Frage der Aufenthaltsgenehmigung gelte es nun, eine Anstellung zu finden (6., 8., 11. April).

Im Mai versucht Joyce über Carlow, Giorgio bei der BBC und über Giedion-Welcker Stanislaus in der Schweiz unterzubringen – mit Galgenhumor eine kürzlich durch die italienische Kolonie in Paris erfolgte Ehrung quittierend, die er Gillet verdanke, der wie der Biograph Gorman nun nach Dublin gereist sei. Zu dem Zweck wendet sich Joyce an Curran sowie Bergan, damit sie Gorman empfangen und die richtigen Dinge erzählen oder verschweigen. Dieser Brief wie jener an Keohler (23. Mai) dient Joyce auch der Vergegenwärtigung musikalischer Glanzpunkte der Dubliner Zeit (9., 18., 19., 25. Mai). Im Zweifel sind die private Hilfsbereitschaft des Ehepaars Cousins im Frühling 1904 und des eben verstorbenen Mr. Devin, der wie Bergan in ›Ulysses‹ auftaucht, Joyce näher als die literarischen Giganten, mit denen er sonst zur Mehrung öffentlichen Ruhmes verkehrt.

Im Juni will er von Stanislaus Neues wissen über eine Anstellung und gibt zu Protokoll, ›Exiles‹ sei in Dublin von Anfang auf Ende Mai, dann auf Anfang November verschoben worden: »Schauspieler krank.« Am 8. dankt er Curran für Freundschaftsdienste gegen Gillet und Gorman und schreibt, abermals parodistisch, von Noras Schwester und ihrem just Angetrauten, die ihnen »eine Menge Spaß« bereiteten in freudlosen Zeiten. Zwei Tage darauf korrigiert er falsche Angaben zu seiner Person in einer Geschichte Irlands, und Ende Juni bei einer Konferenz des Internationalen PEN-Clubs in Paris gibt er unter lebhaftem Beifall französisch zu Protokoll, ein literarisches Werk gehöre seinem Autor »naturrechtlich« selbst dann, wenn es, wie ›Ulysses‹ 1928 in den USA, weder urheberrechtlich geschützt noch überhaupt zugelassen sei. Er soll mit Karel Čapek, Lion Feuchtwanger, H. G. Wells und Franz Werfel »gegen die Erschießung des spanischen Dichters García Lorca in Granada und für die Entlassung des künftigen Nobelpreisträgers Carl von Ossietzki« aus dem Staatskrankenhaus Berlin, wo er unter Bewachung liegt, votiert haben. Einen Fragebogen zum Spanischen Bürgerkrieg hat Joyce Ellmanns Erkundigungen zufolge nicht ausgefüllt, doch beim Diner als Gast des Verlegers Huebsch mit Werfel, habe er, statt zu sprechen, singenderweise

mit dem Kollegen die jeweiligen Opernfavoriten ausgetauscht: »ge-
liebte Arien, Chöre und Duette, diskret summend zunächst; dann
aber, zum Erstaunen der übrigen Gäste im Restaurant mit festlich er-
hobenen Stimmen. Wunderlicher Gedanken- und vielmehr Seelen-
austausch zweier verwandter Seelen!« (›Der Wendepunkt‹ [1942])
Klaus Mann, dessen Vater selbst privat gern singt, hat außer Joyce alle
Protagonisten der Moderne persönlich gekannt, einige wie Broch in
den USA getroffen, also klingt die Anekdote glaubwürdig.

Im Juli wird in Irland die neue Verfassung qua Referendum zur
Abstimmung gestellt, worin der Katholischen Kirche eine besondere
Rolle zuerkannt und im Artikel 3 die Teilung sanktioniert wird.
685 105 Ja-Stimmen stehen 526 949 Nein-Stimmen gegenüber. Davon schreibt Joyce Curran nichts, vielmehr berichtet er von mehrere
Farbstifte erfordernden Korrekturen auf den Fahnen von ›Work in
Progress‹. Auch seine irische Vergangenheit in Dublin und Clongowes beschäftigt ihn. So seien die Internatsbriefe wie »Einkaufslisten«
gewesen. »*Sono sempre quello*«. Geändert hat er sich nicht! (14. Juli)
Offenbar derzeit eng mit Curran verbunden, schreibt Joyce am 6. August erneut, hofft auf ein Treffen am 1. Oktober in Paris und schildert,
welch komische Folgen Noras seit der stürmischen Irland-Reise 1922
kaum zu bändigender Hang zur Seekrankheit zeitige. Denn in Calais
und Dover hätten sie mit Blick auf den Ärmelkanal jeweils die Launen
der See abgewartet und seien auch mal einfach zurückgereist. Joyce
selbst ist »etwa 16 Stunden täglich« in ›Work in Progress‹ vertieft – wie
17 Jahre zuvor in ›Ulysses‹ – und will den Landsleuten der Heimatinsel noch nicht wieder trotzen: »Aber jeden Tag auf jegliche Art spa-
ziere ich auf den Straßen Dublins und am Strand entlang und ›höre
Stimmen‹. *Non dico giammai ma non ancora.*« Niemals lesen wird er
›Huckleberry Finn‹. Das soll David Fleishman, Bruder von Schwiegertochter Helen, für ihn tun samt Anfertigung der Notizen: die Handlung blau, interessante Wörter rot markieren. Auch Budgen soll mit
Sheridan LeFanus in Chapelizod spielenden Roman ›The House by
the Churchyard‹ (1863) so verfahren; der Augenkranke liest nur Notizbücher, Fahnen, Briefe (8./9. August).

Auf der Sommerreise in Basel angelangt, dankt Joyce Curran für
den übersandten Teekessel, fragt nach bestimmten Ausgaben der
›Irish Times‹ zwischen 1933 und 1936 und gibt zwei Anekdoten preis
über Begegnungen mit irischen Richtern, deren erste auf 1930/1931

zurückgeht, als Michael Lennon seine Gastfreundschaft und Großzügigkeit missbrauchte, um später in der ›Catholic World‹ Autor und
Roman zu verunglimpfen (17. August). Zwei Tage darauf wünscht er
Curran schöne Ferien, natürlich, so Joyce ironisch, aus Rheinfelden,
Schweiz, wo er doch nach Vittel, Le Touquet, auf die Isle of Man oder
nach Anglia hätte reisen wollen. Dem einen Helfer schickt er Wein;
der anderen, Mrs. Sullivan, die sich postalisch um Weiterleitung von
Briefen an Lucia und persönlich um die Kanarienvögel kümmert, hat
zunächst eine französische Epistel aus Zürich zu genügen. Budgen
wiederum präsentiert er den Handzettel eines Vergnügungsdampfers
namens ›John Joyce‹, der vor Dún Laoghaire verkehre (27./28. August). Akribisch in Familiengeschäften, derer er sich annimmt, sendet
Joyce Adolph Kastor, dem Vater von Schwiegertochter Helen, trö-
stende Worte zu dessen Sohn, dabei Lucias von allen anderen für »un-
heilbar« gehaltene Krankheit nennend und den Fall des russischen
Tänzers Nijinski, der in Kreuzlingen nun auf dem Wege der Besserung sei – nach 18 Jahren. Diesen Brief samt Bitte um Weiterleitung
schickt er Wilhelm Herz, der Erkundigungen über die bei Nijinski
fruchtende Behandlung einziehen möge (30. August). Der Boten be-
dürftig, seien es die eigenen Kinder, Freunde, Verwandte oder Bekannte, drängt Joyce Carlow, Lucias Initiale bei der Veröffentlichung
des ›Storiella‹-Fragments aus ›Work in Progress‹ explizit zu erwähnen
(31. August), bittet Budgen um genaue Lektüre des ihm zugesandten
Romans (9. September) und will die Initiale auf der Fahne kontrollieren (14. September). Inzwischen ist er der Sache mit der ›John
Joyce‹ auf den Grund gegangen, hat mehrere Familienkontakte, auch
in London, aktiviert, aber nur einen Zusammenhang zu Vater Joyce,
nicht zu Stanislaus, hergestellt (an Budgen; 20. September). Er behelligt Mrs. Sullivan als Hüterin Lucias (24. September) und bittet
Budgen um Rücksendung des für ›Work in Progress‹ gelesenen Le-
Fanu-Romans (13. Oktober) und bleibt bei zwei schier endlosen Geschichten am Ball: der Krankheit seiner Tochter und dem Buch, das
zu schreiben er sich zumutet, da er wie bei ›Ulysses‹ kein anderes verfassen könne. Ende Oktober ist er in Kontakt mit Pound, der aus Rapallo schreibt, an Allerheiligen dankt er Carlow für Reproduktionen
einer Zeichnung, auf der Wyndham Lewis Joyce abbildet, bevor er am
12. November Pound bittet, ihm ein Exemplar von ›Michael Kramer‹
durch Gerhart Hauptmann signieren zu lassen. Zunächst hatte Joyce

jedoch ein Ersuchen des Amerikaners erfüllt und mit Mrs. Dyer, »einer wohlhabenden Australierin«, die wie die beiden Autoren an alter Musik und deren Publikation interessiert ist, gesprochen. Alles hängt für Joyce mit allem zusammen. Also hat er bei Mrs. Dyer Giorgios Sangeskünste gepriesen und sie für die Unterstützung Sullivans gewinnen wollen. Musik lenkt ihn von Leid und Literatur ab, und zur Thanksgiving Party im Hause Jolas erzählt Joyce in Versen, als Wortmusik, die Mär vom Truthahn, dessen Leber im Pariser Großstadtverkehr aufs Pflaster schoß. Schutzmann, Präsident Roosevelt und ein Trinkspruch inbegriffen, ist der Text eine Satire auf den, der das Leben zu schwer nimmt. Damit hat Joyce auch sich selbst im Auge, der Lucias Auf und Ab kaum annimmt und stets andere braucht, um über Frau Giedion-Welcker zehn Zürcher Zigarren zu schicken (5. Dezember) oder durch Léon sowie »fünf oder sechs andere Leute« das ermüdende Lesen und Überprüfen der Korrekturen bei ›Work in Progress‹ vorzunehmen (18. Dezember). Allein kann er nur noch schreiben, bei allen anderen Arbeitsschritten Richtung Buch bedarf er der für solche Zwecke bereitstehenden ›Familienindustrie James Joyce‹. Und längst suchen Junge wie Raymond Queneau, der ›Ulysses‹ 1929 in Portugal als Urlaubslektüre las, mit ›Technique du Roman‹ (Ende 1937) Schutz im Schatten der Innovationen des Iren: »Eine Strenge muß sich in der Praxis der Prosa manifestieren. Ich möchte mithin eine Möglichkeit zur [Entwicklung] einer bewußten Technik des Romans darlegen, wie ich sie selbst anzuwenden habe … meine Schuld gegenüber den englischen und amerikanischen Romanciers anerkennen, die mich über die Existenz einer Technik des Romans belehrt haben, und ganz besonders [meine Schuld] gegenüber James Joyce.« Beckett erinnert sich am 23. Oktober 1989, zwei Monate vor seinem Tod, sofort gegen Hemingway eingenommen gewesen zu sein, als der im Dezember 1937 bei Beach sagte: »Wir dürfen auf dem alten Mann nicht zu sehr herumhacken. ›Ulysses‹ hat ihn erschöpft.« Dabei ist Becketts Vorliebe für Joyce nicht ungetrübt, denn als Korrektor von ›Work in Progress‹ hatte er 250 Francs erhalten – »bei etwa 15 Stunden Arbeit. Er gab dann noch einen alten Mantel und 5 Krawatten dazu! Ich sagte nicht nein. Es ist so viel leichter zu verletzen als verletzt zu werden.« (an Thomas McGreevy, 22. Dezember). Wenig später ist er angetan, »fürchtet die Gefahr der [literarischen] Verbindung nicht mehr. Er ist nur ein sehr liebenswerter Mensch.« (an McGreevy, 5. Januar 1938)

1938–1939

Tag- und Nachtarbeiter am »letzten« Auszug von ›Work in Progress‹ für ›transition‹, schreibt Joyce Frau Giedion-Welcker von den bekannten Sorgen um Lucias Gesundheit und Giorgios Gesangslaufbahn (2. Januar). Zehn Tage darauf berichtet er Sohn und Schwiegertochter, die in New York sind, von Fortschritten bei Verhandlungen mit Radio Luxembourg und, italienisch, von Becketts Überleben in Paris. Der 31-jährige war Opfer eines Messerstechers geworden, den er jedoch nicht anzeigt. Augenattacken verlangsamen die Arbeit, Musikerkontakte, Sullivan und Giorgio betreffend, halten Joyce in Atem, auch lässt er Léon über Giedion-Welcker Kontakt zu »Dr. [Othmar] Schoeck« herstellen, der vielleicht Joyces Verse vertonen könnte (10. März). Während in der Pariser Literaturzeitschrift ›Verve‹ ein Fragment aus ›Work in Progress‹ erscheint, ›A Phoenix Park Nocturne‹, das trotz der Anspielung im Titel auf Piano-forte-Piècen à la John Field, den Dubliner Pianisten und Komponisten (1782–1837), und Frédéric Chopin wenig friedvoll stimmt, vollziehen Hitlers Soldaten den »Anschluss« Österreichs an Deutschland. Auch wird das Leben für jüdische Literaten wie Hermann Broch immer unerträglicher. Drei Wochen lang nach dem Einmarsch in Bad Aussee »Schutzhäftling«, darf Broch zwar zurück nach Wien, wird dort jedoch bei »der antisemitischen Massenpsychose und [ob] des Terrors‹‹, wie er nach gelungener Flucht formuliert, des Lebens in der Vaterstadt nicht mehr froh. Broch ist nicht berühmt wie Zweig, der schon 1934 das Weite gesucht hatte, aber bekannt genug unter den Kollegen, um zu hoffen, in den USA mit Hilfe Thomas Manns und in Frankreich über James Joyce ein Einreisevisum zu erhalten. Die Dinge dauern. Inzwischen überlässt Familie Joyce Beckett ein »schäbiges Sofa« (22. April), und am Bloomsday berichtet Joyce aus Paris dem gemeinsamen Verleger Daniel Brody, am Vorabend telefonisch erfahren zu haben, Brochs Einreisevisum nach Frankreich liege im Wiener Konsulat nun vor. So oft hatte Joyce das Erscheinen von Werkauszügen verschieben müssen, weil das Leben mächtiger war als des Schöpfers Wille oder dessen Körper, obwohl er noch immer »Tag und Nacht« arbeitet. Auch im Falle Brochs ist die Zuversicht, jetzt sei ein Problem gelöst, verfrüht, denn es bedarf der vereinten Kräfte Stephen Hudsons (Sidney Schiff), Anja Herzogs, des Übersetzerehepaares Edwin und Willa Muir sowie

des österreichischen Exil-PEN in London, bevor Broch das Ausreise-
papier am 20. Juli in Händen hält. Eine Dokumentenodyssee in europäischen Ämtern ist beendet, aber als Broch am 24. Juli in Croydon,
Süd-London, landet, empfindet er »die Haft [als] ein Paradies«, ist »vor
den Kopf geschlagen und völlig apathisch«. Er trifft Zweig, den er
1932 in Salzburg besucht hatte, vier Jahre nach Joyce, dann folgt er
am 3. August einer Einladung ins schottische Universitätsstädtchen
St. Andrews, wo die Muir leben. Am 18. August weiß Léon gegenüber
Weaver zu vermelden, Broch habe Joyce aus England geschrieben.
Inzwischen ist ›transition‹ 27 herausgekommen, hat Joyce in »unvoll-
kommenem, aber verständlichem« Dänisch dem ehemaligen Konsul
in Paris für dessen Buchgabe gedankt (29./30. Mai), an die Wikinger-
zeit in Dublin erinnernd, deren er ja mit der Gestaltung der Schlacht
von Clontarf im Jahr 1014 auch in ›Work in Progress‹ gedenkt. Joyce
schreibt regelmäßig an Sohn und Schwiegertochter und an den Biographen Gorman, dessen Manuskript Giorgio als getreuer Spross
ebenfalls zur Prüfung erhält, vermutlich um die über die Familie
Joyce in Umlauf gesetzten Geschichten bestmöglich zu steuern
(21./23. August). So möchte er etwa den Namen eines Zürcher Bekannten verschleiert oder nur mit Initialen angedeutet wissen, der
es »geschafft zu haben«« scheine, gesellschaftlich, meint der irische
Gentleman.

Am 24. August schreibt Joyce an den 19-jährigen Maurice James
Craig, Student aus Belfast, den er gemeinsam mit Eugène Jolas getroffen haben muss. Die Unterhaltung sei für den Herausgeber von ›transition‹ dank Craig so »inspirierend« gewesen, dass er tags darauf den
vom Autor »16 Jahre« sorgsam gehüteten Titel von ›Work in Progress‹
aufs Wort genau »erraten« habe. Doch Craig hat auch gut Wetter machen können beim Direktor der BBC, Sir Frederick Ogilvie, in Sachen
Giorgio. Joyce hat also nur die Wette verloren, ob er den Titel geheimhalten könne.

Auf der Klaviatur persönlicher Kontakte spielend, sei es für Juden,
denen er zur Ausreise verhilft, sei es in der Musik oder in bezug auf
letzte Retuschen an ›Work in Progress‹, hält Joyce alte Freundschaften mit brieflichen Anfragen und Gaben warm. Aus dem Hôtel de la
Paix, Lausanne, fragt er Paul Ruggiero nach dem griechischen Wortlaut des Märchenanfanges und -endes, das Englische und Deutsche
zitierend. Dabei will er keine Übersetzung, vielmehr »etwas typisch

Griechisches«. Das »lange Buch« sei abgeschlossen, Ende Oktober wolle er in Zürich sein, »aber warten Sie um Himmels willen mit Ihrer Antwort nicht bis dahin« (4. September). Am 8. September dankt er Viscount Carlow für die Zusendung von textlich-musikalischem Material und sieht sein Werk bald auf dem Weg ins offene Meer, vergleicht es wie ›Ulysses‹ einem Schiff vor dem Stapellauf. Am selben Tag schreibt ein familiär besorgter Joyce Gillet. Die dräuende Krise mag er nur andeuten – vermutlich auf Sohn und Schwiegertochter bezogen – und die Aussprache auf ein Treffen in Paris vertagen, aber über Lucia schreibt er mit Galgenhumor, vielleicht die Parodie als Lebenshilfe nutzend, sie wisse nicht einmal, wo er sich befände. Um die Reise in die Schweiz zu verschleiern, habe er Bildpostkarten aus Vernon, dem Wohnsitz Stuart Gilberts, dabei, dem er diese in Briefen zusende, bevor sie von dort zu Lucia nach Ivry abgingen. Andere Autoren, etwa Simenon, in ›Monsieur Gallet, décédé‹ (1931), dem ersten Maigret, hätten aus diesem »Arrangement« einen Kriminalroman beruhend auf dem jahrzehntelang so eingerichteten Doppelleben des Toten verfertigt. Joyce bilanziert mit Verweis auf »heitere Umstände« die Abschlussarbeiten an seiner »nächtlichen Komödie«, wobei es einige wohl zumindest »Purgatorium [. . .] oder Paradiso« nennen würden, wovon Sullivan singe. Trost sieht er in der Opernmusik und in der Entdeckung »einer sonderbaren Parallele« zwischen Victor Bérard und seiner, Joyces, »Theorie vom Semitismus der Odyssee« einerseits sowie andererseits »[s]einer Theorie über den Skandinavismus [s]eines Helden Finn Mac-Cool« und den Forschungen des deutschen Keltologen Heinrich Zimmer, dessen Sohn in Heidelberg ihm ein Buch gesandt habe (5. September; 11. Oktober). Gelesen und ausgewertet hat es Beckett für ihn, wohl auch eigenen Interessen dienend. Queneau, seit dem 19. Januar Mitglied des Lektorenkreises bei Gallimard, dem Verlag Prousts wie Joyces, mit Kollegen wie Jean Paulhan, Benjamin Crémieux, Ramon Fernandez, André Malraux, Raymond Aron u. a., hat einen weiteren Artikel verfasst: ›James Joyce, auteur classique‹, der im September in ›Volonté‹ erscheint, begründet von Georges Pelorson, ehemals Student Becketts an der École Normale. Ob Queneau zu den Jungautoren gehörte, deren Besuche Joyce empfing? »Er hörte sie an«, erzählt Moune Gilbert, »aber ließ sie reden, blieb stumm außer einigen Grunzern; sie wurden durch sein Schweigen sehr verlegen.«

Dennoch findet Joyce stets junge Männer dienstbereit, die wie der
Schweizer Jacques Mercanton Briefe schreiben: am 9. September an
Craig das lang gesuchte blutrünstige Lied ›Follow me up to Carlow‹
sendend und auf das versprochene Belfast-Lied hoffend. Noch aus
Lausanne bittet er Verleger Huebsch in New Work, dem jüdischen
Ehepaar Perles, das mit Touristenvisum in London weile, ein Einreise-
papier zu besorgen, mit der Begründung, er wisse, Huebsch und
Brody, sein deutscher Verleger in den Niederlanden, seien Juden, und
die englischen Kollegen seien es nicht, auch kenne er deren Empfindungen nicht. Das muss nicht stimmen, denn T. S. Eliot hält mit antisemitischen Äußerungen öffentlich nicht zurück, aber Joyce hatte ja
das Ziel, Menschen zur Flucht zu verhelfen *und* sein Buch herauszubringen. Zumindest Humanitäres gelingt, wie er Huebsch am 24. September dankend mitteilt. Die Ferien nämlich seien, so per Postkarte
an Craig (23. September), nicht »sehr erholsam« gewesen. Auch der
nächste Aufenthalt in La Baule, um nahe von Lucias Sanatorium zu
sein, das wegen des vor dem Münchner Abkommen drohenden Krieges an die bretonische Küste verlegt worden war, ist »sorgenvoll«.
Er dankt Brody für die Bemühungen um die Verwandten Edmund
Brauchbars, des Zürcher jüdischen Freundes, und gedenkt »glück-
licher verflossener Jahre«, als er mit Frau und Tochter im Haag Station
machte: »Die besten Kartoffeln, seitdem ich Irland verließ.« (5. Oktober)

Georg Goyert, von dem zu hören den Deutsch antwortenden Iren
mit »angenehme[r] Ueberraschung« erfüllt, teilt er mit, in Kontakt mit
Zimmers Sohn zu stehen, und erwähnt, er arbeite »wie ein Maultier
den ganzen Tag durch und fast die ganze Nacht« an ›Work in Progress‹.
Künftig obliege das Buch dem Kritikerurteil, was ihm »schlußegal« sei,
»aber vielleicht habe ich noch eine Zukunft als Straßensänger – hinter
mich [sic]« (11. Oktober). Parodist ist und bleibt Joyce – mit Bezug auf
den Vater und Simon Dedalus, die ihre Vergangenheit als ruhmreich
priesen, weil ihnen jede Zukunft fehlte.

Ruggiero kündigt er neben der Nachricht über die Vollendung des
Buches am 13. November an, ihm eine Schallplatte zu senden mit
dem Lied ›Un Rêve‹, ein Traum: »Was zum Kuckuck ist in der Musik,
vor allem im Gesang, das uns so tief bewegt? Hurrah! Ich habe dies
vermaledeite Buch beendet.« (18. November) Den Anlass hatte Joyce
beim amerikanischen Erntedank zu Gast im Hause Jolas gefeiert, er

nutzt die Gelegenheit zur neuerlichen Bekundung seiner Achtung für Dujardin nach Erscheinen der amerikanischen Ausgabe von ›Les Lauriers sont coupés‹ in Gilberts Übersetzung. Formvollendet französisch bewundert er das »immergrüne« Erstexperiment mit dem inneren Monolog (5. Dezember). Erschöpft und krank indes schreibt er Ruggiero, berichtet von qualvollen Korrekturen und vom Singen des Liedes am Thanksgiving Day, das dann doch als französisch in griechischer Übersetzung sich entpuppte (9. Dezember). Bevor am 31. ›Work in Progress‹ beendet ist, wünscht Joyce Goyert frohe Weihnacht (23. Dezember).

Im Herbst ist während der politischen Krise Cyril Connollys kritische Studie zur Moderne erschienen: ›Enemies of Promise‹: »Ein Credo eint alle diskutierten Autoren (außer Shaw und Wells); ob Realisten, Intellektuelle oder phantasiebegabte Schriftsteller [...] glaubten alle an die Bedeutung ihrer Kunst, an die Heiligkeit des Künstlers und an seinen Sinn für die Berufung. [...] Der Künstler, der die Religion des Elfenbeinturmes annimmt [...], wird zur Übernahme einer von vier Rollen geführt: des Hohepriesters (Mallarmé, Joyce, Yeats), des Dandy (Firbank, Beerbohm, Moore), des Unbestechlichen Beobachters (Maugham, Maupassant), oder des Distanzierten Philosophen (Strachey, Anatole France). Er wird kein Kämpfer oder Helfer sein.«

Am 1. Januar 1939 schreibt Joyce Lucia Svevo vom Abschluss seines noch titellosen Buches, an dem er 15 Jahre gearbeitet, genauer: »die Mähne Anna Livias gekämmt und wiedergekämmt« hat. Er bleibt im Bild, will die Protagonistin jetzt ins Rampenlicht treten sehen – mit dem Stapellauf der Publikation. Knapp vier Wochen später stirbt in Roquebrune, Südfrankreich, 73-jährig, W. B. Yeats, in Gegenwart von Gattin George, doch »umgeben nicht von irischen Freunden, sondern von Hilda Matheson, der ersten BBC-Direktorin für das gesprochene Wort, dem australischen Musikkritiker und Dichter W[illiam] J[ames] Turner, auch er Mitglied des Savile Club, sowie [Dorothy] Wellesley, weniger bekannte Dichterin und Mitglied des englischen Landadels« (David Pierce, ›Yeats's Worlds‹). Zu den Kondolierenden, deren Namen am 6. Februar an die irische Presse versandt werden, zählen Mrs. Erskine Childers, Witwe des hingerichteten Anglo-Iren, Mr. und Mrs. Desmond Fitzgerald, Margarete und Gerhart Hauptmann, mit Yeats aus Rapallo bekannt, Mr. James Joyce, der wie zu George Moores Einäscherung einen Kranz schickte, und Mr. Ezra Pound – neben irischen

Institutionen sowie deutschen, französischen und niederländischen Diplomaten.

Am selben 28. Januar sieht Joyce in Paris dem Versand des in Glasgow gefertigten Probeexemplars von ›Finnegans Wake‹ wie 17 Jahre zuvor bei ›Ulysses‹ mit gemischten Gefühlen entgegen, so ungeduldig er ist, es auch Lucia im entlegenen Sanatorium zu zeigen. Am 30. Januar kommt das Buch. Joyce enthüllt nun endlich den Titel, feiert am 2. Februar Geburtstag und sendet Verleger Brody am 5. März ein Schreiben, worin er vermutlich für Glückwünsche und »Goyerts Adresse« dankt, und zu »F.W. (nicht mehr W.i.P.)« notiert, es seien gerade Werbehefte da für die limitierte Edition von 425 Exemplaren, die, mit £ 5.5.s. und $ 25 angesetzt, ihm nicht zu teuer ist, während er gegenüber Giedion-Welcker den zu hohen Ansatz von 25s. und $ 5 für die parallel zu publizierende unlimitierte Edition moniert (5. März). Mary Colum berichtet Joyce unter Nennung der ab 15. April gültigen Adresse Nr. 34, Rue des Vignes, Passy, von Lucias Aufenthalt in Ivry, aber auch, er habe keinen Totenbrief der Familie Yeats erhalten (anders als das Ehepaar Colum). Er kenne niemanden in der Familie, was stimmt, denn Yeats hatte erst 1917 geheiratet: »Ich traf seinen sehr geschwätzigen Vater einige Minuten auf Northumberland Road.« (29. März) Léon teilt Weaver mit, Lucia sei schlechter dran als im Vorjahr, Beckett besuche sie wöchentlich (2. April). Knapp einen Monat später wendet Joyce sich per Postkarte an Stanislaus, im Vorspann die Miseren erwähnend, die Lucia und Schwiegertochter nervlich, Giorgio beruflich beuteln, bevor er ›Finnegans Wake‹ anspricht. Er sucht zwei italienische Kritiker für die Presseexemplare, deren sechs für Frankreich, »5 für Deutschland und 2 für Dänemark, je eines für Norwegen und Holland« gedacht seien. Es scheint, als streue Joyce die Rezensionsexemplare dort, wo positive Reaktionen zu erwarten sind, allerdings kommt er ohne Aberglauben nicht aus, schreibt er doch Livia Svevo, der 4. Mai sei Erscheinungstag seines Buches und Festtag der hl. Monika, nach der in Dublin ein Armenhaus für Witwen benannt ist – in ›Wandering Rocks‹ erwähnt und unweit von Leopold Blooms Wohnung gelegen. Endlich hält er sich selbst für einen »Esel«, »18 Jahre meines Lebens auf solch ein Monstrum von Buch« verwandt zu haben. Aber man sei so geboren (1. Mai). Da ist er wieder: der Mythomane Joyce, hierin Schliemann ein Zwilling. ›Finnegans Wake‹ erscheint in London und New York und findet in der

›Irish Times‹ im selben Monat ein sonderbares Echo, denn das Buch wird dem irischen Dramatiker Sean O'Casey zugeschrieben. Mit Poststempel vom 26. Mai nimmt Joyce Kontakt auf; er zweifelt an der ihm vom Redakteur R. M. Smyllie mündlich zugesicherten Version, es sei ein Druckfehler. Aber er hofft auf den »prophetischen« Charakter solcher Verschreibungen und eine persönliche Begegnung. Immerhin will er mit Nora, sofern von der Grippe genesen, ›Juno and the Paycock‹ (1924), ein Bürgerkriegsstück um Verrat am Vaterland und an den Frauen, das gerade im stets für literarische Raritäten offenen Théâtre de l'Œuvre läuft, besuchen: »und sollte es mir zugeschrieben sein, schicke ich Ihnen gewiß das Programm«. Vier Tage darauf antwortet O'Casey aus Devon, hocherfreut nach »ständigem Kontakt« mit Joyce über seine vorherigen Prosawerke nun auch ihm persönlich, zumindest brieflich, zu begegnen. Er lese ›Finnegans Wake‹ mit einem Freund, einem Maler, den er »in manchen Lacher und ins Zentrum [...] von Wunderland« führe. Für einen Druckfehler halte er die Verschreibung mitnichten, denn »viele in der Dubliner Literatenclique mögen mich nicht, und sie hassen Sie«. Wenn mit P. G. Wodehouse ein Vielschreiber und Verfasser komischer Romane von Oxford das Ehrendoktorat empfange, laut Hilaire Belloc der größte unter den lebenden Autoren englischer Zunge, dann wird »Finnegans Wake, fürchte ich, eine Totenwache im wörtlichen Sinne sein«. Nicht nur deshalb neigt O'Casey, um zwei Jahre älter und Vater einer jungen Familie, vor Großpapa Joyce das Haupt.

Station VII: Das Kreuz der Korrekturen in ›Finnegans Wake‹ (1939–1941)

Die Juden haben unbestritten
Von allen Verfolgten das Schlimmste gelitten:
Nicht weil sie politisch verschworen sind –
Nur weil sie halt geboren sind.
Alfred Kerr, ›Das Schlimmste‹ (1936), in: ›Melodien‹ (1938)

Rückblickend kommt Kerrs Vierzeiler wie eine in den Wind geschriebene Weissagung daher, die, so Canetti in Nachkriegsaufzeichnungen, gleichwohl den Propheten »das Böse, mit dem er droht, auf seine Weise verkörper[n läßt] und mit herbeiführen hilft«. Als Joyce im Juni 1939 nach ersten lauwarmen Kritiken zu ›Finnegans Wake‹ und dem Empfang eines neuerlichen Freundschaftsbeweises in Form eines Leserbriefes aus der Feder Ford Madox Fords von dessen Tod erfährt, haben auch ihn endgültig die Zeitläufte gepackt. Joyce, wie Ford persönlich sensibilisiert für das Leiden jüdischer Künstler unter dem NS-Regime, ist schon 1936 nicht der »wilde[.] Mann«, den Kerr in Paris erwartet hatte, sondern ein »Großpapa«. Folglich ist ›Finnegans Wake‹ keine Weissagung wie Kerrs Gedicht, vielmehr, so Ford am 3. Juni 1939, ein Monument: Es »steht im flachen Land unserer Literaturen wie die erste Pyramide auf dem Sand Ägyptens, und sein Erscheinen in diesem Moment ist fast das einzige Ereignis, dessen erstaunliche Bedeutung hinreicht, um unsere Aufmerksamkeit öffentlichen Ereignissen zu entziehen«. Noch einmal preist Ford in Joyce den Baumeister des Wortes, der dieser, dem späten Ibsen in ›Wenn wir Toten erwachen‹ nacheifernd, schon als Jüngling sein wollte. Biblisch bilderreich erteilt Ford ›Finnegans Wake‹ ein Bleiberecht auf dieser Welt, während er selbst wie Joyce bereits Abschied nimmt. Als Ford am 26. Juni kurz nach einer Atlantiküberquerung im mondänen Normandie-Seebad Deauville stirbt und ein Dünengrab mit Blick auf den Kanal erhält, steht Joyce ohne den literarischen Wegbereiter da, der, selbst Autor eigenen Rechts, uneigennützig genug ist, als sein

Fürsprecher in die Arena zu treten. Quinn, der Anwalt und Ankäufer von Joyce-Manuskripten, ist bald nach dem Photo des literarischen Quartetts Pound, Joyce, Quinn, Ford verstorben; Pound ist der Moderne fremd geworden wegen seiner Affinität zu Italiens Faschisten; W. B. Yeats ist wenige Monate tot; Hauptmann bleibt in Deutschland; Huxley ist wie Thomas Mann in Amerika; T. S. Eliot ist als Verleger von ›Finnegans Wake‹ zwar dem Iren verbunden, aber kein Vertrauter. Die ›République des lettres‹ steht vor dem Kollaps. Am 28. Juni publiziert Karl Heinz Petersen fast einen Nachruf:»Joyce will ernst genommen werden, auch von der anglo-irischen Welt, obwohl er es seit ›Ulysses‹ vorgezogen hat, in Paris zu leben.« Als Leseanleitung empfiehlt der Kritiker:»Man schließe die Augen und meditiere fünf Minuten lang über den Begriff ›Leben schlechthin‹. Dann erst greife man zu einem Joyce.«

Ist Joyce, der Literat, mit Fords Tod allein auf weiter Flur, sein Œuvre eine Erinnerung an bessere Zeiten – ›Finnegans Wake‹ weit davon entfernt, als»Felsendom über die flache [europäische] Lyrik und Prosa der letzten Jahre« erhoben zu werden, wie es dem Nationaldichter Islands Halldór Laxness 1927 widerfuhr –, so steht auch der Mensch am Abgrund. Bezeichnend ist bereits der Umstand, dass das Ehepaar Joyce seine seit Juni 1934 gemietete und – wie die umfassend erhaltene Geschäftskorrespondenz zeigt – aufwendig renovierte Wohnung in Nr. 7, Rue Edmond Valentin um den 15. April 1939 aufgibt und das nächste Quartier in Nr. 34, Rue des Vignes eher als Zuflucht nutzt. Sie sitzen dort (24. April bis 20. Juli) auf gepackten Koffern. Immerhin gehen sie im Sommer auf Reisen, im August sind sie in Lausanne, im Hôtel de La Paix – der Friedenswunsch spricht sich im Namen aus. Joyce ist müde, isst wenig, begegnet, wie so oft zufällig, in Montreux just in dem Hotel, wo er im Jahr zuvor mit Jacques Mercanton gewesen, diesem, der ebenfalls dort Rast gemacht hatte. Trotz der Urlaubslaune junger Amerikaner melancholisch, kann Joyce die Endzeitstimmung überspielen und fragt Mercantons Reisebegleiter nach dem»Weinbau in der Schweiz«.»[M]it Humor«, doch etwas distanziert spricht er über Merkwürdigkeiten seit Erscheinen von ›Finnegans Wake‹ und wartet ungeduldig auf weitere Wertungen. Die Reflexe des Berufsschriftstellers zucken noch. Aktivitäten sind das nicht. Denn als Mercanton vorsichtig nach künftigen Vorhaben fragt, folgt Joyces lakonische Replik:»Vorderhand ruhe ich mich aus.

Jetzt ist es an den andern, ein wenig zu arbeiten.«Vor Fremden – Mercanton ist ja nicht allein – förmlich, die Fassade wahrend, lässt Joyce beim Wiedersehen kurz vor der Rückkehr nach Paris die Maske fallen: Die Wohnung sei »ihnen überhaupt nicht« genehm; besorgt wegen der Lage von Schwiegertochter Helen und Tochter Lucia, deren Sicherheit im Kriegsfalle in Gefahr sei, mag er den Schweizer Freund am Ende nur mit schwarzem Humor verabschieden:»Man soll Polen in Ruhe lassen und sich lieber ›Finnegans Wake‹ widmen!«

Vier Tage noch weilt Familie Joyce Ende August 1939 in der gedanklich vorher aufgegebenen Wohnung Nr. 34, Rue des Vignes, dann zieht es sie in die Nähe Lucias nach La Baule, wo man bis zum 2. September, einen Tag nach Kriegsausbruch, im Hôtel Majestic, dann sechs Wochen lang im Hôtel St. Christophe Zuflucht findet. Auch hier sind die Namen Programm: Joyce, ein König der Literatur, der kein Kleingeld zählt, obwohl ›Finnegans Wake‹ die Kassen nicht klingeln lässt, wird, als die Katastrophe naht, noch vor der Kriegserklärung Frankreichs zum Hilfsbedürftigen. Cristoforo, dem Schutzpatron der Fährleute, Schiffer, Pilger und Reisenden, vertraut Joyce sich an. Einen Helfer hat er auch nötig, denn Lucias Sanatorium wird erst zwei Wochen später an die Küste verlegt, wo, wie ein psychiatrisch geschulter Arzt erzählt, Joyce im Elend des Jetzt versinkt, dieses im Alkohol ertränkt, und wo, sobald er am Strand die Wellen des Atlantiks bemerkt, Erinnerungen an das Dublin seiner Jugend aus ihm hervorsprudeln. Noch am Abgrund gleicht der Mensch James Joyce einer Parodie seiner literarischen Kreaturen, hier einem lebensmüden Stephen Dedalus, ältere Ausgabe des Jünglings, den er am Strand im Norden und Süden Dublins geschildert hatte: versunken in die Vision des Vogelmädchens in ›A Portrait‹, gedankenverloren im ›Proteus‹-Kapitel von ›Ulysses‹. Auch ist Joyce wie Richard Rowan Verbannter, alkoholkrank und bar der Energie zum Schreiben, dem Dr. O'Brien ein Leberleiden diagnostiziert, was er allen verschweigt, selbst Nora, ein trauriger alter Ritter, wie er ihn satirisch am Beispiel eines jungen Iren in der Erzählung ›After the Race‹ 1904 in Worte gefasst hatte. Doch ist Joyce, der eine Feier mit Soldaten durch seine die ›Marseillaise‹ schmetternde Tenorstimme beherrscht, eine Karikatur des nicht nur bei nationalistischen Kundgebungen enthaltsamen Künstlers, sondern er ist stellvertretend in die Rolle des eigenen Vaters geschlüpft, der 1870 zu gern für die französische Sache gegen Preußen gefochten hätte und dann bloß patriotische Balladen in Cork und Dublin sang. (Dem Wunsch, die Deutschen sollten die Franzosen noch einmal schlagen [Dezember 1902], hat er kaum im Gedächtnis, so sehr ist er über Jahrzehnte kulturell mit beiden Nationen verbunden.) Wie der Joyce, der zu Geburtstagen singt und tanzt und sonst nur noch beim Schreiben lacht und wie in Gelegenheitsgedichten, die den Menschen offenbaren, ist der alte Mann von La Baule in der ›Drôle de guerre‹, als die Waffen zwischen Deutschland und Frankreich noch schweigen, aus dem Bild des reservierten Gentleman, das er abgibt, für einen Moment herausgetreten.

Auch im Oktober ist Lucias Zustand unverändert, Hoffnung auf Besserung ist so unwahrscheinlich wie ein baldiges Kriegsende. Daher kehrt das Ehepaar Joyce nach Paris zurück, zumal dort der Bund zwischen Giorgio und Helen endgültig zerbrochen ist. Nach dem üblichen Hin und Her am Telefon und auch brieflich, in das Paul und Lucie Léon als treue Trabanten des Planeten Joyce verwickelt sind, telegrafiert Joyce am 5. Oktober auf Französisch: »VERSUCHEN SIE MEINEN SOHN ZU ÜBERZEUGEN HIERHER ZU KOMMEN SICH MIT DEM KLEINEN EINIGE WOCHEN ZU ERHOLEN SCHICKTE DIE BRIEFE MEINER SCHWIEGERTOCHTER AN DEN ARZT KEINE ANTWORT ABER DIAGNOSE LEIDER KLAR GENUG WENN IHRE ABREISE UNMÖGLICH UND ER UNSERE ANWESENHEIT FÜR NÜTZLICH HÄLT REISEN WIR BITTEN SIE ANWÄLTE GELDÜBERWEISUNG AN LLOYDS BANK PARIS FREUNDLICHST.«

Polyglott wie eh und je, doch in den *Be*deutungen der Worte so unsicher wie er als Autor gern mit *An*deutungen spielte, kann Joyce die Lage mit Telegrammen weder klären noch steuern. Auch Nora scheint die Nerven zu verlieren, zerreißt ein Schreiben Weavers, das Léon seinem Brief beigelegt hatte (6. Oktober). Darauf schreibt James drei Tage später, als er erwähnt, nur Lucia habe an den 35. Jahrestag der »Joyceschen Hochzeit« vom 8. Oktober 1904 gedacht, er könne nichts vor seiner Frau verbergen, sie zerreiße alles, was nach »Dreck« aussehe. Joyce scheint den Dingen ausgeliefert und telegraphiert am 13. Oktober: »WO IST MEIN SOHN WIE GEHT ES IHM ANTWORT DRINGLICH REISEN SO BALD WIE MÖGLICH VIELLEICHT SONNTAG.« Danach sind James und Nora zwei Tage unterwegs – ohne Passierschein geht nichts –, treffen um die Monatsmitte im Hôtel Lutétia ein und bleiben dort.

Kurz vor Weihnachten erreicht Joyce ein Brief Giedion-Welckers, die ihm in Cambridge, Massachusetts, USA, den Eliot-Norton-Lehrstuhl verschaffen will, ein hochrangiger, wenn auch kurzfristiger Lehrauftrag, den seinerzeit Igor Strawinsky innehat. Aber sie nimmt Joyces Ablehnung vorweg, er sei nicht geneigt, nach drüben zu gehen. Am Bestehenden festhaltend, schreibt Joyce Léon die gewohnte Weihnachtskarte, bevor die Familie sich am Heiligabend 1939 im Dorf St. Gérand-le-Puy, Département Allier, wieder findet. Bis zum 22. Januar 1940 logieren sie im Hôtel de la Paix unweit der Schule von Mme Jolas, die Enkel Stephen besucht. Als Korrespondent bleibt Joyce Schriftsteller, sammelt Kritiken, will zur Übersetzung von ›Anna Livia‹ ins Niederländische ermutigen: »Schließlich geht es darin nur um Flüsse und Waschfrauen« (10. Januar) und findet den Titel seines Romans in der Realität des finnisch-russischen Krieges wieder: »Finn again wakes‹«. Noch einmal, bis zum Vorabend von Joyces 58. Geburtstag, steigen sie im Hôtel Lutétia ab, dinieren mit Beckett, wie dessen Freund und Verleger George Reavey weiß, doch für Geburtstagsgrüße dankt Joyce Budgen am 8. Februar wieder aus dem Hôtel de La Paix in St. Gérand. Mit Curran hält er einen weiteren alten Freund auf dem laufenden: »Wir wohnen hier momentan, Giorgio und Beckett kommen zum Geburtstag des Jungen her – am 15.« (11. Februar) Themen der Briefe dieser Monate sind der Zustand der Schwiegertochter, der Versuch, Lucia »in der Nähe unterzubringen, damit wir nicht gar so sehr verstreut sind. Aber nichts ist jetzt leicht.« (28. April), daneben Veröffentlichungen in Italien (›Anna Livia Plurabelle‹) und den USA, nicht aber der Krieg, mit dem Hitler-Deutschland seit Anfang April Dänemark und Norwegen und ab dem 10. Mai, als Joyce schon fünf Wochen im Hôtel Beaujolais des Kurbades Vichy wohnt, die Niederlande, Belgien und Frankreich überzieht. Unerschütterlich verfolgt er den eigenen Weg, schickt Beach im bombardierten Paris eine Postkarte mit der grotesken Geschichte von einem Sterbenden auf Jamaika. Der Mann, »anscheinend ein Ire, aus Co. Antrim«, habe im Martello Tower, Sandycove, gewohnt nach Joyces Auszug 1904. Entscheidend ist, dass Richard Noble »Hunderte von Seiten von Notizen« gesammelt hat – wohl zu ›Ulysses‹, was Joyce rührt, weil solche Menschen – »Der Name kommt mir bekannt vor« – Geistesverwandte sind, auch wenn sie ihr Sammelwerk nicht ausgewertet haben (1. Juni).

Vor dem Fall von Paris fliehen viele in die Provinz, auch Beckett

und dessen spätere Frau, die Pianistin Suzanne Deschevaux-Dumes-
nil, die am 12. Juni in Vichy eintreffen und dort Joyce im Hotel treffen, das von der Vichy-Regierung der *Zone libre* requiriert wird, so
dass Familie Joyce um den Bloomsday 1940 nach St. Gérand-le-Puy
zurückkehrt, dort eine Wohnung mietet (wo am 18. aus Paris Léon
anlangt), dann ins Hôtel du Commerce und endlich in die Maison
Ponthenier zieht. Sechs Wochen später steht die Flucht in die neutrale Schweiz auf dem Programm, und Joyce sucht nach Mitteln, die
Familie samt Lucia nach Zürich zu retten. Er schreibt deswegen an
Giedion-Welcker und Edmund Brauchbar:»Wir sind hier meine Frau
und ich mit meinem Sohn und Enkel und infolge der ›Ereignisse‹
finde ich mich vollkommen isoliert, von meinen Geldquellen in London abgeschnitten durch die britischen Behörden und von meinen
Bankreserven hier durch die französischen Behörden, doppelt blok-
kiert« (30. Juli).

Joyce, der, stolz auf seine Isolation als Künstler und, obzwar oft
hinter den Kulissen, stets Beweger war, sitzt fest und verbringt die
nächste Zeit damit, die Reisefreiheit für eine einzige Fahrt wiederzu-
erlangen. Dieser Kampf gegen die Bürokraten und die Zeit raubt ihm
den letzten Nerv zur (Selbst-)Inszenierung. Einmal im Brief an Maria
Jolas, die über Portugal auf dem Weg in die USA ist, blitzt der alte
Schalk des Autors auf:»Dialog. 1980. Torweg mit Flieder U.S.A. Zeit:
Frühling./SIE: (das Buch ›Wie man Schmarotzer loswird‹ beiseite-
legend) Ich habe lange nachgedacht. Wie war doch der Name der Familie, die dort in Europia ewig in Schwierigkeiten war?/ER: (greift
einen Becher) Das fragst du mich./SIE: Der Mann war, glaube ich, auf
einem Auge blind. War es Wallenstein?/ER: (stellt den Becher hin) Jucious!/SIE: Jucious! Das war der Name. Ich wußte, daß es etwas mit
Schottland zu tun hatte.« (7. September)

Die ebenfalls brieflich überlieferte Epiphanie vom Anarchisten im
Rom des Winters 1907 klingt hier wie eine Vision kitschiger Seifen-
opern im Fernsehen, dessen Erfindung er in ›Finnegans Wake‹ ver-
ewigt hatte. Joyce ist alt geworden, was faltige Hände auf den berühmten Farbfotos Gisèle Freunds vom Frühjahr 1938 belegen, und
seit Anfang September von Léon getrennt, so dass er allein als Bitt-
steller deutschen, französischen, schweizerischen Bürokraten ent-
gegentreten muss. Untertanen der britischen Krone, wobei Giorgio
im wehrfähigen Alter und Lucia weiterhin in der *Zone occupée* ist, sit-

zen die Joyce wie im Ersten Weltkrieg am falschen Ort – noch dazu zwischen allen Stühlen.

Was Joyce dafür gegeben hätte, noch einmal das Kreuz der Korrekturen eines Buches, sei es ›Finnegans Wake‹, zu tragen? Eine müßige Frage, ja, aber eine, die zeigt, an welchem Punkt er in St. Gérand angelangt ist, als er Mercanton schreibt: »Sie sprechen von einem gewissen ›Roman‹, den ich geschrieben habe. Hier hat noch niemand ein Wort über seine Existenz verlauten lassen.« (9. Januar 1940) Herabgesunken zum Niemand, muss Joyce sich als Unperson behandeln lassen, bevor ihm und seiner Familie Bleiberecht in der, wie er einmal klagt, »hermetischen« Civitas Helvetia erteilt wird. Ausgehalten von der US-Botschaft in Vichy, die an Briten monatlich Unterhalt zahlt, als Kredit, zunehmend in der Bewegungsfreiheit beschränkt, hat Joyce die Ausreiseerlaubnis für Lucia aus der *Zone occupée* bei den Deutschen auf Anhieb erwirkt und dann im Kanton Waadt ein Sanatorium für sie aufgetan. Zwar sind die ausstehenden Kosten bei der *Maison de santé* an der unteren Loire zu begleichen, aber das könnte gelingen wie der langwierige Krankentransport Lucias mit diversen Begleitern über die innerfranzösische Demarkationslinie bis in die Schweiz. Doch Joyce braucht Helfer wie Mercanton, der persönlich beim Schweizer Sanatorium vorsprechen, etwa *per pedales* mit seiner »kleinen Königin«, wie Joyce witzelt, dorthin strampeln soll (14. September). Vier Tage später meldet er Giedion-Welcker, er und Giorgio hätten Anträge auf Erteilung der Einreiseerlaubnis in die Schweiz gestellt samt Angabe von »›Referenzen‹«. Er nennt seinen Arzt, Professor Vogt, den Zürcher Komponisten und Dirigenten Othmar Schoeck sowie als materiellen Garanten Edmund Brauchbar. Am 22. September schildert Joyce die Not, in der *Zone libre*, wo er nicht an sein Geld kommt, Finanzhilfe zu erhalten: »Ich habe keine Ahnung, was aus meiner Wohnung in Paris geworden ist, in der ich meine Bücher, Bilder und Manuskripte habe.« Ein Künstler, dem der Bezug zu seiner Arbeit und über die Porträts der Kontakt zu den Ahnen abhanden kommt, ist mattgesetzt in der Schachpartie des Lebens. Das belegt der beigefügte Zeitungsausschnitt, in dem ein Erlass der Vichy-Regierung gegen den Gebrauch von »Altpapier« beschrieben wird. Joyce ist ja bekannt für seine Vielfachverwertung sekundärer Materialien. Außerstande zu arbeiten, muss er versuchen, andere mit Worten zum Handeln für ihn und statt seiner zu bewegen, was ihn jedes Mal, wenn er einen Brief aus der Vergangenheit empfängt, veranlasst, seine Mär wie eine Litanei herzubeten. Nur bildet er sich jetzt nicht ein, verfolgt und gefangen zu sein. Man erfährt etwa aus dem Schreiben an Gillet, die Ausreiseerlaubnis liege vor seit dem 18. Oktober, nun mache die Fremdenpolizei Zürich Probleme. Einer der Bürger erfuhr dort:»ich sei ... Jude! (ich habe 5 oder 6 Jahre in Zürich gewohnt und ganz Zürich kennt mich.)« (3. November) Welcher weisungsgebundene Beamte bei der Ausländerbehörde kennt schon einen berühmten Autor, wenn die Schweiz von Deutschland bedrängt wird? Joyce sucht Sicherheit. Er schreibt an Emile Fernandez, dessen Schwester Yva in der Schweiz in einem Sanatorium lebt, Mutter Pauline Fernandez sei »eine wunderbar tapfere Frau«. Emile soll eine *Maison de Santé* in Aix sondieren, falls aus dem Schweizer Asyl nichts wird (3. November).

Im Gefühl, eine Ausnahmesituation zu erleben, schreibt Giedion-Welcker Joyce am 8. November: »Es braucht eine übermenschliche Geduld.« Nietzscheanisch duldsam ist der Schriftsteller auch deshalb nicht, weil die Pässe nur begrenzt zur Ausreise gültig sind (11. November). Mit Galgenhumor glossiert er Schoecks Zyklus ›Lebendig begraben‹, den er am Radio wiedergehört habe, ohne den Schöpfer auf Zürcher Boden »beglückwünschen« zu können. Frisch eingesargt muss er sich vorgekommen sein, als die Schweizer, während die Frist zur Ausreise verstreicht, neue, finanzielle Hürden aufbauen. Obwohl offiziell Brite, schaltet Joyce irische Diplomaten ein, als spiele der Pass wie vor dem Ersten Weltkrieg keine Rolle. Dabei droht Giorgio, der verbotenerweise nach Vichy fährt, Gefahr aus militärischen Gründen, bevor die Pässe noch einmal verlängert werden. Stein des Anstoßes ist Giorgios »mobilisabilité‹ (ein Wort, das sich nicht einmal in ›Finnegans Wake‹ findet)«. Um es zu erklären, fasst Joyce den Lebenslauf des Sohnes lakonisch zusammen: »In Italien geboren [Triest, d. i. 1905 k.k. Österreich], Ire, Sohn von Eltern, die beide aus Südirland stammen [geboren, als das Land noch ungeteilt war], hat er nie weder in Großbritannien noch in Nordirland gelebt, noch lebt er dort, und so sind die Gesetze über den britischen Militärdienst auf ihn nicht anwendbar.« (3. Dezember) Fein an allen Formalitäten vorbeigedacht hat er hier und dabei vergessen, dass er, James Joyce, anno 1915 Triest verlassen musste, um nicht wie Bruder Stanislaus als Untertan der britischen Krone und potentieller Feind interniert zu werden. Das ist ein Symptom für Joyces Fähigkeit, das Leben literarisch zu ironisieren, ohne solche Ironien zu erkennen, wenn sie ihn selbst angehen. Schließlich teilt Giorgio den gescheckten Lebenslauf mit seinem Vater, dem Großvater und John Murray, seinem Urgroßvater.

Als die Schweizer Visa endlich da sind, hapert es an den französischen, und die deutschen Besatzer haben die Zusage zur Ausreise Lucias widerrufen (28. November). Doch Joyce will lieber in die Schweiz und von dort die Tochter nachholen als aufgeben, zumal Giorgio mitkommen kann »vorbehaltlich Bescheid Sous-Präfekt von Lapalisse« (6. Dezember). Vom Klang her dem Namen des französischen Generals der Italienfeldzüge im 15./16. Jahrhundert gleich, dessen schlichtes Gemüt seine Soldaten zur Prägung der Wendung »vérité de La Palice« für französisch ›Binsenwahrheit‹ veranlasste – was Joyce in ›Ulysses‹ durch Stephen Dedalus kolportiert –, ist der Ortsname Lapalisse für Joyce im Leben positiv entscheidend. Am 13. Dezember telegrafiert er Paul Ruggiero:»Reisen morgen früh drei Uhr freundlichst JAMES JOYCE.« Tags zuvor hatte er Beach eine jener Kriegspostkarten mit Versatzstücken zum Durchstreichen und geringem Raum für Eigenmitteilungen ins besetzte Paris gesandt: Sie sei hoffentlich gesund wie die Familie Joyce. Lange habe man nichts gehört von ihr und Monnier.»[Der Familie] ›einschließlich Lucia‹«, wie Joyce mit Grünstift einfügt, gehe es gut. Nach der Ankündigung, er werde Geld schicken, und Nachrichten über Maria Jolas –»[zurück in] ›New York‹« sowie Stephen, der in St. Gérand sei, folgt die Bitte an die langjährige Begleiterin:»falls erlaubt, senden Sie bitte A.B.C. Lucias oder mein letztes Buch an M. Sean Murphy, Geschäftsträger Irlands, Hôtel Gallia, Vichy.« Als Joyce am 17. Dezember im Hôtel de la Paix zu Lausanne die Zielankunft vermeldet, hat er an der Spitze des Familientrosses eine Odyssee hinter sich. Um 3.23 früh in St. Germain des Fossés den Zug gen Lyon bestiegen, um 7.15 eingetroffen zum Aufenthalt dort zwecks Stempelung der Pässe im Schweizer Konsulat, bevor sie den internationalen Zug nach Genf nehmen, haben die Joyce den Wettlauf mit der Zeit gewonnen. James Joyce ist nur erleichtert, dankt dem Zürcher Stadtpräsidenten Emil Klöti auf Deutsch, berichtet Emile Fernandez am 24. vom Besuch in der *Maison de Santé*, wo dessen Schwester Yva lebt, aber Joyce hat sie nicht gesehen. Zu Neujahr schreibt er Mercanton französisch und kabelt Edmund Brauchbar im Namen von dessen Schwiegersohn englisch – eine

Danksagung –, und am 7. Januar 1941 wählt er für Stanislaus, der Hilfe sucht, das Familienidiom: Italienisch. Auch Pound zählt zu den möglichen Verbindungsleuten für den im faschistischen Italien in Bedrängnis geratenen Bruder. Weitere Zeilen von der Hand des Schriftstellers Joyce sind nicht überliefert. Neun Tage später ist er tot, am 13. Januar um 2.15 morgens verschieden, und 11 Tage darauf begraben: ohne Priester, wie gewünscht, dafür aber in Anwesenheit eines Vertreters der britischen Krone und der Zürcher Joyce-Gemeinde, deren Mitglieder sich fast fünf Jahrzehnte später seiner Gegenwart erinnern.

Zurück bleiben Nora, Giorgio und Stephen, in Paris Paul, Lucie und Alexis Léon sowie Sylvia Beach und Adrienne Monnier, Lucia Joyce in der *Zone occupée* sowie in London Harriet Shaw Weaver. Alle tragen an der Last von Joyces Erbe, am meisten jedoch Paul Léon. Schon vor Joyces Tod packte er alle »wichtigen Papiere und Dokumente in einen großen braunen Koffer« und verstaute die Briefe an Joyce in einem »großen Umschlag«, bevor er sie dem irischen Gesandten in Paris persönlich übergab. Von der Todesnachricht zutiefst getroffen, schreibt er am 17. Januar 1941 einen Brief: Das Konvolut sei für die Nationalbibliothek Irlands bestimmt. »Da diese Korrespondenz Dirtte [sic] betrifft und teils vertraulicher Natur ist muß ich diese Stiftung an die Bedingung knüpfen, daß Biographen und litterarische [sic] Personen erst fünfzig Jahre nach Mr. Joyces Tod Zugang zu ihr erhalten und Vertreter der Familie zu Rate gezogen werden sollen, bevor eine Veröffentlichung gestattet wird.« Léon, der von der Gestapo verhaftet, nach Schlesien verschleppt und wahrscheinlich am 4. April 1942 ermordet wird, hat mit seinem Einsatz für Joyces Nachleben dem irischen Schriftsteller bis weit über den eigenen Tod gedient. Doch wie lange ein Dokumentenembargo auch gilt, eines Tages wird es aufgehoben, und wer dann in die Welt des Berufsschriftstellers Joyce und Léons, seines Beraters in allen Lebenslagen, eintaucht, findet sich in den dreißiger Jahren wieder: eine Generation vor meiner Geburt, und nichts trennt mehr damalige und heutige Gegenwart. Wer mit Joyce und Léon gelebt und gelitten hat, denn in ihrem Kampf für die Literatur steckt viel Leiden, wundert sich nicht mehr, wenn in dem Moment, da am 16. Februar 1995 in einem kahlen Hörsaal im Norden Londons der Name Paul Léon zum einzigen Mal an jenem Abend fällt, dessen Sohn Alexis leibhaftig den Raum be-

St. Gérand-le-Puy. Ein Zufluchtsort.

tritt. In dem Augenblick ist Joyces Existenz handgreiflich. Nicht nur sind wir *seine* Zeitgenossen, er ist auch *unser* Wegbegleiter.

Was seither den wenigen Zuhörern erinnerlich ist, die Präsenz der Joyceschen Lebenszeit, ist durch Manuskriptfunde und -ankäufe einer breiten Öffentlichkeit bewusst geworden. Denn jahrzehntelang hatten in einem Koffer frühe Entwürfe von ›Sirens‹, ›Cyclops‹ und ›Oxen of the Sun‹ auf Entdeckung durch die Nachwelt gewartet. Mit ihnen ist ein Rätsel im Puzzle der Prätexte zu ›Ulysses‹ gelöst. Ein neues Kapitel in der Entstehungsgeschichte dieses Buches kann geschrieben werden.

James Joyce überleben

Joyce war kein bescheidener Mann. Er kannte die Qualitäten seines Werks und pries sie frei.
Wolfgang Hildesheimer, ›Das Jüdische an Mr. Bloom‹,
16. Juni 1984
(1984, 1988)

E her vielsagend denn alles erfassend, mögen sieben Zeugnisse
von Zeitgenossen andeuten, auf welche Weise James Joyce sie
beim Weiterleben nach seinem Tod begleitet hat.

I. »Mir scheint [sein Tod] das Ende des im 19. Jahrhundert wurzelnden Individualismus in der Literatur zu markieren.«
Thomas McGreevy, 13. Januar 1941.
II. »Joyce ist nun tot: Joyce etwa 14 Tage jünger als ich. Ich weiß
noch, wie Miss Weaver mit Wollhandschuhen den ›Ulysses‹ im Typoskript an unsere Teetafel in Hogarth House brachte. [...] Ich kaufte
das Buch im blauen Einband und las es hier eines Sommers, ich
denke mit plötzlichem Staunen und ebensolchen Entdeckungen,
dann wieder geprägt von langen Phasen intensiver Langeweile.«
*Virginia Woolf, 15. Januar 1941. Am 28. März hält sie nichts mehr
im Leben, und sie geht ins Wasser.*
III. »[K]lug, wie Joyce war, hielt ihn Stolz davon ab, dem Biographen [Gorman] die Einstreuung der kleinen Details und Anekdoten
zu gestatten, die den echten Joyce gezeigt hätten – einen großen
Mann mit kleinem Geist; hochsensibel und ganz rücksichtslos [...].
So resümiert, klingt er nach einem häßlichen Charakter; doch konnte
man Joyce als den erkennen, der er war, und ihn trotzdem mögen.«
*Stuart Gilbert (1883–1969), im März 1941. Im Jahr 1957 ediert er
den ersten Briefband.*
IV. »[J]edes Jahrzehnt bringt einen Schriftsteller hervor oder zwei,
der durch Verfolgung, Dunkelheit, Nachlässigkeit oder Selbstentfremdung zum kleinen Gott des Snobismus wird. Das ist Joyce geschehen, Lawrence, Virginia Woolf, Eliot; es ist Auden geschehen.‹«

Philip Larkin (1922–1985) zitiert H. E. Bates am 16. September 1941 und wird zum meistgelesenen Dichter Englands.

V. »Wer tötete James Joyce?/Ich, sagte der Kommentator,/Ich tötete James Joyce/Ob meiner Prüfung.//Welche Waffe wurde gebracht/Den mächt'gen Ulysses zu meucheln?/Die Waffe, die gebraucht wurde,/War eine Arbeit in Harvard.«

Patrick Kavanagh (1904–1967), irischer Lyriker, zählt 1954 zu den ersten Bloomsday-Pilgern.

VI. »[W]enn ich ein James Joyce gewesen wäre, ich hätte eine völlig neue Sprache erfinden können.«

Iain Crichton Smith (1928–1998) im Vorwort seines Romans ›Consider the Lilies‹ (1968).

VII. »Meine Mutter war stolz auf ihren ältesten Bruder und besaß Exemplare von ›Dubliners‹ und ›A Portrait‹, die sie las, aber sie wußte auch um seine Reputation in Irland, sagte meinen Schwestern und mir, wir sollten zwar niemals unsere Verwandtschaft mit James Joyce verleugnen, sie aber auch nicht zu Markte tragen.«

Ken Monaghan (*1925), Joyces Neffe, heute Direktor des James Joyce Cultural Centre, Dublin (2001).

ANHANG

Gertrude Stein 1874–1946, Thomas Mann 1875–1955, Virginia Woolf 1882–1941, Aldous Huxley 1894–1963, Georges Simenon 1903–1989, Jean-Paul Sartre 1905–1980, Eugène Ionesco 1912–1994, Philipp Larkin 1922–1985, Günter Grass 1927, Umberto Eco 1932, Jude Collins 1942, Reinhard Jirgl 1953, Jörg W. Rademacher 1962. Die Eiskanäle des Jupiter-Mondes Europa. Grablegung Christi, vor 1509, Adam Kraft, Nürnberg, Johannisfriedhof, Holzschuherkapelle. 7 Eccles Street, das Haus von Joyce' Freund J. F. Byrne und die spätere Adresse von Bloom im ›Ulysses‹. Pension Daheim, Locarno, November 1917 – Januar 1918. Via Giulia (heute Laginje), Pula 1904. Seefeldstr. 73, Zürich, Januar 1917 – Oktober 1917.

James Joyce lesen

Was wollen Sie eigentlich mit »Joyce lesen« sagen?
Wer kann sich rühmen, Joyce »gelesen« zu haben?
Jacques Derrida, ›Zwei Deut für Joyce‹,
1982 (1987, 1988) (Ü: Elisabeth Weber)

E in literarischer Kanon ist wie eine Konvention, eine bindende
Vereinbarung. Im Fall von James Joyce empfehle ich, den Kanon
der von ihm zu Lebzeiten publizierten Texte in der Reihenfolge ihres
Erscheinen zu lesen. Später ist es möglich, als Leser von Text zu Text
zu springen, um vergangene Lesefrüchte wieder in den Blick zu nehmen. Aber wer parallel zur Biographie chronologisch vorgeht, dringt
unmerklich weiter in Joyces Welt und auch seinen Wortschatz ein.
Ungeachtet der beim Einstieg ins Studium von Leben und Werk so
wichtigen Frühschriften wie Ephiphanien und Essays (die nicht alle
deutsch vorliegen), sieht der Kanon so aus:

Titel	Ort	Zeit (Publikation)
›Chamber Music‹	Dublin	1903 – 1905 (1907)
›Stephen Hero‹	Dublin – Pula – Triest	1902 – 1905 (1944)
›A Portrait of the Artist‹	Dublin	1904 (1960/1978)
›Dubliners‹	Dublin – Pula – Triest – Rom – Triest	1904 – 1907 (1914)
›Giacomo Joyce‹	Triest	1914 (1968)
›Exiles‹	Triest	1914 – 1915 (1918)
›Ulysses‹	Triest – Zürich – Paris	1914 – 1921 (1922)
›Pomes Penyeach‹	Dublin – Triest – Zürich – Paris	1903 – 1924 (1927)
›Finnegans Wake‹	Zürich – Paris	1923 – 1938 (1939)

So folgt ein Leser den Stationen von Joyces Lebensweg auch in den Werken, was er durch Kennzeichnung von Ort und Zeit der Abfassung bei ›A Portrait‹, ›Ulysses‹ und ›Finnegans Wake‹ selbst vorgibt, ohne hier wirklich genau sein zu wollen.

James Joyce lesen heißt also, so lange Disziplin zu wahren, bis einem beim Wiedererkennen gewisser Motive und textlicher Leitmotive die Einsicht dämmert, nun könne der nächste Schritt gewagt werden. Dies strenge Verfahren erinnert an die jesuitische ›Ratio studiorum‹ (1599), der Joyce selbst wohl seine Arbeitshaltung entlehnt, und an die ältere Vermittlung der *Septem artes liberales*, wo es Schritt für Schritt von der Grammatik bis zur Astronomie vorangeht: Stufe um Stufe. Analog dazu liest man Joyce möglichst in einer Gruppe. Denkbar ist eine Progression in fünf Phasen: (lautes) Lesen → Übersetzen des Wortlauts → Erklären der Inhalte → »Analyse der poetischen oder rhetorischen Struktur« (Friedhelm Rathjen) → Belesenheit, das heißt frei über den Text verfügen können.

James Joyce lesen ist lebensbegleitend: eine Zumutung heutzutage, aber auch eine bereichernde Erfahrung für Menschen zwischen 16 und 80, denn wer sich auf Joyce einmal eingelassen hat, kann andere Autoren unbefangener betrachten und wird selbst zum Pfadfinder in der Literatur. Schließlich fordert er seinen Lesern vielfältige Leistungen ab: mit dem Gedächtnis, dem Verstand, der Einbildungskraft und dem Willen.

Zeittafel James Joyce

1882: Geburt 2. Februar in Rathgar, Vorort Dublins
1888–1891: Clongowes Wood College
1891: Tod Charles Stewart Parnell (6. Oktober); ›Et Tu Healy‹
1893–1898: Belvedere College, Dublin
1897: Schreibt besten Schul-Essay Irlands im Fach Englisch
1898: Schlussprüfung; Royal University College, Dublin
1900: ›Ibsen's New Drama‹; Gedichte, Epiphanien, Vers-Dramen
1901: Brief an Ibsen; übersetzt Hauptmann; ›The Day of the Rabblement‹
1902: *Bachelor of Arts*; trifft Yeats; Medizinstudent in Paris; Besprechungen; Beginn ›Stephen Hero‹
1903: Notizen zur Ästhetik in Paris; Rückkehr Dublin; Tod der Mutter (13. August); Gedichte, Epiphanien, ›Stephen Hero‹
1904: Abschluss ›A Portrait of the Artist‹; ›Dubliners‹: »epiclets«, drei Geschichten; trifft im Juni Nora Barnacle und geht mit ihr ins Exil (8. Oktober); ›The Holy Office‹; Zürich – Triest – Pula – Berlitz School
1905: Triest; Berlitz School; 27. Juli: Geburt Sohn Giorgio; Arbeit an ›Stephen Hero‹ und ›Dubliners‹, neun Geschichten
1906: Tod Ibsen 23. Mai; Joyce Bankangestellter in Rom; überarbeitet ›Dubliners‹; schreibt zwei Geschichten, plant ›Ulysses‹ als Erzählung und entwirft ›The Dead‹
1907: Rückkehr Triest; Vorträge; ›Chamber Music‹ (Mai); 26. Juli: Geburt Tochter Lucia; beendet ›The Dead‹; Beginn Umarbeitung ›A Portrait of the Artist as a Young Man‹
1908: ›A Portrait‹ bis Kapitel III; kein Fortschritt bei ›Dubliners‹
1909: Ettore Schmitz (Italo Svevo) lobt ›A Portrait‹; Brief Molyneux Palmer; zwei Irland-Reisen: Scheitern der Stellensuche; Vertrag ›Dubliners‹; Eröffnung Voltà-Kino
1910: *Rien ne va plus* mit ›Dubliners‹; Privatstunden
1911: Streitfälle; Geldnöte; ›A Portrait‹ im Feuer, Rettung?
1912: Italienische Vorträge zu Defoe und Blake; Prüfung in Padua:

Joyce besteht bravourös ohne Fortune; Fehlschlag Dublin-Besuch: Vernichtung von ›Dubliners‹-Auflage; ›Gas from a Burner‹; Hauptmann gewinnt Nobelpreis

1913: Spricht über ›Hamlet‹ (1912/1913); Notizen für ›Exiles‹; Ezra Pound nimmt Kontakt auf (Dezember)

1914: Ab Februar ›A Portrait‹ in ›The Egoist‹, London; 15. Juni: ›Dubliners‹; ›Giacomo Joyce‹ beendet; Beginn ›Exiles‹; 28. Juni: Sarajevo; 3./4. August: Beginn Erster Weltkrieg

1915: Verlässt Triest gen Zürich; Abschluss ›Exiles‹, Beginn ›Ulysses‹; ›Nightpiece‹

1916: 24. April: Beginn Osteraufstand, Dublin; Niederschlagung der Rebellion und Hinrichtung der Anführer

1916–1917: Dezember/Januar: ›A Portrait‹; ›Dooleysprudence‹

1917: Finanzhilfe von Harriet Shaw Weaver; Abschluss erste drei Kapitel ›Ulysses‹; erste Augenoperation

1918: Abdrucke aus ›Ulysses‹ in ›Little Review‹ (Chicago); ›Exiles‹; 11. November: Waffenstillstand

1919: Beginn Anglo-Irischer Krieg; ›Verbannte‹, übersetzt von Hannah von Mettal bei Rascher & Cie., Zürich, auf Joyces Kosten; Uraufführung 7. August Münchner Kammerspiele; Rückkehr Triest; Überarbeitung vorliegender Kapitel ›Ulysses‹

1920: Vorabdruck ›Ulysses‹ in Amerika gerichtlich gestoppt; im Juni Umzug nach Paris

1921: Sylvia Beach verlegt ›Ulysses‹; Produktion Maurice Darantiere, Dijon; Ende Anglo-Irischer Krieg; Fahnenkorrektur und Revision der Kapitel; Verhandlungen zwischen Briten und Iren im Grosvenor Hotel, London (11. Oktober bis 6. Dezember); Vorstellung ›Ulysses‹-Auszüge französisch/englisch durch Valéry Larbaud (7. Dezember)

1922: Bildung Irischer Freistaat; ›Ulysses: 2. Februar; Joyce ist 40; Irischer Bürgerkrieg; Tod Arthur Griffith, Mord an Michael Collins und Hinrichtung Erskine Childers (August/November); ›Ulysses‹ in New York konfisziert (Oktober)

1923: ›Ulysses‹ in Folkestone konfisziert; Beginn neues Prosawerk (10. März); Ende irischer Bürgerkrieg; Yeats gewinnt Nobelpreis

1924: Ford Madox Ford bringt ›Work in Progress‹; Herbert Gorman, ›James Joyce: The First Forty Years‹, New York

1925: Stark augenleidend; ›Exiles‹-Premiere in New York; Shaw gewinnt Nobelpreis

1926: Augenleidend; ›Exiles‹-Premiere in London; ›A Portrait‹ übersetzt von Georg Goyert: ›Jugendbildnis‹

1927: ›transition‹ bringt ›Work in Progress‹ (bis 1938); Verse, ›Pomes Penyeach‹ (7. Juli); Raubdruck ›Ulysses‹ in den USA; Oktober: ›Ulysses‹, übersetzt von Goyert (Privatdruck)

1928: ›Dubliners‹: ›Dublin: Novellen‹, übersetzt von Goyert

1929: ›Ulysses‹ französisch, verlegt von Adrienne Monnier; ›Our Exagmination Round His Factification for Incamination of Work in Progress‹, verlegt von Sylvia Beach (Kooperation von zwölf Joyce-Jüngern); Zensurakte im Freistaat Irland

1930: Stuart Gilbert: ›James Joyce's ›Ulysses«‹ (dt.: 1932); zweite, verbesserte Auflage von ›Ulysses‹ deutsch

1931: 4. Juli: Ehe James Joyce und Nora Barnacle in Kensington, London; 29. Dezember: Tod Vater Joyce

1932: 2. Februar: 50. Geburtstag; 15. Februar: Geburt Enkel Stephen; erster Zusammenbruch Lucia; Eamonn de Valera Taioseach (Premierminister Irlands); Dezember: ›Ulysses‹ bei Odyssey Press, unlimitiert, gedruckt in Leipzig

1933: Lucia zeitweise unter Beobachtung; Dezember: ›Ulysses‹ in New York vom Vorwurf der Pornographie freigesprochen

1934: Januar: ›Ulysses‹ amerikanisch, unlimitiert; Lucia zeitweise unter Beobachtung; Frank Budgen: ›James Joyce and the Making of ›Ulysses«‹: zur Entstehung des Romans

1935: Lucias Zustand unverändert; ›Ulysses‹, Limited Editions Club, New York, illustriert von Henri Matisse (Oktober)

1936: Vier Wochen in Kopenhagen; 3. Oktober: ›Ulysses‹ bei Bodley Head, London, nummeriert; ›Collected Poems‹, New York

1937: Rede PEN-Club zu moralischen Rechten der Schriftsteller; neue Verfassung im Irischen Freistaat; ›Ulysses‹, Bodley Head, unlimitiert (September)

1938: Abschluss ›Work in Progress‹; verhilft Hermann Broch und anderen Juden zur Ausreise

1939: 4. Mai: ›Finnegans Wake‹, London/New York; 1. September: Überfall Deutschlands auf Polen, Beginn Zweiter Weltkrieg; Dezember: Flucht nach St. Gérand-le-Puy nahe Vichy

1940: Asyl in Zürich mit Lucia?; Dezember: Ausreise ohne Lucia

1941: 13. Januar: Joyce stirbt nach einer Operation am Zwölffingerdarm; 15. Januar: Beisetzung in Fluntern

Bibliographische Notiz

1. Primärliteratur

James Joyces Schriften sind im Original sowie in deutscher Übersetzung unterschiedlich gut ediert. Eine kritische Edition des Gesamtwerkes steht im Original noch aus, und nur ›Dubliners‹ ist 1994 basierend auf der kritischen Edition von Hans Walter Gabler deutsch erschienen. Ich habe daher alles, was mir, mitunter antiquarisch, greifbar war, genutzt. Das gilt für Briefe und sonstige Schriften Joyces. Das gilt nicht für das ›James Joyce Archive‹ und die ›Notebooks zu ›Finnegans Wake‹‹, in denen Arbeitsprozesse des Schriftstellers Joyce abgebildet und erschlossen sind.

Verglichen mit den Originaleditionen und der deutschen Werkausgabe (Frankfurt: 1969–1981; teils nachgedruckt mit eigenen Kommentaren und Nachworten: Berlin [Ost]: 1979–1984) besticht die Konsequenz, mit der bei der Pléiade-Edition unter Beteiligung französischer Forscher neuere Ergebnisse in den Kommentar einfließen, alte Übersetzungen überarbeitet und nicht immer einfach ersetzt werden. Die erste Übersetzung von ›Dubliners‹ (Yva Fernandez) wird übergangen, ebenso die Teilübersetzung von ›Pomes Penyeach‹ (Auguste Morel). Dieser Zustand gilt verschärft im deutschen Sprachraum, wo frühere Übersetzungen nur antiquarisch zu beschaffen sind. Übersetzungen aus dem Englischen, Französischen, Italienischen stammen, falls nicht anders angegeben, von mir.

2. Sekundärliteratur

James Joyce hat wie sonst nur William Shakespeare und die Bibel eine Sintflut von Veröffentlichungen ausgelöst. Hier nenne ich zumeist biographisch motivierte Studien, die so hilfreich wie lesenswert sind: MORRIS BEJA, ›James Joyce. A Literary Life‹, London 1992; PETER

COSTELLO, ›James Joyce. The Years of Growth 1882–1915‹, West Cork 1992; RENZO CRIVELLI, ›James Joyce Itinerari Triestini. Triestine Itineraries‹, Triest (1996) 2001; RICHARD ELLMANN, ›James Joyce‹, Oxford (1959; 1982) 1983; THOMAS FAERBER/MARKUS LUCHSINGER, ›Joyce in Zürich‹, Zürich 1988; NOEL R. FITCH, ›Sylvia Beach. Eine Biographie im literarischen Paris. 1920–1940‹, übers. v. Angelika Schleindl, Frankfurt am Main (1988) 1989; JANET FLANNER, ›Paris Was Yesterday: 1925–1939‹, hg. v. IRVING DRUTMAN, London 1973; MANFRED FLÜGGE, ›Heinrich Schliemanns Weg nach Troia. Die Geschichte eines Mythomanen‹, München, 2001; HUGH FORD, ›Four Lives in Paris‹, Vorwort v. GLENWAY WESCOTT, Berkeley/Ca. 1987; ›Stuart Gilbert's Paris Journal‹, hg. v. THOMAS F. STALEY UND RANDOLPH LEWIS, Austin/Texas 1993; HERBERT GORMAN, ›James Joyce. Sein Leben und sein Werk. Mit einem Nachtrag von Carola Giedion-Welcker‹, übers. v. Hans Hennecke, Hamburg 1957; VICTOR HUGO, ›1948. Ein Revolutionsjournal‹, hg., übers. und kommentiert v. JÖRG W. RADEMACHER, Berlin 2002; VIVIEN IGOE, ›James Joyce's Dublin Houses and Nora Barnacle's Galway‹, Dublin (1990) 1997; ›irland almanach # 2. das jüdische irland‹, hg. v. HANS-CHRISTIAN OESER, JÖRG W. RADEMACHER, JÜRGEN SCHNEIDER u.a., Münster 2000; ›Joyce & Paris. 1902 … 1920–1940 … 1975‹, hg. v. JACQUES AUBERT UND MARIA JOLAS, Lille 1979; ›The James Joyce/Paul Léon Papers‹, hg. v. CATHERINE FAHY, Dublin 1992; ›James Joyce: Portraits of the Artist in Exile‹, hg. v. WILLARD POTTS, Dublin/Seattle 1979; ›James Joyce in Padua‹, hg., übers. u. eingeleitet v. LOUIS BERRONE, New York 1977; ›The Joyce Calendar: A Chronological Listing of Unpublished and Ungathered Letters by James Joyce‹, zusammengestellt v. RICHARD B. WATSON/RANDOLPH LEWIS, ›Joyce Studies Annual‹, Austin/Texas 1992; ›Stanislaus Joyce, Joyce nel giardino di Svevo. Joyce in Svevo's Garden‹, Triest 1995; JOSEPH KELLY, ›Stanislaus Joyce, Ellsworth Mason, and Richard Ellmann: The Making of ›James Joyce‹‹,›Joyce Studies Annual‹, Austin/Texas 1992; JAMES KNOWLSON, ›Damned to Fame. The Life of Samuel Beckett‹, London 1996; ›Kritisches Erbe. Dokumente zur Rezeption von James Joyce im deutschen Sprachbereich zu Lebzeiten des Autors‹, hg. u. eingeleitet v. WILHELM FÜGER, Amsterdam 2000; GEERT LERNOUT, ›The French Joyce‹, Ann Arbor (1990) 1992; JANE LIDDERDALE/MARY NICHOLSON, ›Liebe Miss Weaver. Ein Leben für James Joyce‹, übers. v. Angela Praesent, Frankfurt am Main 1992; UDO LOLL,

›James Joyce. Genie im Patriarchat‹, Stuttgart 1992; ›The Paul and Lucie Léon/James Joyce Collection‹, University of Tulsa [1985]; JOHN MCCOURT, ›The Importance of Being Giacomo‹, ›Joyce Studies Annual‹, Austin/Texas 2000; JOHN MCCOURT, ›The Years of Bloom. James Joyce in Trieste, 1904–1920‹, Dublin (2000) 2001; BERNARD MCGINLEY, ›Joyce's Lives. Uses and Abuses of the Biografiend‹, London 1996; BRENDA MADDOX, ›Nora. A Biography of Nora Joyce‹, London (1988) 1989; CLAUDIO MAGRIS/ANGELO ARA, ›Triest. Eine literarische Hauptstadt in Mitteleuropa‹, übers. v. Ragni Maria Gschwend, München (1987) 1993; CLAUS MELCHIOR, »Stephen Hero‹: Textentstehung und Text. Eine Untersuchung der Kompositions- und Arbeitsweise des frühen James Joyce‹, Altendorf bei Bamberg 1988; JACQUES MERCANTON, ›Die Stunden des James Joyce‹, übers. v. Markus Hediger, Basel 1993; GENE M. MOORE/TON HOENSELAARS, ›James Joyce in the Netherlands: Fish or Fiction?‹, ›James Joyce Quarterly‹, 32, 1, 1994; IRA B. NADEL, ›The Incomplete Joyce‹, ›Joyce Studies Annual‹, Austin/Texas 1991; IRA B. NADEL, ›Moune Gilbert's »Remembrances«‹, ›Joyce Studies Annual‹, Austin/Texas 1992; JAMES G. NELSON, ›Elkin Mathews: Publisher to Yeats, Joyce, Pound‹, Madison/Wi. & London 1989; JEAN PARIS, ›James Joyce‹, übers. v. Guido G. Meister, Reinbek (1960), 1990; DAVID PIERCE, ›Yeats's Worlds. Ireland, England and the Poetic Imagination‹, London/New Haven 1995; DAVID PIERCE, ›James Joyces Irland‹, übers. v. Jörg W. Rademacher u. Cristoforo Schweeger, Köln/Basel 1996; WILLIAM H. QUILLIAN, ›Shakespeare in Trieste: Joyce's 1912 ›Hamlet‹ Lectures‹, ›James Joyce Quarterly‹, 12, 1+2, 1974/1975; JEANMICHEL RABATÉ, ›Joyce the Parisian‹, ›The Cambridge Companion to James Joyce‹, hg. v. DEREK ATTRIDGE, Cambridge 1990 u.ö.; FRIEDHELM RATHJEN, ›James Joyce‹, Reinbek 2004; KLAUS REICHERT, ›The European Background of Joyce's writings‹, ›The Cambridge Companion to James Joyce‹; JIM RING, ›Erskine Childers. Author of ›The Riddle of the Sands«, London (1996) 1997; OLIVER SCHNEIDER, »Triest«. Eine Diskursanalyse‹, Würzburg 2003; CAROL LOEB SHLOSS, ›Lucia Joyce. To dance in the Wake‹, New York 2003; ROBERT SPOO, ›Unpublished Letters of Ezra Pound to James, Nora, and Stanislaus Joyce‹, ›James Joyce Quarterly‹, 32, 3+4, 1995; WOLFHARD STEPPE, ›The Merry Greeks (With a Farewell to *epicleti*)‹, ›James Joyce Quarterly‹, 32, 3+4, 1995; ›Vater und Sohn. Franz Hüffer und Ford Madox Ford (Hüffer)‹, hg., übers. u. kommentiert v. JÖRG W. RADEMACHER,

Münster 2003; JEAN-YVES TADIÉ, ›Marcel Proust‹, 2 Bände, Paris (1996) 1999; HUGH WITEMEYER, »»He Gave the Name«: Herbert Gorman's Rectifications of ›James Joyce: His First Forty Years««, ›James Joyce Quarterly‹, 32, 3/4, 1995; JOSEPH J. WIESENFARTH, ›Fargobawlers: James Joyce and Ford Madox Ford‹, zuletzt in: ›Modernism and the Individual Talent. Moderne und besondere Begabung‹, hg. v. JÖRG W. RADEMACHER, Münster 2002; OSCAR WILDE, ›Das Bildnis des Dorian Gray. Der unzensierte Wortlaut des Skandalromans‹, hg., übers. m. Anm. u. einem Dossier versehen v. JÖRG W. RADEMACHER, Berlin 2000; JOHN WYSE JACKSON/PETER COSTELLO, ›John Stanislaus Joyce. The Voluminous Life and Genius of James Joyce's Father‹, London (1997) 1998.

Dank

Knapp zwanzig Jahre nach dem ersten Erwerb von Joyce-Texten und anderthalb Jahrzehnte nach einem Streit in Zürich um die Präzision der Wortwerker Oscar Wilde und James Joyce beim Schreiben sowie eine Dekade nach Veröffentlichung einer Monographie zur Begriffs-, Theorie- und Textbildung von frühen Schriften bis hin zu ›Ulysses‹ gilt es Wegbereitern und Weggefährten dankend zuzuzwinkern. Ort und Zeit der Verhandlungen sind hier wichtig gewesen, nicht immer waren geschlossene Räume anregend, öfters das Ambiente eines der von Joyce geliebten Dialoge im Freien; mitunter war es der Beginn bis heute andauernder Gespräche: 1976/1977: Peter Frehse, Uwe Schröer (beide Unna, Westf.); 1983/ 1984: Peter Easingwood, Wolfgang H. Niemeyer, Stan Smith, David Ward (alle Dundee); 1984: Friedhelm Rathjen (Münster); 1985: Schule Schloss Salem; 1986/1987: Michael Szczekalla (Münster), Université de Lille III; 1988/1989: Frank Holz, Georg Mersmann, Bernfried Nugel, Josef Pesch, Klaus Schwienhorst (alle Münster/Zürich); 1989: Hans Walter Gabler (München), Klaus Ostheeren (Münster), Fritz Senn (Zürich); 1990–1992: Studienstiftung des deutschen Volkes für ein Promotionsstipendium und einen Sprachkurs in Rom; 1990: Claus Melchior (Monaco), Rudolf Richter (München), Wolfhard Steppe (München/Menton), Wilhelms-Stift (Tübingen); 1991: zwei Lesegruppen zu ›A Portrait‹ und ›Ulysses‹ (Münster), insonderheit Georg Grote, Alex Mulcahy und Cristoforo Schweeger; 1992/1993: David Pierce (York); 1993: Derek Alsop (London), Pieter Bekker (Leeds), Elmar Elling (Münster), Gene M. Moore (York), Nuala Müllan-Hughes (Münster); 1994: David Bradshaw (Münster/Oxford), Antonio Ballesteros González (Sevilla); 1995: Joachim Herbst (Münster), Alexis Léon (London/Münster), Ken Monaghan (Dublin), Karlheinz Pötter, Michael J. Rainer (beide Münster), Chris Rolfe, John Wyse Jackson (beide London); 1996: John O'Hanlon, Danis Rose (beide Chapelizod, Dublin), Peter Staengle (Heidelberg), Daniel Streiff † (Heidelberg), Wolfgang Wicht (Krauthausen); 1997: Gregor Bohnensack, Lothar Bunn (beide Münster), Iain Crichton Smith † (Münster/Oban), John McCourt (Dublin, Triest), Roger Stoddart (Münster); 1998: John McGahern (Fox Field), Hans-Christian Oeser (Dublin), Max Saunders (London), Wolfgang Streit (München), Martin Sulzer-Reichel (Overath); 1999: Jude Collins, Danny Morrison (beide Belfast), Roger Poole † (Nottingham), Joe J. Wiesenfarth (Madison, Wisconsin); 2001: Maurizio Ascari (Bologna), Maria Eger (Nürnberg), Stephan Frede (Hof); 2002: Detlef Ehrig, Ludwig Freisel (beide Leer), Hans Michael Hensel (Segnitz), Jürgen Schneider (Berlin); 2002/2003: Schloss Evenburg (Loga); 2003: Europäisches Übersetzerkollegium Straelen, Horst Lauinger (München); Phillip Herring (Austin, Texas), Lesekreis Loga.

Nicht zuletzt danke ich meiner Familie, vor allem meiner Frau für Geduld, Langmut und Ermutigung, die mir bei diesem Vorhaben zuteil wurden. Etwaige Fehler im Text gehen allein auf mein Konto.

Jörg W. Rademacher
Leer, Ostfriesland, im Sommer 2003

Lebensorte und Adressen von James Joyce

Beaugency
Belfast
Blackrock
     Carysfort Avenue
Bray
     Martello Terrace
Buchs (CH)
Clongowes Wood College
Cork
Deauville
Den Haag
Dijon
Dublin
     Abbey Theatre
     Antient Concert Rooms
     Belvedere College
     Brighton Square, Rathgar
     Castlewood Avenue, Rathmines
     Clontarf
     Finn's Hotel, Nassau Street
     Fontenoy Street
     Grafton Street
     Great Denmark Street
     Gresham Hotel
     Leahy's Terrace
     Martello Tower, Sandycove
     Merrion Square
     Millbourne Avenue, Drumcondra
     Mountjoy Prison
     National Library
     North Great George's Street
     Phoenix Park
     Prospect Cemetery, Glasnevin
     Royal Terrace
     St. Peter's Terrace, Phibsborough (Cabra)
     St. Vincent's Lunatic Asylum
     Sandymount
     Trinity College (TCD)
     University College (UCD)
     Upper Clanbrassil Street

Voltà-Kino
Westland Row
Windsor Avenue, Fairview
Feldkirch (A)
Galway
Bowling Green
Lynch's Window
Glasgow
Hamburg
Streit's Hotel
Hayes, Middlesex
Innsbruck
Insel Brioni
Kopenhagen
Les-Vaux-de-Cernay
Locarno
London
Hampstead
Kennington
Kensington
Lyon
Mailand
Menton
München
Mullingar
Neuilly sur Seine
Nizza
Ostende
Oughterard
Oxford
Padua
Palazzo del Bo
Paris
Avenue Pierre 1er de Serbie
Boulevard Malesherbes
Bibliothèque Nationale
Bibliothèque Sainte-Geneviève
Boulevard Montparnasse
Boulevard Poissonnière
Champs-Élysées
École Normale Supérieure
Hôtel de l'Élysée
Invalidendom
La Coupole
Maison des Amis des Livres (Monnier)
Michaud (Restaurant)
Notre-Dame
Rond Point des Champs-Élysées
Rue des Beaux Arts

Rue Corneille
Rue des Vignes
Rue Edmond Valentin
St. Dominique
St.-Pierre-de-Chaillot
Shakespeare And Company (Beach)
Théâtre de l'Odéon
Trocadéro
Pula
Caffè Miramar
Portogruaro
Rheinfelden (CH)
Rom
Biblioteca Vittorio Emanuele
Campo dei Fiori
Nast-Kolb & Schumacher
Piazza Colonna
Spanische Treppe (Piazza di Spagna)
Via Frattina 52
St. Cloud
St. Gérand-le-Puy
St. Germain des Fossés
Salzburg
Scheveningen
Sèvres
Stuttgart
Torquay
Toulon
Triest
[Caffé] San Marco
Città Vecchia
Civica scuola popolare e cittadina
Fontana
Piazza Ponterosso
San Giusto
San Sabba
Scuola Commerciale di perfezionamento
Scuola Superiore di Commercio »Revoltella«
Società di Minerva
Teatro Comunale
Università Popolare
Via Barriera Vecchia
Via Carducci
Via Donato Bramante
Via Nuova
Venedig
Ventimiglia
Verviers
Vichy

Villers sur Mer
Vlissingen (NL)
Waterloo (B)
Zaandam (NL)
Zürich
    Bahnhofstraße
    Café Odéon
    Tonhalle
    Universitätsstraße

Werke von James Joyce

›A Portrait of the Artist‹ (dt.: Ein Porträt des Künstlers)
›A Portrait of the Artist as a Young Man‹ (dt.: Ein Porträt des Künstlers als junger Mann)
Briefe
›Chamber Music‹ (dt.: Kammermusik)
›Dubliners‹ (dt.: Dubliner)
›Exiles‹ (dt.: Verbannte)
›Finnegans Wake‹
›Giacomo Joyce‹
›Pomes Penyeach‹ (dt.: Pöme Penysstück)
›Stephen Hero‹ (dt.: Stephen der Held)
Übersetzungen
›Ulysses‹

Register